o nascimento do mundo contemporâneo

HISTÓRIA CONTEMPORÂNEA 1

o nascimento do mundo contemporâneo

SÉCULOS XVIII E XIX

ORG. Angela de Castro Gomes, Daniel Aarão Reis (coordenador-geral), Flávio Limoncic, Janaína Martins Cordeiro, Marcelo Bittencourt e Murilo Meihy

1ª edição

EDITORA RECORD
RIO DE JANEIRO • SÃO PAULO

2025

CIP-BRASIL. CATALOGAÇÃO NA PUBLICAÇÃO
SINDICATO NACIONAL DOS EDITORES DE LIVROS, RJ

N194

O nascimento do mundo contemporâneo : séculos XVIII e XIX / [organização Daniel Aarão Reis ... [et al.]]. - 1. ed. - Rio de Janeiro : Record, 2025. (História contemporânea ; 1)

Tradução
ISBN 978-85-01-92311-0

1. História moderna - Século XVIII. 2. História moderna - Século XIX. I. Reis, Daniel Aarão. III. Série.

25-96844.0 CDD: 909
CDU: 94"17/18"

Gabriela Faray Ferreira Lopes - Bibliotecária - CRB-7/6643

Texto revisado segundo o Acordo Ortográfico da Língua Portuguesa de 1990.

EDITORA RECORD LTDA.
Rua Argentina, 171 – Rio de Janeiro, RJ – 20921-380 – Tel.: (21) 2585-2000.

Impresso no Brasil

ISBN 978-85-01-92311-0

SUMÁRIO

APRESENTAÇÃO DA COLEÇÃO

Desde que foi proposta, a História Contemporânea, que se estende do fim do século XVIII aos dias atuais, desafia os especialistas com questões difíceis de enfrentar e de resolver.

De um lado, temos os condicionamentos e as pressões das lutas políticas, envolvendo agentes sociais e instituições, para não falar de Estados e governos, todos interessados no modo como a historiografia irá caracterizar suas respectivas trajetórias. Surgem aí as histórias oficiais de governos, partidos e lideranças políticas, das demais instituições e agentes sociais e culturais, cujas narrativas autocelebrativas acabam desempenhando papel relevante na reconstituição do passado. De outro lado, há a competição sobre as versões do passado, produzidas pelo exercício da memória elaborada e divulgada com cada vez maior eficácia e alcance, e que, invocando a autenticidade da experiência vivida – e sofrida –, rivaliza com os resultados da pesquisa histórica.

Além disso, é necessário superar tradições arraigadas que tenderam a fazer de algumas áreas geográficas historicamente relevantes verdadeiros eixos em torno dos quais a história do mundo giraria. Essa propensão, empobrecedora e mesmo nociva, tem feito com que sociedades, e mesmo continentes inteiros, desapareçam da atenção da historiografia brasileira. Ao superá-la, será essencial evitar outros extremos, quando Estados nacionais, libertados do domínio estrangeiro, tentam selecionar na história evidências ou interpretações que supostamente sirvam a seus interesses imediatos.

Também relevante é a questão do acesso aos arquivos, ora escassos – e não raro com a pesquisa interditada pelas autoridades –, ora franqueados, mas sob controle, visando servir a determinados interesses.

A rigor, está em questão a própria evolução da disciplina História Contemporânea, que, ao longo do século XX, passou por uma completa transformação: seja na definição das fontes, considerando o amplo leque de possibilidades que se abriram nas últimas décadas, adicionando-se, aos arquivos escritos tradicionais, as fontes orais e visuais; seja na proposta de novos problemas, hipóteses de trabalho e ângulos de abordagem, que impõem reelaborações, questionam certezas e superam a tradicional história política e diplomática, bem como as narrativas celebrativas, com suas ênfases unilaterais no papel dos grandes líderes.

Por último, mas não menos importante, vale mencionar a proximidade temporal que dificulta avaliações mais sólidas, obscurecidas ou confundidas pela importância aparente de processos ou episódios imediatos que, às vezes, tendem a ofuscar a percepção e a confundir os pesquisadores.

Para lidar com tais desafios, esta coleção de História Contemporânea assume o compromisso, pioneiro em nosso país, de considerar, em cada um de seus cinco volumes, grandes áreas geográficas e processos históricos quase sempre subestimados, quando não ignorados – os mundos árabe e islâmico, a África subsaariana, a Ásia (Índia, China e Japão) –, e relacioná-los com as mais conhecidas histórias do Brasil, das Américas e da Europa. Trata-se de ampliar a visada histórica, e, sem negar o protagonismo relevante de certas regiões do mundo, sobretudo em determinados períodos, assumir a proposta de "provincializá-las", na expressão do historiador indiano Dipesh Chakrabarty. Portanto, em cada volume serão relacionadas, de forma integrada, as grandes áreas geográficas e os processos históricos do mundo conhecido. No contexto dessas inter-relações, serão estudadas as dinâmicas internas de cada área, de modo a enriquecer a compreensão global, considerando as variadas dimensões das sociedades humanas (economia, sociedade, cultura), mas sem perder de vista as margens de opção dos agentes, percebidas, porém, em seus contextos precisos. No último volume foram previstos ainda seis grandes temas transversais que, por estarem presentes em todas as áreas e em diferentes períodos, mereceram tratamento específico.

Sob a coordenação-geral de Daniel Aarão Reis, que também coordena os capítulos transversais; Angela de Castro Gomes coordena a área de História do Brasil; Flavio Limoncic, a das Américas; Janaína Martins Cordeiro, a da Europa; Marcelo Bittencourt, a da África; e Murilo Meihy, a da Ásia.

Todas/os as/os especialistas convidadas/os empreenderam ou empreendem pesquisa efetiva sobre os objetos considerados. Os capítulos serão assim expressão de investigações cuidadosas e fundamentadas, limitando--se a margem de interpretações tendenciosas com os antídotos comprovados da História como disciplina. Entre outros, assumir a história como um *problema*; consultar fontes variadas, comparando-as e cotejando-as; apresentar as evidências disponíveis; dialogar com a historiografia atualizada. Nesse sentido, quanto mais diversificados os ângulos de análise, mais chances haverá de deslindar os problemas sob exame e interpretação. Em outro movimento, buscamos ampliar o intercâmbio entre diferentes orientações de pesquisa (interdisciplinaridade) e instituições diversas (interinstitucionalidade), com algumas contribuições internacionais. Ao mesmo tempo, procuramos diversificar a participação do ponto de vista de gênero, tentando encontrar proporção razoável de pesquisadores e pesquisadoras, possível nas condições da disciplina no Brasil e no mundo. A ideia é ampliar o diálogo entre diferentes gerações de historiadores, proporcionando, assim, a diversificação etária que resultará, certamente, no enriquecimento do conjunto, abrindo-se a história, sem censuras de qualquer tipo, ao intercâmbio entre especialistas de diversas procedências, regionais, nacionais e internacionais. Quanto mais plural, melhor será a contribuição para a formação crítica das pessoas enquanto agentes sociais.

Os oitenta capítulos desta História Contemporânea, produzidos por 91 autores, vários em parceria, foram escritos em linguagem simples, precisa e elucidativa, sem esquematizações, sendo de fácil entendimento. Quando há notas explicativas, ocorrem de forma pontual, e a bibliografia que complementa os textos abrange obras clássicas e atuais, encontráveis em mídias diversas. Em cada volume, finalmente, há um caderno de imagens referentes ao período considerado.

Os cinco volumes estão assim constituídos:

Volume 1: O nascimento do mundo contemporâneo: séculos XVIII e XIX

Volume 2: Nações, Estados nacionais e imperialismo: fim do século XIX e início do século XX

Volume 3: O mundo em guerra: 1914-1945

Volume 4: Outras fronteiras: lutas de libertação nacional e Guerra Fria: anos 1940/1970

Volume 5: O tempo das incertezas: séculos XX e XXI

Temos a expectativa de que a coleção História Contemporânea representará uma contribuição construtiva, formando uma consciência integrada dos tempos em que vivemos, e pela qual, para além dos estudos específicos das diversas áreas geográficas, sejam percebidas as interrelações entre eles e o planeta como um todo. Às leitoras e aos leitores – professores do Ensino Médio e das graduações universitárias no amplo campo das ciências humanas, e às cidadãs e cidadãos interessados nas questões da contemporaneidade –, apresentamos um instrumento novo, e inédito, de análise e de estudo, no intuito de contribuir para a formação de uma consciência crítica, plural e aberta à diversidade – o que é próprio e essencial ao estudo da história da humanidade.

Angela de Castro Gomes (História do Brasil)
Daniel Aarão Reis (Coordenação-geral)
Flávio Limoncic (História da América)
Janaína Martins Cordeiro (História da Europa)
Marcelo Bittencourt (História da África)
Murilo Meihy (História da Ásia)

APRESENTAÇÃO DO VOLUME

A contemporaneidade nasce sob o signo da questão nacional – revoluções nacionais e nacionalismos – na transição dos séculos XVIII e XIX. Questionando identidades políticas, culturais e religiosas anteriores, consagradas pelo tempo, e propondo-se a superá-las, não raro a elas se associou em complexas articulações e combinações.

Tais características originais, redefinidas e transformadas, expandiram-se segundo circunstâncias peculiares de tempo e lugar, e permaneceram como traços fortes até as primeiras décadas do século XXI, embora profundamente emuladas nos últimos cinquenta anos por processos de internacionalização/globalização/mundialização que tenderam a corroer as identidades e os Estados nacionais, sem, no entanto, eliminá-los.

Este primeiro volume, dedicado às origens do mundo contemporâneo, tem início com dois capítulos sobre a construção do Estado nacional nas Américas e na Europa: "Dilemas na formação do Estado nacional nas Américas" (Mary Anne Junqueira) e "A Revolução Francesa" (Silvia Liebel). Tal processo não esteve isento de contradições. Na sequência, um terceiro texto analisa a reação conservadora às revoluções nacionais: "O pensamento conservador na Europa" (Daniel Gomes de Carvalho).

Os impactos e os desdobramentos no Brasil e na África são temas abordados em seguida também em três capítulos: "Das lutas pela independência à consolidação do Império no Brasil" (Lucia Maria Bastos Pereira das Neves); "África Ocidental e Centro-Ocidental na Era das Revoluções" (Roquinaldo Ferreira e Alexsander Gebara); e "A África Oriental: sociedade, comércio e escravidão" (Eugénia Rodrigues).

Mais três capítulos acompanham tais desenvolvimentos na Ásia e no Brasil, evidenciando a construção de processos de dependências, redefinições, transformações e resistências, sob a óptica das dinâmicas internas de sociedades formadas pelos interesses de potências imperialistas: "Impérios em conflitos na Índia Moderna: acordos e tensões na implantação do projeto colonial" (Jorge Lúzio); "Xogunato Tokugawa e a formação do Japão Moderno" (Alana Camoça Gonçalves de Oliveira); e "A proibição do tráfico atlântico de africanos escravizados e o pacto pela escravidão no Brasil" (Keila Grinberg e Beatriz Gallotti Mamigonian).

Em meados do século XIX, as revoluções nacionais, o nacionalismo e a hegemonia do mundo capitalista sofreriam profundos abalos e modificações, estudados em quatro capítulos: "Revolução e questão nacional na Europa" (Felipe Alexandre Silva de Souza); "A Guerra de Secessão, a Guerra do Paraguai e o lugar do Sul na formação do Brasil e dos Estados Unidos" (Rodrigo Goyena Soares); "Reconstrução: a emancipação dos escravizados nos Estados Unidos" (Lise Sedrez); e "As resistências ao capitalismo na Europa" (Alexandre Samis).

O volume encerra-se com três capítulos sobre esses processos na Ásia e na África: "Pérsia e Império Otomano: as reformas modernizantes" (Maryam Haghroosta e Andrew Patrick Traumann); "Das estepes ao império: China sob os manchus" (Emiliano Unzer); e "Africanos, europeus e seus descendentes na África do Sul" (Siílvio Marcus de Souza Correa).

Considerando os limites físicos de nosso projeto, foi necessário selecionar processos e episódios de maior relevância regional e internacional, sem nunca perder de vista a dinâmica interna das sociedades analisadas em suas relações complexas – entre elas e com o contexto internacional –, o que se tornaria cada vez mais importante e decisivo para a compreensão da contemporaneidade.

Angela de Castro Gomes (História do Brasil)
Daniel Aarão Reis (Coordenação-geral)
Flavio Limoncic (História da América)
Janaína Martins Cordeiro (História da Europa)
Marcelo Bittencourt (História da África)
Murilo Meihy (História da Ásia)

o nascimento do mundo contemporâneo

1.

DILEMAS NA FORMAÇÃO DO ESTADO NACIONAL NAS AMÉRICAS

Mary Anne Junqueira

Entre o último quartel do século XVIII e as primeiras décadas do século XIX, um terremoto sacudiu o hemisfério ocidental: a maior parte das três Américas ficara independente, com as exceções do Canadá, na América do Norte, das ilhas inglesas, francesas e espanholas (Cuba e Porto Rico), no Caribe, e das Guianas, ao norte da América do Sul. O primeiro ponto de ruptura ocorreu em 1776, com a declaração de independência dos Estados Unidos, ainda que o processo tenha se encerrado somente em 1781, com a Batalha de Yorktown. O último, em 1824, ano da Batalha de Ayacuho, ocorrida no Peru. Entre um e outro, o Brasil também declarara sua independência, em 1822. Os impérios inglês e ibérico nas Américas desmoronaram, cada um a seu tempo. O abalo abriu um período de experimentação, dilemas e possibilidades nas três Américas.

O fenômeno, entretanto, transcendia apenas esta região. Por certo, uma crise estrutural havia atingido os dois lados do Atlântico, e ela, enquanto golpeava o Antigo Regime na Europa, questionava o poder imperial nas Américas. O fluxo desestabilizador foi potencializado pela Revolução Francesa, em 1789, e pelas Guerras Napoleônicas. Uma ordem entrava em colapso, sem que outra tivesse tomado lugar, estimulada pelo ideário da república, pelos princípios do Iluminismo e as certezas da razão.

O Império Espanhol cobria grandes porções de terra: se estendia da Califórnia, na América do Norte, à Patagônia, na América do Sul, o que revela o poderio da Espanha nos séculos XVI e XVII. Para manter tamanha extensão colonial, eram necessários estrutura considerável na supervisão da administração, Exército, receita e controle social. No século XVIII, a Inglaterra passou a deslocar o lugar da Espanha no globo, processo que se consolidou nos primeiros anos do século XIX, com as citadas Guerras Napoleônicas.

Em 1807, tropas de Napoleão Bonaparte, sob comando do general Jean-Andoche Junot, invadiram a Espanha, o que levou Carlos IV à renúncia em favor de seu filho, Fernando VII. O jovem rei assumiu o trono em março de 1808. Permaneceu por pouco tempo, mais especificamente até maio do mesmo ano, quando foi preso no castelo de Valençay, em Baiona, no sul da França. A invasão francesa e a prisão de Fernando VII atingiram decisivamente o Império Espanhol nas Américas.

Não demorou para que, já em 1810, gritos de independência fossem ouvidos nos quatro vice-reinos: Nova Espanha, Peru, Nova Granada e Rio da Prata. A Espanha, sob os Bourbon, centralizava a estrutura do império e baixava impostos desde 1782. Tais políticas haviam provocado a insatisfação dos *criollos*, os espanhóis nascidos nas Américas. A eles não era permitido que ocupassem cargos administrativos, militares e eclesiásticos nas colônias, apesar de contribuírem determinantemente para a economia da ordem colonial (Prado, 1994). No que diz respeito ao Império Britânico, é importante considerar que, nas Américas, este funcionava de forma mais descentralizada do que o Império Espanhol e o Português.

Também é preciso lembrar que muitos da elite que lutaram por liberdade, em diferentes partes do continente sul-americano, tiveram de lidar com indígenas, negros e brancos pobres, que apresentavam demandas particulares. Parte dessa mesma elite, que agora se via diante do desafio de desenhar os contornos iniciais dos Estados nacionais, era proprietária não só de terras, mas também de escravizados. Embora a escravidão se espalhasse de norte a sul, ela se concentrava especialmente nas áreas de *plantation* de algodão, nos Estados Unidos; de açúcar, no Brasil e ilhas do Caribe; de cacau, ao norte da América do Sul. Um dos problemas a contornar era, justamente, como avançar na emancipação diante das metrópoles europeias mantendo-se a escravidão.

Assombrava os líderes das emancipações o caso do Haiti, colônia francesa no Caribe onde, em 1791, negros e pardos se revoltaram contra os seus senhores, confirmando sua independência em 1803. A documentação da época, em muitos países das Américas, mostra que as elites tinham o Haiti como exemplo a ser temido e evitado a qualquer custo. Na direção oposta, o mesmo exemplo configurou-se como inspiração para insurreições entre os escravizados.

Após as independências, algumas formas de governo alternativas se apresentavam: monarquia constitucional ou república? Se república, qual forma de Estado? Confederação ou federação?

As respostas não foram únicas. Os processos de emancipação resultaram em formas políticas e institucionais diferentes nas Américas portuguesa, espanhola e inglesa. O Brasil foi caso único, em razão da vinda da família real portuguesa para o Rio de Janeiro, em 1808. Com isso, a cidade tornara-se a capital do Reino Unido de Portugal, Brasil e Algarves, com as devidas instituições burocrático-administrativas e forças militares. Caso único também, nossa independência – em 1822, como já apontado – foi liderada por Dom Pedro, homem da monarquia portuguesa. Ainda assim, desenhou-se uma monarquia de contornos constitucionais. Revoltas separatistas regionais dos anos 1830 e 1840 foram subjugadas pelo poder central. Unificando os interesses das elites provinciais, os acordos para manutenção da escravidão contribuíram para que o Segundo Império consolidasse o poder político e militar sobre o vasto território (Dolhnikoff, 2005).

As capitanias-gerais e vice-reinos espanhóis, unidades administrativas do Império Espanhol nas Américas, ao contrário, seccionaram-se em várias repúblicas. Duas das razões para tal fragmentação foram a grande amplitude da área independente e os conflitos entre as elites locais.

A Capitania Geral da Guatemala tentou inicialmente manter a região unida sob o nome Provincias Unidas del Centro de América, para em seguida se dividir em Honduras, Nicarágua, Costa Rica, Guatemala e El Salvador. Ao norte da América do Sul, a Grã-Colômbia fragmentou-se em Colômbia, Equador e Venezuela. O Vice-Reino do Prata cindiu-se em Bolívia, Paraguai, Argentina e Uruguai.

No entanto, os Estados nacionais demoraram a completar sua consolidação. Por exemplo, em boa parte do século XIX, a Argentina viveu sob tensão entre Buenos Aires e outras províncias, até que a primeira firmasse seu poder central na década de 1860. Nos Estados Unidos, o governo central não foi efetivo nas tensões entre estados livres e escravistas, as quais cresciam com a conquista territorial a oeste. Como resultado, a unidade do país só foi consolidada após o período da Reconstrução (1865-1877) ao fim da Guerra Civil.

Aqui, tratamos de duas experiências consideradas como confederações nas Américas inglesa e espanhola, nas quais homens que lutaram pela independência compartilharam ostensiva contestação ao caráter centralizador do Antigo Regime. No desenho do Estado nacional, como mencionado, a maioria defendia autonomia e mais poderes locais, na esperança de evitar não só a concentração de poder, mas de assegurar uma distribuição de comandos entre distintas regiões. Por isso, a opção pela associação entre estados em confederação foi considerada de norte a sul.

Um Estado confederado, em resumo, é aquele que privilegia a congregação de estados autônomos e soberanos. Já na federação, os estados transferem parte considerável do seu poder ao governo central. Apesar disso, essas definições não operavam com clareza na época da formação dos Estados nacionais nas Américas. Os termos "federação" e "confederação" aparecem nas fontes como substantivo e adjetivo. O que se pode depreender é que, em alguns países, os dois vocábulos eram usados com significados intercambiáveis, não sendo, portanto, empregados com sentidos precisos ao longo do século XIX (Curiel, 2009; Goldman, 1998). Opções pela confederação foram inicialmente feitas porque os homens que lutaram pelas independências temiam reproduzir a centralização das monarquias e demandavam por mais poderes locais.

A primeira tentativa de estruturar uma confederação a ser tratada aqui ocorreu na América do Norte, a dos Estados Unidos (1777-1789); a segunda, na América do Sul, a da Argentina (1831-1861). Houve, por certo, outras experimentações, como a Confederação Peru-Boliviana (1836-1839), pensada no intuito de dirimir disputas locais e fazer frente a países como Chile, Argentina e Brasil, mas com vida curta e pronta dissolução, além da já citada Provincias Unidas del Centro de América. No Brasil, entre as mencionadas revoltas separatistas, houve a tentativa da Confederação do Equador (1824), ocorrida na região conhecida hoje como Nordeste do Brasil, mas que foi rapidamente esmagada pelas forças imperiais. Nos Estados Unidos e na Argentina, as experiências confederadas deram lugar, posteriormente, a outras formas de organização do Estado, ambas mais centralizadas. De qualquer forma, tais fatos confirmam, como assinalado, que as independências abriram um grande portal para a experimentação política nas Américas (Prado, 1994).

A Confederação dos Estados Unidos da América (1777-1789)

Para a monarquia inglesa, as "joias da coroa" estavam nas Antilhas, as ilhas produtoras de açúcar. Entre as colônias continentais, a Virgínia e o adjacente entorno da baía de Chesapeake se destacavam pela concentração de grandes plantações. Ao fim e ao cabo, o Império Inglês nas Américas se dividiu. Enquanto Canadá e as ilhas do Caribe permaneceram fiéis à Metrópole, treze das colônias continentais se insurgiram pela emancipação (Junqueira, 2023).

As treze colônias foram, *grosso modo*, divididas entre as do Norte – Massachusetts, Connecticut, Rhode Island e New Hampshire –, as Centrais – Pensilvânia, Nova York, Nova Jersey e Delaware – e as do Sul – Virgínia, Maryland, Carolina do Sul, Carolina do Norte e Geórgia. Nessa região continental do Império Inglês, a insatisfação colonial começou quando os ingleses decidiram pela reorganização e centralização do império, gerando uma queda de braço entre ingleses e colonos. Os primeiros instituíam normas e impostos, enquanto os segundos se rebelavam e requeriam que fosse instituída uma representação colonial no Parlamento inglês. Importante para o tema que ora discutimos é o modo como a elite colonial se organizou para enfrentar o que denunciava como tirania da monarquia inglesa.

A efetiva tentativa de reunião dessas treze colônias continentais se deu em 1774, após os ingleses intervirem em Massachusetts, que se levantara vigorosamente contra a monarquia e os impostos. A pedido de Massachusetts, reuniram-se delegados das colônias, no que ficou conhecido como Congresso Continental. As outras doze colônias apoiaram Massachusetts, porém recomendaram moderação. Elas declararam lealdade ao rei, para em seguida mandar um recado: não aceitariam ser taxadas sem a devida representação no Parlamento.

Em 1775, houve uma nova reunião do Congresso Continental. Desta vez, decidiu-se por fazer um último apelo ao rei: que ele atuasse, junto ao

Parlamento, como poder moderador em favor dos súditos além-mar. O rei não recebeu o enviado, precipitando a *Declaração de Independência* em 1776. O Congresso Continental então organizou seu Exército, comandado pelo virginiano George Washington, e se preparou para a guerra.

Declarada a emancipação, os agora norte-americanos se puseram a atuar em várias frentes. Na primeira delas, impunha-se administrar a guerra contra os ingleses, que não admitiam perder treze das suas colônias além--mar. Na segunda, iniciou-se o desenho de uma nova organização política. Na terceira, foi preciso enfrentar o desafio de construir um Estado sem a monarquia, porém viável e reconhecido pelos demais. Na quarta, houve que se estabelecer uma reordenação econômica. Na quinta e última, tornou-se necessário reconstruir a área atingida pela guerra. Não era pouca coisa.

As treze colônias logo passaram a ser reconhecidas como treze estados independentes. O país que surgia era maior do que a Inglaterra, mas muito pequeno em comparação à vasta região da América hispânica, que, como apontado, se estendia da Califórnia à Patagônia. As estratégias para operar essas diferenças foram um tema sobre o qual as elites políticas se debruçaram para viabilizar o novo Estado nacional.

Durante o processo de independência, houve quem defendesse uma monarquia constitucional, como forma de unir os treze estados. O temor era de que aquelas treze entidades optassem pela divisão, fragilizando a todas. Homens considerados referência dos ideais republicanos nos Estados Unidos, como Benjamin Franklin, chegaram a fazer semelhante proposta. Os cálculos para uma monarquia constitucional, porém, não foram adiante.

De outro lado, aqueles que permaneceram fiéis à Coroa inglesa manifestavam insegurança quanto à sua permanência nos treze estados. Seus títulos dinásticos foram suprimidos e expropriadas parte de suas propriedades (Izecksohn, 2021). Em 1783, após os acordos de paz de Paris, cerca de sessenta mil realistas – um a cada quatro membros da população da época – deixaram o território continental independente. Alguns foram para a Inglaterra, os demais se espalharam por outras colônias do Império Inglês (Jasanoff, 2011).

Ao fim, a escolha pela república prevaleceu. Mas a questão não era simples, porque, para pensadores da época, entre os quais Montesquieu, a república só florescia em pequenos territórios, ao passo que a monarquia vicejava nos grandes espaços, onde a centralização era mais eficiente na manutenção da ordem. Em 12 de junho de 1776, a pedido do virginiano Richard Henry Lee, grande proprietário de terras e dono de escravizados, uma comissão era formada no Congresso Continental e encarregada de preparar o desenho de uma confederação, a ser submetido aos treze estados para aprovação.

Na época, como visto, a recusa à centralização monárquica, contra a qual os insurgentes haviam pegado em armas, fazia com que as iniciativas por poderes locais sobressaíssem. Assim, a opção pela confederação era não apenas esperada, mas amplamente recomendada para manter aqueles treze estados comprometidos com o projeto comum. Acima de tudo, seus defensores acreditavam que os "direitos da liberdade e da busca da felicidade" – ou a possibilidade de lucrar e comercializar como quisessem – estariam mais garantidos pelos estados do que por um poder central.

Decidiu-se, então, manter ativo o Congresso Continental, que havia funcionado bem na reunião daquelas treze entidades. No entanto, avaliou-se que apenas isso não era suficiente, pois se fazia necessária uma base jurídica para que o arranjo planejado funcionasse. A reconstrução da área afetada pela guerra precisava ser feita, e as finanças, estabilizadas. Os estados, por sua vez, estavam preocupados com problemas mais imediatos: demandas por terras a oeste e as taxas devidas ao Congresso Continental (Wood, 1998). Em 15 de novembro de 1777, o Congresso anunciou a nova base legal: os *Artigos da Confederação*. Cada estado teria o seu próprio legislativo, que escolheria seus representantes para o Congresso. No documento, foi ratificado o nome do país: Estados Unidos da América. Tal denominação é, desse modo, herança do modelo confederativo. Isso quer dizer também que as Guerras de Independência, que se alongaram de 1776 a 1781, foram administradas pela confederação.

O período da confederação, entre 1777 e 1789, é conhecido como um momento crítico, porque os problemas referentes à descentralização emergiram. Algumas forças políticas consideravam os legislativos estaduais mais representativos do que os *Artigos da Confederação* e as consequentes imposições do Congresso. Em outras palavras, instalou-se uma crise de autoridade. Embalados pela ressonância da insubmissão que ecoava desde o processo de independência, os norte-americanos se viram com dificuldades para instalar uma ordem que fosse respaldada por todos (Wood, 1998). A recusa à monarquia, à centralização e à administração colonial abriu espaço para um sem-número de contestações. A confederação, em sua disposição inaugural, havia levado em frente a Guerra da Independência e financiado o Exército Continental, comandado por George Washington, mas agora mostrava debilidade como forma de Estado.

Para agravar a situação, houve rebeliões dentro dos estados, como a que ocorreu em Massachusetts, entre 1786 e 1787. Cerca de 2 mil homens, a maioria pequenos fazendeiros do interior, liderados por Daniel Shays, veterano da Guerra da Independência, sublevaram-se contra o alto volume dos impostos instaurados pelo legislativo estadual. Pressionados por dívidas, eles procuraram impedir que tribunais dos condados se reunissem, na tentativa de que seus débitos fossem cancelados. Em razão da força da insurgência, houve quem previsse a divisão do estado em leste e oeste, este o último a ser dominado pelas forças de Shays. A rebelião chamou atenção para os limites dos legislativos estaduais no que dizia respeito à manutenção da ordem. Mais: revelava-se a insuficiência da confederação para fazer valer o seu regulamento jurídico e, portanto, manter o arranjo que haviam traçado.

O Congresso Continental, sob a confederação, era uma instância legislativa unicameral. Cada estado tinha direito a um voto, apesar do número desigual de habitantes em cada um deles. Os representantes eram eleitos para mandatos de um ano na Filadélfia, primeira capital do país. Cabia à confederação a política externa, incluindo o poder de declarar guerra. O Congresso levantava fundos junto aos estados, que podiam cumprir ou não suas demandas (Junqueira, 2023). Isso porque, nos *Artigos da Confederação*, eles evitaram decidir abertamente sobre impostos e taxas, contornando contendas semelhantes à dos tributos anteriormente baixados pela Inglaterra, que tinham levado as treze ex-colônias a se insurgir. O Congresso decidiu aprovar uma emenda aos artigos básicos, instituindo 5% de taxas alfandegárias sobre produtos importados. O objetivo era equilibrar as receitas da confederação (Kramnick, 1987). Rhode Island, que reiteradamente se indispunha contra o Congresso Continental, não concordou com a medida. A confederação, além de insolvente, tinha uma autoridade discutível.

A descentralização favorecia a variabilidade e acentuava os contrastes. Os treze estados agiam de forma independente, sempre apoiados em seus legislativos estaduais. Sete deles imprimiam a própria moeda. Muitos tinham a própria Marinha. Havia disputas sobre limites e reivindicações sobre os territórios a oeste. A própria organização de cada um era marcada pela diferença. Se o legislativo era o poder dominante em todos os estados, nas constituições da Pensilvânia e de New Hampshire não havia, por exemplo, o cargo de governador, enquanto em outros casos o governo era escolhido pelo legislativo (Kramnick, 1987). Para resumir, as diferenças eram muitas, e os problemas também.

Os legislativos estaduais passavam leis que suspendiam dívidas e emitiam mais papel-moeda. Por essas e por outras, a confederação entrou em crise e a possibilidade de dissolução daquele modelo estava dada. Note-se que a confederação não se ocupava do povo, do indivíduo, mas dos estados. Paradoxalmente, os estados, na sua independência e, muitas vezes, rebeldia, jogaram a confederação em descrédito e insolvência.

Em 1787, o arranjo já estava em questão. Foi então organizada uma convenção na Filadélfia, com o objetivo de rever os *Artigos da Confederação*. Reuniram-se delegados de quase todos os estados, num total de 55 homens – a exceção foi Rhode Island, que não participou por temer que suas dívidas fossem cobradas em espécie. James Madison, da Virgínia, e Alexander Hamilton, de Nova York, foram incansáveis na organização da convenção. O resultado da iniciativa não foi propriamente a revisão dos *Artigos da Confederação*, mas a proposta de uma nova relação entre estados e poder central. Após cinco meses de trabalho, os delegados apresentaram um projeto de governo central forte e o desenho de uma Constituição para o país (Junqueira, 2023).

O texto da proposta para a Constituição era curto e direto, com sete artigos. O primeiro estabelecia um poder Legislativo de âmbito nacional, com duas câmaras, e dava os contornos de seus poderes; o segundo tratava do Executivo nacional e de seu respectivo dirigente, cujo mandato era limitado a quatro anos; o terceiro instituía um Judiciário nacional; o quarto discorria sobre as relações com os estados; o quinto deliberava sobre a possibilidade de futuras emendas; o sexto contemplava as dívidas estaduais; e o sétimo dispunha sobre como a Constituição deveria ser ratificada (Kramnick, 1987). Em outras palavras, a nova Carta era um golpe no projeto da confederação.

Houve, também, uma inversão. Enquanto os *Artigos da Confederação* ocupavam-se dos poderes estaduais constituídos, a Constituição foi pensada como documento do povo dos Estados Unidos da América. Redigido o documento, alguns delegados saíram a campo na tentativa de aprovar o novo acordo. Não foi fácil, nem simples. Os termos da Constituição de um Estado centralizado levaram quase dois anos para serem completamente aprovados.

O fórum inicial escolhido para o debate foram os jornais de Nova York. James Madison, considerado o pai da Constituição dos Estados Unidos da América, Alexander Hamilton e John Jay se desdobraram em acalorados debates que incidiam sobre os males do modelo confederativo e as virtudes da república, com governo central forte, assentada em uma Constituição. Enquanto a primeira favorecia a desorganização e a debilidade, a segunda mantinha a ordem. Mais do que isso, eles previam uma república em um grande território, uma novidade e tanto para a época. Os textos em defesa do novo arranjo passaram para a história como os *Artigos federalistas*, e são considerados clássicos do pensamento político moderno.

Os federalistas não estavam sozinhos. Debatiam categoricamente com os antifederalistas, que defendiam a confederação. Havia federalistas e antifederalistas em todos os estados, e eles se espalhavam entre setores da elite e setores médios. Para alguns antifederalistas, como Richard Henry Lee, que afiançara a confederação, a convenção era responsável por "golpe", ao falar pelo povo e não pelos estados. O que importa destacar aqui é que federalistas e antifederalistas defendiam ardorosamente a república, mas com pontos de vista diferentes. Enquanto os antifederalistas intercediam pela manutenção dos poderes autônomos dos estados e, por conseguinte, pela preeminência do poder local, os federalistas pediam um governo centralizado, com os estados abdicando de parte da sua autonomia em nome de um poder central.

Enquanto os federalistas assinavam com o pseudônimo de Publius, os antifederalistas firmavam como Brutus. A referência de ambos, incontestável para o republicanismo da época, era a república romana. Partidários dos dois lados liam sobre Roma ou citavam textos dos antigos como se estivessem no passado remoto, e não discutindo a república moderna.

Não foi fácil aprovar o projeto centralista. Os legislativos estaduais demoraram na discussão do plano. Para que a proposta fosse aprovada por todos os estados, os federalistas tiveram que ceder aos antifederalistas a *Bill of Rights* (Carta de Direitos), ou as dez primeiras emendas da Constituição. Exatamente as que garantiam a liberdade de reunião, liberdade de culto e liberdade de expressão. Com essa medida, os antifederalistas garantiam a possibilidade de se organizar em oposição, sobretudo, à ordem estabelecida, além de assegurarem a liberdade de imprensa.

Ao fim e ao cabo, o projeto foi aprovado. O Estado central foi organizado com o poder Executivo, duas câmaras legislativas e o poder Judiciário. O presidente, como dito, seria eleito a cada quatro anos e, em 1789, George Washington assumiu como primeiro presidente do país, sem oposição. Proprietários votavam em um colégio eleitoral que, por sua vez, escolhia o mandatário. Isto é, as eleições nos Estados Unidos eram e são indiretas. Aos poucos, o direito de voto foi se ampliando. Na década de 1820, já votava todo homem branco que pagasse impostos. E apenas em 1965, após o amplo e influente Movimento pelos Direitos Civis, a grande parte da população negra teria seu direito de voto reconhecido.

Apesar da decisão pelo Estado central, o novo país era uma frágil república em meio a duas monarquias: os ingleses ao norte, na região do Canadá, e os espanhóis ao sul. Naqueles últimos anos do século XVIII, não havia certeza de que uma república assim formulada seria bem-sucedida.

De qualquer modo, o Estado nacional nos Estados Unidos levou praticamente cem anos para seu completo estabelecimento. Isso porque a conquista de territórios a oeste, que rapidamente arrastou as fronteiras rumo ao Pacífico, abriu discussões em torno da escravidão e do equilíbrio de poderes, no Congresso, entre os estados do Norte e os do Sul. A Guerra Civil, que arrasou ambos os lados, indicava que o Estado nacional não havia se concretizado inteiramente. Apenas ao final da Reconstrução, em 1877, com a incorporação do Sul derrotado – e empurrando os negros para a segregação racial –, o Estado nacional é, enfim, consolidado.

A confederação nos Estados Unidos teve vida curta: onze anos. Ela fez parte da intensa experimentação que tomou conta das três Américas. Porém, a narrativa do projeto vencedor jogou o período da confederação no limbo das experiências frágeis e ineficientes, elevando os primórdios da república de Estado centralizado à condição de origem de um "país excepcional", berço da "modernidade política", que deveria ser referência para o mundo.

A Confederação Argentina (1831-1861)

As porções mais importantes do império colonial nas Américas eram a Nova Espanha, onde hoje é o México, e o Peru, instaurados no início da colonização. O Vice-Reino do Rio da Prata, de constituição mais recente, ocorrida em 1776, não estava entre os territórios mais valiosos (Pimenta, 2002). Ele consistia em uma ampla região que abarcava os atuais Argentina, Uruguai, Paraguai e parte da Bolívia. Nessa área, os espanhóis tiveram que lidar com grupos indígenas aguerridos, capazes de se organizar para combater a invasão de suas terras (Passetti, 2012). A escravidão ali, ainda que relevante, foi menos expressiva que nos já citados locais de *plantation* nas Américas: Estados Unidos, Brasil, ilhas do Caribe e norte da América do Sul.

Desde cedo, projetaram-se no Vice-Reino do Rio da Prata divisões que explicariam, em boa medida, as disputas na formação do Estado nacional. De um lado, o interior, ampla faixa territorial que margeava os Andes: partes central e noroeste. De outro, a região da cidade de Buenos Aires, com porto estratégico e local de escoamento dos produtos comercializados.

Ainda no período colonial, descobriu-se prata em Potosí, hoje Bolívia. A área está a mais de 4 mil metros de altitude, em zona de ar rarefeito e terra árida. Com isso, os espanhóis se viram com um problema a solucionar: como garantir a subsistência do pessoal que operava em Potosí? A mão de obra era, em geral, de indígenas, e as condições de trabalho eram precárias. A saída encontrada foi transformar parte do interior do vice-reino, onde hoje fica Tucumán e adjacências, em uma base de sustentação do território das minas de Potosí. Esta base, além disso, resguardaria as rotas dos produtos coloniais. Empreendeu-se lá a produção de alimentos, a criação de gado e a manufatura de produtos de couro, além do fabrico de lã, têxteis, móveis etc. E assim desenvolveu-se o interior do Vice-Reino do Rio da Prata, que constituiria uma região diversa daquela da cidade de Buenos Aires.

Embora a crise de legitimidade da Espanha já fosse identificada anteriormente, quando os ingleses invadiram Buenos Aires, em 1806, e Montevidéu, em 1807, foi a invasão da Espanha, pelas forças de Napoleão Bonaparte, que impactou definitivamente o poder espanhol nas Américas. Já em 1810 ouviu-se o clamor por emancipação nos vice-reinos de norte a sul. Os espanhóis do Vice-Reino do Prata, num primeiro momento, rechaçaram as rebeliões, que colaboraram, entretanto, para a constituição de uma identidade *criolla*. Tais conflitos, ocorridos no bojo das Guerras Napoleônicas, enfraqueceram o vice-reino e lançaram o Prata na mesma crise em que o Ocidente mergulhara.

Ainda que a independência tenha sido formalmente promulgada somente em 1816, o processo de independência do Prata teve início em 1810, com a Revolução de Maio, pela qual o vice-rei, Baltasar Hidalgo de Cisneros, foi deposto. Liderados pelo general José de San Martín, exércitos do Prata marcharam pela libertação da Capitania do Chile, alcançando o Peru, onde a cidade de Lima era um bastião realista. San Martín, como outros da região, eram defensores da monarquia constitucional no Prata, projeto não efetivado, como veremos. Os que se bateram pela monarquia acreditavam que esta forma de governo seria mais adequada aos grandes territórios, pois era capaz de manter a ordem e a estabilidade.

A primeira década do século XIX foi marcada por tentativas de construir uma ordem institucional sobre os escombros do mundo colonial. Na época, as províncias eram divididas em três regiões: a primeira, a da cidade de Buenos Aires e sua província de mesmo nome, caracterizava-se por ricas pastagens; a segunda, as províncias do chamado litoral (que, na realidade, margeavam o rio Paraná), quais sejam, Santa Fé, Corrientes e Entre Ríos, defendiam a livre navegação dos rios; e a terceira era formada pelas províncias do interior, reunindo Córdoba, La Rioja e Tucumán (Prado, 1994). A região do Prata ganhou, inicialmente, o nome de Províncias Unidas do Rio da Prata e foi instalada uma junta de governo. Esse título inicial indica esforço na consideração dos poderes locais.

A década de 1810 foi também marcada pela presença dominante de José Gervasio Artigas, da Banda Oriental (hoje Uruguai), localista e defensor de um projeto agrário. Prestigiado, ele havia lutado contra as invasões inglesas em Buenos Aires e pela independência do Vice-Reino do

Rio da Prata. Artigas ganhou espaço na região, agindo não só na Banda Oriental, mas também em Santa Fé, Entre Ríos, Corrientes e depois em partes de Córdoba. Tal influência ameaçava Buenos Aires. Apesar dos que preferiam a monarquia constitucional no Prata, a verdade é que, desde o período revolucionário, duas orientações políticas se consolidavam, ambas republicanas. A primeira, de cunho liberal, reunia parte importante dos letrados da época, conhecida como a dos "unitários", assim chamados porque defendiam um Estado central forte com epicentro na cidade de Buenos Aires. Eram, desse modo, urbanos, defensores da razão na política e da cultura ilustrada. A segunda, eminentemente agrária e localista, pedia mais autonomia para as províncias e passou à história como aquela que congregava os "federalistas".

Formaram-se duas facções com esses mesmos nomes: o Partido Unitário e o Partido Federal. As lutas políticas entre esses dois grupos foram responsáveis por uma instabilidade que se prolongou por mais de cinquenta anos. Novamente, apesar das diferenças entre os dois projetos, ambos os lados se batiam pela república. Isso quer dizer que as primeiras conjecturas sobre a possibilidade de monarquia constitucional no Prata haviam sido recusadas. Assim, em torno da rivalidade entre unitários e federalistas, foi se instituindo o Estado argentino.

Note-se aqui a diferença de significados em relação ao que ocorreu nos Estados Unidos. Enquanto lá federalistas eram os que clamavam por um Estado central forte, na Argentina o termo designava aqueles que queriam províncias dotadas de muita autonomia. Tal fato mostra que os sentidos do termo, no século XIX, eram intercambiáveis. Federação podia significar uma aliança entre os estados, mas também a reunião deles sob um Estado centralizado. O mesmo se dava com o vocábulo confederação (Curiel, 2009; Goldman, 1998). É importante distinguir o significado que os homens de determinada época e lugar davam ao termo.

Entre 1826 e 1827, houve tentativa de centralização durante o governo unitário de Bernardino Rivadavia, quando a região passou a se chamar República Argentina. Ensaiou-se, inclusive, uma constituição, que não chegou a ser promulgada. Isso porque o presidente se viu engolfado pela crise entre Argentina e Brasil, no contexto da Guerra Cisplatina. Após infrutíferas tentativas de acordo, Rivadavia, que vinha sofrendo pressões políticas, renunciou. Por fim, graças à intervenção da Inglaterra, o Uruguai tornou-se país independente.

Entre 1831 e 1861, no que diz respeito à forma de Estado, é possível identificar a experiência política argentina como uma confederação (Myers, 2007). Foram trinta anos de disputas e descontinuidades na construção do Estado nacional. Ou melhor, o poder caiu nas mãos dos políticos que eram conhecidos como caudilhos, em suas respectivas bases regionais, ainda que não sem conflitos com os unitários.

Mais recentemente, historiadores argentinos vêm tentando compreender e ressignificar o fenômeno do caudilhismo, atacado primeiro pelos opositores unitários e depois por uma historiografia de cunho liberal (Goldman; Salvatore, 1998; Ternavasio, 2009a). Trata-se de um esforço no sentido de problematizar e entender a complexidade do fenômeno. Entre as características que os estudiosos procuram rever, está a de que os caudilhos eram homens bárbaros e irracionais, que mobilizavam uma população inculta sob seu arbítrio. Eles eram, na verdade, líderes que haviam lutado nas Guerras de Independência e que advogavam a predominância do poder local. Eram homens que sensibilizaram parte da população – a que se desgarrara após as lutas por emancipação – em torno de suas ideias políticas para outro projeto de Estado.

Em 4 de janeiro de 1831, assinou-se o *Pacto Federal*, um acordo nacional, porém negociado pelos caudilhos regionais. O próprio nome do documento indica o uso indistinto que se fazia dos termos federação e confederação. O primeiro artigo do pacto indicava o reconhecimento da liberdade, independência, representação e direitos das províncias, bem como o compromisso pela manutenção da paz, da amizade e da união (Ternavasio, 2009b). Inicialmente, o *Pacto Federal* foi assinado por: Buenos Aires, Santa Fé e Entre Ríos. Em seguida, Corrientes aderiu. Operações militares foram organizadas para que integrasse o acordo a chamada Liga do Interior – então composta por San Luis, La Rioja, Catamarca, Mendoza, San Juan, Tucumán, Córdoba, Salta e Santiago del Estero.

Os caudilhos haviam tomado o poder, para completo desgosto dos unitários. Baseados nos localismos e na dimensão agropecuária, três líderes caudilhistas se destacaram: Juan Manuel de Rosas (província de Buenos Aires), Estanislao López, de Santa Fé (litoral), e Facundo Quiroga, de La Rioja (interior).

A confederação foi assentada na reunião de catorze províncias: Buenos Aires, Entre Ríos, Corrientes, Santa Fé, Córdoba, La Rioja, Tucumán, Salta, Jujuy, Catamarca, San Juan, Mendoza, San Luis e Santiago del Estero. Entre 1831 e 1852, a Confederação Argentina foi marcada pela força do polêmico Juan Manuel de Rosas, que reuniu poder sem igual, ultrapassando inclusive os limites do Pacto Federal (Fradkin; Gelman, 2021). A confederação foi viabilizada não apenas pelo pacto de 1831, mas por outros acordos que iam reorganizando o arranjo conforme as necessidades. Isso quer dizer que, apesar do Pacto Federal, com distribuição de poderes entre as províncias, havia certa centralização promovida por Rosas – um equilíbrio diferente, por exemplo, da confederação norte-americana.

É importante ressaltar, contudo, que nem a Confederação dos Estados Unidos, nem a da Argentina, sob Juan Manuel de Rosas de 1831 a 1852, dispuseram de uma constituição propriamente dita, como depois se tornou comum. Ainda assim, os *Artigos da Confederação* nos Estados Unidos e o *Pacto Federal* na Argentina foram marcos legais importantes para certa coesão ser mantida, funcionando como experimentos iniciais muito relevantes.

O projeto federalista argentino, no tempo de Rosas, caracterizava-se em primeiro lugar, como não podia deixar de ser, pela oposição ao centralismo, com o argumento de que um governo central forte interferiria nos direitos locais. Ele também reivindicava direitos de autogoverno para as províncias. E, por fim, tinha um forte apelo popular, o que dava aos líderes caudilhos plena convicção de que o federalismo contava com adesão da maioria do povo, com ênfase nos setores marginalizados da sociedade (Ternavasio, 2009b). É certo que os caudilhos reuniram ao seu redor parte dos desfavorecidos, relegados à margem após as Guerras de Independência. Muitos compuseram o que ficou conhecido como *montoneras*, grupos paramilitares que se organizavam sob o comando dos caudilhos em troca de trabalho, alimentação e vestimentas. Sabiam bem o que queriam e o que esperar do caudilho com o qual se comprometiam. Não se tratava, portanto, de gente passível de manobras, como os unitários e certa historiografia posterior, de cunho liberal, quiseram apresentar (Fuente, 1998).

Os unitários não se conformaram. Alguns passaram para a história como a Geração de 1837, ano em que os letrados iniciaram um salão literário, organizado por Marcos Sastre, em Buenos Aires. Seu objetivo era pensar saídas para a situação em que se encontravam. Simultaneamente, carregavam nas tintas contra Rosas, destacando principalmente a violência do caudilho. Não há como negar que Rosas combatia incansavelmente os inimigos, ao mesmo tempo que procurava manter o apoio popular. Ainda assim, a violência não era exclusividade do caudilhismo. É certo que os dois lados não perderam oportunidades de contradizer e questionar seus oponentes e de construir imagens negativas reciprocamente.

Entre os nomes de proa dos unitários estavam Juan Bautista Alberdi, depois considerado "o pai da Constituição argentina", Esteban Echeverría, Vicente Fidel López e Domingo Faustino Sarmiento. Apesar das tentativas de organização, com a situação alcançando o limite, parte dos unitários foi obrigada a deixar a região. Do exílio, foi escrita uma das obras mais importantes dos unitários: *Facundo: civilização e barbárie*, de Domingo Faustino Sarmiento. Publicada em 1845, no Chile, nela o autor não mediu esforços para associar o caudilhismo à barbárie, anarquia, violência e rudeza. O lugar da civilização, das luzes e da cultura, segundo o autor, estava no mundo urbano ou, mais especificamente, na cidade de Buenos Aires. Mesmo que ele nunca tenha pisado na cidade portenha (Sarmiento era de San Juan, no interior), o livro se tornou um clássico do pensamento político latino-americano, no qual a oposição campo/cidade ganhou relevo (Prado, 1997).

O livro de Sarmiento, por associar caudilhismo e barbárie, serviu aos unitários como justificativa para a Campanha do Deserto. Este foi o nome que se deu ao genocídio indígena e à tomada de controle dos Pampas e da Patagônia, nos anos 1870 e 1880, levados a cabo, entre outros, pelo general Julio Argentino Roca (Passetti, 2012). No entanto, não apenas os unitários foram responsáveis pelo genocídio indígena. Antes disso, a primeira Campanha do Deserto fora implementada exatamente pelo caudilho federalista Juan Manuel de Rosas, entre 1833 e 1834, ao dominar o território ao sul da província de Buenos Aires. A violência estava presente em ambos os lados.

A Confederação Argentina, tendo Rosas à frente, se estendeu até 1852, em parte por conta da prosperidade da província de Buenos Aires, em parte devido aos métodos do caudilho para garantir sua hegemonia, apesar dos pactos estabelecidos. O fim de Juan Manuel de Rosas à frente da confederação deveu-se a forças internas e externas. O Exército do Partido Blanco do Uruguai e tropas brasileiras e argentinas se reuniram sob liderança de Justo José de Urquiza, um caudilho da província de Entre Ríos e ex-aliado de Rosas. A contenda, de modo genérico, girou em torno da navegação dos rios e da alfândega de Buenos Aires, que Rosas mantinha sob estrito controle, o que afetava o trânsito e o comércio dos que se reuniram contra Rosas. Ao fim, o poderoso caudilho foi deposto na Batalha de Caseros, em 1852.

Entre 1853 e 1861, novo ordenamento de forças reconfigurou a Confederação Argentina, tendo como diretor provisório Justo José de Urquiza, o argentino que vencera Rosas. A confederação tinha agora como referência Entre Ríos, a província do litoral de Urquiza. Ela passava a congregar treze províncias. Isso porque os unitários de Buenos Aires não aceitaram que, após período de predomínio de Juan Manuel de Rosas, tivessem de se manter sob a liderança de um federalista do litoral, mesmo ele tendo sido o responsável pela deposição do caudilho portenho.

A dissensão entre Buenos Aires e as demais províncias mostrou-se incontornável em maio de 1852, quando os governadores deveriam ratificar o acordo de San Nicolás. No tratado, renovava-se o Pacto Federal de 1831, além de Urquiza ser confirmado como diretor da confederação e do Congresso Constituinte, em Santa Fé, a ser realizado em agosto do mesmo ano. Ou seja, a confederação sob Urquiza referendava a autonomia das províncias, mas acenava com a regência da Carta e, por conseguinte, com um ordenamento jurídico mais consistente do que no período de Rosas. Depois de anos de conflito, Urquiza propunha um gerenciamento da unidade e da estabilidade, na direção de uma constituição que almejava promover o crescimento econômico.

Tudo correria conforme o planejado se, em meio às negociações entre as províncias, a de Buenos Aires não se recusasse a assinar o acordo. Os unitários falavam agora não pela cidade, mas pela província de Buenos Aires, antigo território político de Juan Manuel de Rosas. Além de rejeitarem o comando de Urquiza, um caudilho do litoral, não escondiam a insatisfação por terem apenas dois delegados no Congresso Constituinte e pelo fato de a confederação nacionalizar as rendas da alfândega de Buenos Aires (Eggers-Brass, 2016). Entretanto, também estava claro que as províncias do litoral e do interior procuravam evitar a preeminência de Buenos Aires no reordenamento em curso. Ressentimentos de distintas ordens impediam os acordos em andamento.

Em setembro de 1852, Buenos Aires se levantou contra a confederação e a liderança de Urquiza. Declarando sua separação, a província rompeu sumariamente com a confederação, mantendo-se sob domínio dos unitários. Em 1853, aprovou sua Constituição, com a clássica divisão dos poderes – Legislativo, Executivo e Judiciário – e eleição indireta para presidente, por meio de colégio eleitoral, com mandato de seis anos. Passou a ser chamada de Estado de Buenos Aires.

A partir daí, a confederação algumas vezes se aproximaria do Estado de Buenos Aires, outras, não. A relação foi marcada por negociações, mas também por conflitos. A confederação sob Urquiza acabaria tendo vida curta. Em 1861, Bartolomé Mitre, unitário e representante da elite portenha, derrotou a confederação na Batalha de Pavón, encerrando trinta anos de predomínio dos caudilhos. Depois de guerras, escaramuças, negociações, saía vencedor o projeto político dos unitários. Mitre foi eleito primeiro presidente do país, inaugurando o moderno Estado argentino e dirigindo sua consolidação na década de 1860.

Os liberais, vencedores no projeto do Estado nacional centralizado, mobilizaram todos os recursos possíveis para constituir um planejamento central para o bom desenvolvimento do presente e do futuro da Argentina. Para tanto, criaram uma espécie de "história oficial", em que lançavam luzes no Estado nacional que construíam e sombras sobre os caudilhos e o passado da confederação (Franco, 2003).

Conclusão

O período de experimentações nas Américas contou com algumas experiências similares. Entre elas, a escolha temporária pela confederação como forma de Estado, em detrimento do Estado centralizado e do que consideravam os desmandos, excessos e abusos da monarquia – ainda que se tenha conjecturado, inicialmente, a possibilidade de monarquias constitucionais, tanto nos Estados Unidos como nas Províncias Unidas do Rio da Prata.

Entretanto, a Confederação dos Estados Unidos e a da Argentina tiveram diferenças consideráveis. A primeira durou onze anos, enquanto a segunda prolongou-se por trinta, em duas fases: uma sob Juan Manuel de Rosas, e outra sob Justo José de Urquiza. A Confederação dos Estados Unidos parece ter sido mais frágil do que a da Argentina, sobretudo, por não contar com um agente centralizador, como foi Rosas, ou mesmo Urquiza.

Aqui, no entanto, evita-se comparações em que a América Latina é vista como uma região onde predominam os caudilhos e os ditadores, lugar de repúblicas frágeis e democracia rarefeita. Não custa lembrar que a democracia como valor é recente no Ocidente. Sim, nos Estados Unidos há eleições a cada quatro anos desde 1789. Todavia, como bem sabemos, democracia não se define apenas por eleições periódicas. O que importa destacar aqui é que, na época das confederações dos Estados Unidos e da Argentina, a democracia não era um tema em pauta. O que se estava discutindo, e experimentando, era a república, com seus limites e possibilidades. A implantação dessa forma de governo dependia plenamente das forças políticas existentes – entre conflitos, guerras e negociações –, para levar à frente seus projetos.

Nos Estados Unidos e na Argentina, com a independência, esperavam-se reformas políticas, econômicas e sociais. Parte delas se efetivaram, outras não. Por um lado, as elites das duas regiões, que lutaram por sua emancipação, assumiram a tarefa de pensar o Estado nacional e controlar a economia. Por outro, se nas Guerras de Independência essas mesmas elites mobilizaram parte da população a seu favor, em seguida elas procurariam conter os direitos políticos desejados pela maioria.

A experiência dos Estados Unidos mostrou que a república podia vicejar em grandes territórios, desde que assentada na representação, já em 1789. Portanto, os norte-americanos colocaram de pé a primeira república representativa do Ocidente. Porém, mais importante do que tratar do pioneirismo de um ou outro país, importa destacar a simultaneidade de vários dos processos. Assim, evita-se a ideia de excepcionalidade deste ou daquele membro do conjunto. Nas três Américas e na Europa, a convulsão do período era a mesma, a despeito das particularidades de cada um.

Tanto nos Estados Unidos como na Argentina, os vencedores – os do Estado central mais forte – passaram a fazer uma leitura do passado com olhos no presente, mas também no futuro. Os vitoriosos lançaram as confederações que os haviam precedido no passivo dos projetos fracassados.

Ao fazê-lo, procuraram legitimar seus interesses. Criaram-se "histórias oficiais" resistentes e duradouras, que, muitas vezes, dificultam o conhecimento das confederações como experimentos importantes, apesar dos seus limites, em um momento de profundas transformações históricas. De uma maneira ou de outra – até mesmo pela oposição a elas conferida –, as confederações ajudaram a configurar os Estados nacionais nos dois países.

A voragem que pôs fim à antiga ordem consumiu a todos. Mas o que os lançou naquelas experiências foi o debate político da época, que se deteve na discussão sobre os contornos do Estado. As três Américas foram mergulhadas no bojo de uma crise política em que pensadores discutiram questões relativas às formas de governo e de Estado dos dois lados do Atlântico. Um se inspirava no outro, e assim sucessivamente. No fim das contas, os arranjos das confederações dos Estados Unidos e da Argentina, com acertos e insucessos, ajudaram a estabelecer os contornos da república, com suas virtudes e restrições, não só nos dois países, mas em outros que ensaiavam a mesma forma de governo.

Ao fazê-lo, provocaram [illegible] seus interesses. Criaram-se "histórias oficiais" consistentes e duradouras que, muitas vezes, dificultam o conhecimento das confederações como experimentos importantes, apesar dos seus limites, em um momento de profundas transformações históricas. De uma maneira ou de outra — ou mesmo pela oposição a elas construída —, as confederações ajudaram a configurar os Estados nacionais dos dois países.

A [illegible] que possibilitou [illegible] a todos [illegible] o que os lançou nas várias experiências foi o debate político da época, que se deteve na discussão sobre os fundamentos do Estado. As três Américas estavam mergulhadas no bojo de uma crise política e muitos pensadores discutiram questões relativas às formas de governo e de Estado dos dois lados do Atlântico. Um se inspirava no outro, e ambos sucessivamente. No fim das contas, os caminhos das confederações dos Estados Unidos e da Argentina, com acertos e insucessos, ajudaram a estabelecer os contornos da república com suas virtudes e restrições, não só nos dois países, mas em outros que ensaiavam a mesma forma de governo.

2.

A REVOLUÇÃO FRANCESA (1789-1799)

Silvia Liebel

No alvorecer de 1789, o termo "revolução" ainda carregava primariamente o mesmo significado dos inícios da modernidade: um período astronômico que assinalava o movimento de retorno a um ponto anterior. Por extensão, sua aplicação ia ao encontro de formas políticas prévias, como se fossem fenômenos igualmente inexoráveis, inscritos na ordem do tempo e aos quais não se podia resistir.

Um segundo sentido de "revolução", no entanto, começou a ser observado em referência a eventos excepcionais, que alteravam o curso dos Estados, tal como observado na Revolução Gloriosa, de 1688, ou na então recente Revolução Americana, de 1776. Nenhum desses movimentos, no entanto, veio a ser identificado como "a" revolução, singularizada e capaz de inverter a ordem dos significados, de forma a torná-la, antes de qualquer coisa, um fenômeno social e político.

Ao se anunciar, a Revolução Francesa chamou a atenção geral como um fenômeno inédito, no qual um povo inteiro teria se levantado contra a tirania. Tratava-se, contudo, não de um retorno ou da restauração de uma ordem finda. Foi, antes, a instauração de um novo tempo.

Tal visão, disseminada no final do século XVIII e ao longo do século XIX, será questionada por Hannah Arendt em seu livro *Sobre a revolução*, no qual a autora aponta uma aparente contradição na historiografia europeia das revoluções. Esta parecia se concentrar prioritariamente em casos fracassados, e menos nas lições que os casos de sucesso podem fornecer. Se, do outro lado do Atlântico, a Revolução Americana parecia continuar em consonância com os valores e as ideias desenvolvidas no século XVIII, na Europa a política seguia como se ela não tivesse um caráter inaugurador e dispensasse mais do que uma nota de rodapé. A Revolução Francesa, por sua vez, embora fracassada, era realçada e enfatizada. Em outras palavras, a Europa das monarquias nacionalistas parecia alheia à experiência democrática dos Estados Unidos, a qual Arendt vincula diretamente à herança iluminista.

A historiadora Mona Ozouf destaca, no entanto, a especificidade da Revolução Francesa, aquilo que a faz ser entendida como diferente de todas as anteriores, pois, se na América lutou-se contra o domínio estrangeiro, na França se questionava uma ordem interna extremamente fixista, hegemônica havia quase um milênio. A autora aponta como, diferentemente dos americanos,

> [os franceses] tiveram de declarar seus direitos antes de possuí-los. Tiveram de subverter uma sociedade que os americanos conservaram. A Revolução Francesa, diferentemente da Revolução Americana, foi, portanto, uma refundação, não apenas do corpo político, mas do corpo social (Furet; Ozouf, 1989, p. 844).

A revolução não buscava, assim, uma forma política anterior, mas aquilo que era fundamental: uma nova ordem que rompesse com todas as heranças funestas do que começava a ser chamado de "Antigo Regime" e que fosse alicerçada por algo maior do que a própria revolução. Este "algo maior" era a humanidade, e o que ela, em seu conjunto absoluto, possui de direitos essenciais. Por isso Kant assinala, ainda no século XVIII, que o fracasso da Revolução Francesa seria o seu principal legado, pois ajudaria a fermentar e disseminar os valores das Luzes.

Revolução e Iluminismo, portanto, parecem termos interligados, sendo o primeiro frequentemente visto como uma continuação natural do segundo, como destaca Daniel Mornet em seu clássico estudo sobre as origens intelectuais da Revolução Francesa. O pensamento iluminista teria, nesse sentido, operado transformações essenciais para que a revolução pudesse ter ocorrido quando ocorreu. Roger Chartier mostra, no entanto, como a Revolução Francesa se apropriou do discurso das Luzes como um mecanismo legitimador, estabelecendo-o como origem *a posteriori*, e critica a insistência sobre causas ou origens. Ambos os termos enfatizam uma dada realidade anterior ao evento tratado, quando a história é formada pelo entrecruzamento de múltiplas contingências, visões de mundo e realidades sobrepostas.

Além disso, a ênfase em determinada origem exige que ela seja homogênea e lógica, sendo, portanto, moldada para se apresentar como tal. Um falso sentido de unidade é construído tardiamente, como observado na própria concepção das Luzes, um movimento que contou com personalidades tão díspares quanto o celebrado Voltaire, que desejava manter a ordem estabelecida, aparando seus excessos, e o esquecido barão d'Holbach, que defendia uma transformação radical da política e da moral. A história, assim, só é linear porque é construída e apresentada enquanto tal.

Não se trata de negar influências ou inspirações, mas de propor a quebra com uma obsessiva busca pelas origens, que acaba retirando o caráter genuíno dos eventos no momento em que ocorreram e sua heterogeneidade. Os próprios revolucionários se lançaram em busca de uma justificação de seus atos e de uma paternidade – como Robespierre fez com Rousseau –, impregnando as ideias das Luzes na cultura política da época, em livros, escolas, jornais, clubes e salões. Tais ideias não apenas refletiram sobre os eventos e suas consequências, mas se imiscuíram nas estruturas de uma sociedade com demandas latentes que já não podiam ser ignoradas.

Uma sociedade em transformação

Ao longo do século XVIII, a proliferação dos impressos, dos tratados materialistas aos libelos infamantes, permitiu a internalização do que a nova filosofia propunha entre uma parcela da população ávida por debatê-los. Essa sociedade era progressivamente mais alfabetizada – o letramento dos homens saltara para 47%, o das mulheres, para 27% – e passava por um processo de secularização, com um decréscimo de livros religiosos e, de forma mais ampla, com uma diminuição da importância da religião na vida cotidiana. Essa tendência pode ser observada a partir de dados dos inventários coletados, entre outros, por Michel Vovelle e Pierre Chaunu, que revelam a diminuição das heranças legadas às igrejas e para a celebração de missas aos defuntos, além de uma indiferença crescente quanto ao local de sepultamento. A influência jansenista se faz sentir em algumas áreas, com fiéis se afastando dos confessionários.

Tais mudanças são observadas primeiramente nos centros urbanos e entre profissionais liberais, mas a redução da taxa de natalidade (o que pode indiciar práticas contraceptivas), o crescimento das concepções pré-nupciais e dos filhos ilegítimos, todos elementos contrários à moral católica, sinalizam o fortalecimento de uma moral secular, ou que ao menos adotava uma visão mais pragmática das práticas conjugais, especialmente entre as camadas trabalhadoras. Mesmo entre o clero, características importantes mudaram, com um número crescente de párocos oriundos do campesinato, ao invés da antiga concentração da burguesia urbana ou da pequena aristocracia em seus quadros.

Diante de tantas evidências, não apenas o número de livros importa, mas, especialmente, aquilo que eles contêm e as possibilidades de leitura criadas, resultando no que Vovelle classifica como uma "sensibilidade pré-revolucionária". Tendo a paróquia perdido sua função de referência, com a progressiva interiorização da fé e da experiência religiosa, a legitimidade que ela conferia aos valores da ordem perdeu em relevância, ainda que essa tendência varie enormemente entre os diferentes pontos do mapa francês. No curso dessas transformações, a religião foi substituída pela vida política, a moralidade religiosa cedeu espaço para a consciência, agora aberta ao questionamento e até à negação das tradições.

Muitas das leituras em circulação na época, ademais, eram partilhadas tanto por críticos quanto por fiéis seguidores da ordem, o que revela como eram generalizados os questionamentos à concentração de poder, ao abuso de padres e ao sistema de impostos. A distância estabelecida entre o povo e a monarquia não foi, assim, fatalmente criada pelos livros, mas eles podem ser pensados como a materialização de ideias impregnadas na sociedade, ainda que de forma não de todo consciente. Chartier questiona:

> [...] não teria a paixão por livros filosóficos se tornado possível apenas em virtude do fato de um desnudamento simbólico e afetivo prévio ter funcionado de modo a torná-los aceitáveis,

> compreensíveis e lógicos de esperar? Nesse caso, os livros filosóficos, longe de produzir uma ruptura, seriam eles próprios *resultado de* uma ruptura (Chartier, 2009, p. 138-139).

Nessa lógica, a reflexão iluminista teria então surgido como produto de uma sociedade que passava por um processo de secularização, mas também como agente reafirmador dessa dessacralização. Em outras palavras, a sociedade francesa do século XVIII foi revestida de uma consciência em relação à diferença e à obediência, sustentáculo para uma literatura profundamente crítica, que evidenciava as contradições da monarquia Bourbon.

As causas da Revolução Francesa não se situam, portanto, na crítica iluminista à autoridade, tampouco na ascensão da burguesia, fatores em geral vistos como imanentes à revolução, e que contribuíram para naturalizá-la. Gestados ao longo daquele que foi convencionado pelos revolucionários como o Antigo Regime, os germens da revolução se localizam na própria constituição da monarquia absoluta, no tenso equilíbrio entre a nobreza e a burguesia, na venda de cargos que, ao longo de quase três séculos, constituiu uma nova elite administrativa, capaz de defender seus interesses contra os da Coroa, e, por fim, na necessidade de maior poderio militar, pois a revolução se desenrola em meio à extrema competição militar dos Estados europeus, com a França, que dominara a Europa do século XVII, acumulando derrotas onerosas, que contribuíram para bancarrota real no século seguinte. O impulso militarista Bourbon, que visava à precedência europeia, foi, de mais a mais, confrontado com outras monarquias fundadas sobre a propriedade fundiária e com o estabelecimento da Inglaterra e da Holanda como potências navais e comerciais.

Os germens da queda na monarquia absoluta

A França de Luís XIV (1643-1715) havia consolidado uma administração estatal unificada, com a corte no isolamento de Versalhes e a velha nobreza concorrendo pelos favores do soberano, enquanto a coleta de taxas ficara ao encargo de intendentes profissionais e a justiça real se tornara o mecanismo de manutenção da ordem interna. As estruturas estatais, contudo, mesmo que modernizadas, ainda possuíam múltiplas camadas, pois persistiam domínios senhoriais, parlamentos, corporações municipais e estados provinciais. A venalidade dos ofícios, isto é, a transferência de cargos hereditários mediante compra e venda, indica a importância crescente do enriquecimento de uma burguesia que adentrava a administração do Estado e, conforme explorado por Reinhart Koselleck, acabará por miná-lo internamente com suas ideias em torno da igualdade.

Às vésperas da revolução, a despeito do crescimento econômico, camponeses ainda representavam 85% da população, desenvolvendo um modelo agrário atrasado em relação à Inglaterra, que dinamizara as plantações no cultivo, na fertilização e na criação de rebanhos. As boas condições climáticas na França desde meados do século XVIII, associadas ao crescimento populacional e ao aumento da produção e dos preços, propiciaram, todavia, um falso sentimento de segurança aos pequenos e médios proprietários. A ênfase na agricultura limitou a expansão industrial no reino, em um cenário internacional cada vez mais desafiador, no qual a busca por mercados consumidores dava a tônica. Com um mercado interno limitado pela reduzida quantidade de consumidores médios – ou seja, com salários intermediários que permitissem o sucesso de uma circulação intensiva de bens manufaturados –, a França se encontrava incapacitada para acompanhar a dinâmica inglesa, apesar dos avanços das últimas décadas. Em resumo, a maior riqueza do reino, sua agricultura, acabou por conviver com a fome entre a população mais pobre.

Entre as décadas de 1770 e 1780, o crescimento econômico encontrou um freio, tal como ocorrera ciclicamente desde o início do século anterior, sendo acompanhado por um endividamento crescente da Coroa, devido ao seu envolvimento nos três grandes conflitos do século XVIII que antecederam as guerras revolucionárias: a Guerra da Sucessão austríaca (1740-1748), que redundou em novos territórios para a Prússia e em dívidas para a França; a Guerra dos Sete Anos (1756-1763), desenrolada em múltiplos palcos (Europa, América do Norte e Central, Índia, costa da África), tendo a hegemonia britânica em escala mundial como resultado; e a Revolução Americana (1765-1783).

A monarquia, que entendia seu envolvimento nesses conflitos como instrumental, falhara em sua missão expansionista calcada no militarismo, pois os custos e as perdas envolvidas drenaram o reino e não legaram ganhos significativos, muito pelo contrário, na medida em que a França perdeu suas colônias na América do Norte e na Índia. As pesadas contribuições para a Guerra da Independência americana, que conseguiu afastar a Inglaterra das disputas continentais, cobraram um preço altíssimo, antes mesmo de as dívidas deixadas pela Guerra dos Sete Anos terem sido postas em dia. Em 1780, cerca de metade do orçamento nacional se destinava ao pagamento de juros.

Com uma baixa riqueza nacional *per capita* e um sistema de impostos desigual, que eximia as elites de pagamento, além dos altos juros pagos pelos empréstimos tomados junto a financistas ou a altos funcionários da Coroa, o reino Bourbon exauriu suas possibilidades de novos financiamentos. As tentativas de reforma fiscal por sucessivos ministros das Finanças (Terray, Turgot, Necker) foram combatidas pelos grupos privilegiados de forma eficaz, especialmente por aqueles que se encontravam dentro das engrenagens administrativas, como é o caso dos membros do Parlamento. O reino afundou em recessão econômica, sem conseguir reformar seu sistema de impostos, perdendo um ministro atrás do outro e ficando refém da administração que construíra e dos tesoureiros que enobrecera.

Essa elite não é mais a nobreza de espada. No final do século XVIII, a França havia muito abandonara a rigidez da estratificação da sociedade feudal, conferindo maior fluidez entre os estados e novos agentes importantes em sua trama social, próprios da novidade em que se constituíra a monarquia absoluta. Desde o século XVI, a promoção da unidade estatal se fez em conjunto com um intricado trabalho de controle das elites, com a promoção da burguesia endinheirada e intelectualizada. Como salienta François Furet, o Estado, e não o dinheiro, era a fonte da mobilidade social, legando posições, cargos hereditários e prestígio. Sua edificação abalou as solidariedades internas dos estados, especialmente da nobreza de espada, reduzida às disputas de representação cortesãs e à magnanimidade do soberano. Uma nova nobreza dominava o século XVIII, tendo ascendido há apenas três ou quatro gerações, quando muito, graças ao oportunismo econômico, e ela legara a seus descendentes cargos e rendas que a tornaram uma força política perene, a qual a monarquia não poderia ignorar.

Tais agentes, contudo, não eram capitalistas no sentido próprio do termo, como apropriadores da mais-valia ou, na maior parte dos casos, investidores. A classe dominante da época se sustentava a partir da exploração, direta ou indireta, da agricultura, na forma de rendas e taxas. A riqueza, assim, em sua imensa maioria, tinha sua base na propriedade – de terra, imóveis, cargos e rendas. Uma França comercial, ainda que longe de estar de todo inserida no dinamismo capitalista internacional, sustentada por sua força agrária, mostrou-se um modelo inviável, como conclui a politóloga Theda Skocpol.

A visão da natureza desses agentes é, no entanto, uma questão central na reflexão sobre o processo revolucionário, pois se confronta com a clássica interpretação marxista da revolução. Pensado enquanto produto exclusivamente burguês, para essa corrente o movimento revolucionário teria promovido a ruptura de uma ordem aristocrática com as heranças feudais e a fundamentação de um aparato estatal e jurídico que favorecia o florescimento do capitalismo. Nos debates em torno do bicentenário da revolução, capitaneados por Eric Hobsbawm, os marxistas herdeiros de Albert Soboul se esforçaram para construir a visão hegemônica do evento, mas acabaram eclipsados pelos revisionistas, em particular por François Furet. Ao argumentar que a revolução foi fruto de uma crise de mobilidade, essa linha tira o foco do conflito dual entre burguesia e nobreza, sinalizando para a união conveniente entre nobres liberais e burgueses. O historiador inglês Alfred Cobban já salientara, nesse sentido, que a elite política revolucionária não era formada por empreendedores capitalistas ou industriais, mas sim por advogados, intelectuais, detentores de cargos e, após os anos de conflito, consolidou-se com burocratas, proprietários fundiários e militares, que se perpetuarão até o Império Napoleônico e além.

Mesmo antes dos debates no bicentenário, a linha revisionista questionava o caráter propriamente capitalista da revolução, na medida em que, como destaca Skocpol, a economia permaneceu agrária. O que mudou foi o caráter da propriedade, com a multiplicação de pequenos proprietários e a transferência de terras; o trabalho do campesinato pouco mudou. A burguesia francesa da época não prosperou a partir da indústria, mas do comércio, dos cargos e da terra, especialmente da especulação em torno dela. Com a revolução, os esforços por um sistema representativo foram minados por uma administração centrada no Executivo, marcada por um avanço autoritário que, progressivamente, acabou por implodir as liberdades civis. Antes de uma questão de classe, a revolução se desenrolou, assim, como uma revolução burocrática motivada por disputas políticas entre as elites.

Não se trata, contudo, de uma transformação unicamente social, pois culturalmente esses novos agentes possuem um *habitus* particular, que não é a honra da nobreza tradicional. Eles são agentes que têm uma melhor dimensão da distância entre si e o soberano, pois o rei, primeiro entre os nobres, nunca realmente cessara de ter de responder a reivindicações por maior participação em suas decisões. Uma nova classe emerge, ainda que não seja propriamente promotora do capitalismo, como afirmava Georges Lefebvre, sendo antes uma classe que tem uma melhor dimensão do Estado – que não mais era o rei. As tensões entre os diferentes grupos sociais, habilmente manipuladas pela monarquia e pelos próprios interesses na propriedade, analisadas de maneira magistral por Norbert Elias, encontraram vazão na crise revolucionária.

Sem saída aparente para a crise econômica, a incerteza dissemina-se entre as elites parlamentares, que sucessivamente rejeitam propostas para as necessárias reformas administrativas e fiscais, que incluíam a taxação de terras da nobreza e a representatividade de pequenos e médios camponeses, responsáveis pelo abastecimento e por uma parte significativa dos impostos. Os grupos privilegiados tinham o poder de pressionar a Coroa e engessá-la. O ministro das Finanças Charles-Alexandre de Calonne, que convocara uma Assembleia de Notáveis (1787-1788) para discutir as reformas, é destituído. Seu substituto é igualmente rechaçado pelo Parlamento de Paris, que, com apoio massivo, exige a convocação dos Estados Gerais. Tem-se então a quebra do poder absoluto da monarquia, quando sua nova classe dominante arroga-se não apenas o poder de consentir ou não com novos impostos, mas também exige representação junto ao conselho real. Ao consentir com a convocação dos Estados Gerais, Luís XVI observou, finalmente, a união dos três estados, mas contra a Coroa. O delicado equilíbrio de tensões eliaseano cultivado pela monarquia, que dava a tônica do poder absoluto, fora rompido. Clamava-se agora por uma monarquia menos absoluta, com um sistema representativo.

Os Estados Gerais

Os Estados Gerais, assembleia instaurada ainda no início do século XIV para legitimar as decisões do monarca, haviam se reunido pela última vez em 1614, sob Luís XIII. Esse longo intervalo até sua convocatória derradeira mostra o fortalecimento da monarquia francesa durante o século XVII e o esfacelamento de sua autoridade ao final do século XVIII. Atendendo aos clamores, o rei pede que cada um dos estados eleja seus deputados e elenque suas queixas, momento a partir do qual rumores de declarações começam a circular. De Laffayette a Condorcet, há uma intensa reflexão em torno dos direitos inalienáveis do homem, ou ao menos dos "homens livres e esclarecidos" (Hunt, 2010, p. 128).

Mas não apenas os direitos dos ilustrados eram colocados em pauta. Após escrever um *Ensaio sobre os privilégios* (1788), um abade chamado Sieyès publica, em janeiro de 1789, o inflamatório panfleto *O que é o terceiro estado?*, em que exigia o voto proporcional de cada ordem à época dos Estados Gerais. Considerando que o terceiro estado compreendia a imensa maioria dos franceses (cerca de 98% da população), Sieyès o coloca como essencial, nele depositando o poder de legitimar o governo. A nobreza deveria, assim, ser excluída das decisões, pois é centrada em seus interesses particulares, enquanto o povo trabalha para o interesse geral. Ainda que não seja uma reflexão filosófica ou legislativa, seu texto tem ampla circulação e será essencial para as discussões.

Inaugurados em 5 de maio de 1789, os Estados Gerais abrem com intensos debates acerca do voto por ordem, já que os votos da nobreza e do clero valiam por dois e havia cisões em seus interesses – o baixo clero reclamava dos privilégios dos bispos e a aristocracia rachava quanto à importância entre o não pagamento de impostos e a participação política –, e que o terceiro estado exigia a proporcionalidade. Ao longo de um mês, as discussões progrediram exponencialmente, e, temendo perder ainda mais o controle, o rei decide suspender as sessões. Em 17 de junho, o terceiro estado, o baixo clero e nobres liberais se retiram e formam uma Assembleia Nacional, fundindo os três estados em um só. Um golpe de Estado está em curso, e será aprofundado nas semanas seguintes, quando, em 9 de julho, a Assembleia Nacional se torna Constituinte, ou seja, consagra-se à formulação de uma constituição para a nação.

É importante destacar, nesse cenário, que, a despeito da verve de Sieyès, a liderança de aristocratas reformistas foi fundamental tanto para a convocação dos Estados Gerais quanto para o apelo a um sistema representativo – no qual, naturalmente, as elites urbanas e educadas teriam primazia. A insatisfação crescente da nobreza com o regime absolutista é um elemento central na clássica interpretação de Alexis de Tocqueville, que vê uma linha evolutiva na *démarche* social, com um Estado que se encaminhava inevitavelmente para a modernização. Para o autor, a revolução apressou de forma violenta o que teria se concluído ao longo do tempo, resultando em um Estado ainda mais abrangente, centralizado e forte. Skocpol, que tem uma visão semelhante a Tocqueville sobre os resultados práticos da revolução, conjuga às transformações nas elites, bem como às resistências impostas à política da Coroa, os movimentos sociais e as rebeliões que eclodem no interior da França e que destroem, pouco a pouco, as fundações do Estado aristocrático. Uma vez que as massas urbanas são conclamadas pelas lideranças revolucionárias a se engajar com seus apelos por liberdade, revoltas políticas se espalham pelas cidades francesas em 1789, com a população trabalhadora clamando por pão e liberdade, como lembra George Rudé em seu estudo sobre as multidões. O início do processo revolucionário partiu, assim, das exigências por uma reforma política antiabsolutista em concomitância com os embates municipais, até progredir para transformações profundas em termos políticos e sociais.

Ao convocar as tropas para conter os levantes anunciados, Luís XVI contava com a lealdade de seu Exército, sem atentar para os laços que parte de seus privilegiados possuía com a nobreza (nova ou antiga), com as lojas maçônicas, com os revolucionários americanos, pois lutaram ao seu lado. Tais laços os tornavam recalcitrantes em aniquilar as dissidências que surgiam. Ao colapso militar somam-se as resistências administrativas, aos saques dos ministros das Finanças (dos quais Necker fora a última vítima), a fome da população com a crise econômica e de grãos, enfim, a completa perda de controle. Incêndios e pilhagens se alastram pela capital, que vê a formação de uma milícia burguesa. Em apenas três meses, o movimento se consolida e a crise se transforma em revolução, com declarações de que o Antigo Regime morrera.

As múltiplas revoluções de 1789

Ao longo da construção da narrativa sobre a revolução, o 14 de julho se tornará um marco fundador, a primeira das grandes jornadas revolucionárias em que a história foi alterada por um único evento dramático. Ao avistarem a massa se aproximar do Hôtel des Invalides, palácio utilizado para a recuperação de militares enfermos e como depósito de arsenal, os soldados que o guardavam recebem ordens de atirar contra a massa, mas se recusam a obedecer. Os rebeldes tomam posse de 32 mil fuzis e 27 canhões e partem para a antiga prisão da Bastilha em busca de pólvora. Elevada a símbolo da opressão do Antigo Regime, a Bastilha, já em vias de ser demolida, contava então com apenas sete prisioneiros: dois considerados insanos (entre eles o autor de uma tentativa de assassinato de Luís XV trinta anos antes), quatro falsários e um nobre confinado sob demanda da família. Além de centenas de livros censurados. Sua tomada, símbolo da quebra da opressão real, significou, assim, fundamentalmente, libertar livros. Entre os livros encontrados quando de sua queda, todos eles eram da nova filosofia, além de libelos políticos.

O governador da Bastilha e comandante da guarnição, que negociara com a massa para que ele e seus subordinados fossem poupados, acaba linchado em praça pública, mesmo destino que aguardava as lideranças na parada seguinte, o Hôtel de Ville. Diante do aumento da violência e da grande quantidade de munição tomada pelos revoltosos, Luís XVI cede no dia seguinte. Ele ordena a retirada das tropas de Paris e reconvoca os ministros dispensados. É promovida a ideia de uma reconciliação de Paris com seu rei, insuficiente para impedir a disseminação de revoltas por mais da metade do território francês, que incluiu a tomada dos governos municipais, no que ficou conhecido como "o grande medo". Membros da antiga administração e os grandes do reino começam a fugir, conjugando-se, no entender de Michel Vovelle, três revoluções: uma institucional ou parlamentar, na cúpula; uma revolução urbana ou municipal; e uma revolução camponesa, com a queima de castelos e a recusa dos privilégios dos grandes proprietários fundiários.

A Assembleia Nacional Constituinte prepara, nesse ínterim, o documento fundador da Revolução Francesa, pesadamente influenciado pelo ideário norte-americano: a *Declaração dos Direitos do Homem e do Cidadão*, promulgada em 20 de julho de 1789. Enquanto a *Declaração da Independência* dos Estados Unidos (1776) enfatizava os direitos individuais, no caso francês sobrepunham-se as necessidades coletivas e o bem público. Ambos os documentos são um reflexo das aspirações burguesas - liberdade individual, propriedade privada e partilha do poder -, mas a carta francesa tem sua tônica centrada em algo que transcendia as exigências de circunstância: a humanidade e seus direitos mais fundamentais. A influência de Montesquieu, de Rousseau e dos enciclopedistas é evidente no documento, que estabelece a igualdade de direitos, a nação como base da autoridade, a prevalência da lei e da vontade geral, além da liberdade de pensamento e de imprensa. Enquanto igualdade e liberdade abrem a *Declaração*, a fraternidade, que completa a tríade do lema, aparecerá pela primeira vez no final de 1790, em um texto de Robespierre. A partir de então, a divisa "liberdade, igualdade, fraternidade" passará a ser inscrita em prédios públicos e será intimamente associada à República francesa.

Nesse cenário, Luís XVI ainda mantinha formalmente o poder Executivo, mas é pressionado a assinar a *Declaração*, que vai contra toda a concepção de uma natureza desigual e estruturante das relações sociais, característica do Antigo Regime. A despeito da hesitação do rei, em 4 de agosto, a Assembleia decreta a abolição dos direitos feudais, dos privilégios e das desigualdades fiscais, estabelecendo a igualdade perante a lei (ainda que os títulos de nobreza sejam abolidos apenas posteriormente), confirmando a reforma do Judiciário e a revogação da tortura. Ou seja, exigido pela nobreza, que se sentia alijada do poder e desejava retornar a uma tradição longínqua, baseando sua liberdade nos privilégios de que desfrutava, os Estados Gerais foram o passo inicial para que cabeças rolassem.

Da dessacralização à monarquia constitucional (1791)

A quebra da ideia de um poder absoluto do rei - que, na prática, nunca realmente foi absoluto, dadas as condições da época e as instituições - decorre de um processo de erosão que precede a crise revolucionária. Além das demandas crescentes por reformas políticas e da crise econômica galopante, a progressiva dessacralização do monarca avançava havia décadas em uma França na qual a crítica da autoridade e da desigualdade em si era elevada a primeiro plano entre a opinião pública. Aviltada por panfletos que a polícia tinha poucas condições de combater, afastada da capital e relegando o aparato de dominação simbólica habilmente construído sob o Rei Sol a mera formalidade, a família real já se encontrava largamente desprovida de sua aura sagrada.

Tal deterioração da imagem real data, de forma consistente, pelo menos do reinado de Luís XV (1715-1774). Um rei que abandonara o ritual de toque das escrófulas, pois se recusava a se confessar e a se arrepender de seus pecados, o penúltimo rei Bourbon viu emergir uma prolífica literatura de libelos que tinha, na última de suas amantes, Madame du Barry, o alvo principal. Robert Darnton analisa como, juntamente às acusações de fraqueza e incompetência na condução dos negócios do reino, o peso dado ao comportamento sexual do monarca e à sua moral promoveu uma "erosão ideológica" do regime. Os libelos tinham contra as figuras femininas uma ênfase particular, que, após um breve período de trégua entre a morte de Luís XV e a ascensão de Luís XVI, será perpetuada contra Maria Antonieta.

Maria Antonieta criou um desafio ao chamar a atenção para si em um reino no qual a lei sálica permitia a uma rainha não mais que atuar como regente de seu filho menor. Gerando insatisfação tanto na aristocracia mais tradicional – que via em suas roupas e gestos sinais de uma rainha que tirava os holofotes do tímido rei –, quanto na população – cuja miséria acentuada contrastava com o esplendor dos três aposentos em Versalhes que guardavam uma profusão de trajes, sapatos, perucas e joias –, a rainha e seu círculo íntimo se tornaram o alvo maior da abjeção pública.

Em 6 outubro de 1789, um grupo de milhares de revolucionárias invade Versalhes e destrói seus aposentos, obrigando a família real a abandonar o castelo. "Não nos faltará mais pão! Levaremos o padeiro, a padeira e o pequeno aprendiz", clamavam as mulheres no caminho de Versalhes a Paris, em resposta à promessa de pão feita pelo rei. Do 14 de julho à audiência dos debates na Assembleia Nacional, que lhes renderá o nome de *tricoteuses* (tricoteiras), as mulheres trabalharam no esforço de guerra na medida em que os conflitos se desenrolaram e estiveram na arquitetura da primeira prisão da família real. Em seu livro *Virtuosas e perigosas*, Tania

Machado Morin segue os passos de Dominique Godineau ao descrever como as mulheres constituíram uma força intrínseca ao movimento e adentraram no cenário político. A ênfase na violência feminina, feita pela contrarrevolução, deixa entrever os temores quanto à ocupação de um espaço que lhes era tradicionalmente negado.

Arrastada até o palácio das Tulherias, na capital, a cúpula dos Bourbon observa a progressiva deterioração dos poderes do monarca, com o regime francês adquirindo uma faceta parlamentar. Enquanto a escassez de pão recrudescia, tentativas de reformas, sobre as quais o rei não mais tinha controle, se disseminavam. Propunha-se inicialmente a tomada dos bens eclesiásticos, para saldar a dívida pública. Foi criada uma nova moeda, o *assignat*. Os bens do clero, correspondentes de 6% a 10% do território da França metropolitana, bem como os bens dos nobres emigrados, foram nacionalizados, promovendo um alívio momentâneo. Mas o endividamento estrutural do reino, após os sucessivos fracassos de reforma econômica, fará com que a saída revolucionária seja a expansão militar.

A tomada dos bens do clero foi acompanhada de mudanças de amplo impacto na organização religiosa na França, com a abolição dos votos religiosos e das ordens (exceto aquelas com uma função social destacada, como as hospitalares e educadoras), e, em 12 de julho de 1790, é promulgada a *Constituição Civil do Clero*, que o tornava um corpo de funcionários públicos. A utilidade do clero é calculada na medida de sua contribuição para a França em termos de auxílio público, sendo-lhes imposto um juramento obrigatório à Constituição, que significava a ruptura com Roma e a condenação de Pio VI. O clero refratário, composto de uma maioria de bispos e cerca da metade dos párocos, enfrenta o clero civil, o que lança luz sobre as profundas diferenças na hierarquia religiosa, visíveis tanto na origem social de seus membros quanto no entendimento que tinham dos dramas da população.

Extirpado do braço direito da Coroa no qual a Igreja se constituíra desde a Idade Média, isolado das decisões governamentais e limitado a assinar as leis e decretos emitidos pela Assembleia Nacional, o rei hesita em agir. Após mais de um ano de deliberações secretas, em meados de 1791, Luís XVI coloca em marcha um plano de fuga cuidadosamente orquestrado. Escapando de Paris na noite de 20 de junho, a comitiva real disfarçada – o rei, a rainha, o delfim, a delfina, a princesa Elisabeth (irmã do rei) e três criados – buscava alcançar Montmédy, na fronteira leste, a caminho da Áustria. Acaba sendo parada por cidadãos na noite seguinte, no vilarejo de Varennes, sendo instada a retornar a Paris na manhã seguinte.

A historiadora Mona Ozouf insere as 36 horas deste episódio entre as grandes jornadas revolucionárias, pois se trata do ponto sem retorno do reinado de Luís XVI e das vidas de metade daqueles que integravam a comitiva. A partir de Varennes, a Assembleia Nacional divide-se entre o clube dos "amigos da Constituição", os chamados *feuillants* – que, a despeito da tentativa de fuga, se opunha a contestar o regime monárquico –, e o clube dos jacobinos, republicano, que ganha força. O evento assinala, assim, uma ruptura, na medida em que foi compreendido pelos contemporâneos como uma quebra da união entre o povo e seu rei, com ele prestes a abandonar seus súditos e a agir em conluio com o inimigo estrangeiro. De fraco e manipulado pela rainha, o rei se torna, assim, um traidor.

Ao escrever sobre o episódio no século seguinte, Victor Hugo afirmará que "Entre Reims e Varennes, entre a sagração e o destronamento, há, para meu cocheiro, apenas quinze léguas; para o espírito, há um abismo, a revolução" (apud Ozouf, 2009, p. 13). Foi por cerca de cem metros que a família real não conseguiu atravessar a ponte sobre o Aire e encontrar o regimento que se deslocara para ajudá-la e que se perdera no caminho. Ou seja, o improvável, o fortuito e o acaso também desempenham um papel na construção da realidade, como sublinha Mona Ozouf, apesar da necessidade de lógica e ordenação por parte dos historiadores, que se esforçam para acabar com os espaços de dúvida e ambiguidade, os quais, entretanto, existem, sobretudo quando se confrontam as versões deste episódio.

A vigilância sobre a cúpula real, que sempre estivera presente em Versalhes, é, assim, substituída pela da revolução, e dela já não é possível escapar. Ao tentar abandonar a França, a família real se perdeu e abriu o caminho para a República, pois apenas dezenove meses separam Varennes do julgamento do rei, que reconhece, ainda na noite fatídica, já não haver rei de fato na França. Nessa conjuntura, a massa se insurge contra a Assembleia, que, hesitante, rejeitava os apelos democráticos, tão somente suspendendo os poderes do rei, para depois restabelecê-los. O massacre no Campo de Marte, em 17 de julho de 1791, será decisivo para o acirramento das paixões. Petições e a imprensa incitam à cassação dos direitos de Luís XVI, movimentam milhares de pessoas – alguns números chegam a 20 mil – e reivindicam a reestruturação política. Ordenada pela Assembleia, a repressão é violenta.

A Constituição de 1791 acabará sendo promulgada pouco depois, em 3 de setembro, buscando conjugar a separação de poderes (fundada em Montesquieu) e a soberania popular (fundada em Rousseau, mas ignorando o fato de que, para ele, a soberania não pode ser delegada). O poder executivo do rei foi formalmente mantido, sendo-lhe facultado veto nas decisões, mas ele passa a ser compreendido como representante da nação, e não mais aquele que a encarnava e era o intérprete legítimo dos desígnios divinos para seu povo.

Os temores de que uma contrarrevolução estivesse em marcha não foram aplacados, contudo, como a inquietude da população indicava. Em abril de 1792, é declarada a guerra contra a Áustria (apoiada pela Prússia), que enfrentava a França em defesa da solidariedade dinástica e do medo de que as sementes revolucionárias se alastrassem. A declaração de guerra se choca com o anúncio de "paz ao mundo" proferido pela Assembleia, ainda no alvorecer da revolução, quando a nação, corporificada por seus representantes, jurava não empreender guerras de conquista ou violar a liberdade de outros povos. Chega ao fim a fase liberal da revolução. A França mergulhará em uma série de conflitos que perdurarão até a queda final de Napoleão, sempre marcados pelo engajamento da população.

O *Manifesto de Brunswick* é um documento importante para se compreender o acirramento das paixões naquele contexto. Atribuído ao líder do Exército prussiano, o duque de Brunswick, o texto, na verdade, fora escrito por refugiados que escaparam da revolução – entre eles o conde Hans Axel von Fersen, acusado de ser amante de Maria Antonieta – e contara com sugestões do rei. Dirigido ao povo de Paris, afirmava que, se a família real fosse poupada, o povo não seria atingido. A tentativa de intimidar a população, entretanto, tem efeito contrário ao pretendido. As represálias contra a família real são imediatas, com a invasão do palácio das Tulherias, no que ficou conhecido como a Insurreição de 10 de Agosto. Primeiro refugiada na Assembleia, a família real logo é conduzida à prisão do Templo e o manifesto usado como um pretexto para a renovação da revolução.

A Convenção Nacional (1792-1795) e o aniquilamento da família real

As consequências políticas do episódio foram desastrosas para as esperanças monárquicas: o rei é destituído em 21 de setembro de 1792 e a República é proclamada de forma não oficial no dia seguinte, pondo fim à curta experiência com a monarquia constitucional. Uma série de mudanças profundas começa a tomar lugar, proporcionais à compreensão de que um regime inédito fora iniciado, rompendo com a monarquia e com o cristianismo como valores de referência. Um novo calendário, diretamente inspirado em aspectos da natureza ou da vida camponesa; novos símbolos, como a indumentária revolucionária que negava a estética da realeza e identificava o bom republicano; e novas inspirações mitológicas, como a figura do Hércules, são elementos analisados por Lynn Hunt, em 2007, a partir da compreensão da cultura como elemento essencial para se moldar as práticas políticas, e não algo meramente delas derivado.

Se a revolução não é mais limitada aos números e aos embates entre uma burguesia capitalista e uma nobreza, ela se torna essencialmente política. Não mais a política dos altos escalões da Assembleia e da Convenção, ou a plutocracia do Diretório, mas uma revolução que mudou para sempre a retórica, os símbolos e até as práticas cotidianas, também sempre mergulhadas na política. Da transformação do cidadão à transformação do corpo social, é na política – e não mais na religião – que se deposita a fé, para progressistas ou conservadores.

Esse novo mundo que se desenhava exigia compromissos distintos, e a Convenção estabelece a primeira experiência de sufrágio universal masculino na França. As eleições legislativas ocorrem em setembro, porém, têm baixíssima adesão. Caminhava a República para uma acentuada centralização das decisões políticas. Dividida em três grandes partidos, a Assembleia viu crescer a polarização entre a Montanha, formada por ex-jacobinos radicais, citadinos como Robespierre, Danton e Marat, que farão seus nomes como grandes oradores da revolução; e a Gironda, composta por deputados republicanos moderados, mais abastados e oriundos especialmente das regiões portuárias, como Nantes, Bordeaux e Marselha. À Planície (ou Pântano) caberá se tornar o fiel da balança, pendendo ora para a Montanha, ora para a Gironda. Não se tratam, contudo, de sistemas partidários coerentes e unânimes, como as progressivas divergências nas votações indicam. As afinidades pessoais desempenharão um papel essencial nas acusações contra os chamados girondinos, diante da pressão popular pela intensificação das reformas.

De mais a mais, a ameaça de uma contrarrevolução, que seria encabeçada pelos grandes do reino que fugiram, será confrontada pela radicalização da revolução. O povo citadino se via inundado por slogans republicanos, enquanto a crise financeira deixava o custo de vida insustentável. A pressão da população será fundamental para os debates em torno do destino dos prisioneiros do Templo, com a Montanha exigindo sua execução, enquanto a Gironda pendia para a clemência. Símbolo maior das mudanças trazidas pelos ares republicanos, a execução do rei significaria o encerramento de um longo capítulo da história francesa, que, enfim, se abria para o bem público. A desconfiança e a ruptura, sobretudo após o 10 de agosto de 1792, quando a massa se lançou contra as Tulherias, passam a moldar as práticas e as sensibilidades políticas revolucionárias. Da Gironda à Montanha, a obsessão pelo complô aumenta.

A instauração do processo contra Louis Capeto, já desprovido de sua identificação hereditária, dá-se em um cenário extremamente reativo. O processo contra o rei dos franceses – e não mais da França, detalhe da oratória que salienta como o poder emana do povo – é iniciado em 11 de dezembro, com as acusações principais de traição e conspiração contra o Estado. Após a descoberta de documentos secretos, escondidos no armário de ferro do quarto do rei, a Convenção Nacional reúne suas provas, ainda que emerjam problemas de autenticidade e seleção dos papéis. O escândalo dos documentos provocará a "despanteonização" de Mirabeau, o nobre libertino que se transfigurara em aguerrido deputado do terceiro estado, enquanto atuava como conselheiro secreto de sua majestade. O rei defende-se da acusação de ter levantado armas contra os franceses, afirmando que, na época, não havia lei que o impedisse de fazê-lo, que era mestre de suas tropas e que elas foram usadas para conter a desordem, não derramar sangue. Ele nega conhecimento do famigerado armário e a autenticidade de sua assinatura nas cartas, rejeitando, assim, a legitimidade das acusações contra ele.

Os votos sobre a execução do rei dividiram-se em 378 votos a favor e 334 contrários. Entre os votos favoráveis, estavam os de alguns deputados que não haviam sido eleitos e eram meros suplentes. Em 21 de janeiro de 1793, na praça da Revolução, Luís XVI é guilhotinado, aos 36 anos. Suas últimas palavras foram: "Eu morro inocente de todos os crimes que me imputam. Eu perdoo os autores de minha morte. Eu rogo a Deus que o sangue que vocês irão derramar não recaia jamais sobre a França."

Michelet, que viu em Varennes a morte da realeza, afirma que ela quase ressuscitou em 1792, por efeito de denúncias contra a lisura da votação que selaria o destino de Luís XVI, e, também, denúncias de radicalização extrema, da qual o martírio do rei era o perfeito exemplo, na visão dos monarquistas de França, Suíça, Bélgica, Áustria e outros. Afinal, a prisão e a condenação de Luís XVI foram justificadas como reação para salvar a revolução do que se via como um assalto contrarrevolucionário, ao qual se somava o crescimento da ameaça externa. Mas, com a monarquia abolida, era necessário eliminar a família real? O julgamento de Maria Antonieta, montado pelo Tribunal Revolucionário, tornou-se alvo de reprovação internacional, visto que ela jamais exercera poder (direto) sobre o reino.

No julgamento da rainha, as acusações incluirão mesmo seus supostos desvios sexuais, admitindo-se libelos entre as provas. Acusada de gastos excessivos, de exercer influência indevida sobre Luís XVI, de ser fiel a suas origens austríacas e até mesmo de incesto – após o interrogatório conduzido do outrora delfim Louis-Charles, seu filho de 7 anos, cujos relatos não foram corroborados por nenhuma das testemunhas –, a rainha se mantém digna e altiva no tribunal, clamando às mães presentes. Sua defesa, construída por advogados indicados pelo próprio tribunal, não teve qualquer chance. Mesmo despida de todas as honrarias que seus títulos lhe prometeram, Maria Antonieta, ao se vestir para o cadafalso com a pureza e a simplicidade do branco, apresentou-se como mártir. Ela foi executada em 16 de outubro de 1793, aos 38 anos, diante de uma massa que permanece silenciosa depois do ato final do carrasco, em flagrante contraste com o ódio que lhe fora dedicado nas décadas anteriores. Sua execução é o encerramento do século XVIII, como expressou Stefan Zweig, que, no entanto, foi incapaz de ver além das "bagatelas" às quais – acreditava ele – a rainha se dedicava, revestindo-a de uma mediocridade negada massivamente pela historiografia mais cuidadosa.

Elevada a ícone do Antigo Regime por seus apologistas ou por seus detratores, a rainha teve sua morte decretada com requintes de uma misoginia que prometia às mulheres poucas mudanças no mundo que ajudaram a construir. Quando a ativista política Olympe de Gouges afirmava que, se as mulheres tinham o direito de subir ao cadafalso, também o tinham de subir à tribuna, ela era ridicularizada, assim como seus protestos antiescravagistas e pró-mulheres (pelo divórcio civil, a igualdade entre os cônjuges e o reconhecimento dos filhos naturais, pela criação de maternidades e de escolas gratuitas).

A esperança revolucionária compartilhada pelos homens e mulheres à frente das revoltas e nos bastidores das discussões da Assembleia Nacional – De Gouges integrava as "tricoteiras" – vai sendo destruída à proporção que as novas instituições se delineiam. As mulheres, em especial, são silenciadas: em 1793, os clubes femininos são fechados; em 1795, as atividades políticas são vedadas a elas; enfim, em 1804, o *Código Civil* napoleônico reafirmará a menoridade jurídica das mulheres, tuteladas pelo pai ou pelo marido. Como De Gouges escreve no epílogo de seu famoso panfleto que parodia a *Declaração dos Direitos do Homem e do Cidadão*: "Mulheres, quando deixarão de ser cegas? Quais são as vantagens que vocês obtiveram na revolução? Um desprezo mais marcado, um desdém mais assinalado." Opositora do radicalismo da Montanha, ela não tardará a seguir Maria Antonieta no cadafalso, sendo guilhotinada em 3 de novembro de 1793.

Proclamada a República e eliminado o casal real, como também a princesa Elisabeth, que o apoiara até o fim, seus filhos que sobreviveram à primeira infância permanecem prisioneiros. Marie-Thérèse fica presa no Templo até os dezessete anos, quando é trocada por prisioneiros de guerra com a Áustria. Louis-Charles (1785-1795) não sobreviverá aos rigores da revolução. Inicialmente sob os cuidados do pai, que continuou sua educação nas Tulherias, o menino se torna alvo de um projeto que visava transformá-lo em cidadão republicano. Depois de preso, em julho de 1793 é posto sob a guarda de um sapateiro e sua esposa, residentes no Templo, para então acabar reconduzido ao confinamento no início do ano seguinte, no qual permanecerá meses a fio, sem qualquer contato com o mundo exterior, no escuro. O potencial sucessor de um trono restaurado morre, enfim, em 8 de junho de 1795, aos dez anos, subnutrido e com as escrófulas resultantes da tuberculose, da qual o caráter sagrado dos reis, supostamente, deveria poupá-lo.

O Terror (1793-1794)

As execuções de Luís XVI e do herdeiro presumido não eliminaram os apelos da contrarrevolução. Os príncipes Bourbon fugiam do alcance do novo regime. No interior da França, os primeiros anos da Convenção são marcados por intensas crises e pelo chamado Terror, uma fase de recrudescimento da perseguição aos inimigos (reais e imaginários) da República. Oficializado em 5 de setembro de 1793, o Terror é concebido como uma forma de "organizar, sistematizar e acelerar a repressão aos adversários internos da República" (Furet, 1989, p. 146). Destacam-se, entre seu aparato de funcionamento, três órgãos: o Tribunal Revolucionário, inicialmente criado como tribunal criminal extraordinário, que funcionara de agosto a novembro de 1792, e depois é restabelecido a pedido de Danton, em 1793; o Comitê de Segurança Geral, responsável pela polícia e pela justiça; e o Comitê de Salvação Pública, pensado para combater os perigos que ameaçavam a França, isto é, a invasão e a guerra civil. Este último era responsável pela elaboração e a execução das leis, a nomeação de funcionários e a instalação de redes de vigilância. Sua condução coube a uma das figuras maiores da revolução, o jacobino Robespierre, que ganhará a alcunha de "o incorruptível".

A radicalização da revolução nesse momento conta com a união entre a Montanha e os chamados *sans-culottes* parisienses, que, para Michel Vovelle, reivindicavam uma democracia direta e acabaram arrolados no aparato repressor. Patrice Higonnet os apresenta como uma categoria bastante precisa temporalmente: trata-se de um grupo parisiense de artesãos e pequenos patrões (ou seja, não eram operários, tampouco indigentes), incluindo mulheres, que emerge entre 1792 e 1795. Após o massacre no Campo de Marte, seus manifestantes se reagrupam, se organizam e continuam a se apresentar como representantes da vontade popular, ou seja, dos comitês, das seções parisienses e dos bairros. Os *sans-culottes* tiveram uma participação expressiva nas jornadas revolucionárias: no massacre da guarda suíça, o último bastião de defesa do rei, em 10 de agosto de 1792; na queda da monarquia; na condenação de Luís XVI e sua execução, em janeiro de 1793; no apoio à Montanha na insurreição de 31 de maio contra os girondinos, que dominavam a Convenção. Para Marx, no momento em que a burguesia fraquejou, teriam sido eles a força-motriz da revolução.

Engajados nos comitês de vigilância e nos exércitos revolucionários, os *sans-culottes* atuavam não apenas em defesa da revolução – o que frequentemente compreendia vigiar e perseguir suspeitos –, mas também no suprimento dos itens de primeira necessidade. Eram, portanto, um ator coletivo de peso. Ao viverem a política, construíram uma consciência republicana e antiaristocrática, mobilizando-se em uma Paris de elevada concentração populacional, verdadeiro barril de pólvora prestes a explodir. Os *sans-cullotes* se tornam um trunfo disputado pelas forças que se enfrentavam na Convenção, mas, conforme foram sendo eleitos para cargos públicos, acabam por perder sua independência e passam a alimentar os quadros jacobinos. Para Albert Soboul, sua falta de unidade condenava-os ao fracasso, ao que Higonnet contrapõe as sementes lançadas por suas ações, que formarão as bases para a classe operária do século XIX.

O aparato coercitivo do Terror – aquele com letra maiúscula, já que o terror lato senso foi uma constante do processo revolucionário desde o 14 de julho, com os linchamentos nas tomadas da Bastilha e do Hôtel de Ville – contará, portanto, com um engajamento extraordinário, apenas possível em um cenário de pânico, no qual a purgação dos elementos ameaçadores se torna indispensável.

O deputado montanhês Marat fez de seu jornal, *L'Ami du Peuple*, um dos maiores veículos de difusão dos ensejos extremistas, multiplicando a campanha pela execução da família real e, depois, pelos massacres generalizados. O jornal durou até o assassinato de seu dono, por Charlotte Corday. Originária da Normandia, região insatisfeita com o novo regime, Corday era ela mesma ligada à nobreza e a deputados girondinos que haviam se refugiado em Caen, após serem denunciados pela Convenção como traidores e federalistas. Após algumas tentativas de abordar Marat, ela consegue entrar em sua casa em 13 de julho de 1793, posando de admiradora e informante, e atravessa seu peito com uma faca. Corday é executada em 17 de julho, e Marat, transformado em mártir da revolução. Seu retrato ensanguentado na banheira, feito por David, irá adornar a sala da Convenção, deixando escancaradas as fissuras na ordem interna e o confronto de experiências revolucionárias antagônicas.

Foi a guerra, no entanto, que intensificou a violência, multiplicando os medos e os inimigos. A Primeira Coalizão (1792-1797) contra a França revolucionária é formada após a declaração de guerra à Áustria e da invasão da Bélgica e dos Países Baixos. Em 1793, a França declara guerra à Inglaterra, que inicialmente se mantivera neutra (e até receptiva às mudanças no continente, mas que, diante das invasões francesas, coloca-se em alerta), e, em seguida, às Províncias Unidas (que serão desmembradas ao longo do conflito, dando origem à República Batava). A ação britânica se dará através da sua Marinha e de investimentos financeiros para que as potências do continente levantem seus exércitos (além de entrar em acordo com a Rússia, a fim de forçar a quebra da exportação francesa de grãos). A França ainda declararia guerra à Espanha (com a qual acabará se aliando mais tarde), e a Portugal, aos Estados Pontificais e a diversos Estados italianos (Sardenha, Nápoles, o reino das Duas Sicílias), todos membros da coalizão antirrevolucionária.

A guerra estabelecerá um período de exceção, no qual a Constituição do ano I (1793) não é aplicada e as linhas entre a oposição e a traição ficam turvas. A Convenção, assim, não se lançará apenas contra os nobres, os últimos monarquistas declarados e os padres refratários, mas contra todos aqueles que questionassem o Tribunal Revolucionário, os comitês de vigilância e o enrijecimento das leis contra emigrados. Danton justificará o acirramento excepcional da vigilância com base nos massacres de setembro: "Sejamos terríveis para que o povo não o tenha de ser", declarava o homem por trás das jornadas revolucionárias.

Ao tentar conter a mobilização popular, que já se provara uma pressão inelutável, as instituições se reforçam e procuram definir o que é o verdadeiro revolucionário, o cidadão que, além de abraçar a República, é radicalmente transformado – em seus afetos políticos, falas, comportamentos e sociabilidades. Como explora François Furet, o sentido de revolução se declina com o revolucionário, para quem as barreiras entre o público e o pessoal não existem. Viver a revolução exige um compromisso integral, tanto que, para Saint-Just, a única maneira de ela terminar seria conquistando a verdadeira felicidade.

Para atingir tal fim, sacrifícios são exigidos e dão a medida da lealdade à revolução. A *Lei do 22 Prairial* (10 de junho) indicava, em seu artigo 4, que o objetivo da criação do Tribunal era precisamente "punir os inimigos do povo". Com o intuito de acelerar os julgamentos, foram suprimidos a fase da instrução dos processos, o direito dos acusados de constituir advogados e a acareação das testemunhas. O denuncismo se tornou o expediente padrão e o Tribunal se mostrou implacável durante dezesseis meses, acabando por infundir o medo na mesma população que o havia saudado. A lei 22 foi anulada no dia seguinte à queda de Robespierre, no 9 Termidor (27 de julho), após resultar em 16.600 execuções e mais de quinhentas mil prisões por toda a França. Tais números, levantados por Donald Greer, um dos primeiros historiadores americanos a se aprofundar nas estatísticas da revolução, não contemplam, contudo, o terror cotidiano. François Furet destaca que, entre as vítimas, encontravam-se pessoas de diferentes grupos sociais, pois, ainda que o Terror tenha denunciado ostensivamente padres refratários e nobres, a perseguição também atingiu pobres e miseráveis urbanos, além de contar com especificidades regionais, como é o caso dos camponeses vendeanos.

Com efeito, além das ameaças externas, a Convenção voltou seus exércitos contra mobilizações internas, destacadamente, as guerras do Oeste. Desenroladas nas duas margens do rio Loire, à direita com a Revolta da *Chouannerie* (1792-1804), que se deu especialmente na forma de guerrilhas, e à esquerda com a Revolta da Vendeia (1793-1796), cujas guerras contaram com uma participação massiva de jovens camponeses, com algumas lideranças de oficiais nobres. Estava em jogo não apenas a oposição entre realismo e republicanismo, ou superstição e razão, atraso e progresso – uma interpretação redutora que exprime a visão de mundo estranha e coercitiva que começava a se infiltrar em ambientes tradicionalmente coesos como o camponês –, mas alterações profundas na juventude francesa da época. Ao longo do século XVIII, suas perspectivas tiveram de, lentamente, adaptar-se às transformações econômicas que esmagavam a população rural, como mostram os estudos de Paul Bois e Charles Tilly.

A turbulência política será, contudo, um fator acelerador da transformação entre os jovens, ao qual se acrescenta uma política do novo regime de impacto avassalador: os alistamentos compulsórios decretados pela Convenção em 2 de março de 1793, afetando homens solteiros de dezoito a vinte e cinco anos (ampliados, na sequência, para trinta anos). A aversão à burguesia urbana e aos privilégios dos ditos "cidadãos notáveis", que podiam comprar sua licença do Exército, levam à eclosão da resistência, quando os jovens assumem papel central no combate aos exércitos revolucionários. Marcel Faucheux sinaliza, ademais, os rancores alimentados contra a burguesia, beneficiária dos bens nacionais, notadamente das propriedades confiscadas da Igreja, da Coroa e da nobreza em fuga, de forma que a rejeição às convocações foram o escape de uma situação de descontentamento muito maior. Tal descontentamento passava pelos impostos; pelo confisco de grãos; pela abolição dos privilégios (leis particulares) da Bretanha, que redundará na criação da Associação Bretã, encarregada de arregimentar voluntários na luta em defesa da monarquia e pela preservação dos costumes locais; e pelas alterações promovidas pela *Constituição Civil do Clero*, que afetaram profundamente as paróquias – na Bretanha, mais de 80% dos padres se recusaram a prestar juramento à República, sendo apoiados pela população.

Uma separação natural entre camponeses e burgueses, defendida por Soboul, por exemplo, para quem as massas da Bretanha e da Vendeia não eram realmente monarquistas, mostra, portanto, o esforço em desvincular as camadas camponesas da fidelidade à velha ordem. Não apenas isso, mas a nova sociedade que se impunha, em nome da libertação da opressão, colocou novos atores privilegiados em cena, sem verdadeiramente desonerar os camponeses, cuja visão de mundo estava sendo sacudida – o lema da Bretanha era "Deus e meu país", enquanto o da Vendeia era "Deus e meu rei". Jean-Clément Martin explica o fenômeno, de sentido conservador, em razão da defesa dos valores comunitários, do tradicionalismo infundido na juventude, e que podemos remontar ao papel consagrado aos jovens, na Europa rural, de salvaguardas da honra.

O caso da Vendeia mostra como revolução e contrarrevolução se tornam, gradativamente, um assunto de jovens. São os jovens que se veem compelidos à mudança, aos desafios futuros – e são também eles que mais perecem nos conflitos. Apenas no episódio da Virada de Galerne (1793), quando os vendeanos tentam reanimar a luta na Bretanha, durante um momento em que a região dava sinais de desgaste, mais de 50 mil são mortos pelas tropas republicanas (os prisioneiros, homens, mulheres e crianças, são fuzilados ou enviados à prisão, onde a maioria morre também fuzilada ou doente). Além das mortes nos campos de batalha, foram colocados em prática massacres de civis e afogamentos coletivos no Loire, visando à aniquilação de toda a população vendeana, suas casas, fazendas e culturas. Há relatos de soldados que cortavam mulheres e crianças ao meio, depois as jogavam em fornos. No total, cerca de 300 mil mortos resultaram do conflito.

As memórias dos atores, opondo realistas e republicanos, marcará uma divisão interpretativa no contexto da época, perpetuada na historiografia dos séculos XIX e XX, com a divergência entre registros oficiais e relatos. De um lado, os defensores da República afirmam que as revoltas não tiveram um caráter genuinamente popular, que o povo fora conduzido por nobres e padres, omitindo que o ponto principal para a eclosão da resistência foi a convocação obrigatória. De outro, coloca-se o povo extremamente católico como um ator indispensável, ainda que liderado pela pequena nobreza. Há um conjunto de fatores inscritos na longa duração que ajudam a entender a dimensão do conflito: as diferenças regionais na França, que remontam às Frondas do século XVII e mesmo a antes delas; a perda da autonomia das aldeias para os burgos, onde se concentravam os poderes, e o decorrente alijamento do poder das pequenas elites rurais pelas citadinas, que passam a formar a nova nata político-administrativa; o catolicismo arraigado e a *Constituição Civil do Clero*; e, finalmente, o estopim da revolta, as convocatórias do Exército. Estas se tornam, de fato, a grande conquista da ditadura da Montanha, abastecendo os exércitos nacionais em níveis inéditos.

Com a dissolução dos focos rebeldes internos e progressivas vitórias no exterior, o Terror conseguiu, assim, o restabelecimento militar da França, mas a um custo inestimável. O sangue por ele jorrado manchou a história da revolução e suas heranças nos séculos seguintes. Quando a República enfim prevaleceu, nos anos 1870, após quase um século de trocas sucessivas de regime, seus ideólogos, como destaca François Furet, foi à custa de um esforço para reabilitar o passado. Apenas durante o regime soviético, já no século XX, que o Terror, personificado na figura de Robespierre, passou a ser visto como um mal necessário para que a revolução prosperasse e a República fosse salva, diante do iminente colapso em 1793. Tal visão, que prosperou na historiografia marxista e é ainda disseminada em alguns livros didáticos, tem sido largamente contestada nas últimas décadas. A revisão da história e da historiografia da revolução tem se esforçado não apenas para dar a devida dimensão às perseguições do Terror, mas também para contextualizá-las no âmbito das rupturas partidárias e das oposições políticas, e não como um caminho inevitável diante da guerra externa e interna. Ou seja, mais do que culpabilizar os adversários – os monarquistas, os traidores, a Áustria –, é necessário analisar as engrenagens dos comitês e o fazer político do período.

O reinado do Terror, conduzido por Robespierre e chancelado por seus pares, solapou a oposição dos dantonistas, à direita, e dos herbertistas, à esquerda, intimidando os membros mais moderados da Convenção e desconsiderando quaisquer elementos de controle da autoridade. Em renúncia ao cosmopolitismo que impregnou o pensamento das Luzes, é promovido o expurgo dos estrangeiros que haviam se juntado à revolução na esperança de uma renovação da humanidade – diferentemente de Thomas Paine, que consegue fugir, é executado Anacharsis Cloot, barão prussiano que imigrara para a França atraído pelo fervor revolucionário, fora eleito deputado e até presidente do clube dos jacobinos, mas de quem Robespierre desprezava o universalismo e o ateísmo. Danton, que se colocava como o arquiteto do 10 de Agosto e fora alçado ao Ministério da Justiça, sendo instrumental no desenrolar da guerra contra a Áustria – "Para vencê-los, é preciso audácia, ainda audácia, sempre audácia, e a França estará salva!", conclui em um de seus mais célebres discursos à Assembleia –, acabaria condenado pelo Comitê de Salvação Pública, que ele próprio legara aos robespierristas em meados de 1793, e guilhotinado em 5 de abril de 1794. No trajeto até o carrasco, Danton teria gritado, sob as janelas de Robespierre, que este em breve o seguiria. De fato, Robespierre, Saint-Just e vários de seus apoiadores mais próximos são executados em 28 de julho (9 Termidor). Eliminando seus inimigos, o Comitê de Salvação Pública se acreditou isolado no poder, porém, os *sans-culottes* terminaram perdendo força como um coletivo orgânico, diminuindo o apoio à nova elite política, que precisava caçar inimigos para manter sua relevância. Um governo do medo, teorizado como governo da virtude, como frisa Theda Skocpol, não poderia findar senão pela aniquilação de seus próprios membros.

A dimensão personalista do Terror encarnada por Robespierre é ainda completada pela instituição da Festa do Ser Supremo, em substituição ao Culto da Razão, fomentando o deísmo pregado por Rousseau, para escândalo daqueles que viam a retomada de tradições associadas ao culto católico. Mas os protestos não podiam ser verbalizados, na medida em que o ateísmo voltara a ser perseguido e era agora punido pela Convenção com a pena de morte. Quaisquer manifestações em prol da liberdade de culto eram igualmente reprovadas. Ou seja, o acelerado movimento de descristianização, que acompanhou tendências gerais da sociedade, não aboliu a noção de divindade. Seguindo a análise de Albert Soboul, Robespierre, em busca de unidade, tão somente implantou um novo conjunto de tradições cívicas (sem muito sucesso).

A ruptura com os iluministas radicais e os enciclopedistas quando da ascensão do Terror mostra que o processo de construção da memória da revolução não foi desprovido de embates e de um direcionamento moderador: sem uma Igreja, mas com valores religiosos; sem rei, mas com uma liderança centralizada; e, especialmente, com o abafamento e perseguição das vozes que exigiam a transformação mais profunda nas estruturas sociais e uma democracia plena. Passa-se, assim, da rejeição dos símbolos cristãos e monárquicos à produção de novos símbolos fundadores. Livros podem não ter feito propriamente a revolução, mas ela certamente elegeu suas bíblias, com seu panteão sendo progressivamente preenchido pelos heróis nacionais, que passam a ocupar o lugar dos santos, com destaque para Rousseau e Voltaire.

O Terror chegando ao fim, encerra-se também a revolução jacobina, que, em nome da República, fez emergir um governo arbitrário cujos líderes direcionavam as paixões populares não apenas contra os inimigos da revolução, mas contra, especificamente, os inimigos da Montanha. A estabilidade mantida por pulso firme se mostrou ilusória, com a perda de confiança entre os parisienses e descontentamentos por toda a França, diante do rígido e ineficiente controle econômico, que determinava limites sobre preços e salários, bem como da tomada de estoque dos camponeses para alimentar a população urbana. A almejada centralização ainda carecia de um profundo reordenamento dos dispositivos em ação e de estabilidade financeira.

O Diretório (1795-1799) e o caminho aberto para Napoleão

Há um questionamento dos rumos da revolução depois do período de excessos. São promovidas mudanças nos comitês, o clube dos jacobinos é extinto e prisioneiros políticos são libertados, aliviando-se a retaliação contra os montanheses na ordem do dia. Ascende então politicamente um grupo que havia enriquecido durante os anos anteriores e que orquestrou a execução de Robespierre e seus acólitos: os termidorianos (nomeados, por extensão, pelas execuções no 9 Termidor). A Convenção termidoriana durará quinze meses, durante os quais são preconizados um modelo de economia liberal e uma política moderada, o que inclui o retorno dos girondinos expurgados que sobreviveram ao Terror. As mudanças nos comitês reduzem as prerrogativas do Comitê de Salvação Pública e alteram seus quadros, buscando-se quebrar o sistema persecutório que se instalara pelo país. Avanços ocorrem na liberdade de imprensa, que passa a denunciar os terroristas. Bronislaw Baczko reflete sobre a forma como, novamente, a almejada unidade é lastreada pelo aniquilamento dos desafetos políticos, em um sistema não devidamente pensado para a existência do contraditório. De girondinos a montanhenses, para se cair em desgraça bastava um realinhamento das circunstâncias.

A última fase da Convenção será marcada por manifestações tanto da juventude dourada, grupo monarquista, quanto dos ex-jacobinos e deputados montanheses, apoiados pelos *sans-culottes* remanescentes. Aos termidorianos, que se apresentavam como os salvadores da pátria, eles exigiam aplicação da Constituição e protestavam contra a falta de pão, causa de insurreições no Germinal e no Prairial do ano III, com a invasão da Convenção pela turba no Primeiro Prairial (20 de maio de 1795). O assassinato do deputado Féraud, cuja cabeça é empalada pelos manifestantes e apresentada ao presidente da Convenção, desencadeará uma repressão violenta e sedimentará a visão de que era muito perigoso deixar as massas participarem da política.

A Constituição do ano III, promulgada no 5 Frutidor (22 de setembro de 1795), sobrepõe-se à democrática (e inaplicada) Constituição do ano I e anuncia o fim da revolução popular. Sendo na essência uma declaração de deveres, ela abole o sufrágio universal masculino, estabelecendo que 200 mil eleitores censitários e instruídos poderiam votar, além de dividir o Legislativo em duas casas. A figura do homem de bem, respeitador das leis, é salientada no documento, que atendia aos interesses de uma elite liberal, interessada em evitar, a qualquer custo, o retorno do Terror. Fundando seu poder no apoio das camadas proprietárias, que haviam se lançado à aquisição dos bens nacionais, a política é deixada ao encargo dos representantes da nação, figuras especializadas no trato público.

A reação termidoriana se encerra, assim, na carta que abre caminho para o Diretório, implantado no IV Brumário do ano IV (26 de outubro de 1795), uma expressão do poder Executivo contra a tirania. Encabeçado por cinco diretores eleitos pelo Legislativo, de acordo com a proposta de Sieyès – o camaleão da revolução, que de defensor do terceiro estado em breve passará a cônsul –, o Diretório terá de enfrentar complôs à direita e à esquerda, aplicando sucessivos golpes eleitorais para manter maioria favorável. As eleições de março de 1797 surpreendem com a renovação do quadro dos deputados e a eleição da maioria ou convictamente monarquista, dividida entre saudosistas do Antigo Regime e constitucionalistas, ou composta por elementos menos avessos a um retorno da monarquia. Desprestigiados, os membros do Diretório recorrem ao Exército para anular as eleições. Internamente, a crise econômica aumentava, com a instabilidade monetária (o *assignat* fora abandonado ao final de 1795), a inflação, a especulação e a carestia. Além das fronteiras nacionais, o sucesso dos exércitos franceses na campanha da Itália (1796), que forçou a paz com a Áustria (1797), era fonte constante de fervor patriótico e segurança. Encarnados na figura do jovem general Napoleão Bonaparte, os valores do heroísmo republicano se casavam com a necessidade de afugentar os fantasmas.

São as ameaças de um retorno ao passado que, enfim, promoverão uma frágil união entre os antimonarquistas, incluindo os terroristas, e o esforço do fazer político que caracterizou os clubes. Estes, reabertos, garantem espaços republicanos de sociabilidade e de união contra o regime diretorial, cujos desafetos aumentam à medida que ele propõe a venda de bens nacionais e o confisco dos mais ricos para sanar a crise econômica, e à medida que acusações de corrupção interna se avolumam. Sustentado pelo aparato de mobilização do Exército herdado do Terror, o Diretório precisa dos militares para controlar tanto os monarquistas, que clamam pelo retorno da ordem e dos padres exilados, quanto os radicais na capital. Ele permanecerá dependente do Exército e de suas conquistas como forma de manter viva a expansão, aquecer a economia e canalizar as agitações populares, sem, no entanto, conseguir escapar das campanhas da imprensa e do descontentamento generalizado. Mantida pela guerra que a pervertia, como afirma Michel Vovelle, a infante República francesa vê aberto o caminho para o golpe do 18 Brumário (9 de novembro de 1799) e a implantação do Consulado.

A Constituição de 1799, a quarta da história da França, tem início com o anúncio do fim da revolução. Com a entrega das tropas a Napoleão, que recém-retornara do Egito, com a prisão da oposição e o amedrontamento dos deputados, um triunvirato é alçado ao poder. Ele é composto por Napoleão, Sieyès e Ducos (que se tornam primeiros senadores, sendo os dois últimos substituídos na sequência por Cambacérès e Lebrun). Voltado para a expansão, o novo regime garantirá a mobilização permanente para as guerras externa e interna, espalhando violência pelo mundo e construindo um Estado centralizado e burocrático, sobre os escombros das estruturas do Antigo Regime. Renovadas, estas passam a seguir os ensejos republicanos: acaba-se com a venalidade dos cargos na administração e no Exército, tornando-os objeto de maior fiscalização, não sendo mais limitados àqueles provenientes das camadas enriquecidas. Ou seja, há uma democratização na administração, que se torna pública e baseada no mérito (ao menos, em tese).

Feito imperador em 1804, Napoleão Bonaparte disseminará os princípios iluministas pela Europa sob a mira da baioneta. Imbuído da soberania que agora repousa no povo, ele se torna sua garantia, expressão máxima do potencial oferecido pela revolução que se torna um processo histórico mundial, alcançando a Bélgica (Brabante se liberta do domínio Habsburgo), a Itália, o Sacro-Império (um império de quase mil anos que é desmantelado por Napoleão), a Espanha, a América Latina e o Caribe (o Haiti tem a primeira revolta de escravizados bem-sucedida entre 1791 e 1804).

Seu poder, no entanto, permanecerá implicitamente atrelado aos dos reis do Antigo Regime na construção do conjunto de representações, no esforço pela hereditariedade, na submissão da Igreja e no controle administrativo e legislativo. A reconciliação do povo francês com o passado que tentara violentamente extirpar nele encontra, assim, sua síntese.

3.

O PENSAMENTO CONSERVADOR NA EUROPA

Daniel Gomes de Carvalho

Reação, contrarrevolução e conservação: os policiais filosóficos

> "Um artista é idêntico a um anarquista", exclamou Gregory. "Você pode transpor as palavras para qualquer lugar. O homem que lança uma bomba é um artista, pois prefere um grande momento a qualquer outra coisa. Ele vê quanto mais valiosa é uma explosão de luz forte, um toque de perfeição estrondosa, do que meros corpos comuns de alguns policiais disformes."
>
> "Mas", respondeu Syme, "o que há de poético em estar em revolta? Estar doente é uma revolta. Estar doente e ser rebelde pode ser salutar em certas ocasiões desesperadas, mas sou enforcado se conseguir ver por que são poéticas. Revolta em abstrato é... revoltante. É mero vômito" (Chesterton, 2023a, p. 12-14).

O instigante diálogo entre Gabriel Syme, da Scotland Yard, e Lucian Gregory, poeta anarquista, em *O homem que era Quinta-Feira: um pesadelo*, põe em evidência uma questão crucial para o pensamento político no período posterior à Revolução Francesa: o problema das ideias e sua relação com a atividade política. Na novela de G. K. Chesterton há uma figura intrigante chamada de "policial filosófico". Enquanto o policial comum atravessa as ruas para prender ladrões, o "policial filosófico" vai a cafés e reuniões políticas para descobrir pensamentos que levam as pessoas ao fanatismo. Nos termos de Chesterton, enquanto o criminoso comum trabalha para ocupar um lugar melhor nos andares de uma sociedade estabelecida, o criminoso filosófico não só quer "limpar o edifício", mas também "destruí-lo".

Como os policiais filosóficos de Chesterton, no final do século XVIII e do século XIX, os pensadores conservadores, reacionários e contrarrevolucionários, em que pesem suas diferenças, tinham uma preocupação comum: o fato revolucionário e seu potencial destrutivo. Convém recordar que, entre os séculos XVIII e XIX, o conceito de "revolução" definitivamente se deslocou de uma acepção astronômica (isto é, um movimento específico dos astros, como na *Revolução dos corpos celestes*, de Copérnico, de 1543) para um sentido político-social, que remete a uma ruptura profunda ou até mesmo a uma "torrente", nos termos de Robespierre. Os eventos eram apreendidos com tamanha perplexidade que, no final do século XVIII, François-René de Chateaubriand desistiu de produzir uma história da revolução – tudo o que escrevia ao longo do dia, justificou, "era ultrapassado pelos eventos da noite" (Carvalho, 2022, p. 164).

Ora, quando o tempo é percebido como fissurado, acelerado ou, ainda – como uma correnteza –, capaz de exigir que os acontecimentos tomem uma direção específica e aberta a um futuro indefinido, somente é possível reagir ao seu ímpeto, dar ao seu curso outra direção. E, na impossibilidade de reverter e direcionar as torrentes, o jeito é resistir a elas da melhor forma possível. Desse modo, este capítulo argumenta que, nos séculos XVIII e XIX, a reação ao fato revolucionário, entendido como portador de qualidades temporais, se afigura como elemento cimentador das posições tradicionalmente qualificadas como conservadoras, reacionárias ou contrarrevolucionárias.

Chateaubriand, que fundou o jornal *Le Conservateur* em 1818, juntamente com Bonald, incentivava seus contemporâneos a serem "homens de seu tempo" reagindo às transformações de sua época. Por isso, o intento primordial de *O gênio do cristianismo* (1802), obra-prima de Chateaubriand, era demonstrar que a civilização europeia é herdeira do pontificado. A civilização das luzes, argumentava, estava fadada ao fracasso por dedicar templos "à Verdade, que ninguém conhece, e à Razão, que nunca enxugou uma lágrima" (Chateaubriand, 2020, p. 38).

A esse respeito, é importante notar que "reação", termo oriundo, como "revolução", das ciências da natureza, passou a ser utilizado em sentido político no 9 Termidor (27 de julho de 1794), isto é, após a morte de Robespierre na guilhotina. Esse uso foi consagrado no texto de Benjamin

Constant, de 1796, *De réactions politiques*, escrito em um momento em que o autor se engajava na defesa de um governo moderado, que não se confundisse nem com o Terror, nem com a monarquia absoluta. Já o termo "contrarrevolução" figurava entre as 418 palavras acrescentadas ao *Dictionnaire de l'Académie*, de 1798, sendo definida como a "segunda revolução em sentido contrário ao da primeira e que restabelece as coisas a seu estado precedente". "Quando uma revolução está em curso, existe necessariamente um grande número de homens que procuram produzir uma revolução no sentido contrário, uma contrarrevolução", disse o girondino marquês de Condorcet.

Mayer elaborou uma distinção bastante conhecida entre contrarrevolucionários, conservadores e reacionários (1977). Segundo ele, se toda revolução compreende o combate a uma ordem antiga e a construção de uma ordem nova, a contrarrevolução seria aquela que, em nome da restauração, toma de empréstimo as ideias e métodos dos próprios revolucionários. Os reacionários, por sua vez, seriam críticos impassíveis da sociedade vigente, cuja desconfiança em relação à mudança se traduz em nostalgia do passado e mesmo em rejeição à ciência e à educação "modernas". Já os conservadores, pressionados pelos novos tempos, aceitariam a necessidade da mudança, desde que gradativa. O conservadorismo, nesse sentido, não postularia teorias, sistemas ou planos de longo prazo, mas busca dar coerência à defesa das "tradições" sociais e econômicas. Existe, claro, um terreno social e ideológico comum entre contrarrevolucionários, reacionários e conservadores, de modo que, quando a instabilidade figura no horizonte, seu alinhamento é facilitado, quase sempre com apoio da classe que se beneficiava da ordem anterior. Compagnon (2011), por sua vez, distinguiu a corrente reacionária, simpática aos antigos costumes e crítica tanto do despotismo monárquico quanto da democracia e da revolução, da corrente tradicionalista, a qual, segundo a doutrina de Bossuet em seu *Discurso sobre a história universal*, era favorável ao absolutismo.

Embora as distinções de Mayer e Compagnon sejam incontornáveis para o estudo da história do pensamento político, este capítulo procurará clarificar algumas de suas imprecisões. Para discutir esse problema, tomaremos como eixo três pensadores seminais nesses campos, quais sejam, Joseph de Maistre, Edmund Burke e Charles Maurras.

Edmund Burke e a constituição inglesa

Em *The Victorian Age in Literature* (A Era Vitoriana na literatura), Chesterton (2023b, p. 11) fora assertivo: "o evento mais importante da história inglesa aconteceu na França"; ou, acrescenta mais precisamente, "o evento mais importante da história inglesa foi o evento que nunca aconteceu – a Revolução Inglesa nos moldes da Revolução Francesa". Sendo assim, se é verdade que há uma ligação entre o pensamento de Edmund Burke (1729-1797) e a gênese do moderno conservadorismo, é igualmente verdadeiro que essa teoria adquiriu contornos em resposta ao fato revolucionário, dentro daquilo que é conhecido como "*the debate on France*", isto é, o debate britânico sobre a Revolução Francesa.

Um ponto comum nos estudos sobre a figura de Burke é a impossibilidade de uma análise unilateral a seu respeito. Florenzano, autor fundamental para esta seção, observa que há, na história e na historiografia, um "Burke filósofo (do direito natural), um Burke ambíguo (conservador), um Burke economista político e um Burke humanista (defensor dos injustiçados)" (Florenzano, 1997, p. 33). O próprio Burke contribuiu para essa multiplicidade: em sua *Letter to a Noble Lord* (Carta para um nobre lorde), ele afirma que gostaria de ser lembrado como um economista político; nas *Reflexões sobre a revolução na França*, salienta que gostaria de ser lembrado como homem independente; em uma carta escrita ao fim da vida, diz que gostaria de ser lembrado pelos seus esforços em defesa da Índia.

Diversos autores, desde William Cobbett até Karl Marx, explicaram essas supostas incongruências por meio da venalidade. Nas palavras do autor de *O capital*, "esse sicofanta, que a soldo da oligarquia inglesa bancou o romântico em face da Revolução Francesa, do mesmo modo que, a soldo das colônias norte-americanas, bancara no início dos motins americanos" (Marx, 2013, p. 745). Ocorre que, em sua época e no século XIX, Burke não era visto como o "fundador do moderno conservadorismo",* algo que só

* Evidentemente, há exceções, como o *tory* católico John Wilston Croker, o qual, contrário às *Corn Laws*, declarou, em 1847, que Pitt e Burke eram os "guias imortais e as glórias do conservadorismo" (Jones, 2017, p. 35). A definição de conservadorismo de Croker, não obstante, era profundamente despolitizada, tratando-se, segundo ele, de um "temperamento".

ocorreu no século XX, durante a crise constitucional de 1909-1914. Em geral, Burke era visto pelos seus admiradores como um grande escritor, não raro um utilitarista, como se observa nas citações de Disraeli a Burke em *Sybil* (1845). Críticos como H. T. Buckle afirmavam que, embora fosse um exímio escritor, durante a Revolução Francesa Burke caiu "na mais completa alucinação" (apud Jones, 2017, p. 75).

Não obstante, embora consolidada apenas no século XX, a associação entre Burke e o conservadorismo tem vida longa. Churchill, em seu *On Consistency of Politics*, destacou Burke como o equilíbrio entre liberdade e autoridade que ele mesmo almejava alcançar (Florenzano, 1997). As apropriações de Burke ainda se fazem presentes nas críticas de Oakeshott ao racionalismo na política (ou seja, a crítica à política entendida como resoluções quase sempre universalizáveis baseadas em princípios) e nas obras de Quinton (1978), para quem o conservadorismo britânico teria como pilares o tradicionalismo (a ideia de que a sabedoria política é histórica e coletiva, residindo no tempo), o organicismo (a ideia de que a sociedade é um todo, e não apenas a soma de suas partes) e o ceticismo político (a desconfiança do pensamento e da teoria quando aplicados à vida pública). Mas foi Russell Kirk aquele quem mais contribuiu para a associação entre Burke e a "fundação" do conservadorismo em sua versão liberal. Para o autor, é a posição a um só tempo liberal e conservadora de Burke, orientada pela prudência e ancorada nas antigas liberdades, que explica suas avaliações distintas a respeito da América do Norte e da França: "Burke era liberal porque era conservador" (Kirk, 2021, p. 103).

Burke nasceu em Arran Quay, Dublin, no ano de 1729. Embora sua família fosse católica, seu pai se converteu ao anglicanismo para evitar problemas em sua carreira jurídica. A origem irlandesa de Burke é, sem dúvida, um tema recorrente entre seus críticos contemporâneos, que o acusavam de ser um emissário do papa, e entre os estudiosos, que recorreram à chave nacional para explicar suas supostas contradições. Uma de suas primeiras biografias, *Life of Burke*, de James Prior, também associava a "originalidade" do "gênio" do autor à sua condição de irlandês. Burke, de sua parte, não disfarçava as ligações que mantinha com sua origem: casou-se com uma católica irlandesa, Mary Nugent, enviava ajudas financeiras para a família na terra natal e, quando parlamentar, procurou melhorar a situação da Irlanda.

Burke teve educação universitária no campo do direito, no Trinity College de Dublin e, depois, no Middle Temple, em Londres. Não obstante, na Inglaterra, deixou de lado a profissão do pai e tornou-se um *philosophe*. Aos 33 anos, figurava ao lado de Adam Smith na fundação do *The Club* e, desde 1758, dirigia o *Annual Register*. A razão desse sucesso encontra-se na publicação de duas pequenas obras, *A reivindicação de uma sociedade natural* (1756) e, principalmente, *Uma investigação filosófica sobre a origem de nossas ideias do sublime e do belo* (1757).

Burke sustentou, na *Investigação*, que as ideias de dor, doença e morte, que dizem respeito à autopreservação, estão presentes na mente através de uma sugestão de perigo, o terror. Nesse sentido, o sublime consiste no "que de alguma forma seja capaz de excitar as ideias de dor e de perigo, ou seja, tudo o que for terrível de alguma forma, ou que compreenda objetos terríveis", sendo "capaz de produzir a emoção mais forte que a mente é capaz de sentir". Quando a dor ou o perigo estão muito próximos de nós, eles são incapazes de oferecer qualquer deleite, mas, vivenciados "todos os dias, a certas distâncias e com certas modificações", de modo que nossa vida esteja fora de perigo, "eles podem ser, e serão, deleitosos". Algo semelhante opera na satisfação proporcionada por "uma certa história extremamente melancólica" que é "apenas uma ficção" (Burke, 2014, p. 52-56). Longe de ser um defeito, para Burke esse deleite é obra do Criador, haja vista que direciona nossa empatia para situações de perigo ou para a angústia dos outros. As "virtudes que causam admiração e são do tipo mais sublime", como a "fortaleza, a justiça e a sabedoria", produzem "terror, ao invés de amor" (Burke, 2014, p. 108). Se as Escrituras já associavam o terror a uma certa forma de reverência e maravilhamento, Burke, em chave empirista, também o associou ao prazer – a associação entre terror e tirania política será apresentada apenas nos discursos de Tallien e Constant, em 1794.

No final dos anos 1750, a vida de Burke se concentrou na esfera política, atuando como secretário do deputado William Hamilton e, depois, do marquês de Rockingham, posição em que permaneceria por dezessete anos, até a morte do aristocrata *whig* (liberal). Nos termos de Florenzano (1997, p. 36):

> [...] na Inglaterra do século XVII, excetuando o mundo dos negócios, somente o da política oferecia oportunidades para

> quem, como Burke, era dotado de muita energia, de muito talento intelectual, e de muita ambição, mas não tinha nome, riqueza e poder, e desejava ardentemente os três.

Nesse ínterim, em seu *Resumo da história inglesa* (1757-1763), Burke, pela primeira vez, apresentou a história da Constituição inglesa como uma lenta progressão de reformas graduais, cuja flexibilidade histórica e orgânica seria a pedra de toque de seu sucesso e longevidade. Como reconheceu, no século XIX, o liberal J. R. Green, trata-se de uma apresentação fundamental do constitucionalismo inglês, precisamente por ter sido feita em termos históricos, sendo utilizada posteriormente como uma noção "peculiar, nativa" dos direitos dos "ingleses nascidos livres" (Jones, 2017, p. 21), em contraposição a uma ideia supostamente mecânica e abstrata de liberdade, como a de Rousseau e Sieyès.

Em *Reflexões sobre a causa dos descontentamentos atuais* (1770), Burke apresentou a ideia de que, uma vez que todos os partidos expressam uma opinião parcial, o partidarismo implica a necessidade de um compromisso na prática das condutas políticas. Um partido político, assim, foi definido como "um corpo de homens unidos para promover o interesse nacional por meio de seus esforços conjuntos, tendo como fundamento algum princípio particular sobre o qual todos estão de acordo". Todavia, a independência e a lealdade partidária são ambas consideradas virtudes no pensamento burkiano, tensão que virá à tona posteriormente, quando Burke sacrificar o sucesso eleitoral *whig* em nome da luta contra a Revolução Francesa.

Burke foi eleito deputado pelo condado de Wendover em 1765, ficando 29 anos na Câmara dos Comuns, onde atuou na oposição ao lado de Rockingham e, após seu falecimento, de Charles Fox, outra eminente figura do grupo. Na maior parte desses anos, Burke foi eleito pelos "burgos podres", os quais, com eleitorados minúsculos, eram utilizados pela aristocracia para aumentar a sua influência na Câmara dos Comuns.

Na condição de deputado, Burke atuou como defensor da reforma no Império Inglês, especialmente na Irlanda, América do Norte e Índia, o que pode ser verificado em textos como *Discurso sobre o projeto de lei de Fox para a Índia* (1783), *Sobre a tributação americana* (1774) e *Sobre a mudança de suas resoluções para conciliação com as colônias* (1775). Com a ajuda de Burke, embora sem êxito, entre 1788 e 1795 foi conduzido o processo de impeachment de Warren Hastings, o governador da Índia. Ao lado da questão da Índia, em virtude da sua determinação em demonstrar a irreversibilidade da loucura de George III, e de seu desejo em ver o príncipe de Gales no trono, Burke enfrentou uma oposição maior dentro de seu grupo.

A situação se altera devido às suas *Reflexões sobre a revolução na França*, publicadas em novembro de 1790. Muitos esperavam que o opositor de George III fosse um apoiador da revolução. O conde de Mirabeau, por exemplo, citava longas passagens de Burke na Assembleia Nacional revolucionária (Kirk, 2021). Em contraste, a posição contrarrevolucionária de Burke não apenas atraiu o reconhecimento e a gratidão das coroas europeias, como também incentivou um certo alinhamento entre *tories* (conservadores) e *whigs* contra os acontecimentos franceses, que tendeu a diminuir a importância de líderes como Fox e Sheridan. Isso não nos leva a reforçar a tese da existência de "dois Burkes", um antes e outro depois da revolução. Suas posições em prol da Constituição inglesa, por exemplo, antecedem a queda da Bastilha. No entanto, é durante a Revolução Francesa que tal defesa ganha uma coloração contrarrevolucionária.

O texto de Burke, em resposta a uma carta de Charles-Jean-François Depont, foi motivado por um discurso proferido pelo clérigo e filósofo Richard Price na Sociedade da Revolução de 1688, intitulado *Um discurso sobre o amor ao nosso país* (1789). O discurso poderia ter "caído no esquecimento" (Himmelfarb, 2005), não fosse o célebre e eloquente revide de Burke. A resposta de Burke foi um sucesso: em dois dias, a obra estava esgotada, e, em menos de um mês, apareceram as primeiras traduções francesas (Gengembre, 1989). Rapidamente, vieram à luz novas edições e a obra atravessaria os mares. Em português, ela esperaria o ano de 1812, com a publicação dos *Extratos das obras políticas e econômicas de Edmund Burke*, do visconde de Cairu. Nos termos de Novalis, em 1794, "Foram escritas várias obras antirrevolucionárias sobre a revolução. Burke escreveu um livro revolucionário contra a revolução" (Gerard, 1970, p. 19).

No texto, o filósofo anglo-irlandês apresenta-se como defensor das liberdades religiosas, da harmonia advinda "dos poderes discordantes", do habeas corpus, do livre comércio e da propriedade privada. Dessa forma, ele se posiciona como inimigo da tirania e do direito divino. O autor, com efeito, não estava distante do vocabulário reformista de sua época, especialmente aquele dos iluministas ingleses: "Um Estado sem meios de mudar a si próprio é um Estado sem meios de conservar-se", argumentava (2014, p. 44). Ao mesmo tempo, Burke dizia se afastar drasticamente da vontade geral rousseauísta.

Em texto de 1791, referindo-se a Rousseau, Burke afirmava que o filósofo francês esgotava "todo o estoque de sua retórica poderosa na expressão da benevolência universal; enquanto seu coração é incapaz de acolher uma centelha da comum afeição parental". Desse modo, haveria, nos filósofos, uma "benevolência para com toda a espécie, e ausência de sentimento para todos os indivíduos com os quais os professores entram em contato" (Florenzano, 1997 p. 171).

É nesse sentido que Himmelfarb não retratava Burke como um "anti-iluminista", mas como alguém que, operando dentro dos paradigmas da ilustração britânica, ofereceu um outro caminho para a modernidade. Pocock (1999, p. 7), que partilha de opinião semelhante, sustentou que:

> [...] Burke foi uma figura iluminista, que se viu defendendo a Europa esclarecida contra os *gens de lettres* e seus sucessores revolucionários, e que defende o Contrailuminismo, nas palavras de Isaiah Berlin, apenas no sentido de que o seu é um tipo de Iluminismo em conflito com outro.

Por exemplo, a defesa da cavalaria feita por Burke, longe de ser expressão de um medievalismo retrógrado, estava em acordo com autores como Ferguson e Gibbon, que viam nela uma força civilizadora importante, necessária para o florescimento político e comercial das sociedades modernas.

Em Burke (2014, p. 115), o contrato político, fundamento da vida social, é superior a outros tipos de contrato por ser um acordo, pois é feito "não só entre os vivos, mas também entre os mortos e os que hão de nascer". Dessa forma, ele só pode ser rompido em casos de violação drástica das liberdades. Teria sido esse o caso de 1688, com a Revolução Gloriosa, pautado pela prudência e pela jurisprudência da *common law*, e não seria de modo algum o caso da França, que enxergou o contrato político como se fosse um comércio de pimenta ou café, construído a partir de um interesse temporário e rapidamente dissolvido conforme os interesses das partes.

Para Burke, a experiência, estrela-guia do bom governo, transcende as gerações, de modo que os vivos não podem ter a pretensão de rejeitar, de uma hora para outra, as instituições transmitidas pelas gerações passadas, opondo "o fruto da própria razão ao consenso dos séculos" (Kirk, 2021, p. 131).

Recomeçar o mundo baseando-se na autoridade da razão é um equívoco: se o regime político inglês é fruto de séculos de tentativa e erro, há uma sabedoria nesse sistema, a qual deve ser respeitada – é a ideia burkiana de "prescrição", segundo a qual o estadista, como um advogado, deveria buscar precedentes e apresentar inovações modestas, respeitando a sabedoria que advém mais do tempo que da natureza imutável. O estadista deveria, portanto, adotar algo semelhante ao que Quinton chamava de "conservadorismo epistemológico": a desconfiança de tudo aquilo que se apresenta como definitivo. Nos termos de J. R. Green, em sua *Breve história do povo inglês* (1874), o ano de 1688, para Burke, destinou à Inglaterra uma era de progresso nacional que move "de precedente para precedente" (Jones, 2017, p. 26).

Em Burke, a monarquia hereditária, desde que limitada e com meios de mudanças graduais, seria uma garantia de "estabilidade e perpetuidade". O governo da França, que "pretende ser uma democracia pura [...] não tardará muito para que se converta em uma oligarquia ignóbil e perversa" (Burke, 2014, p. 36). Em termos depois caros a Tocqueville, Burke afirma que a sociedade não pode ser regida por um "princípio abstrato", como o voto popular. A democracia, buscando equalizar os dessemelhantes, não iguala, mas nivela: "Aqueles que tentam nivelar nunca igualam" (Burke, 2014, p. 70), e abrem caminho para a violência ao acreditar que o rei é somente um homem e a mulher é somente um animal.

Em poucas palavras, para Burke e muitos de seus sucessores, a democracia absoluta, um fanatismo de natureza laica, é, como a monarquia absoluta, uma ameaça à liberdade: "Diz-se que 24 milhões deveriam prevalecer sobre 200 mil. Assim seria, se a Constituição de um reino fosse um problema de aritmética [...]. A vontade da multidão e seu interesse divergem com muita frequência" (Burke, 2014, p. 73). O fato de os franceses, em sua primeira Constituição, instaurarem o voto censitário seria a prova da insuficiência de seu próprio sistema (Burke, 2014).

Os direitos do homem (1791-1792), de Thomas Paine, a grande resposta ao texto de Edmund Burke, foi a principal defesa da revolução efetuada por um observador estrangeiro. Em seu texto, Paine acusou o irlandês de inventar um "Adão político" e erigir o império dos mortos sobre os vivos. Todas as gerações, argumentava, teriam o direito permanente de reinventar-se. Para Paine, o irlandês esquecia, em sua defesa da aristocracia, daqueles que realmente sofriam: "*pitied the plumage, but forgot the dying bird*" ("teve pena da plumagem, mas esqueceu o pássaro moribundo"). Publicado em Londres, em 1791-1792, o texto de Paine "vendeu talvez 250 mil cópias em dois anos, em uma população de dez milhões" (Foner, 1976, p. 18). Assim como a obra de Burke tornou-se uma das fontes dos defensores da Constituição inglesa, a de Paine foi a principal inspiração para as manifestações dos chamados jacobinos britânicos, na última década do século XVIII, na Inglaterra, na Irlanda e na Escócia.

Apesar de a resposta de Paine a Burke ser a mais célebre,* a primeira resposta foi escrita por Mary Wollstonecraft, intitulada *Reivindicação dos direitos do homem*. Se a resposta da autora já foi considerada "pessoal e emocional", cabe destacar, em contrapartida, que importantes intérpretes de Burke, como O'Brien (1968) e Florenzano (1997), consideram que ela desenvolveu uma das mais ricas interpretações a respeito do pensador irlandês. "A leitura de suas *Reflexões*", disse a filósofa inglesa, leva à conclusão de que "se você fosse francês, teria sido, apesar de seu respeito pela hierarquia e pela antiguidade, um revolucionário violento" (Wollstonecraft, 1999, p. 44). A autora teria compreendido como ninguém que as forças da revolução e da contrarrevolução conviviam em Burke, e nisso reside seu caráter ímpar: ele era um irlandês na *persona* de um inglês, um católico na posição de anglicano, um *philosophe* que conhecia tanto a metafísica quanto os meandros da política, e um proprietário sempre em posição frágil e continuamente humilhado no Parlamento. Atravessado pelas contradições sociais e políticas de sua época, Burke detinha sensibilidade ímpar em relação à dominação colonial e era capaz de compreender as profundas implicações da Revolução Francesa. Em síntese, ele não foi um dos maiores críticos da Revolução Francesa *apesar* de sua condição de filósofo e de irlandês, mas, precisamente, por conta dela.

* Ao todo, estimam-se 340 publicações na controvérsia Price-Burke-Paine.

Além das *Reflexões*, Burke escreveu textos como *Uma carta a um membro da Assembleia Nacional* (1791), *Observações sobre a política dos aliados com relação à França* (1793), *Reflexões e detalhes sobre a escassez* (1795), *Cartas sobre uma paz regicida* (1796-1797) e a já citada *Uma carta para um nobre senhor* (1796). Em seu texto sobre a escassez, Burke defendeu que a solução da pobreza é tarefa da caridade e nunca do Estado, mesmo em épocas de calamidade pública; trata-se de uma defesa do *laissez-faire* mais incisiva que a de Adam Smith.

É preciso enfatizar, não obstante, que isso não está necessariamente em contradição com sua defesa da aristocracia, uma vez que ele advogava em favor de uma nobreza mercantil e aberta. Ocorre que a ideia de civilização, em Burke, era marcada pela religião organizada e pela aristocracia, de modo que a "selvageria" seria a própria ausência desses elementos. Essa definição o levaria à conclusão de que não apenas americanos e africanos seriam "selvagens", mas que a Europa estaria nesse caminho devido à Revolução Francesa, da mesma maneira que a Índia seria uma grande civilização justamente pela preservação das duas instituições. Não por acaso, um dos problemas de Burke com Hastings foi a rudeza com a qual ele tratou as religiões na Índia: "Burke não concebia uma ordem social duradoura sem o espírito da religiosidade" (Kirk, 2021, p. 119).

No que diz respeito à escravidão, apesar de lamentar suas mazelas e, em alguns momentos, dar sinais em favor de uma abolição gradual, no ano de 1792 ele fora claro a respeito:

> Estou plenamente convencido de que a causa da humanidade seria muito mais beneficiada pela continuação do comércio e da servidão, regulamentados e reformados, do que pela destruição total de ambos ou de um deles (O'Neill, 2020, p. 825).

Impressionado com as "forças democráticas" (isto é, a Revolução Caribenha e a abolição da escravidão por parte dos jacobinos, em 1794) que tomaram conta da discussão sobre a escravidão, Burke, em 1796, lamentou o fato de os ingleses não lutarem ao lado da aristocracia francesa contra a revolução em São Domingos (O'Neill, 2020).

De todo modo, apesar de sua glória nas cortes ao fim da vida, não foram poucos também os seus inimigos. Conforme desejara em seu testamento,

Burke foi enterrado de forma anônima, em 1797. Ele temia que seu túmulo fosse profanado por seus inimigos.

Um dos impactos mais visíveis da Revolução Francesa na Inglaterra foi o arrefecimento de um processo de reforma que, desde a década de 1770, estava em curso. A revolução cimentara, "num pânico comum, os proprietários de terra e os industriais manufatureiros" (Thompson, 1987a, p. 21), de modo que os britânicos esperaram até 1832 pelo seu *Reform Act*. Por isso, em *The Victorian Age in Literature*, Chesterton (2023b) certificara-se das razões da "não revolução" na Inglaterra: "A revolução fracassou porque foi frustrada por outra revolução; uma revolução aristocrática, uma vitória dos ricos sobre os pobres". Tal leitura foi corroborada por outros autores, como Cobban (1950) e Hill (1967), todos partidários da tese de que houve efetivamente uma contrarrevolução inglesa. Contrarrevolução esta, diga-se de passagem, que foi um estrondoso sucesso: no século XIX, se a tradição *whig* (e, depois, liberal) era partidária de reformas mais amplas, ao passo que a tradição *tory* (e, depois, conservadora) era mais próxima à ideia da *Constitution in Church and State*, o dissenso político institucional hegemônico não se dava entre partidários e oponentes do modelo político-constitucional inglês, mas entre aqueles que o interpretavam de maneiras distintas.

Joseph de Maistre, o anti-iluminismo e os novos tempos revolucionários

Em 1792, a França revolucionária invadiu e anexou a cidade francófona de Chambéry, no Reino do Piemonte-Sardenha. Nesse contexto, o conde Joseph-Marie de Maistre (1753-1821), senador e jurisconsulto, manteve-se leal à Casa de Saboia; de acordo com ele, sua formação com os "amigos e instrutores" jesuítas o impediu de se tornar um orador da Assembleia Constituinte (Maistre, 2022, p. 30).

Sua educação, porém, não era a única razão de seu alinhamento contrarrevolucionário. A família Maistre estava entre as mais ricas do reino no final do século XVIII. Tratava-se de uma família que, tendo origens burguesas, foi integrada à magistratura local e deixou de ter envolvimentos com as práticas mercantis. Os Maistre, desse modo, eram parte de uma nobreza hereditária não senhorial, o que significava que eram isentos de certos tributos e possuíam rendimentos que provinham majoritariamente de seus cargos. A biblioteca de Joseph de Maistre incluía não somente os clássicos greco-romanos e os autores religiosos, mas também Newton, Descartes, Racine, Pascal e os principais autores da Ilustração, como Voltaire, Condillac, Montesquieu, Rousseau e Condorcet (Maistre, 2022). Em síntese, de certa forma o jurisconsulto saboiano não era "nem francês, nem italiano, nem burguês, nem senhor", encontrando-se, "tanto por sua educação e cultura, como por sua profissão e experiência, entre as Luzes e sua negação" (Pranchère, 2004, p. 39).

Espremido entre as práticas devocionais e o pensamento ilustrado, Maistre, em seu *Elogio a Victor-Amédée III* (1775), expressou simpatia pela causa norte-americana em termos semelhantes aos de Thomas Paine: enquanto este, em seu *Common Sense* (Senso comum, 1776), dizia que a América seria o "asilo da liberdade", aquele afirmara que, "insultada na Europa, a Liberdade fugiu para outro hemisfério". Maistre, ainda assim, não se furtava a defender o cristianismo e a moderação contra o que entendia ser o assédio dos *philosophes*: "Em política, jamais devemos deixar-nos levar por sistemas vãos, pois a metafísica, nesta ciência [...], é boa apenas para entreter as escolas e os cafés." É nesse sentido que José Miguel Nanni Soares, autor fundamental para esta seção, sustenta que Maistre era, a um só tempo, "conservador" – por sua adesão à Igreja católica, sua defesa da monarquia e sua crítica ao filosofismo – e "moderado" – por sua oposição ao despotismo, sua defesa de uma monarquia temperada por corpos intermediários e sua admiração pelo sistema inglês (Maistre, 2022).

Tradicionalmente, associa-se Maistre ao Contrailuminismo ou à antifilosofia. O termo "*Counter-Enlightenment*" (Contrailuminismo) – popularizado por Isaiah Berlin – referia-se a autores que, como Maistre, opunham-se ao universalismo dos iluministas, apegado a uma ideia de progresso baseada em valores morais válidos para todas as épocas e espaços. Se o primeiro termo, produto da historiografia do século XX, é carregado de ambiguidades e está longe de ser consensual entre os estudiosos, mais interessante é o vocábulo "*antiphilosophie*" (antifilosofia), cunhado no próprio século XVIII por aqueles que criticavam alguns aspectos da filosofia iluminista.

A esse respeito, o abade Allamand publicou, em 1751, o livro *Pensamentos antifilosóficos*, e o abade Louis Mayeul Chaudon, por sua vez, publicou, em 1767, o *Dicionário antifilosófico*. Ocorre que, se antes da revolução a antifilosofia engajava-se na defesa dos dogmas cristãos e da monarquia, após 1789 o esforço primordial consistia em explicar os eventos que solaparam a sociedade do Antigo Regime. Nos dois casos, a antifilosofia tinha como um de seus pilares a defesa da ideia de "pecado original" (origem da crítica à autonomia absoluta da razão e aos sistemas filosóficos) contra o que entendiam ser a perfectibilidade advogada pelos filósofos. Os antifilósofos, enfim, possuíam jornais próprios e organizavam-se em sociedades como a *Societé de Lanturels*.

Se, em determinados aspectos, são inegáveis os laços de Maistre com os antifilósofos, é preciso também clarificar os aspectos reformistas do autor saboiano. No verão de 1788, Maistre foi simpático ao que os historiadores chamaram de "Revolução Aristocrática", isto é, a luta dos parlamentos franceses que culminou na convocação dos Estados do Reino. Com efeito, naquele momento da revolução era impossível prever que ela terminaria na proclamação da República e no fim da aristocracia hereditária. Seja como for, a duplicação dos membros do terceiro estado, o início da Assembleia Constituinte e as jornadas populares de outubro levaram Maistre a enxergar a revolução como "a irrupção da irracionalidade num século de racionalidade". Em carta de janeiro de 1791, ele confessa que contrarrevolucionários, como Calonne, Mounier e Burke, reforçaram suas ideias "antidemocráticas e antigalicanas", traduzidas na crítica à soberania rousseauísta, ao caráter abstrato dos direitos do homem e, sobretudo, à tentativa revolucionária de fazer tábula rasa da história, dos costumes e das tradições locais (Maistre, 2022).

À medida que o próprio Maistre exortava o governo de Turim a promover reformas administrativas, de modo a frear o processo revolucionário, a presença de emigrados na Corte de Piemonte-Sardenha levou o governo revolucionário francês a declarar guerra contra os sardos. Maistre e sua família, então, partiram para os Alpes. Na Suíça, onde acreditava estar livre das perturbações revolucionárias, Maistre (2022) escreveu suas *Cartas de um realista saboiano*. Na primeira delas, denunciava a destruição simbólica da autoridade política:

> Assim que entregamos a uma criança um desses brinquedos que executam, por meio de mecanismos internos, movimentos que lhes são inexplicáveis, ela, após ter brincado por algum tempo, quebra-o para vê-los de fora. Foi assim que os franceses trataram seu governo [...] sem refletir que existem coisas que se destroem ao mostrá-las.

Isso não o impediu, contudo, de responsabilizar os governos absolutistas pelo ocorrido. Em dezembro de 1793, ele afirmara que "engarrafar as águas do lago Genebra é menos insano que restaurar as coisas sobre as mesmas bases que estavam antes da revolução" (Maistre, 2022, p. 53-55). Maistre, portanto, não era uma "mente naufragada", buscando uma "Era de Ouro", tampouco um pré-totalitário e apologeta do terror de Estado, mas um autor que construiu sua posição em reação às (e, por conseguinte, em diálogo com as) próprias dinâmicas impostas pelos tempos revolucionários.

Dessa maneira, Maistre, a partir de maio de 1794, passou a interpretar a Revolução Francesa não como um evento, mas como uma "época", cujas consequências serão sentidas "muito além do tempo de sua explosão e dos limites do seu lar" (Maistre, 2022, p. 203). Em Maistre, encarar o período revolucionário como "época" implicava inseri-la em perspectiva providencialista.

Maistre, com efeito, não estava isolado em sua postura contrarrevolucionária. Mallet du Pan, em *suas Considerações sobre a natureza da Revolução Francesa e as causas que prolongaram sua duração* (1793), acreditava que, a exemplo de Saturno, que devora seus filhos, o governo revolucionário era um "monstro" que cedo ou tarde destruiria seus próprios partidários. Bonald, em sua *Teoria do poder político e religioso* (1796), sustentava que, se o homem não tem poderes para constituir uma sociedade por meio de sua própria vontade, certamente ele tem competência, pelo contrário, para destruí-la. Desta feita, uma vez que a família é o esteio das sociedades humanas, para ele encontramos a desordem e a tirania quando corremos ao encontro da liberdade individual, ao passo que descobrimos a felicidade quando buscamos segurança na Igreja e na monarquia.

Maistre inspirou-se também na leitura de textos como *Um olhar sobre a Revolução Francesa* (1794), do general emigrado Montesquiou; *Considera-*

ções sobre a revolução social (1794), do conde Ferrand; *O Estado da França no mês de abril* (1794), do conde de Montgaillard; e *Carta a um amigo, ou Considerações políticas, filosóficas e religiosas sobre a Revolução Francesa* (1795), de Louis-Claude de Saint-Martin, o qual, amparado em Rousseau, enxergava na soberania popular um instrumento de Deus, de modo que as punições contra Luís XVI, a nobreza e o clero seriam nada menos que castigos operados pela própria divindade.

Mas foi a publicação de *Reflexões sobre a paz dirigidas ao sr. Pitt e aos franceses* (1795), de Madame de Staël, e de *Da força do governo atual da França e da necessidade de apoiá-lo* (1796), de Benjamin Constant, que precipitaram o início da redação de *Considerações sobre a França*, por Maistre. Enquanto Stäel suplicava às monarquias europeias a paz como forma de enfraquecer o apoio que a esquerda possuía na França, Constant recomendava o apoio ao governo do Diretório, instalado em 1795, argumentando que o retorno da monarquia despertaria reações ainda mais violentas. Ambos, portanto, cerravam fileiras ao lado do legado moderado da revolução, ao mesmo tempo que rejeitavam o Terror, que consideravam um desvio.

Maistre, por sua vez, não via qualquer moderação possível em uma Constituição que era fruto de uma revolução essencialmente violenta. Publicadas em abril de 1797, as suas *Considerações sobre a França* foram um enorme sucesso: em menos de oito meses já havia uma segunda edição oficial e quatro clandestinas. O texto inicia em linha diametralmente oposta às célebres palavras do *Contrato social*:

> Estamos todos atados ao trono do Ser Supremo por uma corrente flexível, que nos detém sem nos escravizar. O que há de mais admirável na ordem universal das coisas é a ação dos seres livres sob a mão divina (Maistre, 2022, p. 170).

A passagem revela a ideia-chave do texto, qual seja: a ação revolucionária, livre e avassaladora, atenderia perfeitamente aos propósitos da providência.

Maistre, tal qual Robespierre, descrevia a revolução como uma "torrente" (Maistre, 2022, p. 177). Mas, para o saboiano, a necessidade histórica que conduz essa torrente é a "mão invisível" (Maistre, 2022, p. 220) de Deus, que trabalha dentro do dogma da reversibilidade das penas da inocência em proveito dos culpados. A Revolução Francesa, sob uma perspectiva providencialista, era, a um só tempo, uma punição e uma condição para a salvação dos homens, parte de uma pedagogia divina que intervinha no plano temporal para salvar os pecadores. Não havia, como pensavam Constant e Staël, uma revolução "boa" em 1789 e outra "má" em 1792, mas uma unidade dinâmica, de maneira que a violência jacobina tem suas raízes bem fincadas na queda da Bastilha.

Dessa forma, apesar de ser contrarrevolucionário, Maistre não via a revolução como um evento essencialmente negativo; ela foi uma forma de educação e de regeneração. Nas palavras de Nanni Soares (2009), o fenômeno da revolução era simultaneamente trágico e sagrado, pois combinava uma origem maligna (produto da deterioração da sociedade) com uma finalidade sagrada (o mal sendo transformado em instrumento para a regeneração). Se Marx, décadas depois, via o Terror como uma forma "plebeia de realizar a revolução burguesa", isto é, uma radicalização necessária para o projeto de sociedade burguesa, Maistre (2022, p. 194) não hesita em aventar que "a França e a monarquia só poderiam ser salvas pelo jacobinismo", de maneira que a radicalização foi necessária para os propósitos divinos se efetuarem: "Robespierre, Collot ou Barère jamais pensaram em estabelecer o governo revolucionário [...]. Foram levados a isso, insensivelmente, pelas circunstâncias" (Maistre, 2022, p. 174). Após o Terror, as vinganças tornaram-se desnecessárias, uma vez que, providencialmente, muitos responsáveis pelas matanças foram também abatidos por elas.

A revolução, que ocorreu devido ao abuso das monarquias europeias e à usurpação das prerrogativas dos magistrados e do clero, teve sua justificativa na filosofia "semidouta" das Luzes, que preconizava os "sistemas aéreos" do pensamento abstrato e apriorístico, ignorando todas as particularidades locais e históricas. As Luzes, assim, irmanavam-se com os abusos monárquicos no que dizia respeito à desconsideração pelas liberdades, entendidas como as antigas leis e as diferenças locais. A luta contra a revolução, em consequência, não se limitava apenas à eliminação da "hidra revolucionária", mas também à promoção de reformas que minimizariam "as desordens que tornaram necessária essa purificação terrível" (Maistre, 2022, p. 222).

A revolução, além do mais, tem suas origens remotas nos "maiores flagelos do gênero humano", ou seja, "Lutero, seguido de Calvino" (Maistre, 2022, p. 217): as guerras dos camponeses alemães, a Guerra dos Trinta Anos, os massacres nos Países Baixos e a Revolução Francesa eram frutos tardios da ruptura da hierarquia engendrada pela Reforma. Assim sendo, a responsabilidade pela revolução não era atribuída a um "complô" de indivíduos reunidos em clubes, mas sim à coletividade: "Luís XVI marchou para a morte em meio a 60 mil homens, que não dispararam nem sequer um mísero tiro de fuzil" (Maistre, 2022, p. 187).

Maistre, então, se refere a Thomas Paine, acusado de pretender que "uma Constituição só exista, de fato, se for enfiada no bolso" (Maistre, 2022, p. 261). O saboiano entende a Constituição não como resultado de uma deliberação, mas sim da soma de incontáveis circunstâncias, presentes no caráter e no costume dos povos. A Constituição revolucionária tem na multiplicação infinita de leis a prova de sua fragilidade. Criada para "o homem" em abstrato, uma hipótese ideal, uma constituição concebida para todas as nações não é feita para nenhuma.

A soberania popular revolucionária, bufonaria que se limitava a "nomear aqueles que nomeiam" (Maistre, 2022, p. 253), teve como resultado três constituições, um governo revolucionário e uma sucessão de tiranos, que disseram ao povo: "Credes que não quereis esta lei, mas podeis estar seguros de que a quereis. Se ousardes recusá-la, sereis metralhados* como punição por não quererdes o que quereis" (Maistre, 2022, p. 307). A adoção do voto censitário pelos revolucionários seria a prova definitiva da fraude revolucionária.

Logo, em Maistre, a contrarrevolução não é "um passo para trás", uma restauração em sentido literal; pelo contrário, ela seria uma superação da revolução. Enquanto a revolução "arredonda o que era quadrado" (Maistre, 2022, p. 333), na formulação de Horácio retomada por Maistre, a contrarrevolução opera em função de algo superior, de modo que não há simetria entre revolucionários e contrarrevolucionários, sofisma que supõe existir "de parte a parte a mesma soma de vícios" (Maistre, 2022, p. 358). Daí o

* No original, "*mitraille*", fragmento, refere-se aos fragmentos de balas de canhões, e não às nossas modernas armas.

seu conhecido quiasma: "O restabelecimento da monarquia, chamado de contrarrevolução, não será uma revolução contrária, mas o contrário da revolução" (Maistre, 2022, p. 363).

Após a derrota dos franceses em Turim, em 1799, Maistre foi nomeado para o cargo regente da ilha de Sardenha e, em 1803, tornou-se *envoyè extraordinaire* da monarquia sarda na corte do tsar russo. Sobre a coroação de Bonaparte, em 1804, observou:

> Prefiro Bonaparte como um rei do que como um simples conquistador [...] Os Bourbon não são inferiores a nenhuma dinastia governante, mas, embora considere-os absolutamente capazes de exercer a realeza, não os considero capazes de restabelecê-la (Maistre, 2022, p. 75).

Após um breve período em Paris – onde foi recebido friamente por Luís XVIII e enfrentou a ausência de seus principais correspondentes, Blacas, Bonald e Chateaubriand –, Maistre retornou a Turim, em 1817, como ministro de Estado.

Nesse período, dedicou-se às publicações de *Du Pape* e das *Soirées*. Durante o período da Restauração (1814-1830), os liberais visavam convencer os defensores do galicanismo no clero e na nobreza a somarem forças no combate aos ultramontanos, isto é, aqueles que reconheciam a autoridade irrestrita do papa sobre os assuntos da Igreja católica francesa. Em *Du Pape*, Maistre sustentava que os liberais colaboravam para o avanço do crime revolucionário, ou seja, para o rompimento do "sistema de autoridade". A Restauração, acompanhada da Constituição de 1814, representava uma permanência da revolução, de modo "bem mais terrível que no tempo de Robespierre", uma vez que mais refinada e menos aparente: "Naquela época, as cabeças caíam, ao passo que, hoje, elas giram" (Maistre, 2022, p. 88-89). Ora, o meio mais efetivo de combater o espírito revolucionário era a afirmação de seu princípio contrário, isto é, o princípio da autoridade nas esferas política e religiosa. Os filósofos bajulavam os monarcas enquanto ridicularizavam a monarquia, ao passo que o papado, autoridade no âmbito espiritual, não usurparia os poderes na esfera temporal, como insistiam os galicanos e teóricos liberais. É assim que, nos termos de Nanni Soares,

Maistre propôs uma "diagonal" política, a união de todas as soberanias monárquicas em torno de uma república universal sob a supremacia dos papas (Maistre, 2022).

Nas *Soirées,* defesa apologética do cristianismo publicada na forma de diálogos, a rejeição da predestinação vem acompanhada de um argumento central: contra a ideia de que o mundo é injusto e desprovido de um desígnio criador, Maistre sustentava que a maior massa de felicidade, mesmo a temporal, pertence à virtude, não ao virtuoso; o erro é ver o indivíduo como aquele que é recompensado pela virtude, quando o mérito humano consiste precisamente na ação virtuosa livre e sem expectativa de recompensa mundana e imediata (Maistre, 2022). Antes de completar o último diálogo de suas *Soirées,* Maistre foi acometido por um derrame, em dezembro de 1820.

Charles Maurras e o conservadorismo

No conto "A infância de um chefe" (1939), de Jean-Paul Sartre, Lucien, o personagem principal, sofre uma metamorfose. Não se trata da metamorfose de *Lucien Leuwen* (1834), de Stendhal, isto é, a da gênese do "novo homem", que vive uma descontinuidade orgulhosa de si, deixando de lado toda a hipocrisia. A metamorfose do Lucien de Sartre constitui uma perda de si, pela via autoritária, que culmina em sua adesão às ideias antissemitas e à Ação Francesa. O título do conto de Sartre é uma referência a Charles Maurras (1868-1952), cujo livro *Minhas ideias políticas,* de 1937, continha uma seção com o título "As condições da autoridade verdadeira: a educação dos chefes".

No pensamento da direita francesa, a associação entre igualdade e despotismo tem uma longa história. Chateaubriand via nessa ligação o segredo do sucesso napoleônico. Alexis de Tocqueville enxergou a centralização e a igualdade caminhando lado a lado nos subterrâneos da história francesa, de Carlos VII a Napoleão. Para ele, a Revolução Francesa, aparentemente uma ruptura drástica, completou o trabalho secular da monarquia, isto é, a centralização. No bojo dessa transformação, o individualismo moderno, ao nos apartar, trabalha em favor de um poder absoluto tutelar.

A ditadura plebiscitária de Luís Napoleão, e sua ascensão como imperador em 1852, foi vista por muitos como fruto do sufrágio universal dos revolucionários de 1848: "A imprudência dos homens de 1848 foi realmente sem igual. Eles deram à França, que não o pedia, o sufrágio universal", dizia Renan, em 1871. Não por acaso, o ódio ao sufrágio universal – que Gobineau chamava de "cozido gelatinoso" – ganhou novas proporções durante a Comuna de Paris e o advento da Terceira República (1870-1940).

Na voga conservadora que se seguiu aos abalos revolucionários de 1848 e 1871, as obras de Maistre e Burke ganharam nova vida. O primeiro tornou-se um nome fundamental da crítica francesa à democracia e à sociedade industrial, de onde sua importância para Baudelaire e Balzac, ao passo que o segundo servia de inspiração para a crítica ao individualismo e à abstração filosófica.

Nesse período, textos como *As origens da França contemporânea* (1876-1894), de Taine, e *A reforma intelectual e moral* (1871), de Renan, tiveram um considerável impacto. Para Renan, a democracia, como um direito divino do número, não compreende a necessidade da superioridade do nobre e do erudito e, por isso, é incapaz de organizar a sociedade e efetuar a seleção necessária para compor uma "aristocracia da inteligência", apta a conduzir o governo de forma competente. Taine, por sua vez, fez da Revolução Francesa o resultado último do espírito de centralização, como se houvesse uma filiação contínua do colbertismo ao jacobinismo. Em Taine, a natureza humana é má, e o povo, um monstro em potência, de maneira que o bom governo consiste em refrear os instintos dessa fera social.

É nesse contexto que compreendemos a ascensão de Charles Maurras (1868-1952), ensaísta, poeta (eleito para a Academia Francesa em 1938), jornalista, teórico do nacionalismo francês e portador de um *antisémitisme de coeur* à época do caso Dreyfus. Órfão de pai, que morrera em 1874, e atingido pela surdez quase completa aos 14 anos, Maurras foi considerado um aluno brilhante no colégio católico em Aix e, uma vez estabelecido em Paris, em 1885, dedicou-se ao jornalismo, colaborando em publicações como a *Cockarde*, a *Revue Blanche*, o *Sun* e a *Gazette de France*.

O caso Dreyfus, em 1894, precipitou seu compromisso com a vida política e seus ataques contra a "estrangeirização" da França. Se o caso é um momento dramático na história do antissemitismo francês, isso não significa que o antissemitismo tenha nascido com ele. Renan, por exemplo, no primeiro capítulo de sua *História das línguas semíticas* (1885), já representava a raça judaica como patentemente inferior. O antissemitismo francês também não era meramente residual, uma herança de tempos remotos. Pelo contrário, a burguesia antissemita associou essa forma de racismo ao seu medo da ciência e do progresso, de modo que diversos autores reforçavam o antijudaísmo econômico (Compagnon, 2011).

No entanto, se outro antidreyfusista, Barrès, fundamentava seu antissemitismo nas teorias racistas do século XIX, Maurras sustentou um "antissemitismo de Estado", fazendo dele um dos sustentáculos de sua oposição à Terceira República, que ele qualificava como anti-França. Para ele, o regime republicano, enfraquecido pelo espírito democrático, era incapaz de fazer frente aos "quatro Estados confederados" (judeus, protestantes, franco-maçons e estrangeiros), de maneira que o caso Dreyfus foi representativo de uma tentativa de desestabilização nacional pelo elemento judeu.

Na passagem do século XIX para o século XX, Maurras, assumindo-se como herdeiro de uma tradição iniciada tanto pelo conde De Maistre quanto pelo visconde Bonald, formulou sua doutrina do "nacionalismo integral", que pretendia ser uma síntese dos movimentos realistas e nacionalistas. Dois marcos importantes nesse sentido foram o texto *Três ideias políticas* (1898), no qual transpôs a crítica do romantismo literário para o romantismo político, e sua *Investigação sobre a monarquia* (1900), publicada na legitimista *La Gazette de France*. Nesse período, ele publicou também trinta artigos no *Le Figaro* e seis no antissemita *La Libre Parole*.

Em sua *Investigação*, Maurras afirmou que as "espessas muralhas que os ministros do culto republicano pretenderam construir entre os cidadãos e aquilo que se convencionou chamar partido realista" são postas abaixo quando "se trata de discutir a questão do interesse público" (Maurras, 1925, p. 343). Se a ideia republicana diz respeito ao bem comum, conclui-se que o realista é um republicano com "inteligência e civismo". A República fez de "cada francês um rei", encarregado da inexecutável tarefa de cuidar do interesse nacional. Se é impossível exigir do povo a competência para a execução dessa tarefa, aproveitar a primeira ocasião para impô-la é incumbência daqueles que são os "melhores em todas as artes, em todas as ocupações, em todas as condições". Portanto, argumenta, é à "elite do povo" que "endereçamos os nossos mais enérgicos apelos". Para ele, "vinte anos de instrução primária superior" terão como resultado, devido ao conhecimento amplamente difundido, a restauração da própria monarquia. Segundo essa estranha dialética de Maurras, os republicanos iriam preparar "por suas próprias mãos, os meios que assegurarão a sua própria destruição" (Maurras, 1925, p. 345-357).

A monarquia (no caso, orleanista) deriva da necessidade de especialização nas funções políticas, conjugada à ausência de um patriciado bem constituído e capaz de exercer as funções de direção. Esse poder monárquico nacionalmente organizado, por sua vez, deve ser vitalício e hereditário, a fim de proteger o patrimônio do país: "Depois da queda do Império Romano e da cisão do cristianismo na Idade Média, é a nacionalidade que forma o grupo mais sólido, mais vasto e mais concreto" (Maurras, 1925, p. 354).

No texto, a realeza defendida por Maurras se apresentava como corporativa, "hereditária, tradicional, antiparlamentar e [administrativamente] descentralizada" (Maurras, 1925, p. 345), livre do jugo dos deputados, ainda que o poder régio seja temperado por assembleias locais. Seria um modelo diverso tanto da Monarquia de Julho (1830-1848), pois convém "um rei que reina e governa" (Maurras, 1925, p. 349), quanto do direito divino, pois trata-se de uma realeza que está "cientificamente, racionalmente e, por assim dizer, fisicamente" (Maurras, 1925, p. 344) ancorada "na autoridade matemática da razão" (Maurras, 1925, p. 110). Trata-se, sobretudo, da rejeição em bloco do que ele entendia ser a herança revolucionária, isto é, a vontade geral, o solapamento da tradição, a democracia parlamentar republicana e a centralização administrativa.

Em Maurras, a Revolução Francesa é filha da Reforma, "fermento individualista da Germânia", e do Iluminismo, o "espírito de Rousseau". Em suas palavras, no texto *O papa, a guerra e a paz* (1917), o luteranismo "quer dizer um retorno ao individualismo bárbaro de fonte germânica. E o Terror exprime uma barbárie de mesma origem". Liberais e socialistas, ambos rejeitados por Maurras, estariam irmanados não somente nessa herança das Luzes, mas também no servilismo aos estrangeiros, como os ingleses (os grandes vencedores de 1789, 1830 e 1848) e, principalmente, os alemães.

Desse modo, as publicações de Maurras lhe valeram a estima de veteranos, como Paul Bourget e Jules Lemaître, assim como de mais novos, como

Jacques Bainville ou Pierre Lasserre, fundamentais para os inícios da Ação Francesa, organização que veria Maurras como seu "mestre inconteste", em que pesem as crises e dissidências sucessivas. A Ação Francesa era, a um só tempo:

> [...] uma liga nacionalista fundada em 1905, um periódico epônimo, publicado continuamente entre 1908 e 1944, e uma escola política que formou gerações de militantes num Instituto que se pretendia, na origem, ser uma contra-Sorbonne (Dard et al., 2023, p. 412).

Mesmo que a Ação Francesa, depois, rejeite a abolição da República proposta por Maurras, as posições do líder mantiveram-se hegemônicas em questões culturais e de política exterior. Entre 1905 e 1908, na liga monarquista *Camelots du Roi,* Maurras, buscando utilizar os métodos revolucionários contra a revolução, defendeu a propaganda impressa, a mobilização de rua e a atuação em liceus e universidades. Incapaz ele próprio de ser um *frondeur,* Maurras foi hábil em lançar outros a ações de violência, especialmente os jovens.

Nos termos de Olivier Dard, pode-se avaliar Maurras "por ocasião de seu processo, que é tanto o de sua atitude sob a Ocupação, na qual apoiou o marechal Pétain e a Revolução Nacionalista, quanto o do 'mau mestre'" (Dard et al., 2023, p. 36). Frequentemente a ideologia da Ação Francesa é mais qualificada como tradicionalista e contrarrevolucionária do que "fascista". Bénéton (1988), por exemplo refere-se a Maurras e seu movimento como um conservadorismo à francesa, isto é, profundamente reacionário. Em contrapartida, é preciso considerar que a Ação Francesa foi uma organização bastante heterogênea e descontínua em sua história. Uma das mais célebres rupturas, por exemplo, ocorreu em 1926, quando o papa Pio XI condenou o movimento e Jacques Maritain publicou *Primazia do espiritual.* Dessa forma, não se pode perder de vista a existência de diversas semelhanças intelectuais entre membros da AF e dos partidos fascistas, bem como em termos de organização. A fim de solucionar esse problema, Felipe Cazetta (2022, p. 82) recorre à ideia de "fascistização e não fascismo, por compreender a posição de adesão e simpatia, ora distante, ora efusiva, mas não a conversão ideológica completa de integrantes do movimento de Charles Maurras".

De forma semelhante, Olivier Dard et al. (2023) considera ambivalentes as relações entre Maurras e o conservadorismo. Maurras manteve-se convencido de que as elites devem conduzir a sociedade. A democracia, segundo ele, coloca a "carroça na frente dos bois", e faz os piores governarem os melhores. Assim, embora Maurras considere os conservadores "ingratos", o chefe da Ação Francesa avalia como sua tarefa educá-los, tendo à disposição os pensamentos de Bonald, Maistre, Taine, Comte, Balzac, Le Play, Fustel de Coulanges e Renan (não é à toa que, na edição de 25 jul. 1911 da revista da AF, Maurras dirige-se ao "público conservador"). Trata-se, portanto, de refazer as elites, de onde sua ênfase na juventude e, por conseguinte, em um futuro renovado, com adultos enérgicos. A burguesia, em vez de perecer pelo liberalismo ou pelas "besteiras democráticas", deveria conscientizar-se de que é ao "matadouro que vos levam" (*Action Française*, 5 mai. 1908).

Em *Minhas ideias políticas* (1937), Maurras apresentou seus dez princípios fundamentais em termos que bem sintetizam sua oposição à democracia liberal. Seu primeiro princípio, a verdade ("suprema volúpia da inteligência"), coadunado ao segundo, a força, conduziria a sociedade à ordem. Esta, por sua vez, seria o terceiro princípio, descrito como um meio "para a ação do espírito, bem como do corpo" (Maurras, 2019, p. 107-112).

Quando aborda seu quarto princípio, a autoridade, Maurras apresenta o que deveria ser a "educação dos chefes". A civilização moderna, argumenta, favorece as forças materiais em detrimento das forças morais, destruindo tudo aquilo que é humano. Desse modo, trata-se de uma civilização que, se confiar em seus próprios progressos, enfrentará uma enorme desilusão: sua condição econômica aumenta as desigualdades, ao passo que sua ciência e indústria estabelecem uma nova raça de escravos. Nem a oferta e a procura, nem as nacionalidades são capazes de engendrar a paz, pelo contrário, a brutalidade renasce em meio aos instrumentos criados pela ciência, que multiplica velhas paixões.

Os líderes ainda existem, e estão cada vez mais poderosos. Porém, são líderes bárbaros, entregues à paixão ou ao interesse, uma vez que a "democracia liberal desorganizou o país pelo alto", abandonando "o único instrumento do progresso, que é a tradição, e a única semente do futuro, que é o passado". Nem "toda liberdade é apropriada em todos os Estados", de modo que "a liberdade varia com o tempo e o lugar, mas não há Estado que possa durar sem autoridade soberana. Se quisermos, portanto, falar com precisão, não é a liberdade que é geral, necessária, do direito ecumênico, primitivo e humano; é a autoridade" (Maurras, 2019, p. 117-121).

Seu quinto princípio, a liberdade, figura como o inverso à ordem: não se trata de um meio, mas da finalidade de toda ordem humana. Porém, após louvar a liberdade, Maurras encarrega-se de colocá-la a ferros: "A liberdade concebida como regime ou como princípio", como "princípio metafísico", "é um caos." Afixar em todas as escolas uma declaração dizendo que somos livres, argumenta, é tão inútil quanto afixar nosso "direito a sermos milionários", quando, na prática, não temos 1 milhão de francos. "Quem diz liberdade real diz autoridade", seja a liberdade das autoridades da província para conduzir sua própria vida, seja a liberdade religiosa de reconhecer a autoridade das leis espirituais e de sua hierarquia (Maurras, 2019, p. 123-126).

No que diz respeito ao direito e à lei, o sexto princípio, Maurras assegura que a "natureza das coisas" ensina que há uma "multidão de direitos privados" e cada grupo de homens merece "um tratamento particular". "Eu não concebo", afirma, "um direito que seja abstrato", "um ser da razão", "separado de uma pessoa moral ou material na qual ele reside", como um "altar interior erigido pelo dogmático liberal". Separe um homem "de sua família, de sua nação, de sua profissão, diga-lhe que é rei, diga-lhe que é Deus, e embriague-o com a ideia de justiça": essa é a "verdadeira loucura do individualismo revolucionário, seja ele moral, social ou político". E aquele que reconhece em si "todos os direitos, começa por impor ao mundo inteiro todos os deveres" (Maurras, 2019, p. 126-132).

No que diz respeito ao sétimo princípio, a propriedade, o autor dispensa palavras poucas e inequívocas:

> A propriedade é a salvaguarda natural do homem, animal mais laborioso que racional, o qual, por suas necessidades, por sua fraqueza e por seus descontentamentos, necessita [desde o berço] transformar o ambiente. Sem propriedade, o homem está

> condenado à morte. Possuir [é ter] controle sobre si mesmo, é ser capaz de resistir aos outros, é exercer influência, mesmo que apenas por reação (Maurras, 2019, p. 132).

Sua defesa da propriedade privada e da herança, bem como seu repúdio às intervenções estatais na economia mostram que, para ele, o futuro da França dependeria de uma burguesia não comprometida com a democracia.

Os três últimos princípios coroam e sintetizam seu pensamento: a hereditariedade, a herança e a tradição. A hereditariedade e a herança, louros naturais da existência, impedem a vida humana de ser "indignamente curta", permitindo-nos "vencer a morte" e "transmitir, por meio do sangue, os frutos de nosso trabalho" (Maurras, 2019, p. 133). Embora muitos "proletários considerem injusta a herança", argumenta, trata-se de algo "benéfico para todo mundo". Afinal, mesmo que tenham "origens duvidosas", os bens de uma família "se moralizam pela sua fixidez, pelo benefício firme que estabelecem ao redor de si, regularizando as condições da vida, distribuindo trabalho e garantindo tranquilidade ao preparar um sólido ponto de apoio para as gerações futuras". A destruição de uma fortuna é análoga à morte de um belo animal na natureza: é uma "perda para toda a sociedade, forçada a recomeçar um longo e penoso trabalho" (Maurras, 2019, p. 136-137).

"Tradição", em suma, "significa transmissão", aquilo que "reúne as forças do solo e do sangue", e que conservamos mesmo quando "saímos de nosso país". Todas as tradições tiveram um começo, e os sentimentos de fidelidade monárquica [...] não retrocedem indefinidamente: o que começou pode ser reiniciado" (Maurras, 2019, p. 138).

Maurras e a Ação Francesa apresentaram-se às eleições em 1919 e 1924, e, apesar dos sucessos de Léon Daudet, sofreram severas derrotas. Na segunda metade dos anos 1920, Georges Valois e Georges Bernanos acusaram Maurras de ter negado sua herança anterior a 1914, isto é, o maurrasismo subversivo. O chefe da Ação Francesa, contudo, insistia na defesa do "mundo de direita". Para ele, a França é eterna e a história (isto é, a Revolução Francesa) é recente, e a segunda não pode prevalecer sobre a primeira, a despeito dos monarcas executados (Dard et al., 2023). Seu pensamento, desse modo, ancora-se em uma contradição, qual seja, a presença de um país "legal" – transitório e fruto da revolução, marcado pela democracia e pela República – e outro "real", a "verdadeira França", na qual, sob efeito da família, primeira sociedade, criam-se sentimentos de amizade e piedade, contrapontos à liberdade e à igualdade (Dard et al., 2023).

Se a democracia tem raízes protestantes ou judaicas, ela é essencialmente estrangeira, e não deriva da "verdadeira França". O tráfico de propriedades por parte dos judeus, por exemplo, seria para ele "uma ameaça às famílias enraizadas no solo". Maurras, desse modo, pretende encarnar a "nacionalização de um afeto" (Joly, 2015), isto é, uma herança imaginada apresentada como uma identidade: "Conservá-la é conservar a causa de tudo aquilo de que se queixa" (*Action Française*, 8 nov. 1928). A conservação, portanto, exigia uma ação, uma subversão, que Maurras, sem sucesso, buscou realizar em diversos momentos.

Acusado de cumplicidade político-ideológica com os fascistas na Segunda Guerra Mundial, Maurras foi condenado à prisão, em 1945, e recebeu a *Indignité nationale*. Liberto em março de 1952 por questões de saúde, morreu pouco depois, em novembro do mesmo ano, em Tours. A conjunção entre Maurras e a Ação Francesa, nos termos de Olivier Dard et al. (2023, p. 39), "pode tranquilamente ser percebida sob o ângulo de uma matriz europeia e transatlântica de uma revolução conservadora, cujas balizas são o tradicionalismo, o monarquismo, o regionalismo e o federalismo, a intransigência católica ou, ainda, a defesa de uma estética clássica". Por exemplo, o maurrasismo, como se sabe, teve ampla influência na Europa Latina, a exemplo da *Acción Española* e do integralismo lusitano, e nas Américas, como no caso dos membros fundadores da Tradição, Família e Propriedade (TFP), no Brasil. Em 2017, Steve Bannon, próximo a Donald Trump e articulador das direitas nas Américas, declarou admiração por Maurras.

Uma lembrança semi-histórica

A perenidade das topografias políticas oriundas da Revolução Francesa, como as denominações de "esquerda e direita", deve-se a seu prodigioso potencial simbólico, capaz de atrair militantes, pois dialogam bem com as contradições das sociedades democráticas, em especial com a tensão entre uma suposta unidade dos princípios e uma divisão inerente às suas expressões. Por motivos semelhantes, o pensamento conservador, arraigado no próprio fato revolucionário (político e econômico) característico da modernidade, continua a ter significação para muitos homens e mulheres.

Voltemos, uma última vez, a Chersterton. Na busca pelo (suposto) anarquista dr. Bull, os detetives de *O homem que era Quinta-Feira* chegam à "casa da razão, uma coisa mais horrível do que a própria irracionalidade". Uma janela mostrou-lhes um amanhecer "branco e áspero, orlado com margens de uma espécie de vermelho vulgar, mais como argila vermelha do que nuvem vermelha". Syme, então, foi assombrado por uma "lembrança semi-histórica relacionada com aqueles quartos vazios e aquele amanhecer austero. Quando viu o sótão e o dr. Bull sentado escrevendo à mesa, lembrou-se do que era aquela memória – a Revolução Francesa. Deveria haver um contorno preto de uma guilhotina como aquele pesado vermelho e branco da manhã".

A novela *O homem que era Quinta-Feira*, não obstante, data de 1908, quando o espírito revolucionário conhecia um deslocamento do jacobinismo revolucionário, ainda muito presente entre os *communards*, para novas formas de organização da classe trabalhadora, cada vez mais vinculada às ideias socialistas e aos partidos políticos. Por isso, em Chesterton (o qual não era propriamente simpático aos novos revolucionários), a lembrança semi-histórica se revelou uma farsa: "A fantasia francesa [do dr. Bull] caiu. Os jacobinos eram idealistas; havia sobre esse homem um materialismo assassino." No século XX, com um inimigo renovado à vista, o conservadorismo, ainda que persista como tradição política, adquire novos contornos.

4.

DAS LUTAS PELA INDEPENDÊNCIA À CONSOLIDAÇÃO DO IMPÉRIO DO BRASIL

Lucia Maria Bastos Pereira das Neves

Os anos 1820: "sentimentos de ódio" e "espírito revolucionário"

No alvorecer da década de 1820, explosões tumultuárias, conhecidas como Revoluções Liberais, aconteceram em Portugal, no norte e sul da Península Itálica, na Grécia, no norte da Confederação Germânica e na Espanha (esta, apesar de vivenciar uma revolução liberal em 1810, com a promulgação da Constituição de Cádis em 1812, retornou ao absolutismo em 1814, sob o governo de Fernando VIII; assim, novo movimento liberal ocorreu em 1820, dando início ao chamado Triênio Liberal, 1820-1823). Apresentando características comuns, tais convulsões inspiraram-se no liberalismo político, em consonância com os princípios franceses de 1789 e as reminiscências da Independência dos Estados Unidos em 1776. Despertando impulsos revolucionários, não podiam, no entanto, criar situações concretas de uma revolução moderna. As condições políticas e sociais desses países contribuíam para a prevalência das relações de autoridade características do Antigo Regime. Em 1815, ainda se vivia o clima da Restauração e da Santa Aliança (Áustria, Prússia e Rússia) – a cruzada dos mais ferrenhos seguidores do absolutismo –, que acreditava ser possível a Europa restabelecer a política antiga. Mas, se de um lado havia um triunfo aparente da reação, que tentava impor suas tendências, suas tradições e suas forças; de outro, a perspectiva de um verdadeiro retrocesso no tempo era algo incerto, pois a sociedade transformava-se.

Assim, o século XIX nasceu sob o embate entre o Antigo Regime e as Luzes, assumindo o aspecto de um jogo incessante de movimentos e resistências, visíveis na oposição entre o dinamismo da política, da economia e das ideias, e a persistência das hierarquias sociais e das mentalidades. Era um sinal daquilo que muitos denominaram "Modernidade". Tal ingresso nesse mundo não se fez no mesmo ritmo nem da mesma forma em todo o Ocidente. Em verdade, tratou-se de processo complexo, que envolveu a dimensão econômica e social, mas que dependeu, fundamentalmente, da difusão de uma nova concepção de mundo, em termos políticos, sociais e intelectuais.

Constituíram-se movimentos que, apesar de carregarem "sentimentos de ódio" ao Antigo Regime, muitas vezes, evitavam adotar o rótulo de "revolução". Preferiam ser conhecidos como conspirações tramadas em segredo por elites, compostas de militares, comerciantes, funcionários públicos e intelectuais, camadas médias da sociedade, que atraíam ainda a participação das camadas populares, com a ressalva de não emanarem e nem serem conduzidas pelo povo mais amplo.

Nessa conjuntura de convulsões e de choques, tais explosões não se voltaram apenas para as fronteiras do mundo europeu, mas se abriram em um diálogo que encontrou no Atlântico uma ponte de interações entre ideias e ações, por meio das independências das colônias ibero-americanas, em muitos casos consideradas como revoluções políticas. Logo, deve-se pensar nesses acontecimentos em sua conexão entre as diversas sociedades daqueles tempos, uma vez que as histórias nacionais podem e devem estar conectadas.

Foi nesse contexto das revoluções de 1820 que ocorreu o processo de constitucionalização e de separatismo do Brasil, principalmente após a Revolução Liberal do Porto. Divulgadas pela imprensa da época, as notícias de movimentos semelhantes replicavam no mundo brasílico, ecoando nos desdobramentos de nosso processo de autonomia. Hipólito da Costa, redator do periódico *Correio Braziliense*, publicado em Londres, alertava, em 29 de novembro 1822, que a "Grécia merece uma peculiar contemplação aos políticos para quem escrevemos". Se o Brasil estava muito distante, e, pode-se dizer, não possuía nenhuma relação com a Grécia, era ali que os "brasilienses achar[i]am uma escola de política", pois, diante da repressão que se abateu sobre os gregos, os brasileiros sabiam o que lhes reservaria a política europeia se também se rebelassem contra o Antigo Regime.

A reflexão do jornalista chamava a atenção sobre a questão do temor dos países europeus, especialmente daqueles ligados pela Santa Aliança, que acreditavam que qualquer indício de rebelião poderia se transformar em ameaça à ordem estabelecida pelo Congresso de Viena, devendo ser banido e sufocado. Assim, o Brasil precisava lidar com a delicadeza do contexto ao efetuar sua separação de Portugal. Apesar da relativa fragilidade na política europeia – resultante das contradições nos governos que desejavam sustentar as instituições antigas, como a Inquisição, o papado, o grão sultanato, contra as modernas ideias do século que clamavam por governos constitucionais –, persistia a ameaça de guerra contra qualquer insubordinação nas antigas colônias da América.

Portanto, caracterizado o imenso território por propostas e posturas distintas e temporalidades múltiplas, construíram-se no Brasil narrativas que demonstram as diversidades não só regionais, mas sobretudo sociais. Além disso, vários ressignificados foram emprestados ao "Brasiliano Império", que começava a se estruturar e que, por meio de lutas e disputas, acabou por configurar um espaço unido e forjou uma identidade, que se convencionou chamar de "brasileira", em oposição à identidade portuguesa.

Tensões e lutas pela(s) independência(s)

Em dezembro de 1815, ocorrera a criação do Reino Unido de Portugal, Brasil e Algarves. Legitimava-se a dinastia de Bragança como aquela que inaugurava, por meio de D. João, um novo tempo de prosperidade para a monarquia com sede no território americano. Ao se estabelecer, desde 1808, em outra parte do império – na margem de cá do Atlântico –, Portugal acabou por ser a única potência europeia de segunda ordem que, naquele período, preservou tanto sua dinastia quanto sua soberania. Assim, em 1808, Francisco Soares Franco, médico e político de ideias liberais, em suas *Reflexões sobre a conduta do príncipe regente de Portugal*, reconhecia tal transferência como a única possibilidade e esperança de salvação para Portugal:

> O Príncipe do Brasil com golpe de vista [...] examina donde vem a Bonaparte o atrevimento de lhe fazer proposições que

> nenhum Rei deve jamais ouvir. [Dom João] conhece ao mesmo tempo o perigo e os remédios, e é ao Brasil que ele vai confiar a sua honra, a sua segurança, a sua glória; a glória e a honra do nome Português.

Essa mudança, se de um lado foi benéfica ao Reino do Brasil, por outro, não agradou a Portugal. Afinal, a criação do Reino Unido consolidava o fim do sistema colonial e dava início à liberdade de comércio e a uma era de prosperidade, como destacou José da Silva Lisboa, cronista oficial do Reino Unido e do Império do Brasil. Esse processo deu uma nova dinâmica às instituições que aqui existiam. Era um tempo de aparente harmonia. Se Hipólito da Costa, em seu periódico, fazia referência ao "Império do Brasil", não havia qualquer proposta de sua parte e de outros membros das elites de uma independência. Ao contrário, ele defendia a necessidade de se reformar e de se reorganizar a administração interna do Brasil a fim de manter a unidade do império.

No entanto, com o fim da invasão de Portugal pelas tropas francesas e a derrota definitiva de Napoleão Bonaparte, a partir de 1816 algumas *províncias* no Brasil – como começavam a ser denominadas as antigas capitanias – voltavam a se ligar diretamente a Lisboa, em função, sobretudo, de seus interesses econômicos, como era o caso do Pará, do Maranhão e mesmo da Bahia, uma vez que suas redes comerciais se distinguiam das do centro-sul do país. As primeiras regiões – Pará, Maranhão e Bahia – continuavam ainda muito dependentes das casas de comércio portuguesas. Na visão de época, a passagem de Sua Majestade para o Brasil fez do Rio de Janeiro o "receptáculo de todas as riquezas do Império Português", atraindo não só um grande movimento comercial para seus portos, como colhendo um elevado número de impostos das demais províncias, especialmente das do Norte, que passaram a obter menos vantagens do que a sede da nova Corte. Assim, o Rio de Janeiro transformou-se no "parasita do Império Português" acabando por atrair "o ódio de todas as províncias" (Sierra y Mariscal, 1920/1921, p. 60; Mello, 2004, p. 28-29).

Iniciavam-se alguns momentos de tensão no jogo político do Reino Unido. As posturas de diversas províncias que compunham esse imenso território do Brasil evidenciaram o conflito entre o centralismo da Corte fluminense e o desejo de autogovernos provinciais, como ocorreu em 1817, em Pernambuco. Mais tarde, tais tensões afloraram com nova intensidade, levando as províncias a escolherem entre Lisboa e o Rio de Janeiro, como aconteceu com a eclosão do movimento constitucionalista português (1820-1821) e, mais tarde, com as Guerras de Independência.

Um exemplo desses conflitos foi a Revolta de Pernambuco, que se iniciou em 6 de março de 1817, no Recife. O motim alastrou-se pelas ruas, com quebra-quebras e tumultos, dirigidos em especial contra os naturais de Portugal. Os revoltosos, que pertenciam a um amplo espectro social, instituíram um governo provisório. Diversas proclamações procuraram, então, conter a arraia-miúda, assegurar a adesão da população ao movimento e reforçar a união com as províncias de Alagoas, Paraíba e Rio Grande do Norte. Em seguida, redigiu-se uma Lei Orgânica, esboço de uma Constituição, em que se conclamava que os cidadãos deviam ser chamados de patriotas, uma evocação política que relembrava a experiência francesa de 1789. Voltavam-se, sobretudo, contra o que consideravam uma excessiva centralidade do governo do Brasil nas mãos da Corte.

Entretanto, discordâncias internas e o receio dos proprietários de terra em ver abolida a escravidão enfraqueceram o movimento. Os rebeldes foram derrotados. Seguiu-se uma devassa, que condenou muitos implicados e que determinou a execução dos principais líderes do movimento, entre os quais, o padre Miguel Joaquim de Almeida e Castro, conhecido como padre Miguelinho, secretário do governo provisório de Pernambuco.

A Revolução de 1817, embora trouxesse à tona sentimentos autonomistas e alguns ideais republicanos, não é mais aceita, segundo os padrões da interpretação tradicional que lhe emprestou a historiografia, como um simples prenúncio da Independência de 1822. Ela resultou de uma combinação de fatores, como mostrou Evaldo Cabral de Mello. A presença de um imaginário original, em decorrência da participação de Pernambuco nas lutas para a expulsão dos holandeses, valorizou uma nobreza da terra, alicerçada em glórias passadas. Daí a reivindicação de tratamento diferenciado para a província. Do ponto de vista da aristocracia pernambucana, o estabelecimento da Corte no Rio de Janeiro trouxera um excesso de cobranças e imposições, que culminaram com os tributos exigidos para custear a campanha militar na Cisplatina, num momento em que a seca de 1816 agravava ainda mais os crônicos problemas de abastecimento das cidades nordestinas, e provocaram o descontentamento da população miúda. Também a criação do Seminário de Olinda (1800), modelado na reforma da Universidade de Coimbra, transformou-se em uma instituição única na colônia, capaz de formar uma geração, sobretudo de clérigos, afinada com os ideais reformistas. A Revolta de 1817 denunciou a política da Corte no Rio de Janeiro de transformar-se em uma nova metrópole em relação às demais províncias, demonstrando as tensões que já dividiam o Brasil. Era um discurso que valorizava a "pátria local" (Barman, 1988, p. 75), contrapondo-se à soberania projetada pelo governo joanino sobre o território americano. Em verdade, ainda não existia um Brasil. O discurso político já identificava uma pluralidade de Brasis (Slemian, 2022).

Outros descontentamentos eclodiram em Portugal, em maio de 1817. Tratava-se da conspiração liberal de Gomes Freire de Andrade, ocorrida em uma conjuntura agitada, de crise no reino português. O objetivo era afastar os ingleses e outros estrangeiros do controle militar do país e promover a salvação e a independência de Portugal, com a criação de um governo constitucional. O movimento foi abafado antes que irrompesse, e, após um rápido processo, Gomes Freire e mais onze presos – na maioria, militares que tinham prestado serviço no Exército napoleônico – foram condenados à morte e executados em outubro de 1817. Tais medidas de repressão, típicas do Antigo Regime, não impediram, porém, o fortalecimento em Portugal de um sentimento nacional e antibritânico, que se afirmaria na Regeneração de 1820.

Tais movimentos não chegaram a abalar o edifício político da dinastia de Bragança, mas interromperam a tranquilidade da monarquia atlântica, sendo motivo de preocupação para o futuro rei D. João VI (que aguardava sua aclamação desde 1816, quando falecera sua mãe, dona Maria I). Como afirmava o monarca, eram um atentado contra sua soberania e sua suprema autoridade. Anunciavam-se, portanto, tempos de incertezas. Afinal, havia impasses não só entre as partes que compunham o Reino do Brasil, como também entre os territórios do vasto Império Português.

Em 24 de agosto de 1820, com a eclosão do movimento constitucional do Porto e a posterior adesão de várias províncias do Reino do Brasil, a situação política tornou-se tensa, acarretando inúmeros problemas para a administração de D. João VI. Proliferavam as ideias liberais e constitucionais e, embora ainda não se encontrasse a perspectiva de independência nos horizontes dos brasilianos, difundia-se a ideia de que não podia haver mais a sujeição de um povo livre a outro.

O movimento de 1820 apresentou uma intensa mobilização e politização das mais diversas camadas sociais. Pululavam panfletos políticos e jornais, não esquecendo os pasquins manuscritos que inauguravam um inédito debate de ideias. Tais discussões foram viabilizadas pela abolição, em alguma medida, da censura prévia dos escritos; agora a censura se restringidas às provas tipográficas. De qualquer modo, a política saiu do círculo restrito da Corte e atingiu as ruas, a praça pública e os novos locais de sociabilidade, como livrarias, casas de pastos, salões e a maçonaria. As informações ficaram à disposição de uma plateia mais ampla, sendo encaradas como pertencentes a um domínio público até então inexistente.

A violência dos debates levava a uma "guerra de pena e de língua". As palavras serviam como armas de combate, em uma luta simbólica de afrontas e calúnias. Um pasquim que circulara nas ruas do Rio de Janeiro incitava o povo a aderir ao movimento constitucional e proclamava:

> Às armas, Cidadãos! É tempo
> Às Armas!
> Nem um momento mais, perder deveis
> Se à força da razão, os Reis não cedem
> Das armas ao poder cedam os reis.
> (Arquivo Histórico do Itamaraty. Lata 195, maço 6, pasta 13)

Ainda que se evocasse o grito da Revolução Francesa – *Citoyens! Aux armes*! –, não refletia o mesmo clima febril, pois não se pretendia destronar a dinastia reinante. Visava-se apenas a pôr fim ao despotismo que havia tanto tempo oprimia os membros do Império Português.

Mesmo os panfletos impressos, mais moderados em sua linguagem, como *Memória constitucional e política sobre o estado presente de Portugal e do Brasil,* de 1821, em alguns momentos adotavam posturas duras, lembrando que não era mais possível que o rei violasse os direitos do cidadão, alertando: "Os Reis são feitos para os Povos, e não os Povos para os Reis;

que os Povos podem viver e existir sem os Reis e não os Reis sem os Povos." Tais escritos corriam as ruas, atravessavam o Atlântico e repercutiam no círculo político da Corte. Apesar de tudo, até aquele momento, o objetivo ainda não era a separação entre Brasil e Portugal.

A intenção principal era que todos aderissem aos anseios da Revolução de 1820, que desejava o retorno imediato do rei para Portugal, voltando este a ser a cabeça do império, tornando-se o Brasil não mais uma colônia, porém uma província do Império Português. E, o mais importante, que se convocassem Cortes Legislativas, a fim de promulgar uma Constituição que garantisse a ordem constitucional e liberal. Por conseguinte, o ano de 1821 converteu-se, nos dois lados do Atlântico, naquele da pregação liberal e do constitucionalismo, dando origem a uma nova cultura política.

As tensões não foram, contudo, resolvidas de forma simples. E, muito menos, sem intensas discussões, ferrenhas disputas e várias lutas. Se alguns governos locais no Brasil, que possuíam autonomia na dinâmica imperial, declaravam-se contrários à adesão às Cortes, outros, principalmente no Norte e no Nordeste, como Bahia, Maranhão e Pará, declararam seu apoio ao Vintismo – o período político caracterizado pelo projeto liberal e constitucional que põe fim ao Antigo Regime, após a Revolução Portuguesa de 1820, e que é extinto em 1823, com o golpe da Vila Francada – e manifestavam um sentimento contra o Rio de Janeiro como centro político, uma vez que a sede da monarquia voltava a se situar em Lisboa. Já São Paulo e Minas Gerais, sobretudo para garantir os benefícios adquiridos com a vinda da Corte em 1808, opunham-se às Cortes do Vintismo e continuavam fiéis ao governo de Dom Pedro, nomeado regente pelo pai em abril de 1821.

Juntas de governo foram eleitas ou aclamadas pelo povo nas várias capitais das províncias que se declaravam partidárias das Cortes de Lisboa, rompendo qualquer atitude de submissão ao Rio de Janeiro. A instalação das juntas, autorizadas pelas Cortes em abril de 1821, era um ato necessário, que denotava a identificação com as ideias constitucionais e com a reforma do governo da nação. Compostas pelas elites políticas locais, elas se organizaram supondo uma ampla autonomia nos negócios internos. Foram essas "pátrias locais" que acabaram por entrar em conflito com o governo do Rio de Janeiro, impedindo, com suas revoltas, um poderoso governo centralizado na Corte, o que marcou a configuração da estrutura política do Brasil ao longo do império. Representavam grande novidade, motivadas por um espírito dividido entre a anuência às Cortes e a repulsa ao controle central, exercido pela regência de Dom Pedro.

Mesmo as juntas que representavam as províncias do Sul, como a de São Paulo, fiéis a Dom Pedro, não se organizaram de forma pacífica. Na província paulista, no juramento das bases da Constituição e na instalação da junta, ocorreram tumultos, mas seu vice-presidente, José Bonifácio de Andrada e Silva, assegurou a tranquilidade política e social. O governo, constituído "por unânime vontade e eleição do povo e da tropa", proclamou sua subordinação à autoridade do príncipe herdeiro, "exceto no que diz respeito aos dinheiros públicos, que se negam a fornecer para as necessidades do Rio de Janeiro" (*Gazeta do Rio de Janeiro*, n. 62, 24 jul. 1821).

Na Corte do Rio também havia disputas. No mesmo ano de 1821, nos dias 21 e 22 de abril, antes da partida de Dom João, ocorreu uma reunião na praça do Comércio, que, na versão oficial, se destinava à escolha dos eleitores de comarca. Esta, porém, logo se transformou em uma assembleia democrática que: defendia a soberania do povo; exigia formular instruções para a regência de Dom Pedro; pedia a vigência da Constituição espanhola enquanto a portuguesa não fosse promulgada; e pleiteava eleições para uma junta governativa. A assembleia foi dissolvida pela força militar, resultando em mortos e feridos.

Pouco tempo depois, contudo, os pronunciamentos militares favoráveis aos portugueses se multiplicaram. Houve, por exemplo, a Bernarda, uma agitação política promovida pelas armas, que propunha novidades e mudanças em torno das quais se uniram as tropas e o povo. Em 6 de junho de 1821, o movimento exigiu que o regente Dom Pedro jurasse as bases da Constituição portuguesa, chegadas de Lisboa, e demitisse seus ministros, o que acabaria não ocorrendo. Outro conflito envolveu a Divisão Auxiliadora Portuguesa, que, em janeiro de 1822, desafiou a decisão de Dom Pedro em permanecer no Brasil – no Dia do Fico –, contrariando as ordens das Cortes de que retornasse a Portugal.

Às inquietações internas somavam-se as tensões do governo liberal de Portugal. Cada atitude e protesto do Rio de Janeiro, quando aportava no outro lado do Atlântico, provocava reações imediatas da oposição, tanto nas Cortes de Lisboa quanto na imprensa portuguesa. Aumentava a intolerância de ambos os lados, já que cada ator político tinha uma visão do processo: Portugal pretendia voltar a ocupar o lugar de primazia política em seu império; o Brasil não estava disposto a perder as regalias obtidas em 1808. Na visão dos portugueses, não se tratava de uma recolonização, pois o Brasil era parte integrante de um poderoso império, agora sob a tutela de um governo liberal e justo, instalado em Lisboa. Mas, para os brasilienses, a união com Portugal tinha outro significado: a formação de um império indissolúvel, composto de dois reinos distintos, possuindo direitos e deveres recíprocos. Acirravam-se as ações e os acontecimentos precipitavam-se. A cada ato intransigente das Cortes de Lisboa, os ânimos dos brasilienses agitavam-se, até o ponto em que não havia mais possibilidade de diálogo. Começou a ganhar corpo uma proposta de "independência moderada", em que o Brasil se "emancipava" de Portugal. Retomava-se a ideia de manter unidas as duas Coroas, mas com leis e regimentos específicos para cada reino, assim como a proposta da convocação de uma Assembleia brasílica, destinada a adaptar a Constituição portuguesa aos interesses do Novo Mundo.

Essa proposta de independência moderada – ou seja, de emancipação – era defendida, principalmente, pelo grupo liderado por José Bonifácio. Seus integrantes formavam a elite coimbrã (Carvalho, 1980), que estudara na Universidade de Coimbra, tinha experiência administrativa e dispunha de trunfos sociais, culturais e econômicos. Críticos do Antigo Regime, eles temiam qualquer proposta de mudança radical. A emancipação, herdeira das Luzes ibéricas, guiava-se por um ideal reformista de cunho pedagógico, que pretendia evitar qualquer abalo na ordem vigente. Valorizava a figura do soberano, sem rejeitar a Constituição, e almejava a emancipação administrativa, mas sem a separação entre as duas Coroas da dinastia de Bragança.

Outra perspectiva era defendida pela elite brasiliense (Barman, 1988; Neves, 2003), que se formara majoritariamente na América e tinha na palavra impressa seu principal contato com o mundo europeu. Sintonizada com a sensibilidade de uma camada média urbana, surgida com a presença da Corte joanina após 1808, esta corrente manifestava-se, sobretudo, nas páginas do *Revérbero Constitucional Fluminense*, redigido por Joaquim Gonçalves Ledo e Januário da Cunha Barbosa. Embora de início ela não tenha se oposto ao emancipacionismo moderado, a tomada de conhecimento de medidas das Cortes consideradas despóticas, a partir de abril de 1822, estimulou-a a proclamar a necessidade de uma ruptura total, equivalente a um divórcio político. Tal proposta começou a aparecer em algumas obras de circunstância, escritas pelos representantes mais radicais das elites.

No Rio de Janeiro, contudo, os atos de Dom Pedro ainda não pretendiam quebrar os laços de união. Assim, se, por Decreto de 1º de agosto, ele declarava inimigas todas as tropas portuguesas que desembarcassem sem o seu consentimento, em contrapartida a independência que se buscava era apenas uma autonomia política, sem implicar um rompimento formal. O *Manifesto aos Povos do Brasil*, na mesma data, redigido por Gonçalves Ledo e, o *Manifesto às Nações Amigas*, redigido por José Bonifácio, em 6 de agosto, já assumiam a separação como um fato consumado. Ambos culpavam o despotismo das Cortes pelo rumo dos acontecimentos. O primeiro, porém, considerava irreversível tal ruptura, ao passo que o segundo continuava hesitando em descartar completamente a proposta de um império luso-brasileiro. Para José Bonifácio, a nossa independência não simbolizava ingratidão em relação à Mãe Pátria, apenas o direito de o Brasil fazer seu código de leis e promover sua felicidade, como também o fizera Portugal.

Assim, em 7 de setembro, quando Dom Pedro proclamou o célebre Grito do Ipiranga, para a maioria dos contemporâneos, a separação, ainda que parcial, já estava consumada. Esse episódio não teve um significado especial, não sendo sequer noticiado pela imprensa da época, exceto por um breve comentário no jornal fluminense *O Espelho*, datado de 20 de setembro. Outros fatos foram mais significativos, como o 3 de junho, quando Dom Pedro convocou uma Assembleia Brasílica. O jornal *Macaco Brasileiro* (n. 2, 1822) julgava aquele o "maior dia para o Brasil", devendo ser o seu "magno aniversário, o dia natalício da sua Regeneração política, [pois] foi quando o cancro se desarraigou do corpo gigante". Ou a festa da aclamação de Dom Pedro como "Imperador Constitucional", em 12 de outubro, que estabeleceu os fundamentos do novo império, segundo a óptica da época. Somente anos mais tarde foi que o 7 de Setembro passou a ser incorporado no imaginário da nação como a data nacional da independência.

Todo esse processo, da emancipação até a ruptura final, com a independência, não significou um contínuo linear, nem ocorreu de forma pacífica. Ele se deu por meio de discussões e lutas.

O projeto vitorioso da(s) independência(s): construir um império na linguagem do liberalismo moderado

Em 12 de outubro de 1822, realizou-se a aclamação do príncipe regente Dom Pedro como imperador do novo "Império brasílico", marcando o rompimento entre Brasil e Portugal. Dom Pedro aceitava o título de "Imperador Constitucional e Defensor Perpétuo do Brasil" porque havia ouvido seu Conselho de Estado e de procuradores gerais e examinado as representações das Câmaras de diferentes províncias, que concordavam com essa nova situação. A proposta desse ato cívico, verdadeira festa popular, partiu do grupo mais caracteristicamente liberal: os brasilienses.

A ideia de uma república nos moldes da França de 1792, ou dos Estados Unidos de 1776, não constituía a tônica naquele momento. Ela aparecia com pouca frequência, fosse na imprensa e nos panfletos políticos, representando a longa tradição republicana entre os séculos XVII e XVIII, fosse como uma ameaça, sobretudo para os portugueses, de desordem e de desmembramento do território brasileiro, como acontecera com as colônias da América espanhola.

O Império brasílico parecia nascer sob a linguagem do liberalismo e do constitucionalismo, em que se instituía um novo vocabulário político pautado nas Luzes, demonstrando uma relativa democratização da política, nos termos da época. Constituía-se um governo inspirado na soberania da nação, em que Dom Pedro preenchia o "alto emprego de Imperador Constitucional".

No dia seguinte à festa da aclamação, porém, José Bonifácio, ministro e líder do grupo dos coimbrãos, estabelecia a fórmula que devia principiar todos os atos governamentais – "Dom Pedro, pela graça de Deus e unânime aclamação dos povos, Imperador Constitucional e Defensor Perpétuo do Brasil" etc. Subtraía-se ao povo o direito soberano de ter aclamado seu imperador e voltava-se aos usos antigos, em que o monarca retirava de Deus a essência de seu poder. Com isso, anunciava-se que o futuro império estaria revestido de uma linguagem liberal, mas, nele, a soberania estaria partilhada entre o rei e a nação, dispondo o governante de direito a veto às leis promulgadas pelo Parlamento.

Consoante com essa perspectiva, concebeu-se, então, uma segunda cerimônia inaugural para o império nascente. Em 1º de dezembro de 1822, a coroação do imperador transcorreu em moldes quase privados, seguindo a tradição e a pompa do Antigo Regime, bem como os protocolos inspirados na cerimônia em que Napoleão Bonaparte fora também sagrado imperador (1804). Na coroação, portanto, a população se tornara mera espectadora.

Ainda que o contexto histórico daquele momento não pudesse deixar de apontar para a opção de uma monarquia constitucional representativa, ponto comum entre os dois grupos que fizeram a independência, muitas diferenças surgiam entre estes, possibilitando encaminhamentos diversos para o processo de construção do império. Uma das questões fundamentais relacionava-se ao conceito de soberania. As duas opiniões em confronto – soberania residindo na nação (brasilienses) e soberania residindo no monarca, partilhada com a Assembleia (coimbrãos) – demonstravam que a perspectiva de uma linguagem absolutista, em que o poder fosse exclusivo do soberano, não mais encontrava espaço no Império brasílico. A proposta vencedora foi a do grupo de José Bonifácio, ou seja, o de Dom Pedro, considerada o projeto do Rio de Janeiro.

Em virtude da conjuntura e dos projetos dos atores históricos daquele momento, cumpria providenciar uma Carta Magna, sendo instaurada, em 3 de maio de 1823, uma Assembleia Constituinte. Mas, a partir daquele momento, o confronto entre os diferentes projetos de poder passou a explicitar-se por meio da dubiedade das linguagens políticas. De um lado, os brasilienses acreditavam nos direitos da nação, em um governo federalista e na maior autonomia do poder Legislativo, sem o veto do poder do imperador, detentor dos poderes Executivo e Moderador. De outro, os coimbrãos insistiam na proposta de uma monarquia constitucional em que o poder se concentrasse, em sua essência, nas mãos do soberano.

Se grande parte dos deputados insistiam na superioridade do poder Legislativo em relação ao Executivo, Dom Pedro buscou cercar-se de amigos pessoais, naturais de Portugal como ele, passando a defender concepções mais centralizadas de governo. Tal atitude logo contou com o apoio de muitos cortesãos que partilhavam dessa visão. Em decorrência, o imperador tendeu a incompatibilizar-se, não só com antigos inimigos, mas também com aliados, como o próprio José Bonifácio. Renasceu o clima febril do ano anterior, com inúmeros jornais e panfletos políticos posicionando-se em relação aos debates na Assembleia. Os projetos constitucionais ultrapassavam os espaços da institucionalização da política – a

Assembleia –, atingindo um público mais amplo por meio de uma espécie de nova "guerra literária".

Por exemplo, Cipriano Barata de Almeida, eleito deputado para a Constituinte, pela Bahia, mas que nunca tomou posse efetivamente, acabou exercendo, pelo "papel impresso", o seu mandato, com uma postura inteiramente contrária ao governo centralizado. Fazendo uso do *Sentinela da Liberdade na Guarita de Pernambuco*, procurou dialogar com os parlamentares. Afirmava que, nas Cortes, todos eram "cidadãos", considerados "iguais como homens", pois "despidos de todos os privilégios, isenções, ordens e dignidades". Sua postura era favorável à subordinação do imperador à Assembleia e ao povo: "Nestas Cortes, o Rei não é representado como Soberano, porque nelas se reconhece que o Povo é o verdadeiro Soberano." Suas críticas afirmavam a impossibilidade de se discutir um modelo de governo liberal e constitucional entre os estrondos de artilharia e espadas nas ruas. Tais questionamentos lhe valeram a detenção por ordem de Pedro I, ainda em meados de novembro de 1823, acusado de inimigo do governo do Rio de Janeiro.

As animosidades e insatisfações se ampliaram entre os atores políticos fluminenses e em inúmeras outras províncias. E, claro, reprimiram-se os que não acatavam a nova ordem.

A repressão aos resistentes

Ultrapassado aquele primeiro momento de aparente congratulação, demonstrada nas festas e nas adesões à(s) independência(s), a repressão mostrou sua força e rechaçou toda oposição ao governo estabelecido. O grupo de José Bonifácio precisava assumir o controle do rumo dos acontecimentos. A monarquia liberal e constitucional era seu objetivo, mas em uma versão moderada, cabendo ao imperador as rédeas do governo, mas sem qualquer vestígio de um governo absolutista. Essa devia ser a fórmula para se manter a ordem na sociedade e evitar a anarquia. Cabia, portanto, conter os que resistissem ao centralismo e ao poder do Rio de Janeiro.

Ao confiar na opinião pública, que havia abandonado a ideia de república, pois considerava que os brasileiros se encontravam lisonjeados com os títulos de "império" e de "imperador", José Bonifácio declarou uma guerra aberta contra o grupo brasiliense, acusando seus integrantes de serem membros do "partido republicano" e da anarquia. Dessa forma, ele engendrou uma crise política para afastar seus principais representantes – Joaquim Gonçalves Ledo, Clemente Pereira, Luís Pereira da Nóbrega e o padre Antonio João de Lessa – dos postos-chave que ocupavam, além de perseguir o redator do *Correio do Rio de Janeiro*, João Soares Lisboa. Bonifácio alertou também que, por denúncias, soubera da existência de tramas infernais que se urdiam não só contra a causa do Brasil, mas contra a vida preciosa do imperador, contra si próprio e contra todos os honrados cidadãos, amigos da "causa brasílica". Era uma referência direta ao grupo de Ledo e a todos os que comungavam com suas ideias.

Proclamações impressas passaram a descrever Gonçalves Ledo como um "monstro" que "por desgraça é nosso patrício"; um vil sem conhecimentos, nascimento ou virtudes, pois, afinal, não pertencia à elite formada em Coimbra, como os partidários de José Bonifácio. Acusados de "demagogos", "republicanos", "*sans-culottes*", "intrigantes", e não tendo possibilidade de defesa – já que os canais de expressão dos brasilienses, como *O Correio do Rio de Janeiro* e o *Revérbero Constitucional Fluminense* não mais circulavam –, a oposição ao projeto centralizador acabaria envolvida em devassas, isto é, perseguida politicamente por expedientes jurídicos.

José Bonifácio e Gonçalves Ledo, embora partilhando de um mesmo ideal – um governo constitucional –, diferiam na maneira de implantá-lo. Da mesma forma, ambos disputavam o controle do poder usando de meios que, muitas vezes, não condiziam com os princípios liberais. Cada um empregou as armas que estavam a seu alcance. Venceu, temporariamente, aquele que se encontrava mais próximo do poder imperial, ou seja, José Bonifácio.

Em início de novembro de 1822, Bonifácio autorizou uma devassa contra os facciosos e perturbadores da opinião pública, por conspirarem contra o governo estabelecido e pretenderem levar o povo à discórdia e à guerra civil, derramando o sangue dos cidadãos honrados e pacíficos e tramando a ruína do nascente império. A devassa estendeu-se por várias províncias e, se não resultou na condenação à morte de ninguém, implicou vários personagens. No Rio de Janeiro, José Clemente Pereira, Luís Pereira da Nóbrega,

Januário da Cunha Barbosa e Gonçalves Ledo foram incriminados. Antes mesmo de concluído o processo, os três primeiros foram deportados para a França, em 20 de dezembro de 1822. João Soares Lisboa e seus amigos foram espancados de forma brutal, e o jornalista acabou condenado a dez anos de prisão por seus artigos, ligado a um suposto partido anarquista e republicano. Outros cidadãos também foram envolvidos e acusados de desejar a Constituição de Portugal enquanto não se promulgava a brasileira. Ficava claro que quem se opusesse ao projeto político centralizador do Rio de Janeiro seria perseguido e condenado. Apaziguadas, ao menos na aparência, as primeiras tensões, outros desencontros surgiram, e também enfrentaram dura repressão.

O próprio José Bonifácio viu-se envolvido nessas lutas, acabando por ser afastado pelo imperador em julho de 1823. Na sequência, ele e seus irmãos ergueram a bandeira da oposição, não só contra os chamados democratas, republicanos, demagogos, mas igualmente contra aqueles que se mostravam favoráveis a um poder mais centralizador e autoritário, em particular os naturais de Portugal, que tinham passado a rodear Dom Pedro. Os Andrada expunham suas ideias no jornal *O Tamoio* (1823). Abria-se uma nova guerra de palavras com outros periódicos, que defendiam o pleno poder do monarca, como o *Espelho* (1821-1823), o *Diário do Governo* (1823-1824) e *A Estrela Brasileira* (1823-1824). Numa espécie de coroamento dessas disputas, na manhã de 12 de novembro de 1823, a tropa militar cercou o prédio da Constituinte, que se encontrava em sessão permanente havia dois dias. A Assembleia foi dissolvida, sendo presos alguns deputados, entre os quais os irmãos Andrada, obrigados, logo depois, a partirem para um longo exílio.

Era inevitável que os rumores desse terror, que tinha passado a marcar a política no espaço da Corte, alcançassem diferentes localidades do Império do Brasil por meio das notícias impressas.

O fim da "lenda rosada": um conflito longo e espraiado – as Guerras de Independência

Ao realizar-se o projeto de separação do Brasil de Portugal, concebido pelas províncias do centro-sul e com apoio de Pedro I, ganhou força a ideia de um Império do Brasil, unificado do Oiapoque até o Chuí. Para a opinião da época, presente na historiografia ao longo do século XIX e início do XX, a independência representava um longo processo negociado e sem luta. Fora realizada como obra do príncipe regente, mantendo o trono da dinastia de Bragança, numa série de sucessos que permitiu, nas palavras de José da Silva Lisboa, que esta parte da América não fosse arrebatada pelo "vórtice das revolucionárias democracias circunvizinhas". O império era, pois, um exemplo raro e único. Forjava-se o mito do Brasil pacífico e não violento. O povo brasileiro reassumia os direitos inalienáveis da sua independência, quebrava "os vergonhosos ferros de seu vitupério e entra[va], sem ter passado pelos horrores da guerra civil e da anarquia, no círculo das nações livres do universo" (*Diário do Governo*, 5 fev. 1823). No entanto, o processo configurou-se bastante diferente desse ideal. Ele, na verdade, foi longo e conflituoso.

No final de 1822, Minas Gerais e as províncias do sul já tinham se manifestado favoravelmente à Independência do Brasil, por meio de ofícios e proclamações enviados pelas Câmaras Municipais, à ocasião da consulta sobre a aclamação de Dom Pedro como imperador do Brasil. Pernambuco, em dezembro de 1822, jurou adesão e obediência ao imperador, seguido, em 1823, por Goiás e Mato Grosso e, depois, pelo Rio Grande do Norte, Alagoas e Sergipe. As quatro províncias do norte – Pará, Maranhão, Piauí e Ceará –, juntamente com a Bahia e a Cisplatina, permaneciam fiéis às Cortes de Lisboa. Assim, a unidade em torno do Rio de Janeiro acabou tendo que se impor por meio de guerras, as Guerras de Independência – uma guerra civil entre portugueses, e com derramamento de sangue –, contrariando a "lenda rosada" e ufanista. Não se tratava exclusivamente de uma questão de ser português ou de ser brasileiro. Em muitos casos, houve também lutas iniciadas por questões locais, numa batalha que levava à opção entre Lisboa e Rio de Janeiro. Os Brasis eram múltiplos, não só em seu território, mas ainda na composição de seu povo.

A solidez do império era só aparente. A questão fundamental da distribuição de poder, entre a autoridade nacional no Rio de Janeiro e os governos provinciais, encontrava-se longe de resolvida, pois as medidas adotadas por Pedro I – em particular, a substituição das Juntas provinciais provisórias por um presidente nomeado e removível por ele próprio – faziam ressurgir o temido espectro do despotismo e provocavam descontentamentos nas "pátrias locais". Essas tensões e lutas se estenderam pelo Primeiro Reinado e culminaram na época da Regência.

Nesse sentido, Dom Pedro não mediu esforços para reprimir seus inimigos políticos e evitar sublevações sociais. Era preciso implementar uma política institucional que garantisse a ordem e a estabilidade política. Tudo se fez para dotar o governo central com a força militar necessária. Desse modo, nas guerras da Bahia, do Pará, do Maranhão, do Piauí e da Cisplatina, a repressão revestiu-se de todo o rigor, liderada pelos "heróis da construção da unidade", como Cochrane, Grenfell, Labatut.

Apesar da repressão, os conflitos não terminaram em 1823, como em geral se pensa. Outras convulsões surgiram, como a Confederação do Equador de 1824, em Pernambuco, talvez a última expressão dessas guerras civis. Atribuído o fechamento da Assembleia Constituinte à ação da camarilha portuguesa que cercava Dom Pedro, a outorga da Constituição de 1824, que não reconhecia ampla autonomia para as províncias, e a escolha de um malquisto novo presidente de província, feita pelo imperador, descontentaram um grupo de pernambucanos. Este encontrou em Frei Caneca um porta-voz eloquente. Redigido por este, o *Typhis Pernambucano* alertava: "Eia, Pernambucanos! A nau da pátria está em perigo, cada um a seu posto [...]. Escolhamos um piloto. [...] elejamos um governo supremo, que nos conduza à salvação e à glória." Começava a Confederação do Equador, proclamada em 2 de julho de 1824. Contando com a participação dos proprietários de terra, recebia também o apoio das camadas populares, que expressavam suas opiniões em panfletos manuscritos e em linguagem virulenta: "Eia, pois, o Brasil todo de acordo está a sacudir a opressão que o domina. [...] Viva a pátria. Vivam os bons brasileiros. Viva a República do Brasil" (Arquivo Nacional. Confederação do Equador. Caixa 742, pct. 1).

Como acontecera antes, a Confederação do Equador não resistiu à violenta repressão das tropas do governo imperial. Construía-se o Império do Brasil, mas as fissuras permaneciam. Explodiriam mais tarde, após a abdicação do imperador, em 1831. Em todas essas lutas, o papel do poder centralizado do Rio de Janeiro foi fundamental para moldar a fachada desse império. No entanto, o processo não conseguiu substituir as diversas pátrias locais, que continuavam a existir, pela ideia de uma única nação.

Outros atores do processo das independências

O processo da(s) independência(s) foi conduzido e levado a cabo pelas elites do centro-sul do país – proprietários de terra, negociantes, bacharéis, caixeiros e militares – que almejavam um império constitucional, mas sob a firme autoridade de um imperador, a quem prestassem obediência, mantendo a santa religião católica, além de conservarem a estrutura social vigente, sobretudo a permanência da escravidão. Não se deve esquecer, no entanto, que outros personagens também participaram desse projeto, ampliando as tensões. Estes eram o povo miúdo, os redatores de panfletos e papelinhos, os escravizados, os libertos, os indígenas, as mulheres, os desertores e os soldados rasos, que apresentavam diferentes aspirações políticas. Essas camadas, pejorativamente chamadas de ralé, plebe e populacho, não integravam o conceito de povo da época. Elas participaram de motins causados por tensões sociais e étnicas, manifestando-se nas ruas e nas praças públicas. Lutaram nas guerras e elaboraram outras propostas e argumentos que expressavam suas reivindicações, muito distintas daquelas das elites, que se forjavam no Rio de Janeiro e nas demais províncias.

Alguns podem ser considerados anônimos da(s) independência(s). Foram os que redigiam os papelinhos e que se situavam nas fímbrias da sociedade. Mesmo sem estudos mais aprofundados, não desconheciam o que se passava na Corte do Rio de Janeiro e nas demais províncias naquele agitado momento. Tinham acesso a tais novidades políticas por meio do boca a boca cotidiano, que trazia à tona distintas concepções políticas, em relação às elites e ao processo de constitucionalização e separação do Brasil. Assim, no Maranhão, província que se destacou por sua adesão às Cortes de Lisboa, um panfleto manuscrito proclamava: "A Lei é igual para todos e somos iguais qual seja o castigo para quem fizer crime, que tanto faz o branco como os das mais cores livres, e não cativos; [...] O Povo Livre do Maranhão" (Biblioteca Pública Benedito Leite, São Luís. Documentos Manuscritos. 27 A, G2, E11).

Nesse pasquim, o povo livre não era certamente formado pelas camadas mais altas da sociedade. Indicavam-se outros setores que acreditavam na possibilidade de uma igualdade civil e social, que, embora não tenha se constituído em realidade, não deixou de estar presente nas expectativas de determinados segmentos. Pasquins em São Luís conclamavam que o bispo, como presidente da Junta da província, devia ler o papel que se encontrava à "entrada da porta da Catedral", para que os fiéis à Constituição não permitissem que "homens mulatos e mulatas forras" recebessem "castigos arbitrários" (Biblioteca Pública Benedito Leite, São Luís. Documentos Manuscritos. 27 A, G2, E11). Na visão de mundo desses indivíduos, a lei devia ser igual para todos, mesmo os não brancos.

Os escravizados eram personagens frequentes nos debates políticos, sendo considerados o grupo social mais perigoso, por ser o mais forte numericamente falando. Sem dúvida, em províncias com grande presença de escravizados, como na Bahia, a posição que tinham no conflito era contrária aos portugueses, que monopolizavam a venda de produtos básicos de subsistência, manipulando os preços de acordo com seus interesses, mas também à elite branca nascida no Brasil. Na realidade, as ideias constitucionais e liberais significavam para os escravizados e quilombolas mais do que a proposta de independência. Para eles, representava sua liberdade, sua alforria. Independência queria dizer a não sujeição. Neste caso, a não sujeição dos cativos a seus senhores. Daí, sua participação nas Guerras de Independência, a fim de alcançarem tais objetivos. E, dessa forma, tornavam-se não apenas uma força política, mas também uma sombra ameaçadora, ao remeter à revolta do Haiti.

Nas correspondências disponíveis, é possível encontrar posturas de escravizados que tentaram obter um papel político mais claro na vitória dos favoráveis à "causa brasileira". Assim, nas cartas de Maria Bárbara Garcez Pinto, dona de engenhos na Bahia, a seu marido, Luís Paulino d'Oliveira Pinto da França, deputado pela província da Bahia nas Cortes de Lisboa, lia-se que "a crioulada da Cachoeira fez requerimentos para serem livres", acreditando que, de forma ordeira, podiam vir a ter uma intervenção maior na cena pública. Essa insatisfação também aparecia no jornal *Idade d'Ouro* (Bahia, n. 8, 28 jan.1823), quando atribuía o aumento do número de escravizados fugidos ao mau exemplo dos senhores patriotas, que não os perseguiam. Para o periódico, o fato era "muito perigoso em terras de escravidão".

Nas regiões Norte, especialmente no Pará, e Centro-Oeste, em Goiás, a presença de indígenas nos movimentos de resistência, seja aos portugueses, seja aos brasileiros, entre 1822 e 1823, espraiando-se até o período da Regência, foi uma constante. No Pará, o grito "viva os tapuias e morram todos os europeus" significava mais do que uma oposição aos portugueses ou aos brasileiros. Representava um grito dos indígenas que desejavam maior liberdade sobre suas pessoas e sobre seu trabalho (Moraes, 2023). Também, em Goiás, em 1823, segundo relato de Raimundo da Cunha Mattos, um grupo de guerreiros apinajés seguiu um morador da região de Pastos Bons, intitulado de "Capitão Presidente da Independência", para enfrentar as forças portuguesas no Maranhão. Tal luta, ocorrida no interior do Brasil, deu motivo para que "vários homens mais ignorantes do que burlões" afirmassem que tropas portuguesas haviam desembarcado nos sertões de Goiás (Mattos, 1836, p. 245-246).

Ainda que não pertencessem às camadas situadas nas fímbrias da sociedade, outro ator importante nesse processo de lutas foram as mulheres. Numa sociedade profundamente hierarquizada como a do Antigo Regime, é difícil avaliar seu papel quase invisível. Não se tratam de grandes heroínas, mas daquelas que lutaram tanto pelas armas quanto pela palavra, por meio de cartas, representações ou versos. Algumas vezes, de forma anônima, outras, assinando seus escritos. Sem dúvida, pode-se questionar se tais textos foram todos redigidos somente por mulheres, ou se tiveram a participação de homens. No entanto, sua existência já marcava um ponto de inflexão importante. Por exemplo, encontram-se na Bahia os lamentos de uma baiana pela crise em que via sua pátria, devido ao despotismo da Tropa Auxiliadora de Portugal, comandada pelo general Madeira de Melo. Ela dizia ser de uma menina de 13 anos de idade, que, em seu anonimato e fechada em seu quarto, escrevera versos "lavada em lágrimas". Em uma representação a Pedro I, em 1823 – *Requerimento, razão e justiça* –, frente ao clima de antagonismo entre portugueses e brasileiros, mulheres brasileiras anônimas pediam por seus maridos portugueses, ameaçados de expulsão do Brasil. O argumento utilizado era direto: se as mulheres europeias, casadas com brasileiros, não eram perseguidas, por que motivo os europeus casados com brasileiras, que tivessem jurado a independência, deviam perder a pátria? Afinal, "que privilégio devem ter os homens neste caso"? Afirmavam que seguiam "as lições da antiga moral universal", embora possuíssem "alma, religião e coração", reivindicando, assim, serem reconhecidas, no fundo, como cidadãs efetivas, também capazes de passar aos seus cônjuges, pelo vínculo matrimonial, a nova nacionalidade. Na argumentação, embora não solicitassem o reconhecimento de direitos políticos, ficava clara a possibilidade de adquirirem direitos civis, a fim de garantirem a integridade dos maridos.

À guisa de conclusão

Independente em finais de 1822, o Império do Brasil ainda não constituía propriamente uma unidade. Após um processo que foi longo e conflituoso, não havia um Brasil, mas vários. E poucos se reconheciam como brasileiros – havia "povos do Brasil". As províncias não possuíam ligação profunda entre si. Como afirmou o deputado baiano Lino Coutinho, em março de 1822, nas Cortes de Lisboa, as províncias eram outros reinos, divididos entre si, que se governavam por leis particulares. Territórios e povos distintos, sem uma identidade comum e que se mantiveram unidos pelas guerras violentas da(s) independências(s), que procuraram manter a integridade territorial, sob o regime monárquico de um herdeiro dos Bragança.

Alguns pontos não podiam ser ignorados: a definição das bases do governo, para consolidar sua unidade e organizar a distribuição de poder entre a autoridade nacional no Rio de Janeiro e os governos provinciais; a elaboração de uma Carta Magna, que consolidasse o projeto de Império do Brasil encabeçado por Dom Pedro; o fim das lutas civis; a contenção de novas sublevações; a obtenção do reconhecimento de sua Independência não só por parte de Portugal como pelas outras nações europeias e americanas.

A Constituição outorgada em 25 de março de 1824 não diferia muito da proposta que os deputados tinham discutido antes da dissolução da Constituinte. Contudo, trazia uma diferença fundamental: não emanava da representação da nação, mas era concedida pela magnanimidade do soberano, tendo sido elaborada por um Conselho de Estado instituído pelo imperador, embora tivesse sido enviada às Câmaras Municipais para ser jurada, como efetivamente foi. A forma de governo definia-se como uma monarquia hereditária e constitucional. Saía reforçado o caráter unitário do império, por meio de um Executivo forte e centralizado, com a soberania residindo no imperador e na nação, como sempre pretendera Dom Pedro.

A Constituição trazia ainda em seu bojo uma questão fundamental: a coexistência da cidadania de poucos com a escravidão da maioria. Traduzia um primeiro albor de liberalismo, mais preocupado com a liberdade da propriedade, de bens ou de ideias, do que com a contestação das desigualdades jurídicas e políticas. Nesse sentido, devia manter a ordem social e definir os limites da cidadania. Restringia-se, portanto, a possibilidade de transformação das camadas mais baixas da população em um conjunto de cidadãos. Disso se depreende que, numa sociedade cuja economia era baseada essencialmente na mão de obra escravizada, as elites ficavam temerosas quando o espaço público era ocupado pelo "populacho". Por conseguinte, os escravizados podiam ser brasileiros, mas jamais cidadãos brasileiros.

O último ponto fundamental para a consolidação do Império brasílico consistia na questão do reconhecimento da independência. De um lado, o imperador era português e sucessor do trono dos Bragança, capaz, portanto, de reunir novamente, após a morte do pai, os dois territórios que o Atlântico separava. De outro, no plano externo, faltava o reconhecimento internacional do novo país, a ser alcançado por meio de negociações diplomáticas com as potências europeias.

A questão primordial era evitar uma guerra externa com Portugal, capaz de reconduzir o país à antiga condição de colônia. A guerra, no entanto, foi mais imaginada do que efetivada, ainda que provocasse imensos ruídos e tensões no interior do Império do Brasil. Depois de demoradas negociações e mediante indenizações, a independência foi reconhecida por D. João VI. O gesto, porém, veio mais uma vez sob a forma de uma concessão, que transferia a soberania para o território americano do Reino do Brasil, que só D. João detinha, para a autoridade de seu filho. Ele reservava ainda, para si, o título de imperador do novo país, que constou dos documentos até sua morte em 1826.

Apesar de tudo, pode-se afirmar que o processo de independência implantou certas práticas fundamentais do liberalismo capazes de converter a Coroa em Estado, ao extrair a política dos círculos palacianos para situá-la na praça pública, ao organizar a sociedade por meio de uma Constituição, ainda que outorgada, e ao estabelecer uma divisão de poderes que definia algum espaço para a participação dos cidadãos, como as eleições. A autêntica vida pública, porém, não foi capaz de estender-se além de uma elite, mais intelectual e política do que social, sediada nas principais cidades. Por sua vez, as hesitações do poder, que não conseguia substituir as velhas armas da censura e da repressão pela novidade da ideologia, e a divisão fundamental da sociedade entre livres e cativos inviabilizaram a condução das práticas liberais e da cidadania às suas últimas consequências. Os argumentos liberais permaneceram como meros artifícios retóricos que, ao "criar" a "ilusão da política", fizeram com que o mais importante ficasse subterrâneo, dificultando a formação da nação.

5.

ÁFRICA OCIDENTAL E CENTRO-OCIDENTAL NA ERA DAS REVOLUÇÕES

Roquinaldo Ferreira e Alexsander Gebara

Introdução

Em 1823, Manoel Patrício Corrêa de Castro, um dos três representantes de Angola nas Cortes de Lisboa – o órgão legislativo criado depois da Revolução do Porto, em 1820, para elaborar a primeira Constituição de Portugal –, escreveu uma carta ao editor de um jornal lisboeta, a *Gazeta de Lisboa*, para contestar rumores que circulavam de que Angola havia se separado de Portugal para se tornar uma província ultramarina do Brasil, que acabara de se tornar independente. A carta do sacerdote luandense lança luzes sobre um drama político que se desenrolou em três continentes: África, Europa e América do Sul. Para acalmar os administradores portugueses, assim como o público leitor da *Gazeta*, o deputado angolano, um homem mestiço nascido em Luanda, se apressou em compartilhar cartas nas quais membros do governo local se diziam leais a Portugal e refratários a propostas secessionistas vindas do Brasil.

Sacerdote na capital de Angola, Corrêa de Castro era um homem de vasta erudição. Escrevia em latim e, ao falecer em 1833, possuía uma biblioteca com cerca de quatrocentos volumes, provavelmente uma das maiores da África e de qualquer região do Atlântico Sul. Além disso, ele parece ter viajado bastante. Sua ida a Lisboa não foi a primeira vez que deixou Angola; o angolano já havia estado também no Rio de Janeiro. No entanto, no final de sua vida, seu desejo de se tornar tutor de latim em

Luanda foi barrado pelas autoridades locais, dadas suas supostas simpatias constitucionalistas, contra o ressurgimento do absolutismo em Portugal.

Neste capítulo, tomamos a vida de Manoel Patrício Corrêa de Castro como ponto de partida para analisar o papel da África Centro-Ocidental no contexto mais amplo da chamada "Era das Revoluções Atlânticas". A trajetória do sacerdote luandense nos ajuda a compreender o impacto da circulação de ideias constitucionalistas, do antimonarquismo e das noções de representação local nos processos políticos.

O padre estava longe de ser um revolucionário. A correspondência oficial é clara quanto à sua oposição à participação popular nos acontecimentos que levariam à Independência do Brasil. Além disso, rejeitou veementemente as vozes que sugeriam que Angola deveria romper seus laços com Portugal e se aliar ao Brasil. Ele foi, entretanto, testemunha direta desses eventos, uma vez que sua viagem a Lisboa incluiu uma escala no Rio de Janeiro, no auge da crise da independência.

Embora a vida de Corrêa de Castro sirva como nosso ponto de partida e destaque o caso de Angola, o texto é construído em uma chave comparativa. Contrapomos o caso de Angola – com seus enclaves costeiros de Luanda e Benguela e com os aparatos administrativos estabelecidos pelos portugueses – ao restante da África Ocidental, sobretudo às regiões que são atualmente parte da Nigéria e do Benim, onde o domínio africano prevaleceu, com mínimo impacto europeu direto, até meados do século XIX. Nas cidades angolanas, a estrutura política e social foi moldada pela interação complexa de elementos africanos e europeus. Já em lugares como a baía de Benim e o golfo do Biafra, bem como no interior de ambas as regiões, a soberania africana dominou, dando origem a contextos únicos de interação, com desenvolvimentos históricos atlânticos e globais. A partir dessas duas vertentes históricas, buscamos ilustrar o leque de experiências durante este período de transformação, proporcionando uma perspectiva mais rica e diversificada dos papéis da África Ocidental e Centro-Ocidental nas Revoluções Atlânticas.

O capítulo se inspira em debates sobre o escopo geográfico e conceitual da chamada "Era das Revoluções", termo que vem sendo registrado ao menos desde as últimas décadas do século XVIII. Thomas Paine, já em 1791, o utilizava para descrever os acontecimentos sociais e políticos resultantes da Independência dos Estados Unidos e da queda da monarquia na França; e, em 1815, o segundo presidente dos Estados Unidos, John Adams, ampliaria geograficamente o conceito para incluir as independências latino-americanas, chamando-o de "era das revoluções e constituições", embora o sentido de "revolução" fosse bastante impreciso (Armitage; Subrahmanyam, 2010, p. xvi).

Ainda segundo Armitage e Subrahmanyam, foi apenas no século XX que a denominação ganhou sentido mais estrito, quando se constituíram as interpretações de que tais movimentos teriam sido influenciados pelo pensamento iluminista, ordenado por ideias de liberdade, igualdade, republicanismo e democracia. Eles seriam, também, resultado de um contexto de forte participação popular, culminando com o processo de tomada do poder pela burguesia em detrimento das monarquias, ocorrido de início na Europa Ocidental e nos Estados Unidos. Num segundo momento, tais movimentos teriam se espalhado para o restante do mundo, quer sob a forma política da democracia (para Robert Roswell Palmer), quer pela difusão da indústria, da noção de "progresso", ou mesmo pela expansão imperial, segundo Eric Hobsbawm.

Tal perspectiva passou por várias revisões nas duas últimas décadas, no entanto, entre as quais se destaca a incorporação da revolução na colônia francesa de São Domingos no panteão das Revoluções Atlânticas, abarcadas pela era revolucionária. Segundo Laurent Dubois (2005, p. 3), "[se] a ideia de democracia é vista como valor universal, deve-se em grande parte às ações de escravizados em São Domingos". A reavaliação dos contornos temporais e globais daquele período não pararam aí. Hoje em dia, são vários os estudos sobre as repercussões da "Era das Revoluções Atlânticas" em regiões tão distintas quanto o Líbano, Indonésia, Cuba, Peru, o Império Otomano e o oceano Índico (Ferrer, 2014; Thomson, 2016; Yaycioglu, 2016; Hill, 2021). Recentemente, o historiador Sujit Sivasundaram (2020) aplicou o conceito numa obra geral sobre os oceanos Índico e Pacífico, assinalando o impacto de ideias revolucionárias em espaços como Nova Zelândia, Tasmânia e Maurícias.

Importa realçar que, apesar da tendência para excluir o continente africano das análises sobre as Revoluções Atlânticas, a Revolução Haitiana ilustra inequivocamente a contribuição dos africanos para a Era das

Revoluções. Como lembra David Geggus (2001), embora liderado sobretudo por escravizados nascidos localmente, o movimento revolucionário que ocorreu na ilha francesa foi caracterizado pela grande participação de escravizados nascidos na África. No período imediatamente anterior à eclosão do movimento revolucionário, a entrada forçada de africanos, sobretudo originários da África Centro-Ocidental, teria crescido de forma avassaladora. Como argumenta John Thornton (1993), foi exatamente esse contingente que teria ditado as estratégias militares vitoriosas daquela que se tornaria a primeira república fundada por ex-escravos nas Américas.

Um dos pilares da nova historiografia é a adoção de uma abordagem transnacional, que busca rastrear as conexões entre diferentes revoluções. Tal enfoque inclui não só grupos de elite, mas também grupos e movimentos marginalizados na narrativa histórica tradicional, como mulheres, povos indígenas e trabalhadores (Dubois, 2006; Sivasundaram, 2020; Mongey, 2020). Tal ponto de vista está na base do trabalho de Toby Green (2019), segundo quem a simultaneidade de movimentos revolucionários nas Américas, na Europa e na África, com características análogas, leva à conclusão de que tais processos não teriam se desenvolvido de forma separada.

A Era das Revoluções na África

Neste contexto, faz sentido que o impulso para melhor compreender os contornos globais da Era das Revoluções tenha agora se tornado parte da pauta de especialistas em história da África. Para autores como Paul Lovejoy e Toby Green, mudanças políticas e sociais na África Atlântica devem ser também estudadas como parte do movimento de ideias e transformações revolucionárias que sacudiu várias regiões do mundo entre o fim do século XVIII e meados do século XIX.

Tal ponto de vista bate de frente com lugares-comuns muitas vezes propagados para justificar a ocupação europeia do continente africano. A ideia de um espaço vazio, pronto para ser ocupado e explorado por europeus, serviu de pilar para a expansão de projetos coloniais. Ao questionar a interpretação ortodoxa, exemplificada pelos trabalhos de Eric Hobsbawm e Eugene Genovese, Lovejoy faz notar que a história da África Ocidental também está marcada por processos revolucionários. Por um lado, esses processos teriam ocorrido de forma "largamente independente" dos acontecimentos na Europa, pois não haviam sido movidos pelas mesmas "forças e sentimentos" que orientaram as revoluções ocidentais; por outro, eles teriam, não obstante, sua parcela de responsabilidade nas transformações mais amplas do período, uma vez que "tiveram impacto profundo na conformação das forças revolucionárias nas Américas" (Lovejoy, 2016, p. 6).

Largamente independentes, afinal, não significa completamente desconectados. Talvez uma das principais ligações seja justamente o escravismo e o mercado transatlântico de escravizados. Segundo Lovejoy, o processo revolucionário mais marcante para a África Ocidental foi o *jihad* iniciado em 1804, que originou o califado de Sokoto, com enormes impactos sociais, políticos e econômicos. Tratou-se da formação de um Estado islâmico escravista, governado através de emirados, em sua maioria com líderes fulbes – em 1837 já eram 28 emirados e apenas dois dos emires não eram fulbes –, e que ocupava uma vasta área do Sudão central, com cerca de 400 mil km^2, onde hoje estão o norte da Nigéria, o de Camarões e partes de Burkina Faso, Níger, Chade e República Centro-Africana. Estimativas colocam o total de habitantes do califado neste período entre 10 milhões e 20 milhões, e o número de escravizados teria atingido, em 1850, a casa dos 4 milhões.

Liderado por Usman dan Fodio, o *jihad* que originou o califado não foi o primeiro, mas sim parte de uma sequência de movimentos que tomaram o Sudão ocidental a partir do século XVIII, marcados pela difusão de noções islâmicas, particularmente associadas à irmandade Qadiriyya, com grande penetração entre os pastores fulbes. Anteriormente, por séculos, grupos mercantis e estudiosos islâmicos compartilhavam o espaço de maneira relativamente pacífica com outras populações e práticas religiosas. A atividade pastoril de transumância dos fulbes conectava diversos espaços macrorregionais e existiam em relativa simbiose com as comunidades agrícolas. Centros de estudos islâmicos estabeleceram-se ao longo de todo o vale do Senegal e em grande parte do atual norte da Nigéria, e parece ter havido uma ampliação da população islamizada ao longo do tempo, ainda que não constituíssem maioria em praticamente nenhum desses espaços.

Obviamente não é possível compreender este processo sem recorrer às linhas de transmissão de ideias e conhecimentos constituídas tanto pelas redes comerciais como pelos centros de estudos islâmicos. Entretanto, questões sociais também não podem ser ignoradas. Ainda segundo Lovejoy, um dos principais motores do *jihad* foi a insatisfação e a mobilização contra a escravização ilegal de muçulmanos, e principalmente contra sua comercialização através do Atlântico. Há também outras interpretações, segundo as quais uma parcela da população estaria adotando o Islã como forma de evitar a escravização e de ser vendida ao comércio Atlântico (Hiskett, 1977). Assim, o movimento iniciado por Usman Dan Fodio e continuado por Muhammad Bello, seu filho e sucessor, resultou na diminuição proporcional do número de islamizados exportados para as Américas, mas também num grande aumento da escravização no interior da própria África, tendo o califado de Sokoto se tornado um dos maiores Estados escravistas do mundo no início do século XIX.

O surgimento revolucionário de um Estado teocrático, influenciado por tradições islâmicas vindas do norte da África e da Península Arábica, com uma economia fortemente assentada na exploração de trabalho escravizado, parece ter pouco a ver com as ideias de ampliação da democracia e industrialização consideradas nas interpretações tradicionais como resultantes da Era das Revoluções. O argumento de Lovejoy, no entanto, é que este processo também teria tido papel importante na conformação do mundo moderno, e precisa ser colocado em perspectiva – particularmente, como já foi dito, no que diz respeito aos impactos da resistência dos escravizados nas Américas –, visto que as origens do final da escravidão no continente americano têm sido traçadas a partir das ideias liberais que orientaram a Era das Revoluções em seu sentido ortodoxo.

Na visão de Lovejoy, tais movimentos foram não apenas inovadores e transformadores dentro de suas próprias sociedades, mas também análogos e conectados com as revoluções "clássicas" do eixo Atlântico. Entretanto, seu caráter local e ideológico os distinguia das revoluções liberais, republicanas ou inspiradas pelo Iluminismo europeu. Lovejoy enxerga nesses movimentos impulsos autônomos da África Ocidental, sem sugerir uma causalidade comum que explicaria a "simultaneidade e características radicais" na base do reformismo extremista de Dan Fodio e de alguns dos movimentos revolucionários nas Américas e na Europa.

Toby Green também situa a África Ocidental como partícipe global importante da Era das Revoluções, ainda que com um viés relativamente diferente. De acordo com ele, a Guerra de Independência dos Estados Unidos e mais tarde a Revolução Haitiana se basearam num padrão de influências mútuas e transnacionais que pode ser estendido ao continente africano. Em sua base, tais movimentos espelhariam a luta contra abusos de poder por parte das classes dominantes em diferentes sociedades. A tensão crucial residia na contraposição entre a autoridade de monarcas autocratas e estruturas de poder que semeavam a rejeição a essa autoridade das elites políticas.

Para Green, as revoltas lideradas por africanos na África contra suas aristocracias guerreiras não estavam isoladas do fervor revolucionário em outras partes do planeta. Pelo contrário: a África, havia muito, já estava inserida em redes de circulação de mercadorias, pessoas e ideias, tornando mais do que plausível que tais reverberações transnacionais, que se manifestaram na Independência dos Estados Unidos e na Revolução Haitiana, também repercutissem em solo africano.

Para o historiador britânico, a despeito dessas interinfluências, a África foi deixada de fora das discussões sobre os embates entre forças aristocráticas e ideais de liberdade na história mundial – embates que exerceram, de fato, importante papel em diversos processos ocorridos durante a Era das Revoluções na África Ocidental. Ainda segundo Green (2019), as semelhanças continuam, pois tais revoluções teriam sido lideradas por uma "classe de mercadores" (a burguesia, na nomenclatura europeia) e as aristocracias depostas, assim como na Europa e nas Américas, também eram relativamente novas em muitos casos. Esta perspectiva, portanto, ao mesmo tempo que busca incluir a história da África no conjunto da história global, o faz através da utilização de categorias políticas similares às europeias, ou seja, retoma a noção mesma de liberalismo *versus* aristocracia, presente nas interpretações clássicas do período.

Há ainda, contudo, novas interpretações que buscam compreender de maneira diversa as relações dos espaços ocidentais do continente africano com a Era das Revoluções. Uma delas sugere que transformações de caráter local, influenciadas pelo desenvolvimento intelectual do mundo islamizado – tal como a formação do califado de Sokoto –, teriam reconfigurado o mercado atlântico de escravizados e, por consequência, os próprios movimentos de resistência escravizada nas Américas, com impactos nos processos de independência tradicionalmente associados à era revolucionária.

Outra linha de argumentação aponta que as interinfluências antigas que se estabeleceram ao longo do período do tráfico de escravizados geraram não apenas desigualdades no âmbito global, mas também localmente. Concentrando renda e transformando estruturas sociais e políticas, esses processos – nos quais uma classe comerciante retira do poder aristocracias guerreiras que governavam através do monopólio da violência – provocaram tensões que eventualmente resultaram em movimentos revolucionários, apoiados por uma população cada vez mais expropriada. Assim, tais revoluções não teriam ocorrido por mera coincidência, mas sim por desenvolvimento histórico correlato, desde ao menos o início do tráfico transatlântico de escravizados, em especial onde "o comércio de longa distância era importante e Estados do tipo fiscal-militar surgiram" (Green, 2019, p. 420). Em comum, ambas as perspectivas apresentadas consideram as conexões históricas atlânticas como elementos importantes para a compreensão das transformações na África.

Embora as demonstrações de relações causais com o restante do mundo não pareçam tão evidentes, é importante notar que a África Ocidental experienciou, para além do *jihad*, um período de transformações sociais e políticas significativas ao longo da primeira metade do século XIX. Tais processos já foram abordados pela historiografia africanista, ainda que não tenham sido relacionados à Era das Revoluções.

De fato, o século XIX chega com grandes mudanças nas condições econômicas da África Ocidental, conectada primordialmente ao Atlântico, com destaque para o desenvolvimento do mercado de oleaginosas. Em pouco tempo, de uma exportação comparativamente pequena e localizada no delta do Níger, de cerca de mil toneladas anuais de óleo de palma na década de 1810, o número saltou para mais de 30 mil toneladas por ano na década de 1850. O valor de exportação do óleo ultrapassou o de escravizados no golfo de Biafra, no início da década de 1830, e, cerca de dez anos depois, na baía de Benim, quando o valor anual do mercado de óleo já se tornara maior do que o de escravizados jamais havia sido. Os números continuariam crescendo, ainda que mais lentamente, na segunda metade do século. Simultaneamente, este foi um período de acúmulo de escravizados nestas regiões, quer pela eventual diminuição da exportação deles ao Atlântico, quer pela demanda interna por trabalho escravizado, inclusive para atender à produção de óleos vegetais.

As feições políticas e sociais dessas mudanças, no entanto, são muito variadas, uma vez que dependem da resolução local das tensões e dos conflitos derivados da nova conjuntura. São poucas as generalizações que podem ser feitas para toda a região, mas dois processos parecem ocorrer amplamente, a saber, a ampliação da escravidão e a mudança da principal mercadoria de exportação. Formações políticas de dimensões e caráter muito variados, como as das cidades do delta do Níger, o Império Oyo ou o Reino do Daomé, interagiram, logicamente, com dinâmicas próprias, ajudando a moldar também as novas condições atlânticas – ainda que em relação assimétrica de forças – e mobilizando arsenais políticos e culturais genuínos.

Golfo de Biafra

A região do golfo do Biafra apresentava uma grande diversidade linguística e de formações políticas, desde as cidades-Estados na região do delta, passando pelos diversos subgrupos ibos – localizados no imediato interior, também organizados em governos de pequeno alcance territorial –, até a região Igala, ao norte, já próximo ao curso do rio Benue, esta sim com uma autoridade centralizada com alcance territorial mais amplo.

No final do século XVIII e começo do XIX, a região do delta do Níger e seu interior estavam profundamente conectadas ao mercado atlântico, sendo, de toda a África, uma das principais exportadoras de escravizados e, posteriormente, de óleo de palma. É importante compreender, porém, que essa conjuntura era resultado do longo desenvolvimento histórico que conformou as estruturas sociais e políticas regionais.

Inicialmente, a historiografia compreendeu a vocação comercial das cidades costeiras como consequência do desenvolvimento do mercado atlântico, ocorrida a partir do século XV. No entanto, Ebieri Alagoa (1971) demonstrou que o desenvolvimento das estruturas de Estado no continente começou bem antes da presença europeia, em razão da complementaridade ecológica entre as regiões costeiras, produtoras de sal e peixe, isto é, de proteína, e o interior, produtor agrícola.

De qualquer modo, as transformações na arquitetura institucional e nas configurações culturais se aceleraram ao longo dos séculos XVI, XVII e XVIII. As linhagens dinásticas, para se fortalecer, passaram a ser mais permeáveis à incorporação de novos membros, e o sistema de escolha de suas lideranças passou a levar em consideração cada vez mais o sucesso econômico. A ampliação do mercado acentuou ainda mais a importância do controle de rotas e fluxos comerciais, adensou a presença de escravizados e expandiu os poderes dos governantes.

No interior, o predomínio regional ficou nas mãos dos aros (subgrupo dos ibo), que estabeleceram um tipo de diáspora comercial, conectando os mercados regionais e controlando o acesso ao principal oráculo da vasta população ibo, que intermediava conflitos e arbitrava punições. Aqui, diferentemente de quase todas as áreas exportadoras de escravizados, a principal forma de escravização era a condenação judicial ou religiosa pelo oráculo, localizado em Arochukwu, mostrando claramente uma transformação de sua função social e, consequentemente, da cultura regional, ambas influenciadas pelo mercado atlântico (Nwokeji, 2010). Essa estrutura comercialmente organizada e descentralizada fazia as vezes de intermediária entre a costa e a região acima do delta do Níger, fornecendo escravizados ao Atlântico e sal e mercadorias, vindas do comércio externo, às regiões mais ao interior.

Assim, em Bonny, no início do século XIX, as linhagens locais desenvolveram-se conectadas ao comércio em diferentes "casas". Cada uma delas havia crescido, ao longo do século anterior, através da incorporação de escravizados, mas a dinâmica se intensificou com o início e o forte crescimento da exportação de óleo de palma. Com a dinâmica do comércio externo transformada pelas diferenças entre o mercado de escravizados e o de óleo, esse teria sido um período, por um lado, de enfraquecimento das oligarquias tradicionais, e, por outro, de mobilidade vertical de escravizados, com alguns deles alcançando importantes condições de poder, inclusive a regência de Bonny, a partir de 1830. Essas "tensões" sociais teriam provocado, além de várias trocas de governo, conflitos abertos em 1855 e, depois, em 1869, lidos por parte da historiografia como embates "de classe", e, portanto, associados à ideia de revolução, ainda que não propriamente à "Era das Revoluções". Processos similares, mas não exatamente idênticos, tiveram lugar também entre o povo efique de Old Calabar, com revoltas em Duke Town, em 1851, e Creek Town, em 1858, e entre os itsequiris, de Warri, numa série de eventos a partir de 1848.

Os exemplos de tensões e crises nas instituições políticas podem ser apontados também mais ao norte do rio Níger. Em Aboh, cidade ribeirinha dominada pelos ibo, a pouco mais de 120 quilômetros da costa, uma grande instabilidade política ocorreu durante o interregno de dezoito anos, entre 1844 e 1862. Neste período, diversos grupos políticos locais disputaram a sucessão do falecido Obi Ossai (Obi é o título do governante da cidade) e o controle do fluxo mercantil do Níger. Em Iddah, por sua vez, 150 quilômetros ao norte, o governo central dos igalas, cujo território margeava o lado leste do Níger e o sul do rio Benue, vinha se enfraquecendo desde o primeiro quartel do século. Ocorreram cisões políticas e, inclusive, a realocação de linhagens inteiras, que davam origem a novas cidades e deslocavam geograficamente os principais mercados na confluência dos rios. Femi Kolapo (2002) sugere que ambos os processos – em Aboh e em Iddah – também estavam ligados à ampliação e transformação no caráter do fluxo comercial atlântico. É certo que todos esses eventos indicam turbulências maiores ou menores nas instituições de governo locais, mas as interpretações sobre suas consequências não foram, de modo algum, unânimes.

Segundo Robin Law, a interpretação que tendia a compreender os meados do século XIX como um período de "ruptura" foi dominante ao longo da década de 1960 e no início da seguinte. Mais recentemente, porém, foi superada pela perspectiva de relativa continuidade das estruturas sociais, políticas e culturais, que reconhece nos eventos – como as revoltas e guerras civis – não propriamente "revoluções", e sim, mais especificamente, "crises de adaptação" dos governos africanos às mudanças no comércio externo do período.

Ainda que não tenha havido consenso sobre as razões dessas revoltas, a relativa coincidência no tempo sugere que a relação causal pode ter sido estrutural, embora suas consequências tenham sido claramente regionalizadas – em função das diferenças históricas e geográficas, bem como das condições sociais a partir das quais os africanos passaram a interagir com as novas demandas econômicas internacionais.

Em alguma medida, portanto, os debates giravam em torno do grau de importância e impacto que o mercado externo tinha sobre as conjunturas políticas locais no golfo de Biafra e, depois, sobre toda a África Ocidental. Ainda segundo Law, a diferença entre "adaptação" e "revolução" seria essencialmente de ênfase e estaria condicionada pelo alcance geográfico e cronológico da análise, isto é, os impactos seriam maiores ou menores, revolucionários ou adaptativos, de acordo com a importância que a conjuntura econômica atlântica tivesse na localidade.

Importante notar que não se trata de uma oposição simplista, a sugerir que a história da África tenha sido mero resultado de impactos externos. Na verdade, a maior parte da historiografia que analisou esses processos no golfo de Biafra e seu interior conecta-se à tradição que busca compreender a atuação dos africanos na conformação de sua própria história. Rebeliões, revoltas, disputas faccionais, trocas constantes de governantes, fragmentação política, entre outros diversos eventos, mostram, justamente, a importância do fator local nos processos mais amplos de transformação em curso no mundo àquela época.

Baía de Benim

A maior formação política da região oeste do curso do Níger, ao final do século XVIII, era o chamado "Império Oyo", um Estado fiscal-militar cujo poderio estava fortemente assentado em sua cavalaria. Esse império era composto de um núcleo central e diversas províncias e estados subalternos que, em seu apogeu, incluíam territórios desde a margem sul do Níger até as cidades portuárias de Badagry e Porto-Novo – no interior do que, nas fontes europeias, era chamado "costa dos escravos". O reino era antigo, sendo sua datação imprecisa, mas remonta sem dúvida a períodos anteriores ao século XV. A expansão imperial, no entanto, teria começado por volta do século XVII, a partir de Oyo-Ilê ("velha Oió"), e teria atingido seu alcance máximo justamente no fim do século XVIII, coincidindo com o auge do tráfico atlântico de escravizados, do qual o império era um dos principais fornecedores.

A estrutura administrativa oyo havia se desenvolvido com base nas tradições locais. A unidade fulcral era a linhagem patrilinear. Um grupo de linhagens de uma determinada cidade era governada por um oba, e todos os obas seriam dependentes do alafin ("dono do palácio"), que era o oba de Oyo-Ilê, capital e cidade sagrada. Todos os títulos eram apanágio de linhagens específicas; assim, alafins, obas e outros só poderiam ser selecionados por membros de determinadas famílias. As regiões provinciais eram conectadas ao centro por meio de um sistema de mensageiros e representantes coletores de impostos, e todas deveriam fornecer auxílio militar ao alafin sempre que solicitadas.

O alafin era também a autoridade judicial e religiosa máxima, além de ser necessária sua aprovação para qualquer sucessão de títulos no império. Ele governava com o auxílio de um Conselho (Oyo-Mesi), presidido pelo basorun ("comandante do exército da capital"). Numa intrincada interdependência de poderes, o Conselho, por sua vez, poderia depor o alafin. No entanto, como o alafin era a representação divina na terra, não poderia ser efetivamente deposto enquanto vivo e o costume era, então, que ele fosse levado a cometer suicídio, instigado pelo Conselho.

Essa complexa estrutura organizacional de contrabalanço de poderes parece ter se desenvolvido para evitar despotismo, mas não estava livre de contradições. A rigor, incertezas e disputas pareciam ser mais a regra do que a exceção. Ao longo do século XVIII, diversos alafins foram obrigados a suicidar-se e o governo foi exercido de fato pelo basorun por longos períodos, pelo menos até o final do século, quando as províncias se fortaleceram em detrimento do centro do império.

Antes disso, no entanto, apesar de estar em sua maior configuração territorial, já havia indícios de que o Império Oyo estava se enfraquecendo. A situação se complicaria ainda mais com o desenvolvimento do *jihad* de Sokoto. Ilorin, que era a província mais ao norte de Oyo, iniciou um processo de secessão, solicitando auxílio às tropas do califado em 1817. Alguns anos depois, no entanto, Afonjá, o líder militar secessionista, foi assassinado e a província de Ilorin passou a ser um dos emirados do califado, sob comando de Sehu Alimi.

Uma série de ataques passaram a acontecer por parte das tropas jihadistas na região norte do Império, e o Exército Oyo fugiu em direção ao sul, causando grande caos em seu caminho. Oficialmente, Oyo-Ilê foi destruída pelas tropas islâmicas de Alimi apenas em 1835, mas o império já estava praticamente arruinado. Uma das principais consequências dessa conjuntura foi um grande movimento populacional em fuga da região afetada pelas batalhas de expansão do califado, o que gerou um efeito dominó e reconfigurou os espaços ao sul.

Segundo Oguntomisin (1981), a despeito da variação dos tipos de cidade que surgiram em razão deste processo, uma característica foi comum a todas elas: a militarização dos governos e a ascensão de líderes guerreiros como governantes. Teve início, assim, um período de instabilidade e disputas pela hegemonia regional, marcado pelas "guerras iorubá".

Claramente associadas à expansão do califado de Sokoto, as causas da derrocada de Oyo também encontram explicação no esgotamento da arquitetura institucional, incapaz de adaptar-se à nova conjuntura de ampliação do mercado atlântico. Tais dificuldades aumentam ao longo do século XVIII, quando foram deportados 1,3 milhão de escravizados, ou seja, mais de 60% dos quase 2 milhões de pessoas enviadas ao Atlântico, pelos portos da baía de Benim, entre os séculos XVI e XIX. Os números continuariam elevados ao longo da primeira metade do século XIX, com pouco mais de 400 mil pessoas exportadas até 1850 (aproximadamente, 20% do total).

Novamente, diante da coincidência cronológica entre a ampliação do mercado atlântico de escravizados, a expansão imperial Oyo e o recrudescimento das contradições institucionais, que enfraqueceram o poder central, é plausível supor-se que disputas ligadas ao controle das rotas e dos fluxos de mercadorias tenham se somado à expansão do califado de Sokoto entre as causas da fragmentação do Império Oyo no início do século XIX.

Daomé

Surgido ainda no século XVII, o Daomé expandiu-se a partir de Abomé ao longo do século XVIII, atingindo uma saída para o mar em 1827, com a conquista do reino costeiro de Hueda e de seu porto, na cidade de Uidá (também referido como Ouidá, Ajudá, Whydah, Judá). Esta já era um porto escravista bastante importante antes da tomada daomeana, e contava com estabelecimentos comerciais fortificados da Grã-Bretanha, da França e de Portugal, fundados, respectivamente, em 1680, 1704 e 1721. Controlando Uidá, o Daomé acessava mais diretamente o mercado de escravizados.

Com a reestruturação administrativa resultante, o governo daomeano ampliou os poderes do cargo denominado "Ievogã" (ou "chefe dos brancos"), que a partir de então seria não apenas o principal negociador das condições de comércio com os europeus, mas também o representante executivo e governante de uma das mais importantes províncias de todo o reino. A posição de importância no mercado fez do Daomé um participante ativo da diplomacia atlântica, em especial na virada do século XVIII para o XIX, tendo enviado diversas embaixadas à América portuguesa em 1795, 1805, 1811 e 1818. A incidência concentrada de embaixadas no início do século XIX e os documentos a elas relacionados indicam um conhecimento do governo daomeano sobre as Guerras Napoleônicas, a situação política na Europa, particularmente de Portugal, e uma preocupação com a consequente diminuição do fluxo de escravizados.

As embaixadas são outro sinal de que a turbulência internacional no período, sentida em todo o espaço atlântico, parecia também atingir o Daomé. Em 1818, houve um golpe de Estado, com o rei Adandozan sendo deposto por seu irmão Guezô. Pela primeira e única vez na história do Daomé, um rei foi substituído enquanto vivo. As explicações para o golpe variaram ao longo do tempo, primeiro sugerindo que Adandozan era excessivamente cruel, ou que não mantinha as tradições militares e os sacrifícios humanos dos antigos reis do Daomé, ou, finalmente, que era contra o tráfico de escravizados. Todas essas alegações, entretanto, já não parecem mais razoáveis, pois há fontes (relatos de viagem e tradições orais daomeanas, além de farta correspondência) sugerindo que nenhuma dessas era de fato a posição de Adandozan. Assim, tais interpretações possivelmente são credoras do processo de construção da legitimidade de Guezô como governante, que procurou enfatizar seu sucesso nas atividades guerreiras, ampliando assim o número de cativos e de sacrifícios humanos.

O golpe perpetrado por Guezô resultou em algumas mudanças cruciais para o Estado. Nos termos do comércio externo, conectou muito proximamente o rei a um dos financiadores do golpe, ou seja, o comerciante de escravizados brasileiro Francisco Félix de Souza, estabelecido em Uidá. Guezô criou o cargo de Chachá D'Ajuda especialmente para Souza, conferindo-lhe a posição de seu agente comercial para o tráfico de escravizados, com direito de exercer em nome do rei a preferência de compra de todos os bens a bordo dos navios que chegavam ao porto de Uidá. Souza parece ter sido um dos homens mais ricos da África na primeira metade do XIX, com algum impacto, ainda que indireto, na definição das políticas daomeanas do período, particularmente aquelas conectadas ao tráfico.

No que diz respeito ao jogo de forças da política interna, o golpe resultou na ampliação de espaço decisório para cargos auxiliares do rei. Estes eram exercidos por outros membros da família e, principalmente, pelos irmãos de Guezô, uma vez que a legitimidade do monarca poderia ser questionada por eles caso discordassem dos rumos tomados por sua administração. Esta "alta aristocracia", por assim dizer, tendeu a apoiar uma política militarizada, visando a imposição de uma hegemonia regional, e teve parte importante nos embates entre facções nas décadas seguintes ao golpe (Law, 1997a; 1997b).

Paradoxalmente, alterações significativas na realização das cerimônias anuais – "*xwetanu*" –, dedicadas aos reis antepassados, mas que também reuniam atividades políticas, militares e religiosas, podem ter reforçado o poder real. Tais cerimônias eram períodos nos quais os dignatários de todo o território, ou seus "principais", se agrupavam para debater e decidir os rumos do Estado nos meses seguintes. As *xwetanu* foram ampliadas por Guezô com a instituição de nova parte do cerimonial, executada pelo "rei-enquanto-príncipe", uma figura criada por ele para resolver ideologicamente a impossibilidade de realizar cerimônias ao antecessor que ele próprio derrubara. Segundo Edna Bay (1979), ao estender o tempo de permanências de seus "principais" na Corte em Abomei, a capital do Reino do Daomé, o monarca poderia controlar de perto suas respectivas movimentações.

Ao longo de todo o século XIX, o Daomé continuou um Estado centralizado, militarizado, relativamente capaz de resistir às pressões políticas por sua transformação, exercidas pelas potências europeias no Atlântico, particularmente a Grã-Bretanha e sua campanha abolicionista. Na verdade, a posição do Estado na geopolítica regional se fortaleceu ao longo desse período, livrando-se da tributação imposta por Oyo, mantendo a exportação de escravizados até o fechamento definitivo do mercado e, a partir dos anos 1840, desenvolvendo a exportação de óleo de palma. O reinado de Guezô foi longo, mantendo-se até sua morte, em 1859, e a perda da soberania para a França só veio a ocorrer em 1894, após muita resistência.

No caso do Daomé, portanto, não é possível falar em processos verdadeiramente "revolucionários". Isso não quer dizer que o reino não tenha sentido as "reverberações transnacionais", para usar o termo de Toby Green (2019). Foi ao longo da primeira metade do século XIX, afinal de contas, que ocorreu o único golpe de Estado de sua história, logo após a intensificação da atividade diplomática internacional – vinculada diretamente às condições revolucionárias europeias e, em particular, à expansão napoleônica e à mudança da Corte portuguesa para o Brasil.

Os exemplos aqui apresentados, é certo, não esgotam a totalidade da África Ocidental, tendo ficado de fora, entre outras, as regiões do Império Axante e das populações fante, residentes no atual território de Gana, e ainda as regiões mais islamizadas, que ocupavam o vasto espaço que hoje em dia abrange desde a costa do Senegal, passando por Mauritânia e Mali, até o interior do Níger. Entretanto, é possível notar que, nos processos abordados aqui, o peso da influência política direta europeia era menos relevante. O caso de Serra Leoa seria uma exceção regional, consequência inequívoca da Era das Revoluções, sobretudo da política britânica de combate ao tráfico. Mas este parece um processo muito mais externo do que propriamente africano, em especial a partir de 1808, quando Serra Leoa se tornou uma colônia britânica.

O século XIX foi, certamente, um período de grandes e aceleradas transformações. Ainda que seja muito difícil interpretá-las dentro de uma perspectiva ortodoxa da Era das Revoluções – com seu avanço de questionamentos a poderes despóticos, crise das monarquias e ampliação da participação política popular –, a aceleração das mudanças coevas na África Ocidental parece, direta ou indiretamente, conectada às transformações econômicas em curso no Atlântico, em particular à ampliação do valor total do comércio, que obrigou todas as regiões a se adaptarem a uma nova conjuntura de divisão do trabalho e de funções na economia capitalista global.

A África Central e o caso de Angola

Enquanto as transformações políticas e sociais da África Ocidental ainda são objeto de discussões entre historiadores, o caso de Angola delineia uma situação bastante distinta. Angola, naquele período, consistia especificamente nos espaços costeiros de Luanda e Benguela, ambos longamente enredados nas estruturas de poder originadas na Europa ou no Brasil. Luanda e Benguela se destacavam como eixos vitais na engrenagem violenta do comércio transatlântico de escravizados. Estima-se que mais de 2 milhões de africanos escravizados tenham sido remetidos de Luanda para as Américas, enquanto Benguela funcionou como ponto de partida para aproximadamente 800 mil indivíduos, sobretudo aqueles com destino ao Brasil.

Ao contrário da costa da Mina, onde a presença europeia era rarefeita, Luanda e Benguela foram criadas não só como empórios comerciais, mas também como espaços urbanos sob controle europeu, sobretudo Luanda. Além de base militar, a cidade servia de plataforma para a diplomacia lusitana na África Central, com os portugueses recebendo emissários africanos e articulando interesses militares e comerciais na região. Ao visitarem os portugueses em Luanda, chefias africanas acabavam por legitimar, ainda que de forma indireta, a soberania portuguesa, ao mesmo tempo que, por vezes, procuravam apoio lusitano para reforçar as suas próprias causas em assuntos internos da política africana.

Igualmente importante para a internalização de instituições ocidentais foi o fato de que Luanda possuía várias igrejas e irmandades católicas. Estas criaram um forte sentido de identidade e comunidade para residentes livres e não livres. A cidade sediou um colégio jesuíta que formou o clero local e teve contatos com congêneres em Salvador, no Brasil, tornando-se um ponto focal para a propagação do cristianismo na África Central. No geral, apesar da dominação lusitana, tanto Luanda como Benguela apresentavam um marcado sincretismo cultural. De um lado, residentes se apropriaram da língua portuguesa e a enriqueceram com suas próprias línguas, por outro, expressões emprestadas do português salpicaram o quimbundo de Luanda.

Tanto em Luanda como em Benguela, os laços com o exterior se davam muito mais por intermédio do Brasil, destino da vasta maioria dos escravizados embarcados das duas cidades, do que de Portugal. E as relações umbilicais com o Brasil eram não só econômicas, mas também pautadas por lógicas políticas. Para chegar a Luanda, recém-nomeados governadores de Angola inevitavelmente tinham de passar pelo Brasil, às vezes permanecendo ali meses antes de viajar para Angola. Alguns conheciam profundamente o Brasil ou lá tinha nascido. João Fernandes Vieira e André Vidal de Negreiros são exemplos disso. Veteranos das batalhas contra os holandeses em Pernambuco, no século XVII, tiveram papel fundamental nas batalhas de Angola. Soldados recrutados no Brasil lutaram em grande número em nome dos portugueses na África Central, entre a década de 1640 e o início do século XVIII. Alguns chegaram a assumir postos na administração colonial, como Pascoal Rodrigues, que, antes de se tornar comandante de Benguela, em 1704, ocupara o mesmo cargo nos reinos de Caçanje e Caconda. Mais tarde, centenas de soldados do Rio de Janeiro cruzaram o Atlântico a fim de se juntar a uma expedição militar enviada de Luanda para ocupar Cabinda.

Tais complexas relações transatlânticas são cruciais para se entender a instabilidade política que abalou Luanda e Benguela no início do século XIX. A turbulência emergiu de uma situação intrincada, com peças movendo-se tanto na Europa quanto no Brasil. Na Europa, uma revolução liberal, desencadeada na cidade do Porto, em 1820, estremeceu as bases do absolutismo português, dando lugar a uma série de reformas institucionais. Estas permitiram que as elites de Luanda e Benguela, incluindo figuras como o citado Manoel Patrício Corrêa de Castro, ganhassem uma relevância política ainda mais acentuada. Paralelamente, no Brasil, o processo de independência – em parte, impelido pela Revolução do Porto – gerou repercussões profundas no continente africano.

No caso da Revolução do Porto, seus ideais eram típicos da Era das Revoluções Atlânticas, o que incluía o estabelecimento de uma monarquia constitucional em solo português. Essa revolução teve impactos diretos no Brasil, pois, na sequência dos eventos desencadeados por esse movimento liberal, D. João VI, que residia no Rio de Janeiro desde a transferência da família real em 1808, viu-se obrigado a concordar com uma nova Constituição. Esta mantinha o poder Executivo sob controle do monarca, mas limitava sua autoridade para dissolver o Parlamento.

A Revolução do Porto não só reconfigurou a arquitetura política e institucional de Portugal, mas buscou também corrigir o que era visto como um desequilíbrio de poder, causado pela invasão napoleônica da Península Ibérica em 1807. Tal invasão levou à transferência da Corte portuguesa para o Brasil, transformando esta colônia no centro de gravidade do extenso Império Português, que possuía outros enclaves coloniais na África e na Ásia. Em contrapartida, a Revolução do Porto aspirava restabelecer Lisboa como o epicentro de poder do Império Português, anulando tanto o status do Brasil como reino unido a Portugal quanto a abertura dos portos, que marcara o fim do chamado "pacto colonial".

Os efeitos da Revolução do Porto em Angola e no Brasil foram quase imediatos, provocando uma instabilidade política intensa que ameaçava a coesão do Império Português. Em Pernambuco e no Rio de Janeiro, o surgimento do movimento liberal no Porto levou integrantes das forças militares a expressarem não apenas apoio às cortes, mas também a demandar a adoção imediata da Constituição liberal espanhola de Cádiz de 1812, recém-implementada na Espanha, como a carta constitucional provisória de Portugal.

Em Angola, a instabilidade política foi um elemento crucial no processo que culminou na eleição de Manoel Corrêa de Castro como representante de Angola em Lisboa. A situação foi marcada por intensas disputas políticas que se prolongaram por quase um ano, polarizando duas facções principais. De um lado, estavam as forças absolutistas centradas em torno dos governadores de Angola, nomeados pelo rei e que resistiam aos pedidos de reforma emanados da capital portuguesa; de outro, alinhavam-se as forças constitucionalistas com forte influência militar, que defendiam os princípios da revolução liberal do Porto, manifestando-se através do envio de petições e representações contra facções tidas como absolutistas. Embora estas últimas tenham prevalecido no final, o desgaste da estrutura política da cidade inflamou apelos secessionistas que surgiriam em breve.

É impossível entender a crise luandense sem levar em conta a turbulência política então em curso no Brasil. Na Bahia, onde uma declaração de apoio oficial à Revolução do Porto foi adiada, devido a temores de revoltas de escravizados, as notícias do movimento revolucionário desencadearam clamores imediatos pela separação de Portugal. As elites baianas se apressaram em alinhar-se com as Cortes portuguesas e romper os laços com o governo do Rio de Janeiro. Em meio a episódios de violência e com perda de vidas, grupos constitucionalistas enfrentaram os apoiadores do poder absoluto nas ruas de Salvador. Para restaurar a ordem, tropas portuguesas ocuparam a cidade, enquanto juntas provisórias no Recôncavo apoiaram o governo do Rio de Janeiro.

O impacto da revolução liberal de Portugal foi igualmente desestabilizador em Pernambuco, que já havia sido o epicentro de uma revolta anticolonial em 1817. Lá, uma junta provisória teve origem num processo político participativo talvez sem precedente. Este processo logo desembocou em distúrbios, com a eclosão de uma sedição militar a favor do alinhamento imediato com a revolução liberal. Aqui, o quadro se tornaria ainda mais complexo, devido aos sentimentos autonomistas existentes entre as elites pernambucanas, que viam com desconfiança a proeminência do Rio de Janeiro no processo de independência.

Esse cenário político teve um impacto direto na relação entre Manoel Corrêa de Castro e os outros dois deputados eleitos para representar Angola nas Cortes de Lisboa: Fernando Martins Amaral Gurgel e Eusébio de Queirós Coutinho da Silva. Corrêa de Castro e Gurgel cruzaram o Atlântico juntos, desembarcando no Rio de Janeiro em um momento em que a cidade estava imersa na efervescência do movimento de independência. Na cidade, encontrariam Eusébio de Queirós, que na altura ocupava, em Recife, o posto de juiz. Originalmente, os três deveriam viajar juntos para Lisboa, mas esse plano caiu por terra quando Gurgel e Queirós optaram por permanecer no Brasil, apoiando a integração de Angola ao novo império que nascia. Corrêa de Castro seguiria sozinho para Lisboa, em um gesto de lealdade a Portugal que lhe granjeou fervorosos elogios em Luanda.

Ainda no Rio de Janeiro, Corrêa de Castro enviaria para Luanda uma carta na qual fazia críticas severas aos seus colegas. Uma vez em Lisboa, aonde chegou oito meses após ser eleito em Luanda, em janeiro de 1822, e já com as Cortes em processo de deliberação, faria várias acusações contra o governo do Rio de Janeiro. De acordo com o deputado angolano, Gurgel e Queirós não teriam ficado no Rio de Janeiro por vontade própria. Segundo suas alegações, eles haviam sido detidos pelo governo carioca, que teria também enviado agentes a Luanda para instigar uma "revolução" secessionista contra Portugal. Na visão de Corrêa de Castro, a única maneira de impedir o triunfo do secessionismo seria enviando uma expedição armada para Luanda. Lisboa prontamente seguiu sua sugestão, despachando soldados para restabelecer a ordem em Luanda e Benguela.

Este drama, que se desenrolou conjuntamente em três continentes, demonstra com clareza como estavam profundamente imbricados os destinos políticos dessas regiões, conectadas pelo desenvolvimento do Império Português. A Independência do Brasil ameaçou cindir a relação entre Angola e Portugal. Entretanto, a atuação de homens como Manoel Corrêa de Castro fez com que Angola permanecesse ligada a Portugal, apesar dos sentimentos secessionistas de membros da elite de Luanda e Benguela. Do ponto de vista econômico, no entanto, as duas cidades manteriam os laços com o Brasil ao longo de toda a primeira metade do século XIX, ao menos até o final do tráfico de escravizados.

A Independência do Brasil trouxe também profundas transformações na política colonial portuguesa para Angola. Seguidos governos buscaram transformar a colônia africana de exportadora de escravizados em produtora de bens primários para exportação. A implantação dessa mudança de política enfrentou grandes dificuldades, justamente em razão da resistência das elites locais exportadoras, cuja riqueza advinha majoritariamente do "infame comércio". Somente após o fim da importação de africanos pelo Brasil foi que Portugal começou a implementar, com algum sucesso, sua nova política colonial. Mas as sementes dessa mudança já estavam lançadas desde a Independência do Brasil, ou mesmo antes dela.

Conclusão

As definições da "Era das Revoluções" têm um histórico relativamente longo. As primeiras utilizações do termo, ainda no século XIX, referiam-se à Independência dos Estados Unidos e à Revolução Francesa, e, posteriormente, aos processos de independência latino-americanos. Ao longo do século XX, o conceito ganhou precisão, conectando os movimentos revolucionários à participação popular e ao pensamento iluminista, mais claramente associados aos ideais de liberdade, igualdade e republicanismo.

Com isso, marcava-se uma virada em direção ao "progresso" e compreendia-se o período de maneira difusionista, de um centro europeu ocidental e norte-americano para o restante do mundo. Finalmente, nas últimas décadas, esforços epistemológicos vêm sendo realizados para compreender o período dentro de uma perspectiva mais ampla, notando a participação ativa e as repercussões locais em regiões antes ignoradas nas análises.

A inclusão da Revolução Haitiana e da participação africana e afrodescendente foram um passo importante na ampliação do escopo da Era das Revoluções, seguido por debates que apontaram interações, impactos e repercussões do período em escala global, incluindo regiões tão distintas quanto Líbano, Indonésia, Cuba, Peru, o Império Otomano e o oceano Índico. No caso africano, também novos estudos procuraram ressaltar a importância de eventos e processos internos do continente e suas ligações diretas ou indiretas com o contexto global no período, como vimos nos trabalhos de Paul Lovejoy e Toby Green.

A diversidade das formações políticas e sociais na vasta área da África Atlântica, no entanto, torna o desafio de compreender o período da Era das Revoluções ainda mais complexo, e as condições de generalização, muito difíceis. A partir dos exemplos apresentados para a África Ocidental foi possível perceber que, em termos gerais, a primeira metade do século XIX foi de grandes transformações em vastas áreas do continente. Se, por um lado, a simples coincidência cronológica de tantos processos sugere a existência de uma relação causal estrutural, por outro, a variedade de formas que essas transformações assumiram demonstra, sem margem para dúvida, a importância das histórias regionais ou locais. Estruturalmente, todas as regiões estavam passando por um crescimento do fluxo comercial internacional, mas, conjunturalmente, elas interagiam com esta nova realidade de acordo com seus próprios arsenais políticos, sociais e ideológicos.

Da formação de um califado islâmico, com claras conexões e com grande impacto sobre a demografia do tráfico atlântico de escravizados, até a fragmentação política de Oyo, provocada, em parte, justamente pelo surgimento do califado, passando pela reorganização política e social que garantiu a ampliação explosiva da produção e exportação de oleaginosas no golfo de Biafra, foi possível demonstrar como as formações políticas africanas ocidentais foram não apenas reflexivas ou reagentes a um processo completamente externo, mas sim partícipes atuantes da construção geopolítica e econômica atlântica, com a qual eram já conectadas por séculos de relações, ainda que em condições assimétricas de poder.

Já quando pensamos nas conexões mais formais com os processos revolucionários ocidentais, em termos ideológicos e políticos, Luanda e Benguela talvez sejam os casos mais emblemáticos em solo africano. Enclaves costeiros com papel fundamental no tráfico transatlântico de escravizados, as duas cidades eram parte de um contínuo de relações culturais, políticas e econômicas com o Brasil. Nelas observa-se mais claramente os efeitos da revolução liberal do Porto, desencadeada em 1820, em possessões portuguesas no Atlântico Sul.

6.

A ÁFRICA ORIENTAL: SOCIEDADE, COMÉRCIO E ESCRAVIDÃO (1770-1880)

Eugénia Rodrigues

O estudo da África Oriental e as suas fontes

Virada para o oceano Índico, a África Oriental abrigava uma profusão de sociedades forjadas, durante séculos, por contatos humanos e mercantis com vários territórios do litoral, os quais viviam ao ritmo das monções. Com maior intensidade durante o século XIX, as rotas comerciais que ligavam o interior do continente ao litoral e a outros pontos do oceano Índico serviram também para exportar escravizados. Ao longo deste período, grandes migrações e guerras transformaram parte das unidades políticas existentes na região, que, no final do século, cairia sob domínio europeu.

A construção da história da África Oriental do período de 1770 a 1880 baseia-se num conjunto de fontes, escritas e arqueológicas, que não cobre a região na totalidade, sendo a área mais documentada aquela mais próxima da costa. Embora árabes e suaílis também tenham elaborado registros sobre a região, grande parte das fontes disponíveis foi produzida por europeus, nomeadamente, por comerciantes, viajantes, missionários, cônsules e administradores coloniais, encontrando-se também, para algumas regiões, documentos da atividade comercial e consular norte-americana. Essas fontes estão hoje conservadas em arquivos dos países africanos e das antigas potências colonizadoras europeias (Portugal, Inglaterra, Alemanha, França e Bélgica), assim como em arquivos dos Estados Unidos.

A atividade dos grupos missionários católicos e protestantes, que se expandiram durante o século XIX na África Oriental, originou, igualmente, importantes registros sobre as sociedades leste-africanas da costa e do interior, sobretudo em relação às suas práticas sociais e religiosas. Os missionários também recolheram relatos de escravizados, que constituem testemunhos únicos sobre as experiências da escravização. Muitos viajantes europeus, atravessando a região num período de expedições científicas e disputas imperialistas, deixaram sobre as sociedades locais narrativas que viriam a ser publicadas ainda no século XIX. No entanto, múltiplas atividades das populações da África Oriental não estão registradas em documentação escrita ou o estão de forma insuficiente. Existe, por exemplo, em árabe ou suaíli, um número limitado de fontes sobre o tráfico de escravizados no noroeste do oceano Índico. Desse modo, a construção da história da região beneficia-se do recurso a metodologias diversificadas e de uma abordagem interdisciplinar. Para o período em estudo neste capítulo, a história oral constitui uma metodologia relevante, como mostram várias investigações sobre escravatura levadas a cabo no final do século XX. Nas duas últimas décadas, a arqueologia tem começado a contribuir para o estudo de tópicos como a escravidão e o tráfico de escravizados, por exemplo, em Zanzibar, desvendando as estruturas residenciais das plantações e as dinâmicas das rotas que ligavam a ilha ao interior do continente. A articulação entre linguística e história, ainda numa fase inicial, também parece promissora para caracterizar dinâmicas políticas, econômicas e sociais, nelas incluídas as práticas de escravização.

Estados e sociedades da África Oriental: migrações, guerras e recomposições políticas

A maior parte dos povos da África Oriental organizava-se em pequenas unidades políticas, assentadas no poder dos anciãos. Tais unidades possuíam uma estrutura social baseada nas linhagens, grupos de parentesco que reclamavam a origem num antepassado comum, os quais eram, porém, suficientemente flexíveis para incorporar pessoas de fora.

Contudo, estruturas políticas mais ou menos centralizadas, equiparáveis aos reinos europeus, emergiram em algumas partes da África Oriental. Na região a sul do rio Zambeze, dominavam os Estados carangas, como o Monomotapa, Manica, Barué, Quiteve e Butua. Ao norte desse rio, entre os povos maraves, o poder era mais disperso e as unidades políticas mais proeminentes eram o Calonga, Undi e Lundu. Embora sua economia fosse eminentemente agrícola e pecuária, estes Estados mantinham relações com as rotas que os ligavam ao oceano Índico, exportando ouro e marfim e importando tecidos e miçangas. A redistribuição dos bens importados possibilitava aos soberanos assegurar a lealdade dos chefes seus dependentes (Newitt, 1995; Rodrigues, 2013). Mais ao norte, na região dos Grandes Lagos, localizavam-se os Estados de Buganda, Ancolé (Nkore), Toro e Bunioro, todos eles também com um poder centralizado. Destes, o mais proeminente era Buganda, lastreado por uma economia assente na cultura de bananas, que permitira um notável crescimento de sua população (Médard; Doyle, 2007).

Historicamente, os contatos comerciais desta região com o exterior já haviam atraído o interesse dos poderes coloniais. No final do século XVIII, os portugueses, depois de um processo de expansão iniciado no século XVI, dominavam extensas áreas em torno do rio Zambeze, para além de enclaves no litoral, como eram a Ilha de Moçambique, sede do governo colonial, as ilhas Quirimbas, Sofala, Inhambane e Lourenço Marques (atual Maputo). Os vastos territórios controlados por Portugal no vale do rio Zambeze foram concedidos aos súditos portugueses na forma de prazos da Coroa, um regime jurídico híbrido que combinava as regras da enfiteuse e da concessão de bens da Coroa. A enfiteuse era um regime de direitos de propriedade no qual a Coroa retinha o domínio direto da terra e cedia seu usufruto aos súditos, durante determinado número de vidas e sob certas condições. Os bens da Coroa, concedidos em recompensa por serviços prestados, partilhavam certas características com a enfiteuse, como a indivisibilidade da terra, sua inalienabilidade sem autorização da Coroa e sua intransmissibilidade a entidades religiosas. Os beneficiados com os prazos passavam a administrar essas terras em nome da Coroa e ganhavam permissão para cobrar tributos em gêneros e serviços das populações africanas que as habitavam. Em troca, pagavam um foro em ouro à Coroa portuguesa e deveriam assegurar a defesa das terras. Os prazos da Coroa tornaram-se, assim, um instrumento de administração delegada do território e dos seus habitantes africanos. Ao mesmo tempo, essas terras eram a base da formação de uma elite local constituída por portugueses oriundos da Europa e da Índia e pelos seus descendentes, fruto de uniões com mulheres africanas. No final do século XVIII, os prazos transitaram na sua maioria para as mãos de famílias mestiças locais, nas quais avultavam as mulheres, cujo prestígio social lhes valeu o título de *donas*. Para além de terem sob sua dependência africanos livres, os senhores dos prazos controlavam um vasto número de escravizados, empregado no comércio de várias mercadorias e na mineração do ouro, as suas principais atividades econômicas, assim como na defesa das terras perante os soberanos africanos da região. O principal interesse dessa elite, tal como o da Coroa portuguesa, era o comércio do ouro e do marfim, que fluía para a Índia, e não o estabelecimento de plantações (Newitt, 1995; Rodrigues, 2013).

A costa ao norte de Moçambique, designada suaíli, embora a cultura suaíli também estivesse presente em áreas do litoral moçambicano, era dominada pelo sultanato de Omã, sediado na Arábia. As cidades suaílis tinham emergido a partir do século IX, em decorrência dos contatos comerciais e religiosos entre as populações locais e os comerciantes muçulmanos do mar Vermelho, golfo Pérsico e norte da Índia. Resultantes de séculos de relações mercantis e migrações, estas cidades, em que se destacavam Quíloa, Zanzibar, Pemba, Mombaça e Pate, eram controladas por mercadores que professavam o islamismo e intermediavam os negócios entre o interior e o oceano Índico. Esse comércio atraíra os portugueses que tinham estabelecido o domínio, ou algum vínculo de dependência, sobre essas cidades. Desde a segunda metade do século XVII, a costa suaíli ficou progressivamente sujeita ao sultanato de Omã, o qual, com a dinastia Yarubi, estendera o seu poder às ilhas e a uma faixa costeira no continente. O objetivo árabe era o controle do comércio de marfim e escravizados, a partir da ilha de Zanzibar (*Unguja*, em suaíli). A influência omanita foi reforçada quando, em 1840, o sultão Said bin Sultan mudou a capital de Mascate para Zanzibar, o que atraiu à região elites omanitas e indianas, como também, posteriormente, os comerciantes europeus. Zanzibar conheceu uma notável prosperidade econômica e tornou-se o principal centro mercantil da costa africana, exportando escravizados, marfim e cravo da Índia, enquanto importava tecidos dos Estados Unidos da América, Inglaterra e França. O próprio sultão, dono de uma vasta frota, era o principal comerciante da ilha. Após a sua morte, em 1856, o sultanato dividiu-se em dois e a parte africana ficou conhecida por Sultanato de Zanzibar, tendo como sultão Majid bin Said. Ao longo do século XIX, Zanzibar estendeu sua hegemonia a regiões longínquas do interior, seguindo a rota das caravanas até os Grandes Lagos e o Congo Oriental (Cooper, 1977; Sheriff, 1987).

Durante o século XIX, na sequência de novas invasões e migrações, configuraram-se outros poderes na África Oriental. No sul do continente, em meio a grandes convulsões sociais e políticas, conhecidas por *Mfecane*, a formação do Estado zulu, liderado por Shaka, levou à expansão rumo ao norte dos povos angunes (ou *nguni*, a quem os portugueses chamavam "vátuas"), cujo sucesso derivava de uma inovadora organização em regimentos militares, antes inexistentes. A disputa pelos recursos naturais, entre eles os dentes de elefante, dos quais era tirado o marfim, um dos principais itens de comércio, desencadeou guerras entre várias chefias e a emergência de Estados centralizados fortemente militarizados. Na sua expansão para o norte, os angunes foram incorporando os povos conquistados, que passaram a pagar-lhes tributos e a integrar os seus eficientes regimentos militares. Várias facções angunes constituíram Estados, alguns efêmeros, na região dos atuais Moçambique, Maláui, Tanzânia, Zimbábue e Zâmbia. Um dos mais famosos desses Estados, também chamado império, foi Gaza, fundado por Sochangane, em 1837, no sul de Moçambique. Da sua capital em Bilene, junto ao rio Limpopo, o soberano, que adotou o nome de Manicusse, alargou seu domínio até o norte do Zambeze, onde deixou seu filho, Umzila, como administrador de um conjunto de chefias tributárias. Em 1861, três anos depois da morte de Sochangane, em 1858, Umzila tomou o poder e mudou a capital para Mossurize, mais a norte. No seu auge, nas décadas de 1850 e 1860, Gaza dominava toda a região sul de Moçambique, incluindo alguns prazos do Zambeze, parte do planalto Zimbábue e do Transval, uma área jamais atingida por qualquer outro estado na zona. Esse poder permitiu o desenvolvimento do comércio de marfim, depois de anos de insegurança na região. Para além de Gaza, formaram-se outros Estados angunes notáveis, como Mpezeni, em Chipata, na atual Zâmbia, Zwangendaba, em Ufipa, na atual Tanzânia, e Mputa Maseko, em Songea, também na Tanzânia, e, depois, no atual Maláui (Newitt, 1995).

A ilha de Madagascar assistiu, igualmente, a transformações importantes ao longo do século XIX. Nos anos 1820, o Império de Merina, a partir das montanhas interiores, conseguiu dominar progressivamente as chefias vizinhas e unificar a ilha. A expansão de Merina assentou-se no fornecimento de armas de fogo pelos ingleses, interessados em alargar o comércio na região, e foi feita à custa do esmagamento brutal da resistência, que incluía milhares de escravizados. Enfim, a região da África Oriental, que era bastante diversa nas suas unidades políticas, assistiu a amplas reconfigurações durante o século XIX, antes de cair sob domínio europeu.

Gênero e sociedade

Como já foi dito, as sociedades da África Oriental estavam organizadas em grupos de parentesco, cuja descendência era classificada a partir de linhas matrilineares, patrilineares ou, por vezes, bilaterais. Independentemente das linhas que definiam o parentesco, nestas sociedades, em geral, os principais cargos do poder político eram exercidos por homens. No entanto, as mulheres das linhagens governantes participavam nas estruturas centrais de governo dos estados, quer através da ocupação de posições individuais, quer como membros de conselhos, assim como assumiam cargos em nível local. Várias mulheres das linhagens dos soberanos carangas, nos Estados de Monomotapa, Quiteve e Manica, governavam os seus próprios territórios, por intermédio de representantes oficiais, e recebiam tributos dos seus súditos. Tanto nos Estados carangas quanto nos Estados maraves, ao norte do rio Zambeze, as mulheres também participavam nos conselhos políticos que acompanhavam os governantes. Em nível local, algumas chefias cabiam a mulheres, sobretudo nos Estados maraves, ao norte do Zambeze (Rodrigues, 2013). No Buganda, existia um sistema de governo compartilhado, que reconhecia à rainha-mãe um lugar na chefia do Estado, com autoridade autônoma para entronizar e depor os soberanos, assim como para conter os seus excessos.

As mulheres também exerciam poder político em sociedades menos hierarquizadas, como entre os macuas, no litoral de Moçambique. Lá se desenvolveu uma forma de compartilhamento de poder firmada em duas figuras: o *mwene*, formalmente o chefe político, que podia ser uma mulher, e a *apwyamwene*, a líder espiritual, designada "mulher grande", ou "irmã mais velha do chefe". As *apwyamwene* eram vistas como as "mães das mães", ou seja, as antepassadas fundadoras da linhagem e guardiãs da tradição, cabendo-lhes dirigir as cerimônias religiosas. Para além desse papel ritualístico, elas eram as principais conselheiras dos chefes, sendo obrigatoriamente ouvidas na escolha dos sucessores, assim como em caso de guerra. Elas próprias dispunham de um conselho de mulheres, cuja opinião era considerada na tomada de decisões.

No vale do Zambeze, as mulheres foram fundamentais nas alianças de vários chefes com os portugueses, assentadas no casamento de elementos femininos das linhagens com estrangeiros. Quando a região caiu sob domínio português, as mulheres mestiças descendentes dessas uniões, a que se juntaram as luso-indianas de Goa, continuaram a desempenhar um papel importante. Eram administradoras de prazos, sobre cujas populações, tal como acontecia com os homens, elas exerciam o poder político. Ademais, essas *donas* estabeleciam relações com os chefes africanos, e várias delas mediavam as relações entre eles e a administração portuguesa (Rodrigues, 2013).

Em Madagascar, igualmente, havia a tradição de mulheres governantes, por exemplo, entre os sacalavas, que dominavam o oeste da ilha. A autoridade de suas chefes, contudo, diminuiu quando, em 1824, a região ficou sob o domínio do Império de Merina, que nomeou um governador para a região. Mas o próprio Reino de Merina foi administrado por soberanas, como Ranavalona I.

As mulheres detinham, igualmente, papéis econômicos relevantes. Para além de garantirem o funcionamento do mundo doméstico, em toda a África Oriental elas asseguravam grande parte dos trabalhos agrícolas, e, na área do vale do Zambeze, eram elas que se ocupavam da mineração do ouro. Também atuavam no comércio; nos centros urbanos, como a Ilha de Moçambique, as mulheres vendiam gêneros crus e cozidos em pequenos mercados, ou podiam participar nas caravanas que asseguravam o comércio de longa distância, como em Unyamwezi, na Tanzânia central, ou em Moçambique, mas também forneciam serviços domésticos aos parentes e trabalhavam como carregadoras. Nas áreas de maior atividade comercial, as mulheres eram frequentemente parceiras de negócios de mercadores estrangeiros. Os arranjos matrimoniais entre mulheres locais e comerciantes de fora permitiam que elas mobilizassem as suas parentelas e a comunidade para construir redes comerciais. No vale do Zambeze, as *donas* dos prazos estavam envolvidas no comércio das feiras portuguesas, localizadas nos Estados africanos e nas rotas que transportavam os produtos entre as feitorias portuguesas e os Estados africanos. Por exemplo, no final do século XVIII, dona Francisca Josefa de Moura Menezes enviou os seus carregadores numa expedição comercial ao longínquo Cazembe, na atual Zâmbia, embora muitos dos seus pares masculinos duvidassem do sucesso da empresa (Rodrigues, 2013). No litoral oeste de Madagascar, as mulheres sacalavas casavam com homens estrangeiros, principalmente suaílis, tornando-se suas parceiras comerciais. As rainhas e outras mulheres da elite envolviam-se no comércio de alimentos e escravizados com estrangeiros, nomeadamente suaílis, árabes, europeus e americanos, sustentando assim as redes de abastecimento alimentar do oceano Índico.

Com as transformações por que passaram estas sociedades ao longo do século XIX, as mulheres perderam poder. Essa perda foi acentuada no final do século, quando os administradores coloniais europeus negociaram arranjos políticos com os chefes africanos masculinos e baniram instituições associadas às mulheres, as quais eles não compreendiam. Além disso, perseguiram formas de poder espiritual, frequentemente, articuladas por mulheres. Como resultado, muito do poder que as mulheres detinham nas sociedades pré-coloniais foi erodido pelo avanço do colonialismo europeu.

A expansão do tráfico de escravizados: o tráfico marítimo

O tráfico de escravizados no oceano Índico era mais antigo do que no Atlântico e orientava-se em todas as direções, envolvendo pessoas de vários continentes e não apenas africanos. Esse tráfico era inferior em volume ao que se processava no Atlântico e era dominado por mercadores suaílis e árabes, a que se juntaram, posteriormente, os europeus. No entanto, nas últimas décadas do século XVIII, o mercado para os escravizados da África Oriental no oceano Índico cresceu com a expansão de Omã para a costa suaíli e a colonização francesa das ilhas Mascarenhas, e estendeu-se à América, organizado em redes que ligavam os dois oceanos.

A colonização francesa das ilhas Mascarenhas (em Bourbon ou Reunião, a partir de 1663; na Ilha de França ou Maurícias, a partir de 1721) exigiu numerosa mão de obra para estabelecer plantações. Numa fase inicial, a maior parte dos escravizados chegava de Madagascar, mas, a partir dos anos de 1770, eles passaram a ser levados preferencialmente da costa leste-africana, somando, em 1806-1808, cerca de 60% da população escravizada. Os principais portos de embarque localizavam-se em território moçambicano, com destaque para a Ilha de Moçambique e o Ibo, mas, a partir de 1770, Quíloa e Zanzibar tornaram-se, igualmente, importantes mercados fornecedores. Enquanto habitualmente o comércio escravagista era feito em conjunto com outras mercadorias, os mercadores franceses iniciaram o transporte exclusivo de escravizados, com embarcações carregando centenas de pessoas. Essas redes envolviam, igualmente, mercadores portugueses, banianes, ou seja, os comerciantes do Guzerate que operavam em Moçambique, e suaílis. O tráfico de escravizados subsistiu mesmo após se tornar ilegal, em 1814, nas Maurícias (colônia inglesa desde 1810), e, em 1817, na da Reunião. Entre 1670 e 1848, foram exportadas da África Oriental para as Mascarenhas entre 186.058 e 215.492 pessoas escravizadas (Allen, 2014; Capela, 2016; Alpers apud Zimba et al., 2005).

Em conexão com as redes no oceano Índico, os franceses passaram a exportar escravizados para as suas possessões americanas, a maioria deles para trabalhar nas plantações de açúcar e café da Ilha de São Domingos. Não por acaso, a revolução de escravizados de 1791 e a subsequente abolição da escravatura na ilha criaram oportunidades para o desenvolvimento da cultura do açúcar e do café no Brasil e no Caribe. O aumento da demanda de mão de obra nos mercados atlânticos levou os traficantes de escravizados que lá operavam a se abastecerem nos centros do oceano Índico, sobretudo os portos de Moçambique, que registraram um crescendo de exportação na década de 1790, com um total de 3.214 escravizados. Entretanto, a pressão abolicionista da Grã-Bretanha, que decretara o fim do tráfico de escravizados em 1807, intensificou a reorientação das redes escravagistas. Em 1815, o comércio de escravizados ao norte do equador foi declarado ilegal, motivando os comerciantes do Atlântico a intensificar a exploração dos mercados ao sul da linha equatorial e no oceano Índico. Em todo o Índico e na costa oriental da África, apenas em 1812 os britânicos anunciaram o fim do tráfico, enquanto a França o fez somente em 1817, e Portugal, em 1836. Tais anúncios, contudo, além de chegarem atrasados à região, não impediram que o comércio de escravizados promovido por europeus continuasse de forma ilegal, driblando os navios-patrulha naqueles mares.

Os fluxos escravistas para o Atlântico, controlados sobretudo por mercadores portugueses e brasileiros, mantiveram-se até 1850, quando a Grã-Bretanha, depois de anos de negociações, conseguiu impor aos novos

Estados americanos o fechamento dos portos ao comércio escravagista. No entanto, a exportação de escravizados para as plantações de Cuba permaneceu até os anos de 1860.

Os navios saíam da costa entre Lourenço Marques, em Moçambique, e Mombaça, no Quênia, conquanto as redes escravagistas se estendessem a Madagascar e Mascarenhas. Os principais portos de embarque eram a Ilha de Moçambique e Quelimane, que concentravam, respectivamente, 51,6% e 34,7% do volume do tráfico. Os navios, com bandeira de Portugal e do Brasil, independente em 1822, escalavam, por vezes, mais do que um porto para completar os carregamentos. O principal destino dos escravizados era o Brasil, mas eles eram transportados também para as Caraíbas, e, por algum tempo, para o rio da Prata. As estimativas indicam que, entre 1770 e 1866, o Sudeste Africano e as ilhas do oceano Índico exportaram 479.305 pessoas para as Américas, das quais 388.334 chegaram ao continente. Destas, 267.699 tiveram como destino o Brasil. (https://www.slavevoyages.org/; Alpers, 1975; Allen, 2014; Capela, 2016).

Enquanto o fornecimento de escravizados ao Atlântico foi extinto em meados do século XIX, as rotas direcionadas a outros portos do oceano Índico estenderam-se até o século XX. A exportação de escravizados da África Oriental para o mar Vermelho e o golfo Pérsico, e daí para a Índia, Era Antiga. Ela envolvia redes de mercadores árabes e suaílis, que ligavam a costa oriental africana, as ilhas Comores e Madagascar. No século XVIII, durante a expansão do sultanato omanita, o comércio aumentou notoriamente, tanto na Arábia quanto na costa suaíli. Em Omã, a cultura de palmeiras de tâmaras e a apanha de pérolas exigia mão de obra numerosa, embora os escravizados também fossem empregados em usos não produtivos. Nos seus territórios africanos, o sultanato tornou-se, igualmente, um grande consumidor. O crescimento urbano e a expansão da produção agrícola, principalmente com o estabelecimento de plantações de cravo-da-índia, introduzido em Zanzibar por volta de 1812, exigiam volumes sempre crescentes de mão de obra (Cooper, 1977; Sheriff, 1987).

Neste contexto, desde o final do século XVIII, a ilha de Zanzibar afirmou-se como o principal porto exportador de escravizados para as cidades suaílis mais ao norte, para o mar Vermelho, para o golfo Pérsico e para a Índia. Eles chegavam do interior por Quíloa, onde desembocavam as caravanas terrestres da região do lago Niassa, do norte de Moçambique e da Tanzânia central. Com o tempo, a Grã-Bretanha viria a exercer pressões abolicionistas também sobre o sultanato. Pelo *Tratado de Moresby* (1822), o sultão tornou ilegal o tráfico de escravizados com as nações cristãs, o que afetava os fluxos em direção ao Atlântico, e, pelo *Tratado de Hammerton* (1845), proibiu ainda a exportação para fora de seus domínios africanos, excluindo o fornecimento de mão de obra aos portos da Arábia. Finalmente, em 1873, o sultão de Zanzibar assinou o *Tratado de Frere*, que interditava o transporte de cativos do continente para as ilhas do sultanato. No entanto, para iludir os decretos abolicionistas e as patrulhas britânicas, os traficantes usavam pequenos portos e enseadas, assim como rotas terrestres ao longo da costa até o arquipélago de Lamu, onde embarcavam os cativos para a Arábia. Essas redes eram dominadas por grandes mercadores árabes e suaílis, com o apoio do capital indiano, mas havia também pequenos mercadores que moviam um número menor de escravizados, entre outras mercadorias. Dada a escassez da documentação produzida pelos traficantes, é difícil estimar o número de escravizados embarcados para as cidades suaílis ao norte de Zanzibar, para o mar Vermelho, para o golfo Pérsico e para a Índia, embora este comércio tenha persistido até o século XX. As estimativas apontam para uma média anual de 3 mil a 3.500 exportados ao longo do século XIX. No seu conjunto, e dada sua extensão no tempo, o volume deste tráfico terá sido pouco menor do que o dirigido ao Atlântico.

Enquanto os esforços abolicionistas tentavam conter o tráfico para o Atlântico e o noroeste do Índico, emergiam novos mercados para a mão de obra da África Oriental. Madagascar, que tradicionalmente exportava escravizados, tornou-se o seu principal mercado importador para fornecer os reinos sacalavas, estabelecidos na parte ocidental da ilha, e, depois, o império de Merina, para além de os reexportar para as colônias francesas. Os escravizados eram oriundos de regiões de Moçambique, embarcados sobretudo nos portos suaílis de Angoche e Quitanhgonha, e da Tanzânia, circulando por redes já estabelecidas que envolviam mercadores suaílis, árabes, franceses e malgaxes. A ascensão do Império de Merina levou ao crescimento notório do trabalho não livre na agricultura, em transportes e nos serviços da Corte imperial. Na década de 1820, eram importadas anualmente entre 3 mil e 4 mil pessoas, enquanto nos anos de 1880 o número subiu para algo entre

18 mil e 23 mil. Esse tráfico se manteve elevado até o final do século XIX, estimando-se que cerca de 715 mil escravizados tenham sido embarcados da costa leste africana para Madagascar, igualando ou mesmo superando o conjunto das exportações para a América e para a costa norte suaíli, para a Arábia e para a Índia (Cooper, 1977; Zimba et al., 2005).

A ilha da Reunião e as novas colônias francesas de Nossi-Bé (1840) e Mayotte (1841) constituíam outros mercados de escravizados. Depois da abolição da escravatura pela França, em 1848, os africanos nesta condição eram adquiridos nos mercados de Moçambique e na Tanzânia, formalmente libertados e designados *libres engagés*, sendo compelidos a trabalhar num sistema próximo da escravatura nas plantações de açúcar. Enquanto uns eram carregados diretamente da costa leste africana para as colônias francesas, outros eram levados através das ilhas Comores e de Madagascar.

Os próprios ingleses, apesar de políticas abolicionistas, continuaram a usar o trabalho dos escravizados apreendidos por suas patrulhas marítimas. Estes não eram devolvidos às suas sociedades de origem, mas sim encaminhados à Colônia do Cabo, conquistada aos holandeses em 1806, e para as Maurícias, obtidas dos franceses em 1810, para trabalharem durante alguns anos no sistema de "aprendizes" (Newitt, 1995; Allen, 2014).

Nos locais de destino, os escravizados adquiriam novas identidades, classificados por etnônimos e topônimos, como "yaos", "macuas" ou "niassas". Frequentemente, essas qualificações não se relacionavam com as suas origens geográficas ou culturais, mas com os portos de embarque, como "moçambiques", "inhambanes" ou "zanzibaritas" (Zimba et al., 2005; Capela, 2016).

O comércio marítimo de escravizados na África Oriental apresentava diferenças em relação ao que prevalecia no oceano Índico mais vasto e no Atlântico, mas também partilhava algumas das suas características. O trato de escravizados na África Oriental foi extremamente prolongado no tempo, antecedendo o que se desenvolveu no Atlântico e estendendo-se para além do seu final. Depois, tal como no Atlântico, o tráfico na África Oriental estava focado apenas em africanos, enquanto as amplas redes escravagistas do Índico envolviam pessoas oriundas de múltiplas procedências. Nessa medida, o tráfico marítimo de escravizados desenvolveu-se principalmente do continente africano para alguns destinos principais nos dois oceanos, divergindo dos fluxos multidirecionais que caracterizaram o comércio estendido de seres humanos no oceano Índico. Finalmente, tal como nas rotas do oceano Índico, os comerciantes que operavam na costa oriental africana tinham várias origens e não eram apenas europeus e os seus descendentes, como no Atlântico.

A expansão do tráfico para o interior

Tradicionalmente, os escravizados embarcados dos portos da África Oriental eram oriundos de regiões costeiras, como os macuas do norte de Moçambique, que, aliás, continuaram a alimentar o tráfico ao longo do século XIX. No entanto, o incremento do tráfico marítimo impulsionou a abertura de rotas para o interior, que foram estabelecidas por meio de guerras e raides, facilitadas pela difusão de armas de fogo. Embora algumas rotas já estivessem anteriormente em atividade, canalizando outras mercadorias como o marfim, que acompanhou frequentemente os circuitos escravistas, a partir do final do século XVIII emergiram três trajetos principais, constituídos por rotas que se ligavam entre si.

Na região mais ao sul, um conjunto de rotas era assegurado pelos mercadores afro-indo-portugueses dos prazos no vale do Zambeze, em Moçambique, em direção ao porto do delta, Quelimane, e daí para a cidade Ilha de Moçambique ou diretamente para o Atlântico. Em meados do século XIX, o comércio que escoava através do rio Zambeze era controlado por senhores da guerra ligados a grandes prazos, como Massangano, Macanga e Massingire. Do mesmo modo, os escravizados achikundas, quando desertavam dos prazos, formavam bandos predatórios ou colocavam-se a serviço de chefes que lhes forneciam armas para obter escravizados e marfim. Exemplo disso é o Estado liderado por Chicuacha, na região do Zumbo. A insegurança provocada pelas guerras, raides e invasões em busca de escravizados levou ao crescimento do sistema de povoações fortificadas, ou aringas, que se multiplicaram pelo vale do Zambeze.

A partir da região a leste do lago Niassa, desde o século XVIII, os mercadores ajauas (*yao*) conduziam escravizados à Ilha de Moçambique e a Quíloa. Em meados do século XIX, grande parte dos chefes ajauas mantinha exércitos para capturar escravizados, e, tendo-se expandido nos anos de 1860 para o rio Chire, um afluente do Zambeze, transportavam-

-nos também para Quelimane. Os mercadores bisas do Cazembe, na atual Zâmbia, que, desde a década de 1790, conduziam as suas caravanas até Tete, ligaram-se a estas rotas no século XIX e chegavam até Quelimane e Quíloa. No entanto, na década de 1860, os bisas foram ultrapassados pela concorrência dos angunes e ajauas. Finalmente, os mercadores das cidades suaílis ao norte de Moçambique acabaram por estabelecer entrepostos comerciais até o lago Niassa (Alpers, 1975; Isaacman; Isaacman, 2004).

Na Tanzânia, um conjunto central de rotas escravagistas era mantido pelos mercadores nyamwezi, os quais conduziam escravizados e marfim até Bagamoyo, no litoral junto à ilha de Zanzibar. Dada a procura crescente de escravizados em Zanzibar, os mercadores omanitas e suaílis, apoiados pelo capital indiano, passaram a enviar caravanas para o interior. Eles atingiram, nos anos de 1830, a região de Tabora, na Tanzânia central, e, na década seguinte, foram para oeste, em direção ao lago Tanganica e ao porto de Ujiji, e para o norte até a margem ocidental do lago Vitória, até chegarem ao que hoje é o país Uganda, onde ficava o reino de Buganda, então um dos principais fornecedores de escravizados no interior.

A cidade de Tabora, fundada em meados do século XIX, tornou-se o principal estabelecimento árabe e suaíli no cruzamento dessas rotas. Nos anos de 1850, elas tiveram uma ampliação notável e atravessaram o lago Tanganica para atingir o Congo Oriental (Catanga e Manyema). Dois personagens poderiam ser destacados nesse processo: o mercador zanzibarita Hamed bin Muhammed (1832-1905), apelidado de Tippu Tip, que acabou por dominar o vasto território do Congo Oriental até o nordeste de Uganda (1874); e um chefe de origem nyamwezi, chamado Msiri, importante mercador a serviço do sultão de Zanzibar, estabelecido no Catanga, de onde partiam suas expedições escravizadoras. As caravanas dos comerciantes suaílis, integradas por carregadores nyamwezis, chegavam ao Alto Zambeze, às regiões de Luba, Lunda oriental, Barotze e Bemba.

Muitos escravizados capturados nas zonas interiores acabavam por não ser exportados para a costa, sendo integrados nas economias locais. Com efeito, ao longo das rotas caravaneiras, emergiram campos de cultura, incluindo plantações árabes e suaílis, para fornecer provisões aos carregadores e produzir gêneros agrícolas para responder à demanda internacional de matérias-primas.

Por fim, nas rotas mais ao norte, ligando o lago Vitória à costa, os principais mercadores de longa distância eram os kambas. Localizados na área sul do atual Quênia, suas expedições contornavam o monte Kilimanjaro para chegar a Mombaça com escravizados e, sobretudo, marfim. Por volta de 1830, esse comércio atraiu os suaílis e árabes, que acabaram por substituir os kambas no trânsito para a costa. O principal centro de comércio era Taveta, junto ao Kilimanjaro, onde as caravanas se encontravam. Mas, a partir da década de 1860, o Buganda tornou-se o principal exportador na zona dos Grandes Lagos, fornecendo anualmente entre mil e 2 mil escravizados capturados nas sociedades vizinhas. Geralmente, estes cativos não eram encaminhados para a costa, mas antes para os estabelecimentos que árabes e suaílis criaram no interior. Em suma, o extraordinário aumento da procura de escravizados nos portos da África Oriental acabou por conduzir à expansão das rotas escravagistas e do trabalho escravizado por uma vasta região do interior, estruturado em práticas de dependência que obedeciam a diferentes formas de organização social (Alpers, 1975; Cooper, 1977; Sheriff, 1987; Médard; Doyle, 2007).

Direções do comércio legítimo em Moçambique

Enquanto medidas abolicionistas tentavam acabar com o lugar do tráfico de escravizados na economia mundial, a demanda por produtos da África Oriental estimulava o chamado "comércio legítimo", por contraposição ao comércio de escravizados, que as potências europeias tinham tornado ilícito. O comércio legítimo era baseado num vasto conjunto de bens produzidos ou coletados pelos africanos, que atendiam a procura capitalista por matérias-primas. Um desses produtos eram as oleaginosas, como o sésamo, o amendoim e o coco, mas eles incluíam o marfim, já uma das principais exportações da África Oriental, a urzela, a goma copal, a borracha e a cera. A produção e a coleta destes gêneros implicaram grandes transformações na África Oriental. De fato, estes bens já eram produzidos na África, mas a procura do mercado global exigia uma produção em larga escala, e ela coube comumente à iniciativa africana, que, em muitos casos, recorreu ao trabalho escravizado. A comercialização internacional desses gêneros, por sua vez, era operacionalizada por companhias capitalistas europeias ou indianas.

Em Moçambique, findo o tráfico de escravizados feito através dos portos da colônia, o governo colonial português tentou intensificar o comércio legítimo com a implantação de uma legislação liberal tendente a facilitar a liberdade de trocas. A liberalização econômica avançou na década de 1850 e acentuou-se em 1877, com uma descida drástica das taxas alfandegárias e a abertura da navegação e do comércio no rio Zambeze para todas as nações. Essas condições atraíram a Moçambique empresas europeias que já atuavam na África Ocidental, das quais as mais importantes eram as companhias francesas de Marselha *Fabré et Fils* e *Régis Ainé*, a holandesa *Oost-Afrikaanische Cie* e a alemã *O. Phillipi & Co.* As companhias francesas estabeleceram-se na década de 1850 para comprar cauril (concha marinha) para as trocas na África Ocidental e logo se envolveram no transporte de mão de obra *engagé* para as ilhas francesas do Índico.

Com agências no litoral da colônia portuguesa e, depois ao longo do rio Zambeze, essas companhias expandiram o comércio através do sistema de crédito, já bem implantado na região, e usando intermediários. Estes eram, na sua maioria, banianes indianos, sobretudo súditos britânicos, apoiados pelo capital indiano de Bombaim (atual Mumbai), mas incluíam também goeses, portugueses e africanos. Surgiu, assim, um novo sistema de comércio, fundado em postos dispersos pelo território, o qual articulava uma rede de agentes itinerantes que viajavam até as aldeias para comprar a produção africana.

A combinação desses fatores criou condições para um notório desenvolvimento do comércio. As famílias africanas aproveitaram as novas oportunidades comerciais e ampliaram a produção, principalmente de sésamo, amendoim e copra (coco seco), mas também de borracha, goma copal, cera de abelhas, urzela, peles e marfim. Isso levou, a partir da década de 1860, a um notável aumento das exportações da colônia. Nos anos de 1880, estimava-se que cinco sextos das exportações resultavam da produção autônoma africana de sésamo, amendoim, calumba, borracha e urzela.

No entanto, a expansão agrícola não foi uniforme em todo o território do moderno Moçambique, variando de acordo com as condições ecológicas, a organização socioeconômica, os conflitos militares e custos do transporte. As oleaginosas, como sésamo, amendoim e copra, eram exportadas de Inhambane e do litoral ao norte do Zambeze, penetrando para o interior até a confluência deste rio com o rio Chire, não sendo rentável o seu transporte mais para dentro do continente. No caso da borracha e da cera, os preços cobriam o deslocamento até áreas mais longínquas, um pouco por todo o território do atual Moçambique. Na região norte, a partir da década de 1880, para além da colheita da borracha selvagem, os empresários africanos começaram a plantar árvores-da-borracha. Em simultâneo, a expansão destes negócios conduziu a um aumento da procura de provisões para alimentar inúmeros mercadores, carregadores e canoístas ocupados na movimentação daquelas mercadorias, o que levou os africanos a ampliar a produção de arroz, milho-miúdo, sorgo e feijão.

O crescimento da produção africana para o mercado implicou transformações nas relações de trabalho e de poder nas aldeias, onde os chefes controlavam as trocas comerciais. Grande parte do trabalho continuava a ser feito por pessoas livres, trabalhando em suas machambas (terrenos agrícolas). No entanto, a expansão da agricultura traduziu-se numa intensificação das relações de trabalho escravagistas. Por um lado, à medida que a repressão do tráfico de escravizados progredia, parte deles que continuava a chegar de rotas interiores era vendida a chefes africanos. Por outro lado, algumas chefias, como Maganja da Costa, junto ao litoral, exigiam tributos em escravizados e faziam raides para sua captura, empregando-os, sobretudo as mulheres, na produção de amendoim, que exigia um labor intensivo. Em Maganja da Costa e nos estados ajauas, era também o trabalho escravizado que produzia alimentos para os exércitos dos chefes.

A expansão das culturas comerciais conduziu, igualmente, a um aumento da cobrança dos tributos, com os chefes exigindo seu pagamento em gêneros de exportação. No vale do rio Chire, o chefe Chipatula impunha tributos em oleaginosas. No litoral, entre os rios Macuse e Licungo, os chefes Tucutela e Voabili substituíram os habituais tributos, cobrados em esteiras, por copra. O intuito dos chefes africanos era fortalecer a sua posição econômica e na hierarquia social. As relações de trabalho baseadas no uso de mão de obra escravizada e em trabalho tributário, ainda que intensificadas, especialmente junto à costa, coexistiam com o trabalho livre, que parece ter continuado a assegurar a maior parte da produção nas economias africanas. Mas as mudanças predominam no período, alcançando até mesmo as altas camadas sociais. Alguns empresários africanos passaram a ascender a chefes graças à sua riqueza, e não mais devido a critérios tradicionais de legitimidade.

Na produção para o comércio legítimo, o papel dos agentes coloniais foi bem mais modesto. Grande parte dos senhores dos prazos do Zambeze considerava que a produção de oleaginosas não era suficientemente rentável. Apenas os detentores dos prazos ribeirinhos do delta aproveitaram para exportar copra, extraído das plantações de coco que já existiam na região. No contexto das novas concessões fundiárias, feitas pelo governo liberal português para desenvolver a economia da região, algumas empresas tentaram estabelecer-se na zona do delta, sem muito sucesso, como a Correia & Carvalho, que arrendou, em 1876, o prazo Maindo, com o intuito de monopolizar a produção africana de cocos e estabelecer novos palmares e plantações de cana-de-açúcar.

A principal empresa de capitais europeus a tentar intervir na agricultura de exportação em Moçambique foi a liderada por Inácio Paiva Raposo, que fizera fortuna como negociante de marfim em Lourenço Marques. Em 1874, Paiva Raposo obteve uma concessão de 200 mil hectares para plantar ópio, tendo em vista a exportação para a China. Ele estabeleceu, em Lisboa, a Companhia de Cultura e Comércio do Ópio e, em 1877, chegou a Moçambique para administrar o prazo Maganja Aquém Chire, com sede em Mopeia. A companhia importou da Índia, que Paiva Raposo visitara antes, cinquenta trabalhadores experientes no cultivo do ópio. No entanto, numa altura em que já tinha sido abolida a escravatura, deparou-se com a falta de trabalhadores africanos para assegurar as plantações. As tentativas de obter trabalho forçado levaram, em 1884, à revolta de Massingire, que pôs fim à experiência da companhia na cultura do ópio. No entanto, estavam lançadas as bases de uma futura grande companhia, já não com Paiva Raposo, mas com o seu genro John Peter Hornung, um inglês de ascendência húngara. Hornung estabeleceu a Companhia do Açúcar de Moçambique, que viria a tornar-se uma das principais empresas da região (Vail; White, 1980).

Plantações em Zanzibar e na rota das caravanas para o interior

No sultanato de Zanzibar, as elites omanitas, suaílis e indianas promoveram a expansão agrícola mais cedo, em conjunto com o auge do tráfico de escravizados. Assistiu-se a uma forte expansão das plantações com base no trabalho escravizado, embora grande parte da agricultura fosse feita em nível familiar nas machambas. Até as primeiras décadas do século XIX, o único produto agrícola exportado pelo sultanato eram os cocos. Mas, a partir da década de 1820, essas elites desenvolveram plantações de cravo-da-índia na ilha de Zanzibar, introduzido a partir das ilhas Mascarenhas por volta de 1812, e, depois, na ilha de Pemba. A especiaria, cuja cultura até então estava mais ou menos restrita às ilhas Molucas e cujo comércio estava nas mãos dos holandeses, desenvolveu-se com grande sucesso, sendo exportada para a Índia e para a Europa. O próprio sultão tinha as principais plantações de cravo-da-índia.

Na costa de Melinde e no arquipélago de Lamu, omanitas e suaílis promoveram também grandes plantações de coco e sésamo para o mercado internacional, sobretudo para França e Alemanha, assim como de cereais para alimentar Zanzibar e a Arábia. Esse aumento da produção assentou, da mesma forma, em trabalho escravizado, notório nas grandes plantações de Melinde e existente, igualmente, em zonas onde persistia a produção familiar, como em Mombaça. Quando o preço do cravo decaiu, nos anos de 1860, os proprietários de Zanzibar e Pemba diversificaram as culturas, respondendo à procura global por coco, sésamo e goma copal, enquanto outros investiram na produção de cana-de-açúcar, na região do rio Pangani, na costa fronteira a Zanzibar e no *hinterland* de Melinde.

Para além do desenvolvimento agrícola destinado ao mercado internacional, o sultanato desenvolveu uma política fiscal para atrair o comércio de zonas periféricas do território, ao norte e ao sul, e de fora dele. Ele estabeleceu taxas alfandegárias baixas para os produtos importados dessas regiões, sobretudo marfim e goma copal. Ao mesmo tempo, arrendou a administração das alfândegas, que eram eficientemente geridas por empresas como a indiana Jairam Sewji, garantindo a riqueza do sultanato. Entre as principais exportações, além dos escravizados, estavam o marfim, a copra, o sésamo, a goma copal e os cauris. Os destinos mais importantes desses produtos eram Índia e Estados Unidos, no caso do marfim, e França e Alemanha, no que diz respeito às oleaginosas. Entre as importações, avultavam os têxteis trazidos da Índia e dos Estados Unidos. Com o desenvolvimento agrícola local e a centralização na ilha do comércio regional, Zanzibar tornou-se um importante entreposto comercial, atraindo cada vez mais mercadores que também investiam em plantações. Embora suaílis e árabes fossem importantes mercadores, em todo este comércio avultavam os capitalistas indianos, como Dewji Jamal e Lakha Kanji, que operavam com um sistema de crédito semelhante ao de Moçambique. Companhias americanas e europeias, nomeadamente francesas, inglesas e alemãs, tinham também importante participação no comércio de Zanzibar.

A expansão agrícola ocorreu, igualmente, na rota das caravanas, a fim de abastecer a intensa circulação de pessoas. Desde os anos de 1830, em Unyamwezi, na região central da Tanzânia, a produção agrícola era impulsionada por chefes locais e homens ricos. Na década de 1870, os comerciantes suaílis e árabes estenderam as plantações às rotas das caravanas. Elas eram especialmente importantes em torno de Tabora, na Tanzânia central interior, e de Ujiji, na margem oriental do lago Tanganica. Tipu Tip, por exemplo, para além das propriedades que detinha em Zanzibar, estabeleceu outras em Tabora e junto ao rio Lualaba, no Alto Congo.

À medida que eram tomadas providências para extinguir o tráfico de escravizados, as exportações da região assentavam cada vez mais em produtos que os europeus consideravam comércio legítimo, mesmo que nos casos em que o produto fosse fruto do trabalho de escravizados. Marfim, cravo-da-índia, coco, sésamo, urzela e goma copal alimentavam o mercado global (Cooper, 1977; Sheriff, 1987).

A escravidão: práticas e expansão

A demanda internacional de escravizados e de mercadorias produzidas na África impulsionou a escravatura na África Oriental. Antes, as sociedades da região conheciam já uma grande variedade de formas de dependência, incluindo a escravatura. No que os acadêmicos chamam de "escravatura linhageira", o estatuto dos escravizados provinha da sua subordinação social enquanto pessoas sem parentes, mas eles não eram encarados primariamente como produtores, dadas as limitações do mercado na época. Os escravizados podiam ser cativos de guerra ou criminosos que perdiam os laços com suas comunidades. As noções de parentesco dessas sociedades eram alargadas para incluir os escravizados, então classificados como parentes juniores e, eventualmente, integrados após algumas gerações. Nas sociedades matrilineares, as mulheres e crianças eram mais facilmente absorvidas pelas linhagens, dada a inexistência de obrigações para com as suas famílias. A existência de escravizados nas linhagens africanas é assinalada, por exemplo, no vale do Zambeze, onde, dada a natureza de gênero das ideologias de parentesco, as mulheres logo eram integradas. As sociedades costeiras suaílis empregaram amplamente os escravizados, não apenas para usos concupiscentes, mas também para as atividades econômicas. Os portugueses, que, no século XVI, dominaram várias cidades suaílis, entre Sofala e Brava, na atual Somália, expandiram o uso do trabalho escravizado nas cidades do litoral, como em Ilha de Moçambique, Sofala, Quirimbas e Mombaça. Os escravizados eram numerosos nos prazos do vale do Zambeze, onde a escravatura era influenciada por práticas africanas. Os senhores de prazos usavam o trabalho escravizado nas suas principais atividades, ou seja, o comércio, a mineração e a guerra, assim como no serviço doméstico e na administração (Isaacman; Isaacman, 2004; Rodrigues, 2013).

No entanto, a expansão do tráfico no século XIX conduziu a um aumento dramático do número de escravizados e mudou as características da instituição em grande parte das sociedades da África Oriental. Muitas escravizações tinham origem em estatutos econômicos e judiciais. Entre eles estava o penhor, mecanismo de obtenção de crédito que colocava os indivíduos empenhados nas mãos de um credor e, assim, garantia o pagamento de dívidas. Embora estes indivíduos não fossem escravizados, tecnicamente, a falha no pagamento da dívida permitia aos credores a sua venda. O confisco de pessoas por dívidas era, igualmente, comum. Pessoas em situação vulnerável de fome podiam ser escravizadas pelos seus protetores. Processos judiciais, como os resultantes de crimes violentos e adultério, também conduziam à escravização. A crescente demanda de escravizados no século XIX alargou essas práticas a situações que não eram socialmente aceitáveis e transformou essas instituições em formas de escravização permanente e pulverizada por toda a África Oriental. As pessoas empenhavam os parentes, sobretudo mulheres e crianças, para resolver a falta de alimentos, dívidas comerciais e dívidas de sangue, os quais não eram resgatados e acabavam escravizados pelos seus credores ou vendidos (Alpers, 1975; Cooper, 1977; Glassman, 1995).

Multiplicaram-se, igualmente, formas mais violentas de escravização, como o rapto ou a captura em raides e guerras, práticas que se expandiram no século XIX. Os senhores da guerra organizavam expedições para capturar pessoas, como o afro-português Kanyemba e os seus soldados achikundas, na região do vale do Zambeze. Este período viu ainda emergirem estados poderosos que usavam a força para se proteger dos raides e capturar eles próprios os vizinhos para uso interno ou para exportação. Estados militarizados surgiram, por exemplo, entre os angunes, que se expandiram pela África Oriental, com o general Sochangane, no sul de Moçambique, a partir dos anos de 1820, Mputa Maseko, na década de 1840, na região de Songea, e o rei Zwangendaba, em Ufipa, no Tanganica. Em Moçambique, o estado de Gaza capturava mulheres e crianças para expandir as linhagens angunes, enquanto exportava os homens pelos portos portugueses de Lourenço Marques e Inhambane. Com o encerramento do tráfico, esses homens eram usados na agricultura e na guerra. De igual modo, a leste e a sul do lago Niassa, emergiram os Estados ajauas, dos quais o mais poderoso era Mataka. Os escravizados por ele capturados eram enviados em caravanas para serem vendidos na costa, enquanto outros eram obrigados a trabalhar na agricultura, produzindo alimentos para os exércitos dos chefes (Alpers, 1975; Isaacman; Isaacman, 2004; Newitt 1995).

A transição do comércio de escravizados para o chamado comércio legítimo, com o aumento da demanda de produtos oriundos da África, sobretudo oleaginosas e marfim, teve, igualmente, o efeito paradoxal de aumentar o uso de mão de obra escravizada. Os escravizados que deixavam de ser exportados eram empregados na própria África para cultivar e coletar produtos para o comércio legítimo. A expansão agrícola para satisfazer o mercado traduziu-se numa intensificação do uso do trabalho escravizado pelos chefes e homens ricos, acentuando as hierarquias sociais.

Moçambique: escravidão e resistências

Na colônia portuguesa de Moçambique, encontravam-se todas as formas de escravização referidas anteriormente. A maior parte dos escravizados da colônia era oriunda do próprio território ou de regiões circunvizinhas. Embora também fossem capturados em guerras e adquiridos no mercado, a sua dependência em relação a um senhor resultava habitualmente do mecanismo de penhor, que em Moçambique se designava "corpo vendido", ou seja, as pessoas livres, em situações de escassez de alimentos, por dívidas comerciais ou de sangue, ou ainda para obter proteção, "vendiam" o corpo a um senhor. Conforme as práticas locais, estes escravizados eram integrados ao patrimônio da casa do senhor, o que no vale do Zambeze se designava a *butaka*. Esta forma de escravização consolidar-se-ia pelo acordo segundo o qual os escravizados não podiam ser vendidos para fora das suas pátrias – um pacto que, com a expansão do tráfico no século XIX, foi frequentemente violado.

Ao longo do século XIX, os escravizados continuaram a desempenhar os trabalhos habituais, tanto nos prazos do vale do Zambeze como nos centros urbanos do litoral. Em ambos os casos, homens e mulheres asseguravam o trabalho doméstico. As mulheres também eram as amas dos filhos dos senhores e ocupavam-se da agricultura e, na região de Tete, no vale do Zambeze, ocupavam-se também da mineração. Os homens trabalhavam como artesãos, carregadores, canoístas e soldados. Assim, as principais atividades econômicas em que se concentravam os escravizados eram o comércio, por toda a colônia, e a mineração, na região de Tete. De fato, os portugueses não pretendiam desenvolver plantações, que apenas estabeleceram, a partir de cerca de 1770, para produzir mandioca no litoral fronteiro à cidade Ilha de Moçambique. Para além do trabalho que forneciam, os escravizados contribuíam para o prestígio do senhor, pois a riqueza em pessoas constituía um índice de avaliação do seu poder. Entre os escravizados, destacavam-se os achikundas (ou chicundas), designação que se referia inicialmente aos soldados e que, ao longo do século XIX, passou a abranger um vasto conjunto de escravizados, que se empregavam também como caçadores de elefantes e carregadores. Tal como os outros escravizados, eles trabalhavam em grupos chamados *nsaka*, sob o comando de chefias igualmente escravizadas. Enquanto o vale do Zambeze era sujeito aos ataques dos angunes e às guerras entre senhores dos prazos e entre estes e a administração colonial, intensas no terceiro quartel do século, muitos achikundas abandonaram os prazos e dispersaram-se pelo Zambeze interior e pelo Chire, passando a constituir um grupo étnico. Ao serviço dos senhores de prazos no vale do Zambeze ou, posteriormente, por iniciativa própria, os achikundas capturavam escravizados tanto para enviá-los aos portos do litoral quanto para remetê-los ao interior, onde eram trocados por marfim (Isaacman; Isaacman, 2004; Capela, 2016; Rodrigues, 2013).

A partir de meados do século XIX, a demanda internacional de sésamo e amendoim passou a sustentar o desenvolvimento da agricultura familiar africana, que alargou o emprego de mão de obra escravizada, principalmente nas áreas junto à costa e no Baixo Zambeze. Ao mesmo tempo, empresas capitalistas tentaram estabelecer-se no território através de uma exploração violenta do trabalho escravizado na agricultura, mesmo depois de ele ter sido abolido.

O número de escravizados, de que só temos dados para os núcleos coloniais portugueses, foi elevado durante o século XIX. Em 1849, foram contabilizados 30.315 escravizados, dos quais a maioria estava no vale do Zambeze (13.034) e em Ilha de Moçambique (9.760). Entre 1856 e 1862, foram registados 38.726 escravizados e 6.205 libertos, num total de 44.931 pessoas.

Se nos pequenos espaços urbanos do litoral era mais fácil transpor as normas europeias de relação entre senhores e escravizados, ainda que moldadas pelos costumes locais, na região continental do vale do Zambeze, num contexto de fraqueza militar da administração portuguesa em espaços dominados por poderes africanos, os senhores tiveram de se adaptar às normas locais, muito configuradas pelo clientelismo e pelo paternalismo. As relações entre os escravizados e os senhores passavam por processos de negociação, apoiados em práticas locais e em acordos construídos ao longo do tempo. As recompensas e os castigos violentos constituíam as duas faces desses processos de negociação.

Os escravizados ofereciam resistência quando os senhores tentavam violar as normas que regulavam as relações estabelecidas. Entre os abusos dos senhores contava-se o emprego de castigos físicos; a substituição arbitrária das chefias escravizadas; a exigência de trabalhos a que os indivíduos escravizados não estavam habituados; a quebra do contrato que estipulava que os escravos da *butaka* não seriam vendidos para fora das suas terras; e, por fim, a partir do final do século XVIII, práticas abusivas de escravização relacionadas com o aumento do tráfico transoceânico. As manifestações de resistência podiam recorrer à violência, com a destruição de bens, o assassínio de senhores e revoltas, ou empregar formas mais pacíficas de luta, como a recusa do trabalho ou a fuga. É necessário salientar que, no vale do Zambeze, as ações de resistência envolviam frequentemente pessoas livres e escravizadas, já que elas estavam ligadas pelo parentesco ou estabeleciam alianças em função de interesses comuns. A fuga era a forma mais usual de resistência e uma importante arma nas mãos dos escravizados, que, ao usá-la, ameaçavam a economia, a posição social e o prestígio dos senhores. Os escravizados, muitas vezes, procuravam proteção junto a outro senhor, usando a prática do "quebra mitete". Esta consistia na destruição da propriedade de um outro senhor, criando perante ele uma dívida que tornava o escravizado propriedade desse senhor. Geralmente, os escravizados fugidos não constituíam comunidades separadas e procuravam refúgio junto a chefes africanos. No vale do Zambeze, eles acolhiam-se, frequentemente, com chefes maraves, ao norte do rio, cujas povoações fortificadas com arvoredo, chamadas *mussitos*, ou, no século XIX, aringas, ofereciam resistência às expedições punitivas dos senhores (Isaacman; Isaacman, 2004; Rodrigues, 2013).

Zanzibar e o interior: plantações, trabalho escravizado e resistências

No sultanato de Zanzibar, no litoral e nas ilhas, a expansão da economia de plantação foi acompanhada por um crescimento notório do trabalho escravizado. Na ilha de Zanzibar, em 1819, a população escravizada compreendia cerca de 15 mil pessoas, passando, em 1857, para 200 mil em 300 mil habitantes, ou seja, 66% da população. Para sustentar esse crescimento e assegurar a reexportação de escravizados para vários mercados, eram importados anualmente de 20 a 25 mil escravizados. Na costa queniana, nos territórios costeiros do sultanato, no auge da economia de plantação, entre 1875 e 1884, existiam entre 43 e 47 mil escravizados (cerca de 44% da população total), concentrados sobretudo na área de Melinde e na costa fronteira às ilhas de Pate e Lamu. Diferentemente do sucedido em Moçambique, a maioria dos escravizados que chegava a Zanzibar era oriunda de áreas distantes, principalmente daquelas junto ao lago Niassa, em Moçambique. Tal como em geral ocorria nas sociedades escravistas, no sultanato de Zanzibar os escravizados faziam a maior parte do trabalho, distribuindo-se por variadas ocupações. Nas cidades, eles garantiam desde o serviço doméstico ao artesanato. Muitos eram carregadores, assegurando o trânsito comercial nas rotas terrestres que iam da Tanzânia central até os Grandes Lagos e o Congo Oriental. No entanto, a maioria dos escravizados encontrava-se nas plantações, onde desempenhavam o trabalho agrícola em grupos, sob a fiscalização de supervisores, também escravizados. Normalmente, havia uma divisão do trabalho por gênero, como nas plantações de cravo-da-índia, em que cabia às mulheres separar os botões das hastes. Mas, em alguns casos, mulheres e homens faziam o mesmo tipo de trabalho, como nos palmares de Melinde. Os homens eram, ainda, incorporados na guarda e no Exército do sultão, enquanto as mulheres integravam os haréns das elites. No seu conjunto, os escravizados serviam também para sublinhar o estatuto social dos seus senhores, cujo prestígio dependia do número de escravizados que ostentavam.

A economia das plantações exigia uma grande quantidade de mão de obra e conduziu a uma mudança das relações entre escravizados e senhores. As relações entre os dois grupos eram tradicionalmente moldadas pelo paternalismo, com raízes nas conexões entre líderes e clientes que permeavam a sociedade patriarcal. Ao transitar para uma economia de plantação, voltada à produção para o mercado, os senhores viam os escravizados cada vez menos como clientes e tentavam impor condições de trabalho mais duras, transformando-os numa classe de produtores de mercadorias. Como nas plantações europeias da América, os escravizados estavam sujeitos à violência e à desumanização. Tal como acontecia nos enclaves coloniais portugueses em Moçambique, existiam designações para classificar os escravizados recentes, que eram considerados bárbaros e ignorantes por não terem assimilado a cultura dos senhores. A despersonalização dos escravizados implicava que recebessem novos nomes e roupas quando chegavam à costa suaíli, de modo a cortar a sua ligação com a cultura natal (Glassman, 1995).

Apesar de os senhores usarem a ideologia do paternalismo para controlar os seus dependentes, isso não conseguia evitar os conflitos. Os escravizados lutavam contra o endurecimento das condições de vida e de trabalho, assim como para defenderem a sua autonomia e melhorarem a sua posição. No entanto, frequentemente, os objetivos dessas lutas não visavam romper com os seus senhores ou acabar com o estatuto de escravizado, mas antes serem tratados como clientes.

Tal como em Moçambique, as revoltas eram raras e os escravizados que almejavam escapar à escravidão optavam mais comumente pela fuga. Em

Zanzibar e Pemba, os fugitivos, chamados "watoros" na costa suaíli, escapavam para regiões dessas ilhas que não estavam ocupadas por plantações ou usavam canoas para atingir o continente. Em alguns casos, os escravizados em fuga procuravam a proteção de outros senhores, colocando-se ao seu serviço como carregadores de caravanas ou como soldados de diferentes facções políticas suaílis, potentados árabes e chefes não islâmicos. Noutros casos, eles constituíam comunidades autônomas, como as que se formaram em torno de Mombaça, Takaungu e Melinde. Construindo paliçadas ou procurando abrigos rochosos, os watoros lutavam para não ser recapturados e assegurar a sua sobrevivência. Algumas dessas comunidades envolviam-se no comércio regional, incluindo o tráfico de escravizados. De modo geral, constituíam uma ameaça aos donos das plantações, não só porque desafiavam o seu poder, mas também porque frequentemente pilhavam as plantações e acolhiam novos fugitivos. Evidentemente, os senhores perseguiam as comunidades watoro, mas algumas resistiram notavelmente. Por exemplo, em 1873, os escravizados da plantação Mauya, em Pangani, no litoral a noroeste de Zanzibar, sublevaram-se contra seus senhores árabes, que lhes tentavam impor novas normas no trabalho, e criaram a poderosa comunidade de Makorora. Apesar dos ataques dos omanitas, os revoltosos foram vencidos apenas pela conquista germânica, em 1889.

As relações dos watoros com as sociedades locais, com as quais desenvolviam laços estreitos, foram marcadas pela flexibilidade das práticas culturais. Em alguns casos, como em Pangani, os watoros construíam comunidades que, conforme Glassman (1995), constituíam postos avançados da cultura suaíli. Esse processo de suailização não era, porém, generalizado, pois no *hinterland* os watoros tendiam a adotar os valores das sociedades que os acolhiam e não os da cultura suaíli. No entanto, em ambos os casos, isso não impedia que os fugitivos, sobretudo as mulheres, mantivessem práticas das suas próprias culturas.

Ao longo das rotas das caravanas de escravizados e marfim, entre os nyamwezis, onde o uso de trabalho escravizado na agricultura também se intensificou, os escravizados, quando escapavam aos seus senhores, geralmente formaram comunidades nas fronteiras de Unyamwezi. As fugas eram mais comuns em áreas do sul, mais envolvidas no comércio, que representava para os escravizados uma oportunidade para oferecerem-se a outros senhores como carregadores e criados. Já sob domínio alemão, na década de 1890, muitos escravizados abandonavam os seus senhores em Unyamwezi para trabalharem por salários nas plantações coloniais, localizadas na costa (Cooper, 1977; Glassman, 1995).

No Buganda, o principal Estado da região dos Grandes Lagos, a extensa população escravizada resultante das guerras de expansão, que ocorriam desde o século XVIII, era constituída principalmente por cativos dos Estados vizinhos de Bunioro e Busoga. Grande parte desses escravizados ocupava-se da cultura de bananas, que permitira a expansão do Buganda. Também aqui os escravizados, sobretudo mulheres, fugiam de senhores violentos para encontrar proteção junto a outro senhor (Médard; Doyle, 2007).

As missões religiosas, que se multiplicaram pela África Oriental na segunda metade do século XIX, constituíram um ponto de apoio aos ex-escravizados e aos escravizados fugitivos. Começando por alojar os matekas, como se designavam os escravizados libertados pelas patrulhas inglesas, as missões foram também procuradas pelos watoros e os seus descendentes. A britânica Missão das Universidades da África Central (UCMA), em Zanzibar, era cautelosa em relação ao acolhimento de fugitivos, de modo a não hostilizar o sultanato, mas as estações missionárias que se instalaram no continente foram especialmente ativas em resgatar escravizados e acolher fugitivos. A Sociedade Missionária da Igreja, também britânica, mantinha várias estações na costa queniana, como Frere Town e Rabai, e no interior da Tanzânia, como Mpwapwa e Mamboya. A congregação católica dos Padres Brancos atuou em Unyamwezi, onde estabeleceu estações ao longo das rotas de escravizados, em Kipalapala, Ngaya, Ushirombo e Ndala. Apesar do apoio que dispensavam aos ex-escravizados, as missões também acabavam por ser um instrumento de controle dos africanos. Nas estações missionárias, eles aprendiam a religião e a cultura ocidentais e participavam na economia, fornecendo mão de obra doméstica e agrícola (Cooper, 1977; Glassman, 1995).

A abolição da escravatura: um processo hesitante

Apesar de as práticas locais na África Oriental preverem formas de manumissão, a abolição da escravatura, enquanto ato legal decretado pelo

Estado, foi gradualista e tardia. Esse processo decorreu, por um lado, da pressão da Grã-Bretanha e de outros países europeus, e, por outro lado, das dinâmicas internas das sociedades africanas.

Em Moçambique, a administração portuguesa iniciou a abolição da escravatura com o decreto de 14 de dezembro de 1854. Este forçou o registro de todos os escravizados e criou a categoria transitória de libertos, um estatuto que passou a abranger os escravizados não registrados pelos seus senhores, assim como os escravizados do governo, os importados após aquela data e os alforriados. Em 1855, a situação de liberto foi estendida às crianças nascidas de mães escravizadas. Os libertos, contudo, não adquiriam imediatamente a liberdade, uma vez que eram obrigados a trabalhar para o seu senhor por um período variável de anos. Assim, a categoria de libertos colocava os antigos escravizados sob um regime de tutela muito próximo da escravidão, ainda que limitada no tempo. Finalmente, a Coroa portuguesa decretou a abolição da escravatura em 1869, embora os antigos escravizados tivessem ficado legalmente vinculados aos senhores até 1876.

Essas medidas legais foram frequentemente ignoradas pelos senhores de escravizados, que dificultavam o registro dos seus escravizados ou não reconheciam a sua emancipação. À margem das medidas legais, no contexto de intensa insegurança militar no vale do Zambeze, muitos escravizados achikundas abandonaram os prazos e construíram novas comunidades, sob liderança de senhores da guerra ou escolhendo chefes entre eles. Nesses casos, a extinção da escravatura deveu-se em grande parte à ação dos próprios escravizados. Ao mesmo tempo, como a expansão do comércio legítimo assentou-se na produção autônoma africana, expandiu-se o uso do trabalho escravizado nas sociedades africanas para responder à procura internacional de matérias-primas.

A abolição da escravatura foi sucedida pelo regulamento de 1878, que previa a liberdade de trabalho, embora já contivesse justificativas para reprimir o que era considerado vadiagem, limitando a autonomia dos africanos. Ainda assim, a região viveu um curto período de liberdade de trabalho, que antecedeu o estabelecimento de leis que promoviam o trabalho coercitivo, simbolizado pelo *Regimento de Trabalho Indígena de 1899* (Newitt, 1995; Vail; White, 1980; Isaacman; Isaacman, 2004).

Nos territórios restantes da África Oriental, onde o avanço imperialista das potências europeias progredia nas últimas décadas do século XIX, a abolição da escravatura foi ainda mais tardia. Isso aconteceu de modo paradoxal, uma vez que a extinção da escravatura, vista como incompatível com a civilização, era uma das justificações ideológicas para o domínio colonial. No sultanato de Zanzibar, que, em 1890, se tornou um protetorado britânico, o sultão Hamid B. Muhammad decretou, em 1897, a abolição da escravatura – uma medida que foi estendida às mulheres concubinas apenas em 1909 –, mas os escravizados tinham de pedir a liberdade.

Ao contrário do que seria de esperar, a abolição não foi sucedida pelo êxodo generalizado dos escravizados. No conjunto das ilhas de Zanzibar e Pemba, entre 1897 e 1907, apenas 11.837 escravizados requereram a liberdade. Enquanto alguns ex-escravizados passaram a trabalhar como assalariados para antigos senhores, outros ocuparam pequenos lotes de terra nas plantações, tornando-se posseiros. Mas parte dos escravizados abandonou os senhores, criando novas povoações ou juntando-se a missões religiosas e comunidades de ex-escravizados, como Freretown e Rabai, em Mombaça, e Fuladoyo, em Melinde. Na África Oriental britânica, que incluía os territórios do Quênia e de Uganda, a administração inglesa contemporizou com os interesses dos antigos proprietários de escravizados, enquanto permitia que os colonos britânicos usassem, eles próprios, trabalho escravizado. Apenas em 1907 os ingleses aboliram a escravidão, quando milhares de escravizados já tinham desertado, aproveitando as guerras de ocupação imperial.

Diferentemente de outros poderes coloniais, o governo da África Oriental alemã, que incluía Tanzânia continental, Burundi e Ruanda, não decretou a abolição da escravatura, de modo a não fragilizar as elites locais. A administração alemã acreditava ser possível promover a extinção gradual da escravatura pela expansão do trabalho assalariado. Em 1891, o governo colonial regulou a emissão de certificados de liberdade, garantindo aos donos das plantações o direito de resgatar escravizados, com o acordo deles e dos seus senhores, como forma de obterem mão de obra. A partir de 1901, os escravizados foram autorizados a comprar sua liberdade, mesmo contra a vontade dos senhores. Até 1914, o governo emitiu cerca de 60 mil certificados de liberdade, cujos beneficiários foram sobretudo as mulheres e os escravizados que passaram a trabalhar nas plantações de europeus. O número de escravizados, que em 1890 era de cerca de 400 mil, localizados majoritariamente na costa e em Unyamwezi, foi reduzido para 160 mil em 1914. Uma vez que obtivessem a emancipação, os ex-escravizados transformavam-se em trabalhadores assalariados, e uma pequena parte deles teve acesso a terras próprias para se dedicar à agricultura. Apenas em 1922 a escravatura foi abolida, quando a região passou para a administração inglesa, após a derrota da Alemanha na Primeira Guerra Mundial.

O fim legal da escravidão não implicou mudanças significativas na vida dos ex-escravizados, que permaneceram numa situação de vulnerabilidade econômica. Eles também tiveram de lutar para adquirir respeitabilidade na hierarquia social e, frequentemente, usaram diversas práticas culturais para mudar as suas identidades sociais e políticas. Acresce que, apesar das medidas legais, a escravatura permaneceu em muitas sociedades africanas. Os administradores coloniais, por conivência com elites locais, ignoraram frequentemente a persistência de práticas escravagistas, considerando-as escravatura doméstica, enquanto, pelo seu lado, impunham novas formas de trabalho coercitivo. O estigma da escravatura, distinguindo antigos senhores e escravizados, persistiu nas sociedades do pós-abolição (Cooper, 1977; Sheriff, 1987; Glassman, 1995).

Notas conclusivas

O nosso conhecimento sobre o período de pouco mais de um século (1770-1880) que antecedeu a ocupação colonial europeia na África Oriental é ainda bastante lacunar. Além disso, a historiografia tem se focado mais nas regiões costeiras do que nas sociedades do interior do continente. Conhecemos pouco sobre o funcionamento das estruturas políticas dos Estados pré-coloniais, incluindo o papel das mulheres, embora algumas entidades políticas, como o Monomotapa e o sultanato de Zanzibar, tenham atraído uma investigação considerável. Do mesmo modo, as grandes transformações e recomposições políticas ocorridas nesse período encontram-se insuficientemente estudadas, sobretudo no tocante às sociedades do interior.

A história econômica, exceto para Zanzibar e Maurícias, tem atraído um número limitado de estudos. O período ficou marcado pela ascensão dramática do tráfico de escravizados, enquanto a expansão do comércio legítimo, no quadro de um capitalismo cada vez mais global, reforçou o trabalho escravizado em algumas áreas da região. A investigação dos aspectos quantitativos do tráfico de escravizados tem progredido na última década, embora menos do que no Atlântico. Em particular, o tráfico em direção ao noroeste do Índico oferece ainda um conhecimento fragmentado, sobretudo, devido à falta de fontes escritas. Da mesma forma, a caracterização qualitativa das formas de organização e das condições em que se processavam os tráficos no Índico está pouco explorada. Apesar da especificidade que a historiografia do tráfico e da escravatura no oceano Índico reclama, o avanço dos estudos sobre o Atlântico tem permitido aprofundar a articulação entre o tráfico dos dois oceanos e as suas semelhanças. Os estudos da economia também têm sublinhado as analogias entre as economias de plantação baseadas no trabalho escravizado em Zanzibar, Pemba e áreas costeiras e nas Américas.

A história social tem focado principalmente a escravidão e mostrado as transformações ocorridas nesse período – nomeadamente, como o tráfico e a produção para o mercado mudou a natureza da escravatura, de modo que os escravizados deixaram de ser vistos como clientes, dependentes da proteção de um senhor, passando a ser encarados como mercadorias. No entanto, ainda sabemos pouco sobre as práticas locais fora das regiões de plantação, nomeadamente práticas africanas. A ideia de uma escravatura africana "benigna" foi já afastada pelos estudiosos da região, como Frederick Cooper. O estudo da história das mulheres, apesar de alguns trabalhos publicados, é ainda incipiente. Por fim, importa notar que, enquanto grande parte da historiografia mais antiga tendia a abordar as questões no quadro da história das atuais nações africanas ou dos antigos impérios europeus, muitas dinâmicas históricas desse período precisam ser examinadas em escalas que cruzam fronteiras nacionais e imperiais.

7.

IMPÉRIOS EM CONFLITOS NA ÍNDIA MODERNA: ACORDOS E TENSÕES NA IMPLANTAÇÃO DO PROJETO COLONIAL

Jorge Lúzio

Introdução

Nos alicerces da antiguidade védico-bramânica e na construção da Índia Moderna está a denominada Índia Mater, ou Bharata Mata, uma perspectiva da ancestralidade indiana que encontrou eco nos discursos nacionalistas do período contemporâneo. A sobrevivência deste mito historiográfico, cuja narrativa foi perpassada por séculos, confunde-se com a sua utilização por vieses políticos hegemônicos, por vezes aliados às elites coloniais, entre tensões e resistências, em processos históricos marcados por rupturas e permanências, conforme observado na história colonial indiana. Uma leitura com um olhar mais abrangente para a história da Índia possibilita a compreensão de que as suas delimitações espaciais e temporais, a todo momento, interagem em busca de respostas e de redescobertas para um entendimento, o mais nítido possível, da complexidade das suas conjunturas e dos seus contextos.

Em sua longa cronologia, a Índia possui os seus pilares na antiguidade védico-bramânica, civilização nascida no vale do Indo, entre 2000 a.C. e 6000 a.C., e na qual estão fincadas as raízes das suas escolas de pensamento. A ela remetem os sítios arqueológicos de Mohenjo-Daro, Harapa e Dholavira, na região noroeste do subcontinente indiano, conhecida como Sinde, bem como o de Lothal, situado no atual estado indiano de

Guzerate, ou Gujarate, que constituiu um importante centro comercial nas rotas mercantis do mar Arábico. Os contornos essenciais da civilização védica estão presentes não apenas em escavações arqueológicas, mas também nas fontes escritas. Os textos fundadores da sociedade da Índia Antiga, denominados "Veda Samhita", estão organizados em quatro livros: *Rigueveda*, *Yajuryeda*, *Samayeda* e *Atharvaveda*. Séculos mais tarde, outros textos filosóficos ganharam maior profundidade e novas formas, como os tratados e as composições da literatura religiosa, entre as quais os *Brâmanas*, *Aranyakas* e, a mais importante das coletâneas, os *Upanishads*. Nessas escrituras de teor filosófico e nesses tratados de conhecimentos de diversas áreas estão a base do Sanathana Dharmam, o sistema religioso assimilado pelo Ocidente como hinduísmo.

Posteriormente, a produção literária da antiguidade indiana se amplificou nos poemas épicos do *Ramayana* e do *Mahabharata*, que inclui o *Bhagavad Gita*, ambos atribuídos ao período de 500 ou 400 a.C. a 200 a.C. Todavia, o desdobramento das práticas religiosas do período védico e de suas escolas filosóficas ampliou sua cultura, graças ao surgimento e à propagação do budismo e do jainismo, entre os séculos VI e V a.C., e aos movimentos religiosos advindos do panteão védico, como os cultos de Vishnu, de Shiva e de Devi. Ademais, a subsequente agregação do islamismo, do sufismo e das tradições persas, além dos registros das antigas comunidades cristãs do rito malabar, ao sul, teceu as linhas de um tecido sócio-histórico nitidamente marcado por uma pluralidade etnográfica singular, que se fundiu com os povos dravídicos, populações autóctones com origens nas regiões do centro e do sul do subcontinente.

Outros tratados integram o *corpus* documental de fontes históricas em sânscrito desta vasta produção literária. Entre eles o *Natya Shastra*, voltado às artes cênicas, o *Silpa Shastra*, para as artes iconográficas, e os puranas, que trazem os contos e as narrativas da cosmologia védico-bramâmica. Do mesmo modo, os textos ióguicos escritos por Patânjali – o *Yogasutra*, cuja datação imprecisa o situa entre os séculos IV e II a.C., o *Gherand Samhita* e o *Yoga Pradipika*, dos séculos XIV d.C. a XVII d.C. – manifestam-se como repositórios de um éthos onde estão amalgamados valores, tradições e legados de um patrimônio civilizatório que é a herança de um passado histórico ainda presente nas sociabilidades e nas expressões identitárias e culturais.

Da mesma forma, a confluência das populações autóctones – os dravídicos e um largo espectro de povos, entre eles indo-arianos, persas, gregos, hunos, árabes e, já no período moderno, os europeus, cujos relatos de viagens apresentam registros desde o século XIII (Rubiés, 2004) – reflete a complexidade de um território que avança rumo ao oceano Índico a partir de três direções: da cordilheira do Himalaia, da planície indo-gangética e do imenso planalto do Decão. Este amplo mosaico geográfico condensa uma história que concentrou múltiplas disputas, intensos conflitos e inúmeras invasões, ocorridas ao longo da história de dezenas de reinos, instalados no entorno do Ganges até a costa do Malabar e o mar de Bengala, em territórios onde se ergueram grandes impérios e dinastias.

Dentre estes, destacam-se os máurias, cujos monarcas ficaram conhecidos através do rei Ashoka (272 a.C.-235 a.C.), o grande soberano do Império Máuria e o mais importante imperador da Índia Antiga, ao qual se atribuiu grande promoção do budismo, após a sua conversão num episódio sangrento de batalha ocorrido na região de Kalinga. Das demais dinastias – Sunga, Kanva, Kuchana, Satavahana e Gupta, bem como das que encabeçaram mais tarde os reinos de Chola e Rajaputro, entre outras –, encontram-se fontes históricas, sítios arqueológicos, conjuntos arquitetônicos e acervos de valor universal. Num salto para o início da expansão islâmica, no século VIII d.C., iniciada com a incursão do califado Omíada nas regiões do Sinde e no Punjabe, já se configurava uma Índia diversa e plural, de múltiplos contrastes.

A era pós-mogol: hindus, muçulmanos e portugueses entre vínculos e tensões

No século XI, o subcontinente indiano foi palco de disputas que se estenderam em direção às regiões oeste, mais especificamente no Rajastão e no Guzerate, e norte, na Caxemira. No século XIII, tem início o medievo indiano, com o sultanato de Délhi, que consolidou a presença muçulmana na Índia, lançando as bases para a instauração do Império Mogol, ou Mugal, fundado mais tarde em 1526. Entre os impérios turco-mongóis contemporâneos, o Império Mogol foi o mais grandioso em poder político e econômico, e concentrou também a maior população, estimada em torno de 100 milhões de habitantes, ou seja, cinco vezes superior à presença exclusivamente otomana durante o século XVII (Metcalf; Metcalf, 2013). Ele deixou marcas indeléveis na história indiana, bem como em seu patrimônio artístico e cultural. Tais heranças incluem o monumental Forte de Agra, o Forte Vermelho de Shah Jahan, em Délhi, e o incomparável Taj Mahal. Durante sua vigência, o princípio *bhakti*, de devoção religiosa e aspiração à espiritualidade sublime, encontrou em filósofos e poetas os grandes representantes das conexões entre as artes e a religião. Entre esses relevantes personagens históricos estão o poeta místico Kabir (1440-1518), o pregador Chaitanya (1486-1533), o guru Nanak (1469-1539), a poetisa Mirabai (1498-1550) e o "santo-poeta" Tukaram (1608-1649). A poesia mística, as iconografias, a pintura, a música e a dança encontraram o que vários autores denominaram como uma continuidade cultural na Índia (Goody, 2011), cujas raízes do mundo védico-bramânico, da civilização harapiana, se ramificaram em diversas escolas de pensamento, estéticas e processos sócio-históricos, num amálgama de identidade indiana. Os mogóis foram partícipes decisivos desse eclético patrimônio cultural até a derrocada de seu império, no século XVIII.

No compartilhamento e convívio das culturas hindus, somado ao expansionismo cultural islâmico nas artes, na literatura e nas tradições devocionais, entre elas o sufismo, foi se desenhando um mosaico que, desde os séculos XIII e XIV, refletiu um projeto político centrado no fortalecimento de uma rede comercial islâmica intercontinental. O fator econômico prevaleceu sobre a religião, o que explica a coexistência de antagonistas religiosos, muçulmanos e hindus, em meio às tensões e negociações que preservavam suas respectivas práticas devocionais, sem maiores esforços de conversão religiosa de parte a parte.

Neste tecido social de trama delicada, os séculos XV e XVI presenciaram ainda os avanços de reinos regionais não islâmicos. Com a chegada de Vasco da Gama no porto de Calecute, ao sul do subcontinente, em 1498, os portugueses passaram a ocupar territórios do Império Mogol. A presença portuguesa se consolida com a criação do Estado da Índia, em 1505, que tinha a cidade de Goa como sede da administração colonial, por sua estratégica localização nas margens do oceano Índico e suas conexões mercantis já secularmente estabelecidas, datando mesmo de antes da expansão islâmica (Pannikar, 1965).

Os impactos da implantação do colonialismo português na Índia, bem como seus desdobramentos e repercussões até o século XVIII, foram analisados pelo historiador goês Teotónio de Souza em seu trabalho *Goa medieval: a cidade e o interior no século XVII* (1994). Ele revê o mito da "Goa Dourada", que prevaleceu ao longo do século XVI, decorrente do fausto econômico da cidade e da pujança comercial do comércio no Índico. Além de exercer um papel central na rede de redistribuição mercantil, Goa abrigava muitos missionários católicos de várias ordens religiosas, instalados em seus conventos e igrejas edificados na Índia, o que lhe rendeu outro epônimo, o de "Roma do Oriente".

Em suas pesquisas, combinadas à sua memória e origem indianas, Souza (1994) atribui à população rural, distante das tensões políticas na sede administrativa e das pressões da metrópole, a definição sobre o destino da colônia portuguesa. Segundo ele, os hindus, em sua resistência aos reinos islâmicos, puseram-se do lado dos lusitanos e contra os muçulmanos do Decão, cujos reinos envolviam os territórios ocupados por Portugal. A aliança entre hindus e portugueses contribuiu decisivamente para a efetivação do poderio militar e comercial de Portugal na Índia. O controle do comércio, desde o litoral norte, em Diu e Damão, até as costas de Canará e do Malabar, era a causa dos conflitos em que os interesses islâmicos acabaram derrotados.

Contudo, um outro inimigo, maior e militarmente mais poderoso e ofensivo – os holandeses –, ameaçou e enfraqueceu a hegemonia mercantil lusitana, levando ao início de contínuas crises ao longo dos séculos XVI e XVII. Tais conflitos tornariam a Índia portuguesa, no século XVIII, uma pálida lembrança do seu apogeu quinhentista. Se em Goa, entre a cidade e o interior, imposições e conciliações de ordem social ou religiosa caracterizaram o convívio de civilizações antagônicas, em negociações e adaptações permanentes, as constantes batalhas nos portos e nos mares desgastaram a defesa portuguesa. Esta, além de acossada pelas investidas dos adversários islâmicos, também teria de enfrentar a concorrência dos holandeses e demais europeus – nomeadamente, ingleses, franceses e dinamarqueses – nas águas do Índico e nos polos de comércio das costas indianas.

A França também ocupou territórios indianos na costa sudeste da península, reunindo-os, em 1668, sob o nome de *Établissements Français de l'Inde* (EFI), ou "Índia francesa". Essa conquista veio após a criação da Companhia Francesa das Índias Orientais, em 1642, pelo cardeal Richelieu, que a seguir foi reestruturada pelo ministro da Economia do rei Luís XIV, Jean-Baptiste Colbert, em 1664, justamente para competir com ingleses e holandeses. De acordo com Silva Rego, em 1674 os franceses tornaram as cidades de Pondicheri e Chandernagore, na costa de Coromandel, grandes centros econômicos e com influência política. Foram implantadas missões religiosas, que registraram, em seus relatos, as "bailadeiras" (*devadasis*) e os costumes das tradições hindus. Vale destacar, nesse sentido, os levantamentos feitos por Abraham-Hyacinthe Anquetil-Duperron, autor do *Tableau historique de l'Inde contenant un abrégé de la mithologie & des moeurs indiennes*, de 1771, e pelo abade Dubois, com seu livro *Mœurs, institutions et cérémonies des peuples de l'Inde, Tome premier*, de 1825.

Já ao sul do subcontinente, no atual estado de Tamil Nadu, foi fundada a cidade de Tranquebar, cujo objetivo era dar suporte à Companhia Dinamarquesa das Índias Orientais, que ali instalou um forte em 1620, posteriormente conhecido como Forte Dansborg. Este se tornou a residência do governador dinamarquês. As possessões dinamarquesas também incluíam a cidade de Serampore e as ilhas Nicobar, ativas nos séculos XVII e XVIII, mas que foram ocupadas pelos ingleses durante as Guerras Napoleônicas e absorvidas pelo *raj* (ou reino) britânico no século XIX.

Em 1602, a República Unida dos Países Baixos criou, por sua vez, a Companhia Holandesa das Índias Orientais (*Vereenigde Oostindische Compagnie* – VOC), a qual se somava à Companhia das Índias Orientais (*East India Company* – EIC), inaugurada na mesma época pelos comerciantes ingleses. Ambas tornaram insustentável para Portugal o domínio do comércio marítimo com a Índia.

Em 1661, o *Tratado de Haia* estabeleceu o fim dos embates entre os rivais europeus, apesar de os ingleses, nas batalhas anglo-holandesas, terem prometido a Portugal sua cooperação nas retomadas das possessões e entrepostos lusitanos perdidos para os holandeses. Esse quadro de instabilidade política e concorrência econômica desenhou a crise do Estado português na Índia, agravada por outros fatores, como os prejuízos causados por inúmeros naufrágios das naus na rota entre Goa e Lisboa, a chamada Carreira da Índia, a queda dos investimentos da metrópole lusitana e a derrocada do comércio das especiarias. Segundo Disney (1989), em seu clássico *A decadência do Império da Pimenta: comércio português na Índia no início do século XVII*, a economia portuguesa na Ásia já se encontrava em franco declínio desde as primeiras décadas do Seiscentos, em consequência da diminuição das receitas e do aumento das despesas, o que comprometeu a hegemonia portuguesa no domínio dos mares. No mesmo período, em meio a tantos conflitos bélicos, outro grande desafio enfrentado por Portugal foram as peculiares relações que mantinha com seus vizinhos Maratas e com o Império Mogol.

O Império Mogol, do século XVI ao XVIII, deteve o controle de todo o norte do subcontinente indiano. Apesar de ser um reino islâmico, a maior parte das populações dos seus territórios era constituída por hindus, o que não impediu a expansão do império, cujos descendentes eram herdeiros de Gengis Khan, grande conquistador mogol do século XII e fundador do império, na Mongólia. Subrahmanyam (2012), ao avaliar o quadro geopolítico no subcontinente ao qual os portugueses estavam submetidos, postulou que o Estado Mogol era "apenas um novo elemento étnico na política do norte da Índia".

No século XVI, o monarca Babur tomou posse de Agra, uma das mais populosas e prósperas cidades indianas do Norte, e conquistou o sultanato de Délhi, vulnerável por divisões políticas entre os sultões que lá reinavam. Coube a Humayun, seu filho, superar os reinos vizinhos que lhe impediam o acesso ao mar pela planície indo-gangética, em direção ao leste, rumo à cobiçada região de Bengala. Em seguida, seu neto, Akbar, o Grande, que reinou de 1556 a 1605, conquistou o Guzerate, a oeste, promovendo as ligações entre os portos com as rotas comerciais internas e consolidando, assim, o acesso às duas costas da península. Foi nesse momento que os portugueses estabeleceram os primeiros contatos com os mogóis, mais precisamente em 1573, quando as estratégias políticas de Akbar coincidiram com os interesses lusitanos, em especial dos missionários jesuítas, convidados inclusive a residir na Corte Mogol. Em razão da presença dos comerciantes banianes e sua força econômica nas redes do Índico, graças aos produtos têxteis, ao marfim e ao anil, foram feitos acordos que davam aos portugueses acesso aos portos do Guzerate e das possessões de Baçaim, Damão e Diu, responsáveis a partir daí pela maior parte dos proventos da Coroa portuguesa no Oriente.

Apesar dessas relações supostamente amistosas, houve momentos de tensão quando, por exemplo, os jesuítas notaram as aproximações entre mogóis e ingleses. Vulneráveis, os portugueses viram-se afrontados diante dos contatos entre seus rivais europeus do norte, ingleses e também holandeses, com os portos mogóis, o que os fez adotar uma política mais flexível nos mares. Entre crises e guerras com Estados hindus, o Império Mogol sofreu retrações territoriais e, no século XVIII, reinava apenas sobre uma área reduzida em torno de Délhi A presença britânica se intensificou por sua força mercantil e pelas políticas internas de controle dos mercados, num conjunto de táticas que os levaria a se apoderarem da Índia em 1803.

Chhatrapati Shivaji Maharaj: um monarca hindu e o projeto colonial

Para os portugueses, às vésperas do século XVIII, uma questão importante havia sido aguardar os desfechos dos combates entre os mogóis e os hindus maratas, cujos tentáculos podiam ser vistos em Goa, através do seu passado histórico em comum. O Império Marata foi fundado por Shivaji Bhosle, em 21 de abril de 1674. Ele era um membro de linhagem nobre e casta abastada que liderou o movimento de resistência dos maratas, então sob domínio do sultanato de Bijapur. Superado este obstáculo inicial, os maratas avançaram por uma vasta área do Decão, no centro-sul da Índia, igualmente cara aos olhos dos mercadores portugueses. Chhatrapati Shivaji Maharaj – o título de Shivaji Bhosle como monarca – reinou por quarenta anos sobre um território militarmente conturbado, sobretudo devido a suas disputas com os vizinhos mogóis. Estes, após a morte do fundador, invadiram o Império Marata, numa guerra que consumiu por muitos anos a força e os recursos dos seus súditos. O imperador Shahu, neto de Shivaji, governou os maratas até 1749 e delegou poder aos peshwas, atribuindo-lhes cargos equivalentes ao de chefes de governo. Com o declínio do reino, os peshwas foram os governantes, de fato, entre 1749 e 1761, enquanto a linhagem dos descendentes de Shivaji foi preservada apenas na aristocracia da cidade de Satara.

O reino manteve-se hostil e na defensiva em relação à presença britânica por todo o século XVIII. Ao longo desse período, as disputas internas dos administradores que governavam sob a tutela imperial e dos comandantes das milícias que reivindicavam acesso ao poder, ameaçando criar novos reinos em suas áreas de origem ou de atuação militar, contribuíram para o rápido processo de enfraquecimento dos peshwas.

O Império acabaria fragmentado em cinco dinastias, que tinham como denominador comum o combate aos britânicos e à implantação da Companhia das Índias Orientais em território indiano. Os conflitos bélicos denominados Guerras Anglo-Maratas adentraram o século XIX, durante o qual a maior grande parte das possessões maratas foram absorvidas pela Inglaterra, que contudo ainda manteve a existência de alguns de seus pequenos principados.

As Guerras Anglo-Maratas acabaram por favorecer também Portugal, que viu na derrocada marata o fortalecimento do seu poder sobre certos espaços. Na obra do goês Cosme da Guarda, intitulada *Vida e ações do famoso e felicíssimo Sevagy da Índia Oriental*, datada do princípio do século XVIII, é possível observar os elos estabelecidos entre portugueses e maratas, através de acordos e pactos, que permitiram a coexistência em territórios comuns, embora controlados pelo poder colonial de Portugal.

As relações luso-maratas tiveram, durante o reinado de Shivaji e do filho que o sucedeu, Sambhaji, momentos de avanços e recuos em negociações e contendas, provocadas pela ofensiva marata ao criar fortes nas zonas costeiras apesar do poderio português, estruturado ao longo dos séculos XVI e XVII. Nos aspectos sociais, correspondências maratas revelaram os paradoxos e antagonismos destas relações, politicamente vulneráveis e contraditórias.

Apesar do forte aparato de frotas e armas e da agressiva presença nos mares, a superioridade naval portuguesa priorizou a sua defesa contra as investidas dos holandeses. Estes, em última instância, eram os grandes adversários da Índia portuguesa, pois, a despeito dos acordos de maratas e mogóis a favor dos lusitanos, conseguiram manter seus territórios e defender suas táticas de mercado e atividades de comércio.

Entre as culturas indianas que estiveram presentes na delimitação geográfica da Índia portuguesa, os maratas participaram ativamente dos processos históricos de Goa. Além de intermediarem a importação de produtos e mercadorias, como o sal e pescados, a língua marata lá se consolidou em seu estatuto social. Sua literatura religiosa era centrada no culto do deus Vitthala, também adorado como Vithoba, em práticas devocionais denominadas *varkari*, que integravam o movimento Bhakti. Consistindo em uma doutrina com cerne nas tradições vishnuístas, ou vaishanavas, as *varkari* prescreviam rigoroso cumprimento de uma disciplina que normatizava desde os hábitos alimentares vegetarianos às peregrinações a locais sagrados.

Vitthala tem suas origens no ancestral Kannada, uma figura heroica que teria habitado a região que corresponde ao sul do atual estado de Maharashtra, na fronteira com as terras goesas. Sua veneração possuía uma forte identificação com antigas divindades pastoris, o que levou o culto de Vitthala a uma associação e assimilação pelo culto ao deus Krishna, avatar de Vishnu, o deus da preservação do universo. Essa representação em Krishna Gopala preservou suas origens pastoris, favorecendo uma inter-religiosidade entre estes cultos e tornando as *varkari* uma manifestação vishnuíta, com poetas e escritores como Jnanesvara (1275-1296), um iogue e filósofo que, em língua marata, produziu obras a respeito do pensamento e dos cultos dessa tradição. Além de incentivar a austeridade e a renúncia, os cânticos e repetições dos "nomes de deus" eram propostos como forma de adoração, o que levava o culto de Vitthala a fundir-se com a transcendência completa em Brahma: o princípio criativo, a divindade primordial e absoluta, a partir da qual, em seus múltiplos aspectos e atributos, originavam-se todos os deuses. Destacou-se também, nessa espécie de "sincretismo", o poeta religioso Tukaram (1608-1650), que pregou a doutrina e sua disseminação promovendo a contemplação e o apelo ascético e devocional.

A doutrina *varkari* assumiu uma função política ao estimular a resistência marata contra os seus rivais muçulmanos, os mogóis. Nas confluências e convivências entre espaços portugueses, goeses e maratas, a religiosidade hindu já estava sedimentada nas castas mais baixas desde os séculos XII e XIII. Este período corresponde ao de outro importante autor, o poeta Namdev (1270-1350), venerado como figura santa e bastante difundido além de Maharashtra, no Punjab, a noroeste do subcontinente. Com a tradução dos épicos e textos vernáculos como o *Ramayana* e o *Bhagavad Gita*, o pensamento religioso da literatura marata aproximou-se do sufismo, filosofia mística do Islã.

Paradoxalmente, os interesses nacionalistas dos maratas contra os mogóis viram nos portugueses um aliado em potencial. Conforme Souza, em 26 de setembro de 1636, o monarca marata Shahji Bhosle enviou correspondência ao capitão da cidade de Chaul em busca de apoio contra os mogóis e pedindo proteção à sua Corte. Ao recusar seu apoio militar, os portugueses teriam oferecido refúgio à família do imperador. Mas foi com Shivaji, filho de Shahji Bhosle, que as autoridades portuguesas mais travaram contatos, confrontos e acordos.

Considerações finais

A experiência colonial dos impérios europeus na Índia guardou contrastes, ambivalências e paradoxos que são inerentes a esse processo. Das associações com as elites locais aos acordos de interesse no combate a um inimigo comum – ora muçulmanos, quando aliados aos hindus, ora hindus ou sikhs, quando os próprios europeus aliavam-se em mútua proteção –, essa dinâmica caracterizou a colonização europeia na Índia. Desde as relações ambíguas de portugueses, hindus e muçulmanos entre os séculos XVI e XVIII, passando pelos conflitos de ingleses e sikhs ocorridos na primeira Guerra Anglo-Sikh, já no século XIX, entre 1845 e 1846, até a crise do Reino Sikh do Punjab, desencadeada anos após a morte do seu monarca, o marajá Ranjit Singh, que governou de 1801 a 1839, importantes capítulos da história colonial ocorreram do sul ao norte da Ásia. Os estudos sobre esses conflitos não se esgotam, à medida que outras fontes são redescobertas e que novas análises da documentação colonial se sucedem. Cabe ressaltar que os conflitos e assassinatos no noroeste indiano, resultantes das guerras contra os ingleses, entre 1845 e 1849, só cessaram após a vitória destes, em 1849, e a consequente anexação do Punjab à Índia britânica.

Adiante, entre 1857 e 1859, deu-se a Revolta dos Sipaios (de "*sepoys*", equivalente a "soldado"), uma rebelião de militares de baixa patente, subalternizados pelos colonizadores. Esta se caracterizou como um dos eventos históricos mais importantes da história indiana contemporânea. Esses soldados, que trabalhavam por baixíssimos salários, insurgiram-se contra as tropas coloniais britânicas e seu movimento serviu de estopim para que as populações locais reagissem contra a política colonialista dos ingleses, que consistia na exploração dos recursos naturais, na opressão dos trabalhadores, na segregação étnica e racial e na imposição do consumo dos produtos britânicos industrializados. Os sangrentos conflitos, ora com recuos, ora com avanços dos ingleses, duraram até 1859, deixando como saldo o aumento do efetivo das forças militares britânicas para debelar definitivamente as forças de resistência.

O sistema de controle, assim, saiu da administração colonial e passou a ser diretamente exercido pela Coroa, que dissolveu, nesse ínterim, a Companhia das Índias Orientais, marcando o início do *raj* britânico, que vai de 1858 a 1947. Durante sua vigência, a rainha Vitória (1819-1901) foi nomeada Imperatriz da Índia, em 1876.

Como resultado da Revolta dos Sipaios, as tensões políticas intensificaram a luta anticolonial, que, por sua vez, se desdobrou nos movimentos independentistas. Nas décadas que se sucederam, aprofundaram-se as lutas de libertação, que trouxeram, sobretudo, uma atmosfera de ebulição, cujas consequências levaram as autoridades coloniais e as elites indianas a conviver sob apreensão permanente, entre a cautela de passos em geral lentos, mas contínuos e que ganhavam velocidade em certos momentos, rumo a um destino aparentemente inexorável da independência. Incontestavelmente, a realidade de tais processos históricos seguiu em direção ao que viria a ser a descolonização.

8.

XOGUNATO TOKUGAWA (1603-1868) E A FORMAÇÃO DO JAPÃO MODERNO

Alana Camoça Gonçalves de Oliveira

O Japão é composto por uma longa e estreita cadeia de ilhas, localizadas no nordeste asiático, a cerca de cem milhas da Península Coreana, no ponto mais próximo do continente, e a quinhentas milhas da costa da China. O Japão é uma *shimaguni*, ou 島国, que significa país insular, ou país-ilha. O arquipélago é composto de quatro ilhas principais – Honshu, Shikoku, Kyushu e Hokkaido – e milhares de ilhas menores ao redor. As ilhas japonesas são cobertas por montanhas, a maioria densamente arborizada, cortadas por rios curtos e pouco navegáveis. O país, formado principalmente por cadeias montanhosas, tem pouca terra plana adequada para a agricultura. Terremotos são comuns em grande parte das ilhas japonesas, por estarem situadas ao longo da costa do oceano Pacífico e devido à interação das placas tectônicas. Um dos símbolos nacionais, o monte Fuji, é um vulcão adormecido que entrou em erupção pela última vez em 16 de dezembro de 1707, durante o período Tokugawa.

A posição geográfica de um Estado pode lhe trazer benefícios, mas também pode restringir suas ações, especialmente no caso de países que compartilham fronteiras com rivais ou grandes potências regionais. Como dois Estados nunca possuem características geográficas e limites territoriais exatamente iguais, seus interesses estratégicos não são idênticos e estão baseados em vivências e condições políticas próprias. Estas, eventualmente, influenciam e constrangem sua política interna e externa (Oliveira, 2019).

Vários aspectos de sua situação geográfica são relevantes tanto para a história contemporânea do Japão como para a do período Tokugawa, que vai do século XVII até o XIX e que durou, portanto, cerca de 250 anos. A distância entre a ilha do sul, Kyushu, e o continente asiático, por exemplo, é próxima o suficiente para permitir viagens marítimas – o que já acontecia havia mais de dois mil anos – e, consequentemente, trocas culturais e comerciais com o continente e as nações navegadoras. Kyushu, no entanto, era também afastada o bastante para que essas viagens fossem tortuosas. Ao longo da história, a distância tornava possível, embora incomum, invasões militares vindas do continente e, no sentido inverso, expedições de conquista empreendidas a partir do Japão. Como exemplo, temos as frustradas investidas, ou tentativas de invasão, do Império Mongol, lideradas por Kublai Khan, nos anos de 1274 e 1281, ou a própria tentativa de invasão do Japão à China, durante a chamada Guerra Imjin (1592-1598), que ocorreu no período marcado pela Unificação japonesa.

Neste capítulo, exploramos os eventos históricos significativos do período Tokugawa, recuperando sua origem e os elementos fundamentais que moldaram o Japão como nação. O xogunato Tokugawa deve ser encarado como um momento de consolidação da "unidade nacional", sendo um divisor entre o "Japão medieval" e o "Japão Moderno e contemporâneo". Abordamos, dessa forma, alguns debates que servem de alicerce para se compreender esse longo período de relativa paz no arquipélago nipônico. Refletimos, portanto, sobre a cultura florescente e as estruturas sociais e políticas paulatinamente consolidadas na extensão territorial do arquipélago, e sua consequente inserção no sistema regional asiático, em parte por ele reformulado. A partir do ponto de vista de suas relações internacionais, propomos ainda uma análise a respeito do "sistema próprio" desenvolvido pelo Japão, antes que ele fosse incorporado ao "sistema internacional westfaliano", na metade do século XIX, pelas forças europeias e estadunidenses.

A Unificação japonesa e a ascensão de Tokugawa

É crucial iniciar a análise do período Tokugawa antes de sua fundação, em 1603. Nos séculos XV e XVI, durante o período Sengoku (1477-1573), o Japão havia sido marcado por guerras. Esta fase de sua história é frequentemente associada ao declínio do xogunato Ashikaga e à Guerra de Onin (1467-1477), que resultou em uma guerra civil generalizada e na destruição significativa de Kyoto, a capital imperial. A partir desse momento, diversos daimiôs* – entendidos normalmente como uma espécie de "senhores feudais" – lutaram pelo controle político e territorial do Japão, formando alianças temporárias entre si e rompendo com elas conforme seus interesses mudavam.

Alguns daimiôs ganharam destaque durante esse período, como Oda Nobunaga, Toyotomi Hideyoshi e Tokugawa Ieyasu, que também são conhecidos como os três unificadores do Japão. Essas figuras emblemáticas são frequentemente descritas em algumas anedotas históricas. Uma delas, bastante conhecida, é a do passarinho que deveria cantar. Para ilustrar a personalidade de cada um dos unificadores, a anedota apresenta-os tendo de imaginar um passarinho que, preso numa gaiola, não cantava. Quando questionados sobre o que fariam diante dessa situação, Oda Nobunaga disse "Se não cantar, mate-o"; Toyotomi Hideyoshi, "Embora não cante, farei com que cante"; e Tokugawa Ieyasu, "Se não canta, espere até que cante."

Essa historieta, além de tratar da personalidade dos daimiôs, nos ajuda a compreender qual o papel desses unificadores no processo de formação do território do Japão. O primeiro foi Oda Nobunaga. Inicialmente, era um daimiô do domínio de Owari, nas proximidades da atual Nagoia. Em 1555, ele embarcou em uma campanha de terra arrasada, devastando territórios e conquistando vilas independentes que apoiavam determinados grupos religiosos. Assim começou sua ascensão ao poder. Ao longo desse processo, Nobunaga estabeleceu algumas instituições políticas que foram essenciais no período de unificação do arquipélago. Entre estas, destaca-se a organização das vilas por meio de impostos, recolhidos através de um sistema burocrático no qual coletores designados por Nobunaga cuidavam do processo (Gordon, 2003). Nobunaga implementou ainda políticas estabelecendo maior controle sobre os samurais (classe dos guerreiros) e promoveu reformas agrícolas e econômicas para fortalecer a estabilidade do país (Gordon, 2003; Cullen, 2003; Hall, 1991; Asao, 1991).

* A palavra japonesa "daimiô" é composta de "dai" (que significa "grande", 大) e "myō" (abreviação de "*myōden*", que significa "terra privada", 名田). A combinação dos ideogramas significa "grandes senhores".

Toyotomi Hideyoshi continuou a sistematização de instituições de Nobunaga e ficou conhecido por sua habilidade política. Vinha de uma família de agricultores no distrito de Aichi, em Owari, e sua trajetória é tida como exemplo de ascensão política. Hideyoshi deixou sua casa quando tinha dezesseis anos e viajou pelas províncias de Owari, Mikawa e Totomi em busca de um mestre (Asao, 1991). Encontrou um samurai rural a quem serviu por curto período, para logo se juntar a Nobunaga. É comum traçar sua história descrevendo-o, no início, como um carregador de sandálias de Nobunaga, que, à medida que sua astúcia e suas habilidades militares são reconhecidas, ascende gradualmente na hierarquia até se tornar um poderoso general, no início dos anos 1580 (Asao, 1991).

Quando a notícia da morte de Nobunaga chegou a Hideyoshi, ele agiu rapidamente para assumir o legado de seu mestre. No momento em que Hideyoshi logrou sucedê-lo, vários grupos de guerreiros, grandes e pequenos, competiam entre si em muitas partes do Japão para estabelecer o controle sobre seus territórios. No entanto, esses grupos foram gradualmente fundindo-se em cada região sob alguns poderosos daimiôs, que unificaram essas áreas sob seu próprio poder militar. Entre os principais, estavam Date Masamune, da província de Mutsu; Hojo Ujimasa, no Kanto; Uesugi Kagekatsu, em Hokuriku; Tokugawa Ieyasu, em Tokai; Mori Terumoto, em Chugoku; Chosokabe Motochika, em Shikoku; e Shimazu Yoshihisa, em Kyushu (Asao, 1991).

Por mais que seja costumeiro situar a centralização de poder na era Tokugawa, Hideyoshi foi quem iniciou esse processo, facilitando o controle por parte do xógum com pesquisas cadastrais inovadoras, que, além de introduzirem um método mais eficaz de medição de terras e tributação, tornaram-se base para uma das maiores transformações do sistema agrário na história do Japão (Asao, 1991). Durante esse período, ocorreu uma reorganização na qual os samurais receberam o direito de coletar impostos. Eles continuaram membros do Exército permanente dos daimiôs e do xógum, ficando baseados nas cidades dos castelos, onde se tornavam burocratas-guerreiros e uma classe consumidora importante. Por sua vez, os agricultores foram vinculados à terra e obrigados a pagar impostos em troca da garantia de seu direito de cultivar o solo. Gradativamente, solidificou-se um sistema social estratificado, com separação nítida das classes guerreira e camponesa (Asao, 1991).

Após a morte de Hideyoshi, Tokugawa Ieyasu reuniu seus aliados e, em meio à disputa pela sucessão, conseguiu derrotar as forças de outros daimiôs, leais ao filho de Hideyoshi. Após a Batalha de Sekigahara (1600), a vitória de Tokugawa garantiu uma hegemonia praticamente inconteste do último unificador, até que, em 1603, ele obteve do imperador Go-Yozei* o título de xógum, dando início ao então xogunato Tokugawa, ou Tokugawa *bakufu*, ou, ainda, Edo *bakufu*.

Em 1605, apenas cinco anos após a Batalha de Sekigahara, Ieyasu cedeu sua posição ao próprio filho, Hidetada, deixando-o no cargo de xógum para garantir uma sucessão tranquila e sem novas disputas pelo poder. Ieyasu continuou a governar nos bastidores até sua morte, em 1616. Todavia, Hidetada também morreu pouco tempo depois, em 1623. O neto de Ieyasu, Tokugawa Iemitsu, foi o terceiro xógum e um governante quase tão importante quanto o avô (Gordon, 2003). Foram principalmente Ieyasu e Iemitsu que consolidaram as instituições que permaneceram em vigor no Japão até o fim do xogunato, quando ocorreu a Restauração Meiji (1868).

Antes do período Tokugawa, é comum descrever o Japão como um país de Estados guerreiros, não totalmente unificado, apesar da figura do imperador sempre existir. Por isso, na literatura ocidental, é comum referir-se a esse momento como o "Japão medieval". O período da reunificação, principalmente o do xogunato Tokugawa, marca a criação de um Estado verdadeiramente centralizado, caracterizado pela "ausência de guerra" e pela "ordem". A paz que passou a reinar permitiu o desenvolvimento do sistema comercial tanto nas áreas urbanas como nas rurais. Segundo Moore Jr. (1983, p. 278), o sistema Tokugawa pode ser visto por historiadores "como uma mistura entre a burocracia agrária centralizada da China e o feudalismo mais flexível da Europa medieval, [...] a capacidade da sociedade japonesa dos séculos XVIII e XIX de conter os efeitos divisivos e destrutivos do comércio também se situa entre esses dois extremos". Por isso, esse estágio deve ser compreendido como o momento de criação de alicerces para o início do Japão Moderno (Gluck, 1985).

---

* Mesmo antes do xogunato Tokugawa, a influência política do imperador era inconstante. Sob o xogunato, o imperador tinha mais poder simbólico do que poder real. Não por acaso, o xógum era nomeado pelo imperador, gerando assim uma conexão que o legitimava no poder. Somente após a Guerra Boshin (1868-1869) é que o poder do imperador foi restaurado.

O período Edo: questões econômicas, políticas e culturais

Segundo Oishi (1990), o sistema Tokugawa tinha uma predileção pela "ordem". O autor divide o período Tokugawa em três fases: (a) de 1603 até 1632, (b) de 1633 até 1854 e (c) de 1855 até 1867. A primeira marca o surgimento do xogunato e as criações e transformações nos principais alicerces do sistema de centralização de poder, mas ainda demasiadamente guiado pelas preferências de Tokugawa Ieyasu, mesmo após deixar o posto de xógum. A segunda, a mais extensa, é descrita como um tempo de relativa ordem e paz, iniciado após a morte de Tokugawa, quando o terceiro xógum, Tokugawa Iemitsu, pôde formular suas próprias políticas, em direção a um sistema mais burocrático e hierarquizado, seguido por seus sucessores. Por fim, a terceira fase caracteriza os estertores do xogunato Tokugawa, com a abertura forçada do Japão pela diplomacia das canhoneiras dos Estados Unidos e com o seu fim diante da Restauração Meiji.

Para o leitor entender melhor o contexto geral do Japão de Tokugawa, vejamos com mais apuro alguns conceitos primordiais desse tempo: o sistema *bakuhan*; o neoconfucionismo; o *sankin kotai*; a Era de Ouro, ou os anos dourados, relacionados ao florescimento cultural; e a vigência do *sakoku*, ou a forma como se davam as relações internacionais do Japão.

Sistema bakuhan: os daimiôs, as divisões e a burocracia

A estrutura política estabelecida pela família Tokugawa, nos primeiros anos do século XVII, é comumente referida como "sistema *bakuhan*" (*bakuhan-taisei*). Esse termo indica que a organização governamental foi o resultado da maturação das instituições do governo do xógum, em nível "nacional", e do governo dos daimiôs, em nível local. Como mencionado, embora Tokugawa Ieyasu tenha se tornado xógum em 1603, foi somente nos anos do terceiro xógum, Iemitsu, que o *bakufu* de Edo alcançou sua forma estável, ou seja, apenas ao longo dos anos de 1630 e 1640. Décadas foram necessárias para que os han, ou os territórios dos daimiôs, completassem sua evolução como unidades de governança local (Hall, 1991).

Os daimiôs detinham a maior parte da riqueza do Japão e arrecadavam altos impostos em seus domínios, configurando-se como elementos necessários da administração territorial. Todavia, cabe ressaltar que existiam nuanças no tratamento que o xógum dedicava a seus diferentes daimiôs, de acordo com o grau de lealdade, ou confiabilidade, aferido pelo comando xogunal. Havia daimiôs "domésticos" (*fudais*) e os daimiôs "externos" (*tozamas*). Além desses, havia também as "casas colaterais" (*shimpans*). Estes últimos e os *fudais* eram considerados aliados de Tokugawa, desempenhando papéis importantes para a estabilidade política do xógum, enquanto os *tozamas* (daimiôs externos) eram potencialmente hostis (Hall, 1991).

O controle do xógum sobre os daimiôs era assegurado principalmente pelas mudanças de autoridade nos domínios que eles controlavam. O xógum podia alterar a composição e a localização dos daimiôs conforme sua vontade – exceto em tempos de guerra, quando essas mudanças eram naturalmente condicionadas pelo resultado de vitória ou derrota nas batalhas. O poder local na mão dos daimiôs e a existência dos han, ou feudos, se ratificavam a centralização de poder na figura do xógum, ratificavam também a grande autonomia dos daimiôs. O sistema *sankin kotai*, o qual abordaremos mais adiante, era corresponsável pela manutenção desse controle xogunal.

O xógum dispunha de variadas oportunidades de transferir, reduzir ou deserdar qualquer daimiô. As transferências, na maioria das vezes, eram ordenadas como um sinal de favor do xógum, geralmente envolvendo a atribuição de um domínio maior em uma localização estrategicamente mais importante aos aliados mais próximos (Hall, 1991). Entretanto, reduções e confiscos ocorriam como resultado de ações disciplinares do xógum. Os dados totais de confisco de propriedades dos daimiôs, durante os cinco primeiros xóguns do período Tokugawa, são de aproximadamente 13,2 milhões de *koku** (equivalente à metade do total da base de terras tributáveis do país). Esse processo serviu para minar possíveis desafiantes do poder da família de Tokugawa. Ao todo, sob os xóguns Tokugawa, cerca de duzentos daimiôs foram eliminados, 172 foram instituídos, duzentos receberam aumento em suas propriedades e 280 tiveram seus domínios transferidos (Hall, 1991).

---

* O "sistema de *kokudaka*" era utilizado no xogunato Tokugawa do Japão, durante o período Edo, para determinar o valor da terra para fins de tributação. Esse valor era expresso em termos de *koku* de arroz, sendo que "um *koku*" era geralmente considerado como a quantidade de arroz suficiente para alimentar uma pessoa por um ano.

Além disso, utilizando as disposições do *buke shohatto*, as leis para famílias militares, o xógum poderia penalizar um daimiô por não produzir um herdeiro natural, por fazer reparos em seu castelo sem obter permissão, por estabelecer alianças matrimoniais não autorizadas e por outros atos aparentemente menores que violavam o código. O *buke shohatto* enfatizava a importância de algumas condutas e continha advertências contra indisciplina – por exemplo, pelo descumprimento das regulamentações de vestimenta. O cerne do código estava relacionado a questões de controle do xógum (Hall, 1991; Wakita, 1991). Nesse cenário, nos primeiros anos, o *bakufu* mantinha os daimiôs sob constante escrutínio por meio de agentes como os inspetores itinerantes, criados em 1633 para conduzir investigações periódicas nos domínios dos daimiôs, com ênfase em análises sobre as condições políticas, a aplicação dos éditos anticristãos e o estado das forças militares.

Cabe lembrar que existiam regras também em relação a outros aspectos, como o controle sobre a manutenção de uma força militar. De fato, deter forças militares no domínio era, para um daimiô, um direito, mas também uma responsabilidade: as regras que regiam o serviço militar tinham implicações tanto positivas quanto negativas. O *bakufu* buscava o equilíbrio entre reduzir a capacidade militar dos daimiôs, a fim de diminuir a chance de rebelião, e, por outro lado, para defesa e manutenção da paz interna, manter a postos um certo nível de força militar. Nesse sentido, um regulamento de 1649 sobre o serviço militar estabelecia um número padrão para o efetivo das forças armadas, permitido ou exigido dos daimiôs, de acordo com o tamanho de seus domínios. Um domínio de 100 mil a 500 mil *koku* era responsável por 2.155 homens (Hall, 1991). Além disso, os daimiôs eram obrigados a contribuir com mão de obra, materiais e fundos para a construção e reconstrução de uma série de castelos, residências (como o fizeram em Edo e Osaka) e palácios para a nobreza da Corte, bem como para vários projetos de obras públicas.

A capilaridade do poder do xógum se manifestava também por meio da aquisição das principais minas de ouro, prata e cobre do país. À medida que cada cidade importante caía dentro da área de autoridade do xógum, o *bakufu* conseguia exercer uma influência poderosa na vida comercial da região e, mesmo, da nação.

O sistema também era capaz de regular o comércio exterior, canalizando-o por meio de instrumentos escolhidos em Nagasaki, Tsushima e

Kagoshima – questão de que trataremos adiante –, e de controlar a entrada da religião no próprio país. As instituições religiosas foram ainda mais reduzidas em suas propriedades fundiárias, e suas comunidades, regulamentadas. Em relação às ordens monásticas, embora a influência política tenha sido negada às ordens budistas, que sofreram uma grande redução de renda, elas receberam, em compensação, um novo e seguro lugar na ordem de Tokugawa, como agentes da política anticristã. Sob o sistema de registro de templos, todos os japoneses eram obrigados a adotar um templo de registro familiar, também chamado de *dannadera*. Esses templos, por sua vez, tinham a tarefa de fazer investigações anuais sobre a crença religiosa dos fiéis. A prática de inspeção religiosa foi institucionalizada pela criação, em 1640, de um escritório do *bakufu* com esse propósito específico (Hall, 1991; Wakita, 1991).

Uma figura importante para a manutenção da ordem eram os já mencionados inspetores provinciais, responsáveis por supervisionar períodos críticos na existência de um han, entre eles a sucessão para um herdeiro menor de idade. O *bakufu* também exigia que os daimiôs apresentassem relatórios exaustivos. Mapas do domínio forneciam evidências visuais da localização precisa e dos números de *kokudaka* das aldeias, vilas e cidades pagadoras de impostos. Além disso, relatos periódicos sobre ações judiciais tomadas pelos daimiôs tinham de ser submetidos à supervisão do *bakufu*. Por fim, cabe salientar que o xógum resolvia disputas e ouvia casos envolvendo daimiôs e outros elementos da ordem de Tokugawa, lançando mão de mecanismos para a resolução de controvérsias.

A despeito desse controle xogunal, a maioria das pessoas comuns conhecia uma única forma de governo, aquela fornecida pelo seu han (Bolitho, 1991). E, apesar do conhecimento que tinham sobre a ordem hierárquica e de onde derivava a legitimidade do daimiô, as pessoas que viviam no han – agricultores, artesãos, servos, trabalhadores diários e pescadores – viam no xógum e no imperador não mais do que abstrações (Nakagawa, 2019). As fronteiras raramente ultrapassadas do feudo onde moravam era o seu mundo conhecido, e os funcionários da administração local, os únicos representantes do poder com que tinham contato. O han fornecia à maioria dos japoneses suas estradas, suas pontes, suas leis e sua ordem. Quando as aldeias brigavam pelo abastecimento de água, ou pelos direitos de forragear nas montanhas, era o han que intervinha; quando as colheitas falhavam, o han distribuía rações; se um rio transbordava, então a responsabilidade pelo socorro e pela restauração do que fora destruído cabia ao han; e assim por diante.

No período Tokugawa, supostamente, o sistema era dividido em categorias gerais de "classe": os samurais (os guerreiros, ou *bushi*) no topo; em seguida, os camponeses, porque eram os produtores agrícolas, a raiz da nação; então vinham os artesãos e por fim, na base da pirâmide social, os comerciantes, pois estes, na antiga linguagem confuciana, não produziam nada, apenas traficavam mercadorias. Esse sistema idealizado era apoiado, assim como a ordem política, por uma série de regulamentações – tipos de vestimenta, de bebida, permissão de porte de armas etc. Portanto, a ideia era que a sociedade seria ordenada de forma a evitar qualquer tipo de descontrole.

É nesse período que se desenvolve a ideia do samurai como um ser especialmente "moral". Nesse cenário, todas as outras classes também aspiravam a valores semelhantes aos dos samurais, com uma espécie de "samuraização" de longo prazo de todo o Japão. Tal imaginário paira sobre o país até os dias de hoje, seja na cultura popular, seja na descrição da origem rígida do comportamento fleumático, e ao mesmo tempo reverencial, do japonês. Há, nesse contexto, um movimento ascendente e descendente dos valores sociais no período Tokugawa, o qual, de certa forma, é associado ao próprio confucionismo: cada uma das classes desenvolve um éthos, uma moralidade, uma identidade própria, que afirma seu valor a partir de sua utilidade social.

Cabe ressaltar que os indivíduos da classe "samurai" teriam um conhecimento mais palpável sobre a figura do imperador e do xógum, com os quais podiam, eventualmente, ter alguma proximidade. Como representantes da vontade do xógum no que se refere à segurança pública, os samurais tinham o monopólio do uso da força (Nascimento, 2020). Todavia, mesmo para a classe de guerreiros, o han era primordial, na medida em que atendia às suas necessidades, tanto materiais como ideológicas, satisfazendo as primeiras com estipêndios, e as segundas, com a oportunidade de servir.

Uma parte do papel dos samurais, quando comparado ao período dos Estados Guerreiros (1467-1568), sofreu um processo de transformações e adaptações significativas. Apesar de sua origem como membros de uma classe militar, os samurais passaram a desempenhar, durante as décadas de paz do período Tokugawa, funções predominantemente administrativas, integrando-se plenamente às instituições de governo do xogunato (Howland, 2001). Muitos samurais se converteram em funcionários do governo, professores ou assumiram outras ocupações públicas, mesmo que tenham ocorrido transições em diferentes áreas. Com o tempo, eles passaram a integrar um meio de nobreza e luxo, controlado e negociado por xoguns e daimiôs.

Segundo Howland (2001), a base do sistema Tokugawa era o controle da terra pelos samurais. Como o chamado feudalismo europeu, este era também um sistema político, econômico e militar. No entanto, o controle da terra aqui não significava um direito de "propriedade", mas a apropriação, pelos samurais, do excedente agrícola, e a exploração, portanto, da classe camponesa. Geralmente, a base do controle da terra era o sistema do samurai e seu estipêndio. Ao contrário dos membros dos outros grupos, ou classes sociais, o samurai recebia um estipêndio de arroz e pagamento em dinheiro por seus serviços. Este soldo não era garantido *per se*; era antes um índice de status e posição que determinava a elegibilidade de um homem para cargos nas hierarquias militares e administrativas do xogunato ou do han. Os samurais mantinham, pois, um monopólio sobre a autoridade política e a administração, além de desfrutarem de posição social proeminente em relação ao prestígio e aos rituais. No entanto, sempre houve uma contradição no cerne do status e da classe dos samurais: eles governavam em virtude de sua posição política e social superior e através do controle direto da terra, mas, simultaneamente, como indivíduos, em grande parte careciam de uma base socioeconômica que lhes conferisse independência.

Neoconfucionismo no Japão

É imprescindível ressaltar que o xogunato Tokugawa foi profundamente influenciado pelo neoconfucionismo na concepção do mundo político, social e econômico do arquipélago japonês. Afinal, embora as elites iniciais do Japão, começando pelos cortesãos e posteriormente pelas figuras militares, estudassem os textos confucionistas, esta doutrina nunca se estabelecera como uma ideologia estatal até o período Tokugawa. Os monges budistas japoneses, que viajaram para a China entre os séculos XIII e XVI, foram os responsáveis por levar o neoconfucionismo ao Japão (Gordon, 2003). Essa corrente revitalizada do confucionismo enfatizava a importância da leitura direta dos textos clássicos chineses da Antiguidade.

Durante esse período, escolas confucionistas foram estabelecidas nos domínios dos daimiôs, permitindo que os princípios confucianos de ordem, lealdade, trabalho árduo e educação se expandissem além da classe guerreira, alcançando outras camadas da sociedade japonesa. O pensamento neoconfucionista permitiu a garantia da ordem social, compreendendo seus valores sociais, políticos e o modo de governar e manter a harmonia, afetando todas as esferas da sociedade, direta ou indiretamente (Gordon, 2003).

De forma geral, pode-se considerar que havia quatro escolas principais de estudos confucianos: a Zhuzi (Fujiwara Seika, Hayashi Razan e Yamazaki Ansai são alguns de seus representantes), a Yangming (representada por Nakae Toju, Kumazawa Banzan e outros), a escola Antiga (por Yamaga Soko, Ito Jinsai e outros) e a Kobunji-gaku (representada por Ogyu Sorai) (Ren; Hongbo, 2021).

Em relação à escola Zhuzi, a maior delas, o *bakufu* forneceu, em 1630, fundos para a construção de seus edifícios, e, em 1670, esta academia, inaugurada por Hayashi Razan, foi oficialmente reconhecida como uma universidade do xogunato. Seus discípulos forneceram uma justificativa histórica para o estabelecimento do xogunato Tokugawa, com base no conceito de *tendo*, ou "caminho do céu", e, ainda sob o apanágio do neoconfucionismo, repudiavam a ideia revolucionária de *gekokujo*, a "derrubada de superiores por inferiores", enfatizando os sentimentos de devoção e lealdade. Razan enfatizou o princípio de Confúcio de que existem deveres relativos a serem cumpridos pelos indivíduos reciprocamente: entre pai e filho, entre governante e súdito, entre marido e esposa, entre irmão mais velho e irmão mais novo, e entre amigos.

No âmbito do debate das forças políticas do xogunato, observam-se tensões entre o pensamento confuciano e o budista (Gordon, 2003). No entanto, elas não impediram que as importantes academias de Edo divulgassem o neoconfucionismo durante o Tokugawa *bakufu*.

Sankin kotai: implicações políticas e econômicas

É possível notar que, embora os daimiôs tenham cedido porções críticas de sua autonomia política ao *bakufu*, na prática eles ainda desfrutavam de considerável liberdade na administração de seus domínios. Em relação à capacidade de controle do xogunato Tokugawa, cabe ressaltar um importante sistema que ganhou contornos mais claros nesse período: o *sankin kotai*. Estabelecido oficialmente por Iemitsu (1623-1651) em 1635, esse sistema envolvia viagens anuais que os daimiôs e seus numerosos subordinados faziam de suas terras para a capital do *bakufu*, e vice-versa. Os daimiôs eram obrigados a fazer visitas cerimoniais a Edo, e o período de residência estava condicionado à distância entre os diferentes han e a capital. Já suas esposas e seus filhos, sobretudo os primogênitos, deveriam residir de forma permanente em Edo.

O sistema também forçava os daimiôs, especialmente os *tozamas* – potencialmente perigosos e do ciclo "exterior", que viviam em regiões mais distantes –, a gastar grandes somas para sustentar duas estruturas administrativas separadas e realizar essas viagens de ida e volta à capital Edo. Os grupos de viagem variavam de cerca de mil criados, nos casos menos extravagantes, até cerca de 4 mil subordinados, nos casos de daimiôs mais prósperos (afinal, se as viagens os oneravam, elas representavam também seu prestígio e sua riqueza). Tais expedições, juntamente com os gastos para dar a suas famílias condições luxuosas de vida em Edo, representavam um peso financeiro significativo para os daimiôs, o que reduzia suas chances de acumular riquezas para se rebelar contra o poder central. O ônus financeiro total imposto aos daimiôs durante o período Edo é comumente estimado entre cerca de 20% a 30% das receitas líquidas disponíveis para os han (Gordon, 2003; Bolitho, 1991; Tsukahira, 1966).

O *sankin kotai* tinha também um valor simbólico significativo em relação à hierarquia. Os daimiôs manifestavam seu respeito ao se deslocar até o xógum com suas grandes comitivas. Respeitando uma ordem rígida, eles demonstravam seu status perante a sociedade. O fato de a família dos daimiôs ser obrigada a morar em Edo, como hóspedes confinados, reforçava o poder que o xógum tinha sobre os daimiôs. Tal obrigatoriedade teria consequências na formação dos próprios daimiôs a partir da segunda geração, posto que estes já nasciam e eram educados em Edo (Bolitho, 1991; Tsukahira, 1966).

Em 1690, cinco em cada seis dos daimiôs em exercício eram nascidos na capital, e todos eles contavam passar pelo menos metade da vida em Edo. O han do qual deveriam ser daimiôs não era mais o seu lar, e sim Edo, onde suas famílias efetivamente moravam. Assim, em questão de duas gerações, toda uma aristocracia provincial havia sido desenraizada. Um período de residência em Edo pode ter representado o exílio para a primeira geração dos daimiôs, no século XVII, mas para seus netos era um retorno ao lar, um sentimento sem dúvida reforçado pelo rápido crescimento de Edo como centro cultural, comercial e de entretenimento. Bolitho (1991) traz o exemplo de Sakai Tadazane, daimiô de Shonai, que estaria tão pouco interessado por seu remoto domínio na costa do mar do Japão, que, em 1707, seus vassalos mais antigos tiveram de suplicar para que ele voltasse para seu han.

Vale notar que esse mecanismo não apenas evitava possíveis alianças locais, mas também solidificava a imagem de Edo como o centro do Japão unificado e o epicentro do poder. Além das restrições impostas pelo *bakufu*, o *sankin kotai* impulsionou o desenvolvimento da economia regional, com o surgimento de comércios e serviços relacionados às viagens ao longo das estradas. A variedade e a crescente qualidade dos produtos oferecidos – tecidos, utensílios, artigos domésticos e obras de arte – tiveram um impacto significativo no estilo de vida dos cidadãos (Hane, 1991). O sistema também acelerou o surgimento de um modelo comercial e financeiro centralizado, uma vez que os daimiôs eram obrigados a vender produtos locais em diferentes mercados e em Edo, a fim de obter o dinheiro necessário para custear as viagens.

Antes de 1600, o arroz sujeito à tributação era vendido nos mercados do próprio daimiô, e barreiras de proteção impediam o acesso de pessoas de fora ao comércio do han. Forçados a pagar por sua residência em Edo e pelas extravagantes despesas de viagem, os daimiôs perceberam que os mercados de arroz em suas próprias cidades-castelo não eram suficientes para gerar os níveis de lucro necessários. Portanto, tornou-se necessário enviar a maior parte do arroz coletado em seus domínios para mercados maiores, onde era trocado por mercadorias ou dinheiro. As barreiras ao comércio entre os diversos domínios começaram a ser quebradas a partir desse momento.

O sistema *sankin kotai* também desempenhou um papel direto no estímulo ao crescimento e à prosperidade de Osaka, o novo centro comercial da nação, onde a maioria dos senhores convertia suas receitas de arroz em dinheiro e assim custeava seus compromissos para com o xógum. À medida que os comerciantes se tornavam intermediários entre produtores e consumidores, o sistema *sankin kotai* promovia a comercialização do mercado de arroz tributário (Oishi, 1990). Ressalte-se que o aumento das despesas e a diminuição das receitas nos séculos XVIII e XIX serviram para fortalecer a posição de comerciantes e credores, elevando-os socialmente. Tal ponto foi decisivo para a erosão do xogunato Tokugawa em 1868.

Definitivamente, o sistema *sankin kotai* contribuiu para que Edo se tornasse, do início do século XVIII até meados do XIX, a maior cidade do mundo (Oishi, 1990; Gordon, 2003). No século XVIII, sua população era de mais de 1 milhão de habitantes, ao passo que a de Londres, em 1700, era de 500 mil a 700 mil, e, em 1801, de 865 mil. O crescimento da cidade teve efeitos econômicos profundos, como o desenvolvimento de infraestrutura de transporte, o surgimento de redes de pousadas e a disseminação da cultura (para não falar dos seus efeitos nos han mais afastados).

Em relação à infraestrutura, o *sankin kotai* estimulou investimentos no transporte e nas comunicações, tanto para fornecer bens materiais aos habitantes da cidade quanto para permitir os grandes desfiles dos daimiôs. O transporte e as viagens terrestres foram facilitados por uma rede de estradas estruturada a partir de duas vias principais. A rota Tokaido, ao longo do mar, ligava Edo a Kyoto e depois a Osaka. A trilha Nakasendo cruzava as montanhas do Japão central. Outras ramificações, a norte, sul e oeste da capital Edo, estimularam a construção de pousadas para os daimiôs e samurais que se deslocavam. Ao longo da rota Tokaido, por exemplo, havia mais de cinquenta pousadas oficialmente designadas para eles (Gordon, 2003; Oishi, 1990).

No final do século XVIII e início do XIX, as viagens tornaram-se tão comuns que uma animada indústria editorial passou a produzir mapas, diários de viagem e o equivalente a modernos guias turísticos. Autores como Yasumi Roan, no livro *Ryokō yōjinshū*, de 1810, traduzido para o inglês como *How to Travel Safely in Japan*, davam orientações aos viajantes: hospedar-se apenas em pousadas bem estabelecidas; ao viajar à noite, fazer barulho para espantar lobos e ursos; aplicar esterco de boi nas solas das sandálias para afastar cobras e insetos venenosos, entre outras (Gordon, 2003).

A Era de Ouro e a ascensão da cultura

Provavelmente o leitor já se familiarizou ou reconheceu muitos dos elementos que permeiam o imaginário popular sobre o Japão histórico. Agora, adentramos no debate acerca da cultura que floresce no arquipélago e que, até os nossos dias, simboliza muito o que pode ser definido como "o" Japão.

De fato, considera-se que durante o período Tokugawa a autoimagem do Japão evoluiu com o intuito de distanciar-se da civilização chinesa. Esse ponto é de fundamental importância, posto que, em razão de sua localização geográfica e do poderio chinês – econômico, cultural, social e militar –, o Japão pertenceu ao sistema sinocêntrico, chegando a pagar, em determinados momentos, tributos aos imperadores chineses (Lee, 2016; Oliveira, 2019). Ademais, como mencionado, os intelectuais japoneses, e isso incluía os samurais nesse período, eram educados principalmente nos clássicos confucianos (Gordon, 2003; Cullen, 2003). Criar uma identidade cultural própria, independente da China, era essencial para fortalecer o imaginário de unificação do arquipélago.

Na formação da identidade japonesa, de acordo com Toyosawa (2019), a presença do "outro" estrangeiro foi condição elementar. Mesmo as qualidades irredutíveis da posição subjetiva do "eu" foram descobertas à luz do "outro". Em resposta a esse "outro" foi construída uma consciência do Japão, e também sua representação. Os incessantes envolvimentos subjetivos com o "outro" testemunham a consciência do Japão na Era Moderna. A importância da era Tokugawa está menos na ordem cronológica da história, que a coloca antes da era Meiji, mas sim na especial cultura dessa identidade coletiva, uma nova imagem do Japão.

Daí originam-se as teses ditas *Nihonjinron*. Segundo Sasaki (2011), o *Nihonjinron* seria traduzido como "teorias da japonicidade". Esse estilo de escrita, tanto literário como acadêmico, aborda os princípios japoneses como singularidade, uniformidade, consenso, interdependência, orientação coletiva e concordância, contrapondo-os aos valores ocidentais. Ao fazê-lo, enfatiza a disparidade entre o Japão e o Ocidente.

Já no período do xogunato era possível observar o fortalecimento do "eu" japonês e da ideia do Japão enquanto "terra divina" (*shinkoku*). Este processo foi marcado pela ascensão de diversos elementos culturais e ocorreu durante períodos de crescimento econômico, como ilustra o período Genroku, que vai de 1688 a 1704 (Cullen, 2003). Sobretudo na segunda metade do século XVII, transformações sociais e culturais ganharam força. As cidades mercantis da era Tokugawa foram o lar de uma próspera ficção em prosa, da poesia e das artes pictóricas, todas elas celebrando a vida do povo (Gordon, 2003).

As cidades de Kyoto e Osaka são exemplos de mercados ao mesmo tempo nacionais e locais. A riqueza do país fluía delas para as mãos dos comerciantes urbanos, também conhecidos como *chonin* (Shively, 1991). Os Tokugawa honravam as tradições de autogoverno – que haviam se desenvolvido nas cidades comerciais, sob as condições caóticas do século XVI –, atribuindo às famílias de comerciantes de Kyoto e Osaka considerável responsabilidade pela autoadministração. Sob a direção de soldados de elite, enviados como magistrados para cada uma dessas cidades, o *bakufu* nomeava os chefes das antigas famílias de comerciantes como anciãos da cidade, responsáveis por organizar e supervisionar o trabalho administrativo. Embora essa autoadministração impusesse um grande ônus de tempo e dinheiro aos cidadãos urbanos, ela minimizava a interferência dos samurais na vida diária das pessoas e promovia uma atmosfera de considerável liberdade para os *chonin*, especialmente em Kyoto, Osaka e outras cidades predominantemente comerciais.

Em paralelo à prosperidade econômica do final do século XVII, mercados sem precedentes para a literatura e as artes plásticas também sustentaram a proliferação de novas atividades culturais. No período Edo, as inspirações estéticas zen-budistas se tornaram frequentes em todo o panorama artístico. Um dos bens culturais nipônicos mais conhecidos até hoje, seja no Ocidente, seja no Oriente, é a gravura em madeira, ou *ukiyo-e*.

O termo se traduz literalmente como "imagens do mundo flutuante", e compreende a ideia do sujeito flutuante no mundo. O *ukiyo-e* seria o estado em que a plenitude é alcançada por meio do esvaziamento de regras e sentido fixos que a sociedade impunha ao indivíduo. Durante o período Edo, essa ideia se manifestou na busca pelo entretenimento e pelo prazer – os chamados "bairros de prazer", incluíam casas de prostituição, restaurantes, teatros e outros lugares. Isso explica o florescimento de práticas e princípios ligados ao erotismo, fartamente representados na arte da época. O termo *ukiyo-e* acaba se justificando pela opção dos artistas em elaborar visões fantásticas, belas e, de certo modo, escapistas, fora da realidade (Shively, 1991). As gravuras, frequentemente, eram integradas a textos, e podem ser vistas como inspiração para os mangás do século XX (Gordon, 2003). Atualmente, é comum ver algumas grandes obras desse período em estampas de camiseta, reproduções e outros objetos. Talvez o maior exemplo seja *A grande onda de Kanagawa*, de Hokusai, uma xilogravura publicada por volta de 1830, ainda no período Edo, parte de uma série de 36 vistas do monte Fuji.

O florescer cultural também está associado à proliferação de peças de teatro, romances e poesias, que começaram a refletir o gosto da população urbana. Para além do *ukiyo-e*, há ainda o *haiku*, o teatro *kabuki* e o *bunraku*.

Na poesia, a forma do *haiku* se tornou extremamente popular, como ainda é nos dias de hoje. O *haiku* evoluiu do *haikai*, verso encadeado, que foi desenvolvido durante o período Tokugawa. Todo *haikai* começa com um verso inicial de dezessete sílabas. Esse verso inicial era chamado de *hokku*. Este era escrito em três linhas: a primeira, de cinco sílabas, depois, de sete, e por último novamente de cinco, totalizando dezessete sílabas. Durante o período Tokugawa, o *haiku* alcançou grande sucesso, liderado pelo mestre Bashô (pseudônimo de Matsuo Munefusa), que tomou o verso inicial, o *hokku*, e o refinou, para se tornar o que agora é conhecido como *haiku*. "A velha lagoa/tanque", um famoso *haiku* de Basho, serve para exemplificar:

Velho tanque	古池や	*Koike ya*
Uma rã mergulha,	蛙飛び込む	*Kawazu tobikomu*
Barulho de água.	水の音	*Mizu no oto*

No caso do teatro *kabuki*, as performances aconteciam ao ar livre, no leito de rios secos, ao lado de eventos com animais ou de lutas de sumô. Os espetáculos atraíam multidões. Uma transformação no *kabuki* ocorreu já no início do século XVII, quando o *bakufu* proibiu atrizes femininas no teatro, numa tentativa de reprimir a prostituição das mulheres que se apresentavam nas peças. A partir de então, as performances dos atores masculinos que interpretavam mulheres (*onna-gata*) se tornaram o ponto alto desse espetáculo. Era um exemplo inicial, já no teatro dos séculos XVII e XVIII, da ideia pós-moderna de que a identidade de gênero não está centrada no corpo físico de uma pessoa, mas é o resultado mutável da performance (Gordon, 2003).

Por fim, no *bunraku*, eram utilizadas marionetes. Talvez o maior dramaturgo do *bunraku* seja Chikamatsu Monzaemon (1653-1725). Suas obras se destacavam por retratar a vida trágica do povo comum, incluindo escândalos da época e assassinatos. Dramaturgos e atores exploravam as tensões políticas e sociais, o que fez com que muitos dos quarteirões destinados para o entretenimento fossem delimitados por muros e removidos para as franjas da cidade (Shively, 1991; Gordon, 2003). O teatro de bonecos *bunraku* oferecia a escritores e novelistas a chance de escreverem suas peças livremente, sem precisarem lidar com outros artistas (Shively, 1991; Gordon, 2003).

Apesar da popularidade dessas novas formas artísticas, as artes tradicionais do teatro nô, da cerimônia do chá e dos arranjos florais também alcançaram novo estágio de desenvolvimento nesse período. A cerimônia do chá (*cha-no-yu*), em particular, tornou-se popular e passou a ser praticada não apenas pelo xógum e pelos daimiôs, mas pelos comerciantes que ascendiam socialmente, os quais usavam sua riqueza para se tornarem ávidos colecionadores de preciosos utensílios antigos para a cerimônia do chá.

Como a cerimônia se tornava uma prática cada vez mais comum, muitas escolas surgiram para ensinar seu intrincados e sutis rituais, sendo a mais notável delas a *Sen-ke* (casa Sen), fundada por Sen-Rikyu. A profissão de "mestre de chá", reservada aos chefes das várias escolas, fomentou o desenvolvimento desse mesmo sistema em outras áreas, como para os arranjos florais (*ikebana*) ou para técnicas de consertar cerâmicas em ouro (*kintsugi*). As artes foram, sem dúvida, uma característica distintiva do período Edo (Shively, 1991).

As relações internacionais nipônicas durante o xogunato Tokugawa: o sakoku e os portos abertos

No século XVII, no início do xogunato Tokugawa, a diplomacia com outros Estados da Ásia, e até mesmo com as nações europeias, foi usada para fortalecer o imaginário sobre o Japão no mundo e consolidar as estruturas de poder sobre todo o arquipélago. O xogunato Tokugawa é comumente reconhecido por um suposto isolacionismo das ilhas japonesas em relação ao mundo, instituído por meio do que se convencionou chamar de *sakoku*, ou "país fechado". No entanto, é preciso relativizar o uso do termo, uma vez que o Japão não se isolou de fato, apenas promoveu políticas que restringiam o acesso ao território nipônico e a entrada de determinados produtos (Jansen, 2000; Oliveira, 2019).

Cabe ressaltar que o próprio termo *sakoku* não era usado no século XVII. *Kaikin* ("proibições marítimas") e *go-kinsei*, *go-genkin* ou simplesmente *go-kin*, todos significando "proibições" (Toby, 1984), eram os termos coetâneos do xogunato. Além disso, *sakoku* não representa a percepção dos japoneses sobre suas próprias políticas e história, mas sim a dos visitantes europeus da década de 1690. Não obstante, no início do século XVII, é fato que as relações europeias com o Japão redundaram na emissão de uma série de éditos oficiais, sintomaticamente conhecidos como "Éditos de Reclusão". Eles interditavam as relações comerciais de japoneses com portugueses e limitaram o contato japonês com a Europa à presença de alguns comerciantes holandeses, sediados em Nagasaki. Ainda assim, não existem indícios de que pretendessem "fechar" o Japão para o mundo (Toby, 1984).

Os xóguns estavam, isto sim, tentando regular o comércio em seu próprio benefício e reordenar as relações internacionais ao longo das linhas do sistema que, paulatinamente, ganhava contornos internacionais, mas que no Leste Asiático ainda se restringia ao sistema sinocêntrico, no qual a China ocupava o centro gravitacional das relações entre os reinos e as nações daquela parte do globo. No geral, durante o período Edo, o Japão manteve quatro portas de entrada e de comércio abertas: para a China, para a Coreia, para o reino de Ryukyu (que ficava onde hoje é a ilha de Okinawa) e para a Holanda.

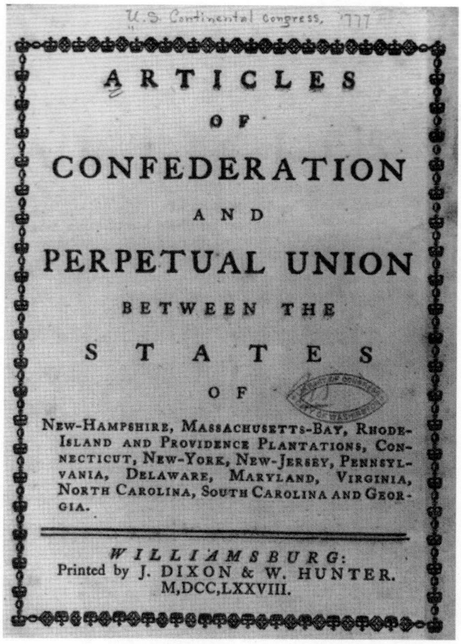

U.S. Continental Congress, 1777

ARTICLES
OF
CONFEDERATION
AND
PERPETUAL UNION
BETWEEN THE
STATES
OF
NEW-HAMPSHIRE, MASSACHUSETTS-BAY, RHODE-ISLAND AND PROVIDENCE PLANTATIONS, CONNECTICUT, NEW-YORK, NEW-JERSEY, PENNSYLVANIA, DELAWARE, MARYLAND, VIRGINIA, NORTH CAROLINA, SOUTH CAROLINA AND GEORGIA.

WILLIAMSBURG:
Printed by J. DIXON & W. HUNTER.
M,DCC,LXXVIII.

Abbus Acastra/Alamy/Fotoarena

1.1. Os Artigos da Confederação formalizaram o acordo entre os treze estados com o nome de Estados Unidos da América. Eles foram elaborados por um comitê indicado pelo segundo Congresso Continental em 12 de julho de 1776. O documento foi ratificado em 15 de novembro de 1777, em Williamsburg, Virgínia, Estados Unidos.

¡VIVA LA FEDERACION!
A LOS AMANTES DE LA PER[illegible]
DEL
ILUSTRE RESTAURADOR
De las Leyes,
GOBERNADOR
Y CAPITAN GENERAL DE LA PRO-
VINCIA
D. Juan Manuel de Rosas
A los Verdaderos Federales

EN la calle de la Universidad No. [illegible] se han recibido retratos de [illegible] busto de cuerpo entero, gran uniforme y banda punzó; las sienes ceñidas [illegible] corona de laurel, y colocado en una [illegible] de vidrio. [illegible]

The Picture Art Collection/Alamy/Fotoarena

1.2. Publicação dos Federalistas no jornal da época, *La Gaceta Mercantil* (Argentina), edição nº 3.939, datada de 27 de julho de 1836.

2DJ39PK/Fotoarena

2.1. "O rei escravo ou os súditos reis: patriotismo feminino". A marcha das mulheres a Versalhes é satirizada do outro lado do canal da Mancha, com o caminho da desordem aberto por Maria Antonieta. Os gritos de "viva a nação" são acompanhados dos apelos à morte, em uma procissão dominada por mulheres que se encarregam de levar "o padeiro, a padeira e o pequeno aprendiz" à capital.

World History Archive/Alamy/Fotoarena

2.2. O povo francês sob o regime de Robespierre. Liberdade, Igualdade, Fraternidade e a Morte: a crítica ao regime do Terror mostra o povo francês, às escuras, sendo tentado pelos símbolos dos *sans-culottes* (o barrete frígio) e pela ideia de estabilidade ou equilíbrio (o triângulo). As três graças, aos moldes revolucionários, no entanto, encaminham-no para o abraço da morte.

3.1. Frontispício de *Reflections on the French Revolution* [Reflexões sobre a Revolução Francesa], de 1790. A gravura retrata Edmund Burke de joelhos, como se estivesse se declarando a uma visão de Maria Antonieta, que aparece diante dele. Um querubim toca sua cabeça com um tição, do qual saem faíscas que simbolizam o romance.

Agence France-Presse (AFP)

3.2. O escritor e político Charles Maurras (1868-1952) fala com jornalistas em Troyes, no dia 20 de março de 1952, após sua libertação por motivos médicos. Maurras havia sido condenado à prisão perpétua pela Suprema Corte de Justiça de Lyon em 1945 por sua colaboração com o inimigo durante a Segunda Guerra Mundial. Alguns meses após essa liberação, ele faleceu na clínica Saint-Symphorien-lès-Tours. Charles Maurras foi fundador da revista *L'Action française*, na qual expressou seu patriotismo, definindo-o como "nacionalismo integral".

Aquarela, 1840. Tropical Sketches from Brazil. Coleção Paul Harro-Harring/IMS

4.1. *O Guarda-mor da Alfândega,* de Paul Harro-Harring. Barca do guarda-mor da Alfândega do Rio de Janeiro, o principal porto escravista das Américas.

— *Christi endi nos......*

— Si, yes, mim agora ouve povo brasileira, porque vê que ter razão e falla direita, e conhecer que mim gosta mais de nota de banca que de nota diplomatic. Se vossê falla sempre comiga assim, eu estar sempre sua amiga de vossê, porque mim no gosta de briga. Escuta: outra dia Jonathas mandar mim plantà batatas, e eu responde manda Jonathas planta algodão; Jonathas ficar furioza, e quer logo briga comiga: mas John Bull correr para Petropole tomar fresca n'a sua cabeça. Quando pode ouve tinir dinheira, John Bull no faz tinir espada.

Semana Ilustrada, 10/01/1863, n. 110, p. 8/Hemeroteca Digital do Acervo Fundação Biblioteca Nacional

4.2. "Questão explosiva". Como representante da Grã-Bretanha no Brasil a partir de 1860, William Christie provocou a ruptura das relações diplomáticas entre os dois países em 1863 devido à pressão britânica pela emancipação definitiva dos africanos livres e dos africanos escravizados depois de 1831.

5.1. Gravura antiga da cidade de Kano, em 1870.

5.2. Luanda no final do século XIX.

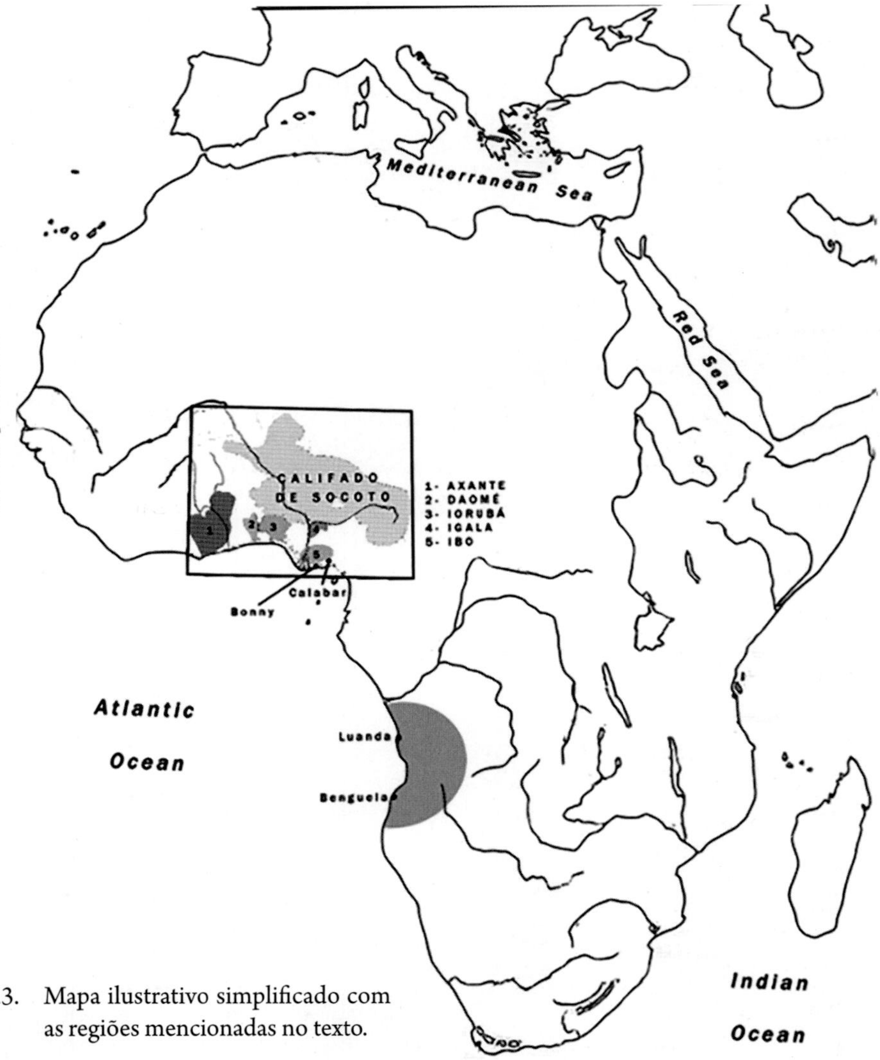

Elaborado pelos autores

5.3. Mapa ilustrativo simplificado com as regiões mencionadas no texto.

piemags/AN24/Alamy/Fotoarena

6.1. Escravizados na Ilha de Zanzibar, Tanzânia, África. Na segunda metade do século XIX, os escravizados constituíam cerca de dois terços da população de Zanzibar.

Eugénia Rodrigues

6.2. Cais da Ilha de Moçambique, construído no início do século XIX. A Ilha de Moçambique foi o principal porto de embarque de escravizados na África Oriental com destino ao Atlântico. Foto de 2018.

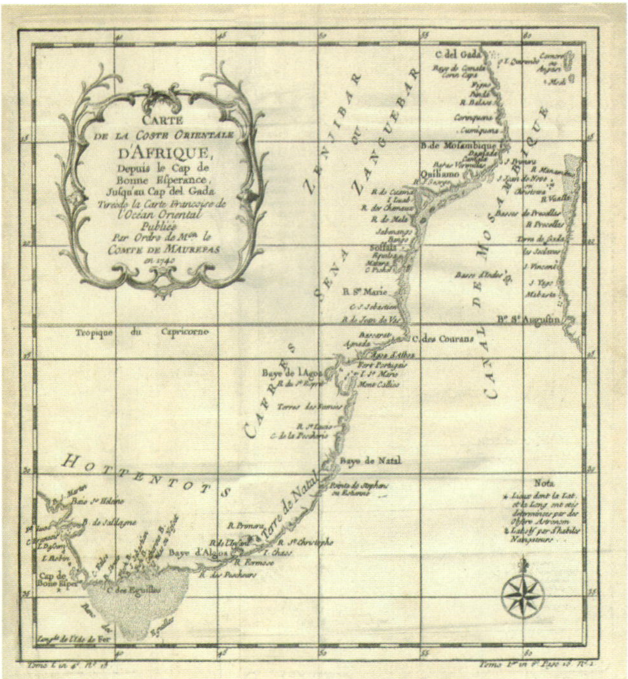

6.3. Mapa da África Oriental.

7.1. Mesquita da Pérola (*Moti Masjid*), no interior do Forte de Agra, 1860-1870.

Victoria and Albert Museum/Wikimedia Commons

7.2. Tela do imperador mongol Akbar, o Grande, retratando sua chegada ao forte de Surate após a conquista da cidade em 1572.

7.3. O Império Marata, fundado pelo rei Shivaji no século XVII. Pintura do século XIX.

8.1. Tela que retrata os governantes do xogunato Tokugawa (1603-1868).

9.1. Tambor Soledade: parte da obra *O primeiro passo para a Independência da Bahia* (1931), de Antônio Parreiras. Palácio Rio Branco, Salvador.

Jean-Baptiste Debret (1768-1848)/Acervo Fundação Biblioteca Nacional

9.2. *Aclamação de Dom Pedro I, imperador do Brasil*, de 1839.

Acervo da Pinacoteca do Estado de São Paulo, Brasil.
Coleção Brasiliana/Doação da Fundação Estudar, 2007

9.3. Cortina de palco erguida no Teatro da Corte para a cerimônia oficial, durante a coroação do imperador Dom Pedro I.

Eugène Delacroix (1798-1863)/Musée des Beaux-Arts, Bordeaux/Wikimedia Commons

10.1. *Grécia sobre as ruínas de Missolonghi* (1826), de Eugène Delacroix, metaforiza a Guerra de Independência grega. Representada por uma mulher, a nação helênica se encontra desolada sobre os destroços de seu povo, enquanto um soldado turco espreita ao fundo.

10.2. *Proclamação da Segunda República, Revolução de 1848,* de Louis Charles Bombled. Alphonse de Lamartine recusa a bandeira vermelha como símbolo da República e invoca sentimentos patrióticos em prol da adoção da bandeira tricolor.

Luisa Ricciarini/Bridgeman Images/Fotoarena

10.3. Representação da Expedição dos Mil em Palermo, em 1860, liderada por Giuseppe Garibaldi. Os voluntários em camisas vermelhas se tornariam um ícone na memória do *Risorgimento* italiano.

McConnell Map Co./Wikimedia Commons

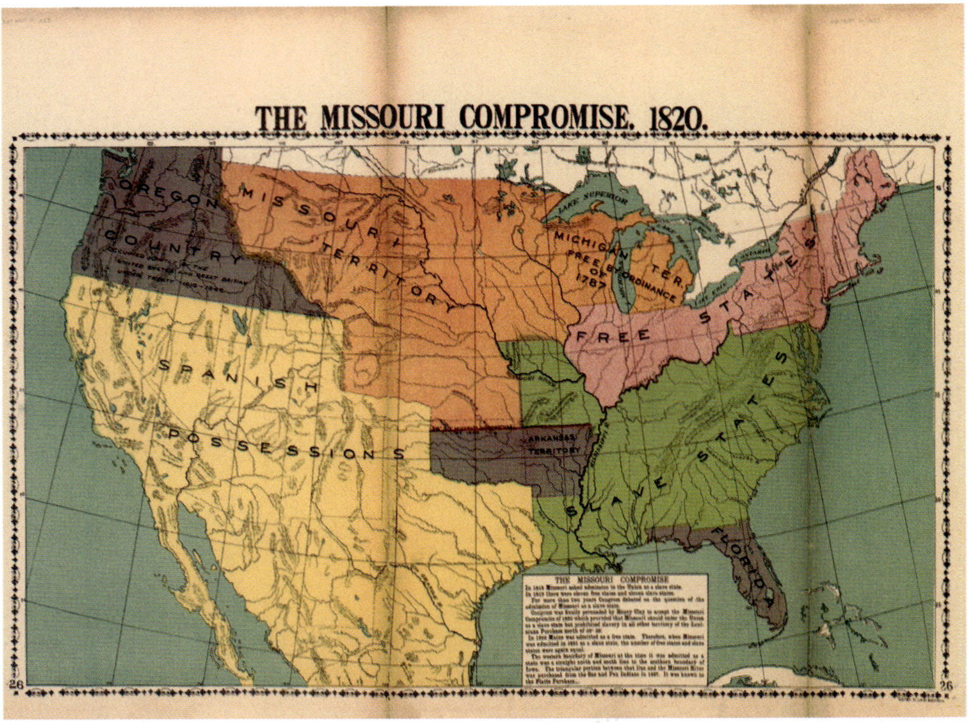

11.1. Em 1819, o território do Missouri solicitou sua incorporação à União como estado escravista. Eram, à época, onze os estados livres e onze os escravistas. Para manter tal equilíbrio no Senado, o Compromisso, de 1820, resultou na adesão do Missouri como estado escravista e do Maine como livre, evitando assim uma possível crise de secessão.

ARTGEN/Alamy/Fotoarena

11.2. Veterano argentino da guerra contra o Paraguai, Cándido López lutou até ser gravemente ferido na derrota aliada em Curupaiti, em setembro de 1866. Mesmo com o braço amputado, López fez da pintura uma forma de reivindicar salários e pensões para os veteranos do conflito.

IanDagnall Computing/Alamy/Fotoarena

12.1. Frederick Douglass (1818-1895), nascido em meio à escravidão, foi estadista, escritor e o mais influente líder abolicionista norte-americano. Também se destacou como ativista dos direitos civis para afro-americanos, mulheres e imigrantes.

Bill Bachmann/Alamy/Fotoarena

12.2. Durante o período de Segregação (leis Jim Crow) no sul dos Estados Unidos, o período da Reconstrução era chamado de "desgoverno de forasteiros" pelos sulistas. Na década de 1950, marcos históricos, como esta placa que sinaliza o local do massacre de Colfax, Louisiana, ocorrido em 13 de abril de 1873, continuavam a reproduzir uma imagem negativa da Reconstrução.

North Wind Picture Archives/Alamy/Fotoarena

12.3. Durante a Reconstrução, escolas para ex-escravizados, financiadas ou não pelos estados, surgiram em todo o sul dos Estados Unidos. Homens, mulheres, crianças e adultos frequentavam as aulas em instalações que também serviam como locais de culto religioso ou para reuniões políticas.

World History Archive/Alamy/Fotoarena

13.1. Posse do Conselho da Comuna de Paris, em 28 de março de 1871.

Classic Image/Alamy/Fotoarena

13.2. Comuna de Paris: amotinados, com destaque para as mulheres, queimando prédios durante a defesa de Paris.

13.3. Luditas quebrando a porta de uma fábrica têxtil na Inglaterra, defendida por seus proprietários e tropas (1811 e 1816).

14.1. Ahmed Şefik Midhat Pasha, líder político otomano durante o período do Tanzimat (1839-1876).

Museu do Louvre/Wikimedia Commons

14.2. Quadro de Nasser al-Din Shah Qajar, xá da Pérsia, entre 1848 e 1896.

Cada um dos quatro portais desempenhou um papel estrutural na condução das relações exteriores do Japão (Arano, 2013; Jansen, 2000). Em essência, o xogunato Tokugawa delegou o encaminhamento dos assuntos internacionais aos daimiôs de três domínios periféricos – Satsuma, no sul de Kyushu; Tsushima, na costa noroeste de Kyushu; e Matsumae, no sul de Hokkaido – e à cidade comercial de Nagasaki. Cada um dos três primeiros tinha jurisdição relativamente exclusiva sobre as relações com determinado país ou território: o clã Shimazu, de Satsuma, estava encarregado das relações com Ryukyu; o clã So, de Tsushima, tratava dos assuntos com a Coreia; e o clã Matsumae, do domínio homônimo, tinha jurisdição sobre as negociações com Ezo (que representa hoje a região de Hokkaido). O caso de Nagasaki era um pouco diferente, pois a cidade tinha jurisdição sobre as relações exteriores em geral (Arano, 2013; Hamashita, 1994; Jansen, 2000).

A Coreia e o reino de Ryukyu podem ser considerados nações vassalas da China. Como tal, enviavam missões regulares de tributo aos imperadores chineses no decorrer dos anos. Todavia, os reis Joseon, da Coreia, enviaram igualmente missões ao xogunato Tokugawa, referidas como *tsūshinshi* (missões diplomáticas), e os reis de Ryukyu fizeram o mesmo. O xogunato Tokugawa recebeu doze missões da Coreia, entre 1607 e 1811, e dezoito de Ryukyu, entre 1634 e 1850 (Arano, 2013).

As relações com a China e a Holanda, por meio do portal de Nagasaki, foram relegadas ao "setor privado", ou seja, eram conduzidas pelos comerciantes de Nagasaki e suas contrapartes holandesas ou chinesas, sem envolvimento direto do governo. No entanto, a partir da década de 1630, o diretor da fábrica holandesa em Dejima foi obrigado a viajar uma vez por ano para Edo, supostamente para agradecer ao xógum o privilégio de negociar em Nagasaki. Os comerciantes chineses não eram obrigados a enviar emissários anuais a Edo, mas esperava-se o envio de presentes para autoridades locais. Os holandeses, assim como os chineses, pagavam diversos impostos e encargos para manter o privilégio de negociar no porto de Nagasaki (Arano, 2013; Kazui; Videen, 1982; Kitaoka, 2011). Ao limitar o acesso a comerciantes chineses e holandeses, o xogunato esperava garantir um abastecimento constante de importações, evitando conflitos internacionais, interditando influências católicas (advindas dos portugueses e consideradas subversivas) e garantindo a lealdade deles para com Edo

(Arano, 2013). Afora estas nações já mencionadas, existiam relações entre o xogunato e algumas ilhas chamadas *Satan*, da costa do nordeste asiático.

Queda de Tokugawa e o Japão Moderno: os passos para a abertura e a Restauração Meiji

O fim do governo Tokugawa foi marcado por inúmeros fatores: crise econômica, perda de prestígio de lideranças, inflação, disputas de poder interno, colapso do sistema sankin kotai e pela efetiva entrada do Japão no sistema internacional westfaliano. De alguma forma, alguns desses elementos se relacionam com a "diplomacia militarizada" dos Estados Unidos e com a ação do Comodoro Perry, em 1854. Este oficial americano visitara o Japão em 1853, mas, após a recusa por parte do xogunato de abertura comercial aos Estados Unidos, ele efetivamente retornou no ano seguinte para forçar a abertura do arquipélago – vale lembrar que a primeira Guerra do Ópio, ocorrida na China entre 1839 e 1842, já demonstrara o poder bélico ocidental (Oliveira, 2019).

É interessante notar que, mesmo antes da diligência do comandante Perry, houve outras tentativas frustradas de expandir o comércio entre os Estados Unidos e o governo japonês. Em 1835, o presidente Andrew Jackson enviou Edmund Roberts ao Japão para convencê-lo a encerrar sua política de isolamento e abrir a nação ao comércio (Iokibe; Minohara, 2017). A expedição, contudo, foi interrompida quando Roberts faleceu repentinamente, em Macau. Dois anos depois, Jackson enviou uma segunda expedição, liderada por Charles W. King, no navio mercante *Morrison*. No entanto, King foi forçado a abortar sua missão quando o primeiro encontro oficial entre os Estados Unidos e o Japão, perto da costa de Uraga, terminou com o uso unilateral da força militar pelos japoneses.

Retomando a figura de Perry, o comodoro fez sua segunda viagem ao Japão em 1853, com uma frota substancial de nove navios, incluindo três fragatas a vapor (Gordon, 2003). Nessa ocasião, foi permitido que os navios americanos parassem apenas em portos relativamente remotos de Shimoda e Hakodate. Entretanto, diante das tensões no continente e da presença significativa de potências ocidentais na Ásia, o governo japonês viu-se obrigado a aceitar a entrada da cultura e dos produtos europeus e americanos. Os termos do *Tratado de Kanagawa*, assinado em 1854, foram estendidos a quatro nações europeias: França, Grã-Bretanha, Holanda e Rússia.

Outro tratado desigual no período foi o *Tratado Harris*, de 1858, que concedeu extraterritorialidade, a abertura de novos portos e o status de "nação mais favorecida" aos Estados Unidos, um privilégio pouco depois estendido à França e à Rússia. Gradativamente, mais portos japoneses foram abertos com o aumento da pressão norte-americana, russa e francesa, o que demonstrou ao povo japonês a fragilidade do xogunato Tokugawa no cenário externo (Gordon, 2003; Oliveira, 2019).

Nos anos seguintes à abertura dos portos, o processo de modernização se acelerou, impulsionado pela entrada de ideais e tecnologias ocidentais (Crespo et al., 2016; Oliveira, 2019). Houve também uma desagregação do sistema de paz e luxo que sustentava o xogunato Tokugawa, levando à perda de sua legitimidade aos olhos dos aliados e da população, que não concordavam com as demandas estrangeiras. Esses eventos culminaram na revitalização do poder do imperador, em 1868, com a Restauração Meiji. A partir daí, houve um aumento significativo na centralização do poder político e militar no Japão, iniciando um processo de emulação do modelo europeu de Estado em termos de organização institucional e estratégias (Oliveira, 2019).

Durante a chamada era Bakumatsu, aproximadamente entre 1853 e 1867, o Japão enfrentou o declínio do xogunato Tokugawa e graves conflitos políticos internos. O xogunato não conseguiu lidar com a pressão causada pela entrada das potências ocidentais em território japonês, introduzindo novas ideias, valores e produtos, e tampouco resistiu à transformação da Ásia num espaço privilegiado para exploração e disputas geopolíticas.

O longo período de estabilidade e relativo "isolamento" do xogunato Tokugawa deu início, como vimos, à formação dos pilares essenciais para a criação do Japão Moderno. A era Edo *bakufu* garantiu cerca de 250 anos de "paz" e "ordem" ao Japão, uma estabilidade de longo prazo que promoveu grandes mudanças na sociedade japonesa, criando um sistema "nacional" unificado e preparando-a, de alguma forma, para entrar na Era Moderna.

9.

A PROIBIÇÃO DO TRÁFICO ATLÂNTICO DE AFRICANOS ESCRAVIZADOS E O PACTO PELA ESCRAVIDÃO NO BRASIL

Keila Grinberg e *Beatriz Gallotti Mamigonian*

Ao longo do século XIX, e principalmente após sua independência, a opção pela permanência da escravidão foi o principal elemento definidor das políticas de Estado no Brasil, incluindo a política externa brasileira. Neste sentido, a escravidão e o tráfico de escravizados foram o ponto nevrálgico das relações entre o Brasil e a Grã-Bretanha, mas também entre o Brasil e os países da região do Prata e as nações africanas. Além da continuação da escravidão propriamente dita, foi fundamental o fato de ela ter conhecido considerável expansão no Brasil (inclusive, e principalmente, após 1831, no período da ilegalidade do tráfico africano de escravizados), enquanto os países vizinhos lentamente a aboliram, em processos, como o brasileiro, também plenos de tensões e contradições.

Antecedentes

O comércio de africanos escravizados no mundo atlântico moderno foi, desde o seu estabelecimento em fins do século XV, acompanhado pelo esforço dos impérios europeus em criar relações diplomáticas com reinos africanos. Apesar de empreendido por mercadores, as características da presença europeia na África durante a vigência do comércio de africanos escravizados tornaram as alianças com as autoridades locais fundamentais para o sucesso da empreitada escravista. Afinal, com poucas exceções, o território efetivamente ocupado pelos europeus pouco se estendia além de algumas cidades, fortificações e entrepostos comerciais. Não é à toa que, ao chegar ao então denominado Reino do Congo, Portugal procurou criar uma embaixada na capital congolesa, que serviria tanto à afirmação da aliança entre a Santa Sé e o Reino de Portugal – o padroado – quanto, e principalmente, à sustentação do comércio de escravizados. Entre pelo menos meados do século XVI e o início do XIX, Portugal, Inglaterra, França, Espanha e Países Baixos mantiveram relações diplomáticas com reis e demais autoridades africanas. Estas relações eram peça essencial nas disputas de poder levadas a cabo pelos europeus e centradas no estabelecimento de zonas de influência e acordos comerciais favoráveis. Este é o caso das disputas entre Portugal e Países Baixos pelas regiões do Congo e de Angola, respectivamente, ocorridas no século XVII, quando ambos tentaram estabelecer com as autoridades locais acordos que lhes dessem vantagens comerciais. Da mesma forma, disputas entre lideranças africanas causavam transtornos à dinâmica do comércio colonial. Foi o que aconteceu, por exemplo, quando dois príncipes de uma família de autoridades e comerciantes do porto de Calabar, na costa ocidental da África, foram vendidos como escravos por uma família rival, em 1767, e adquiridos por ingleses desavisados. Sua escravização "acidental" causou desconfortos e tensões nas relações com a Inglaterra até que ambos fossem libertados.

Até fins do século XVIII, portanto, o comércio transatlântico de escravos era feito em escala cada vez maior. O Brasil tinha nele participação fundamental, recebendo cerca de 45% do número total de escravizados. Com poucas exceções na África, nenhuma autoridade se posicionava contra a sua existência. As querelas internacionais, embora existissem, não colocavam em xeque o comércio de escravizados ou a escravidão, dizendo respeito sobretudo a disputas por maiores possibilidades de escravização.

Este cenário começou a mudar no início do século XIX, quando o comércio de africanos escravizados foi declarado ilegal para súditos britânicos, por medida do seu Parlamento, em 1807. A campanha abolicionista, inicialmente disseminada por grupos religiosos não conformistas, ganhara o apoio das camadas médias urbanas, e este apoio se manifestaria novamente alguns anos mais tarde, no Congresso de Viena, em 1815, quando elas passaram a pressionar o governo britânico a obter compromissos abolicionistas de outros países. A partir de então, e principalmente para manter sua hegemonia sobre os mares atlânticos, a Inglaterra passou a atuar no sentido de tornar ilegal o comércio de africanos escravizados como um todo. Foi graças à mudança de contexto havida no século XIX, portanto, que a escravidão passou, de fato, a ser uma *questão* nas relações internacionais entre os países historicamente envolvidos com o comércio de escravizados. Para além do evidente impacto que a proibição teve na dinâmica interna dos reinos e Estados africanos, a questão afetava diretamente os processos de independência das nações das Américas, obrigadas pelas circunstâncias a se posicionar em relação à proibição do tráfico e à manutenção da escravidão. Com o Brasil não seria diferente.

Da transferência da Corte portuguesa para o Rio de Janeiro à Independência do Brasil (1808-1822)

Em 1808, no contexto das Guerras Napoleônicas, que ameaçavam a monarquia portuguesa na Europa, a Corte de Portugal foi transferida de Lisboa para o Rio de Janeiro, então capital da colônia brasileira. A operação foi possibilitada pela Inglaterra, que protegeu a saída da família real; em troca, as duas Coroas negociaram uma série de tratados que beneficiavam sobremaneira o comércio britânico no Atlântico Sul, onde os portugueses dominavam. Entre eles estava o *Tratado de Amizade e Aliança*, ratificado em 26 de fevereiro de 1810, pelo qual o príncipe regente D. João de Portugal se comprometia com os ingleses a limitar o tráfico em seus territórios, reconhecendo por escrito que a prática da escravização e do comércio de seres humanos era fruto de "injustiça e má política". Não se pode dizer que Portugal realmente tenha adotado, como prometido, "os mais eficazes meios para conseguir em toda a extensão de seus domínios uma gradual abolição do comércio de escravos". Em contrapartida, a Marinha britânica não tardou a apresar navios de comerciantes luso-brasileiros, sobretudo aqueles da rota entre a Bahia e a Costa da Mina, na África Ocidental.

O compromisso com os ingleses, no entanto, marcou uma inflexão sem volta nas relações internacionais afro-luso-brasileiras. Durante o período de vigência da escravidão, era comum o envio de missões diplomáticas de reinos africanos, como do Congo e do Daomé, para o Brasil. Na última década do século XVIII, embaixadores foram enviados da Bahia para o Abomé, Onim (Lagos), Daomé e Porto Novo. Quando as notícias da transferência da Corte portuguesa chegaram à África, o rei Adandozan, que governou o Daomé entre 1796 e 1818, enviou carta a D. João, solidarizando-se com a situação de Portugal e ao mesmo tempo expressando preocupação com o futuro das relações comerciais entre os dois reinos:

> Pois o tempo tudo está virado, o [...] tempo do nosso governo tanto lá como cá, o meu sentimento tem sido de eu não ficar mais vizinho de Vossa Alteza, e nem poder andar em terra firme para lhe dar um socorro com o meu braço, pois a minha vontade é grande (Parés, 2013, p. 378).

Àquela altura, representantes dos reinos do Daomé e Ardra disputavam a atenção e privilégios comerciais dos governantes portugueses no Rio de Janeiro, relativos, sobretudo, ao fornecimento de africanos por seus respectivos portos. Mas a nova atitude da Inglaterra em relação à escravidão, bem como o tratado com os ingleses assinado por D. João, forçou as autoridades lusitanas a manter os enviados africanos na Bahia, impedidos de vir à nova Corte, para que permanecessem longe dos olhos dos cônsules britânicos, muito embora o Rio de Janeiro continuasse recebendo os escravizados que eles traziam. Os ingleses chegaram a capturar dezessete navios negreiros entre 1810 e 1812, e as autoridades portuguesas tiveram de se equilibrar para dar continuidade às relações com reinos africanos, defendida fortemente por comerciantes estabelecidos na Bahia.

Os atritos então existentes entre portugueses e ingleses foram discutidos em 1815, por ocasião do Congresso de Viena. O fim do Império Napoleônico e o desinteresse da Prússia e dos impérios russo e austríaco em relação a esse assunto permitiram que os britânicos conseguissem apoio dos Países Baixos e da Suécia para abolir o comércio de escravos ao norte do equador, mesmo com forte oposição dos representantes espanhóis, franceses e, evidentemente, portugueses. Para acalmar os ânimos lusitanos, o governo inglês abriria mão do pagamento da dívida de 600 mil libras (que possibilitara a ida da Corte de Lisboa para o Rio de Janeiro) e ainda pagaria uma indenização de trezentas mil libras pelos navios apresados depois de 1810. Em troca, Portugal estabelecia que a partir de então ficava "proibido a todo e qualquer vassalo da Coroa de Portugal comprar escravos, ou traficar neles, em qualquer parte da costa da África ao norte do equador". Na prática, ficava proibido o tráfico dos portos da costa da Mina e da Senegâmbia, praticado por comerciantes baseados, sobretudo, na Bahia e no Maranhão. As medidas não chegaram a abalar em definitivo o empreendimento negreiro. Como os territórios lusos de Angola e Moçambique estão situados ao sul da linha do equador, o comércio não apenas permaneceu, mas se expandiu, acompanhando a tendência de crescimento da economia cafeeira no sudeste brasileiro.

Em 1817, fortemente pressionado, D. João VI assinou a *Convenção Adicional ao Tratado de 1815*, concordando que os navios britânicos vistoriassem embarcações portuguesas suspeitas e que apresassem aquelas encontradas ao norte do equador com africanos a bordo, e permitiu ainda a criação de Comissões Mistas dos dois lados do Atlântico para combater o tráfico. As apreensões e capturas em águas territoriais de ambas as nações ficariam, no entanto, proibidas, ou seja, o comércio de africanos escravizados, na prática, estava oficialmente legalizado no Atlântico Sul.

A transferência da Corte portuguesa para o Brasil também deu nova dimensão às relações comerciais e aos interesses geopolíticos na estratégica região do Prata, que ganhava mais importância à medida que sua população crescia, em decorrência tanto do desenvolvimento de Buenos Aires quanto da abertura da Espanha ao comércio de escravizados. Sem acesso direto ao estuário do Prata, os portugueses dependiam de boas relações com os vizinhos para alcançarem o Paraná, Goiás e Mato Grosso. E, assim como ocorreu no eixo com a África, o crescimento do poder britânico e as ações no sentido de restringir o comércio de africanos escravizados também tiveram impacto considerável nas fronteiras entre os impérios português e espanhol. No caso da América do Sul, ao apoiar os movimentos de independência, a Inglaterra também pressionava pela abolição do comércio transatlântico de escravos.

Receando que a Independência das Províncias Unidas do Rio da Prata (futura Argentina) interrompesse de vez o acesso português ao Prata, o príncipe D. João ordenou em 1811 a invasão de Montevidéu e a anexação da Banda Oriental (futuro Uruguai), também cobiçada por Buenos Aires, ao território do Brasil. A mediação britânica foi fundamental para o armistício, ocorrido no ano seguinte, ao mesmo tempo que o governo das Províncias Unidas do Rio da Prata proibia o tráfico de escravizados e, pouco depois, decretava que os escravizados de países estrangeiros ficariam livres somente "pelo fato de pisar o [seu] território". Tais medidas afetaram diretamente os interesses comerciais e a dinâmica de poder na região, uma vez que eram muito comuns as passagens de escravizados pelas fronteiras, muitas vezes a trabalho e acompanhados de seus senhores. No âmbito militar, em caso de uma guerra, a população escravizada era inclusive uma potencial fonte de recrutamento, como aconteceu em todas as Américas.

Após o Congresso de Viena, a situação de Portugal ficara mais frágil, não só pelas restrições ao tráfico de africanos ao norte do equador, como pela dificuldade em negociar as fronteiras da América do Sul, ao mesmo tempo com a Espanha e com repúblicas independentes, como a das Províncias Unidas do Rio da Prata. Sem acordo com a também fragilizada Espanha, Portugal acabou perdendo a Banda Oriental. As relações dos comerciantes do Rio de Janeiro com a praça de Montevidéu, no entanto, que incluíam a continuidade do tráfico e o transporte de escravizados para o interior do Brasil, fizeram com que D. João, mesmo sem aprovação inglesa, desrespeitasse o armistício de 1812 e invadisse novamente a região. Agora nomeada Cisplatina, em 1821 ela foi anexada ao Império Luso-Brasileiro; com isso, o comércio de escravizados, que nunca havia sido completamente interrompido, ganhou dimensão muito maior.

No início da década de 1820, o tráfico de africanos escravizados para o Brasil continuava a todo vapor. Ainda assim, a reorientação da política portuguesa, cada vez mais dependente da diplomacia britânica, faria com que, no âmbito diplomático, as antes influentes autoridades africanas da costa da Mina fossem cada vez mais alijadas das negociações sobre as restrições ao comércio de escravizados. Ao mesmo tempo, a expansão do Império Luso-Brasileiro na América do Sul requeria não só a manutenção do tráfico no Atlântico Sul, mas também uma política agressiva de expansão territorial no Prata, que, para ser efetuada, exigia dos portugueses relativa autonomia perante os ingleses, que não viam com bons olhos os conflitos na região. Desequilibrados entre o Prata e a África, e dependentes dos ingleses, os portugueses sucumbiram às reviravoltas internas ocorridas no coração do reino e, em 1822, perderam o Brasil.

Os comerciantes portugueses sediados no território brasileiro aproveitaram-se do processo de independência para associar seus interesses aos do novo país. Não apenas socorreram a Coroa nas necessidades econômicas da administração como vincularam o comércio de escravizados à expansão da economia e à prosperidade. As autoridades já vinham fazendo vista grossa ao tráfico da Bahia com a costa da Mina, adaptando mecanismos de legalização do ilegal que seriam muito difundidos depois de 1830.

Da Independência do Brasil à proibição do tráfico atlântico de escravizados (1822-1831)

O Império do Brasil herdaria de Portugal os principais problemas que marcaram a política externa joanina nas duas primeiras décadas do século XIX. Como declarara o secretário de Assuntos Estrangeiros britânico em 1822, "nenhum Estado do Novo Mundo poderá ser reconhecido pela Grã-Bretanha se não tiver franca e completamente abolido o comércio de escravos". Assim, dada também a reticência das demais cortes europeias, não é de surpreender que os dois primeiros reinos a reconhecer a independência tenham sido justamente os de Benim e Lagos, ambos com históricas ligações comerciais com o Brasil.

O reconhecimento da independência por parte da Inglaterra só viria em 1825. Esta, além de exigir o fim do tráfico e a manutenção de seus privilégios comerciais, também obrigou o Brasil a se comprometer a não anexar as colônias portuguesas da África, principalmente Angola, que em 1822 havia considerado a possibilidade de declarar lealdade ao Brasil, não a Portugal. A proximidade de Angola com o Brasil preocupava as potências europeias – incluindo, evidentemente, a portuguesa, que só reconheceu a independência brasileira após receber o aval da Inglaterra –, já que uma possível aliança entre os dois possibilitaria o controle brasileiro das duas margens do Atlântico, tornando o tráfico de escravizados uma questão interna e, portanto, irredutível às negociações de direito internacional.

Assim, ao reconhecimento inglês, seguiu-se a assinatura do *Tratado Anglo-Brasileiro*, em 1826, que previa o fim do tráfico de escravizados em um prazo de três anos, mantendo os termos da *Convenção Adicional de 1817*. Na prática, o novo acordo permitia a continuidade legal do tráfico até 1830. No ano seguinte, quando o acordo entre os dois países já estava em vigor, foi aprovada a lei de 7 de novembro de 1831, que, além de proibir a entrada de africanos escravizados no país, dava a liberdade àqueles ilegalmente introduzidos a partir de sua vigência (embora não considerasse o contrabando de escravizados um crime de pirataria, como queriam os ingleses). Ainda assim, a lei responsabilizava criminalmente comerciantes, comandantes e outros trabalhadores dos navios negreiros, bem como intermediários e compradores de africanos escravizados. Como já fora estabelecido no tratado de 1826, os navios negreiros eventualmente apreendidos estavam sujeitos a processo e julgamento pela Comissão Mista Brasil-Inglaterra. Apesar de ter sido cunhada como "lei para inglês ver", hoje há evidências suficientes para demonstrar que, desde 1826, acreditava-se mesmo que o comércio de escravizados seria interrompido brevemente. Daí a corrida para escravizar africanos e vendê-los no Brasil, a alta geral de seu preço no mercado e o aumento do movimento de navios negreiros que, entre 1826 e 1830, aportaram em várias regiões do país.

Enquanto prosseguiam as negociações diplomáticas entre Brasil e Inglaterra, acompanhadas de perto por comerciantes e fazendeiros, as rivalidades na região do Prata permaneciam, uma vez que a invasão brasileira de 1816 e a posterior anexação da Cisplatina jamais foram bem-aceitas pelas elites locais. Assim, apoiada pelo governo republicano das Províncias Unidas do Rio da Prata, a província Cisplatina em 1825 se autodeclarou República Independente do Uruguai. A guerra que se sucedeu – perdida pelo Brasil em 1828 e ocorrida no mesmo período das negociações com a Inglaterra a respeito do fim do tráfico – evidencia os limites políticos do recém-criado Império brasileiro, incapaz de fazer frente à elite portenha ao mesmo tempo que negociava o fim do tráfico com a Inglaterra.

Em 1825, também como forma de se distinguir do Brasil, o governo provisório uruguaio decretou o fim do tráfico atlântico de escravizados para o país, sem grande sucesso, já que a medida não valia nem em Montevidéu, nem na Colônia do Sacramento, ainda ocupadas por portugueses e brasileiros. Em 1830, no entanto, a Constituição uruguaia novamente proibiu o tráfico de escravizados e estabeleceu a liberdade do ventre, seguindo a tendência das outras repúblicas latino-americanas. Desde então, a proibição do tráfico pelas Províncias Unidas do Rio da Prata, em 1812, e pela Constituição uruguaia, em 1830, passaram a ser marcos fundamentais no processo uruguaio de abolição da escravidão, mesmo que, na prática, o tráfico ilegal continuasse com toda força ainda por mais dez anos, pelo menos. Tanto no Brasil quanto no Prata, sem que nunca tenha de fato sido interrompido, o comércio de africanos escravizados, agora transformado em contrabando, voltou a crescer na década de 1830.

Assim, no início dos anos 1830, mesmo que o tráfico de escravos estivesse proibido em praticamente toda a América do Sul, e embora a continuidade da escravidão ainda fosse objeto de disputa entre os diferentes grupos que assumiram o poder nas recém-independentes repúblicas hispano-americanas, a escolha brasileira pela "matriz escravista da civilização" imperial, como definiu Ricardo H. Salles, constituiu elemento fundamental na caracterização e na diplomacia das soberanias nacionais sul-americanas (Salles, 2013). Apesar da pressão inglesa, consolidava-se na América do Sul a oposição entre territórios de liberdade e territórios escravistas, do qual o Brasil, ancorado na expansão da produção do café, logrou ser o poderoso e único defensor.

A ilegalidade do tráfico atlântico de africanos escravizados (1831-1850)

Estimativas apuradas nas décadas de 2000 e 2010 indicam que, num período de dezenove anos, entre 1831 e 1850, mais de 700 mil africanos escravizados entraram no país, apesar deste comércio estar oficialmente proibido. Isso demonstra que, mesmo com a pressão britânica, depois de alguns anos de retração, o comércio voltara a crescer. De fato, os africanos apresados com os navios, que a princípio deveriam ser mandados pelo governo brasileiro de volta para a África, acabavam muitas vezes trabalhando como escravizados no Brasil. Mesmo depois de 1834, quando passaram a ser formalmente considerados "africanos livres", continuaram obrigados, no entanto, a servir ao Estado ou a particulares.

O reforço do tráfico conferiu força política aos grupos compostos, em sua maioria, por cafeicultores, que defendiam a impunidade aos traficantes e mesmo a revogação da lei de 1831. Foram estes que, alguns anos após a abdicação do imperador Dom Pedro I (abril de 1831), assumiram o poder do governo regencial em 1837, no fenômeno conhecido no Brasil como Regresso. Embora nunca tenham de fato revogado a lei de 1831, eles lograram manter o tráfico, ainda que ilegal, e garantir a continuidade da escravidão. Ao chegarem ao poder, os regressistas rapidamente passaram a estimular o contrabando por meio de medidas administrativas.

A partir de então, o tema do contrabando sumiu da esfera pública para dar lugar a uma política silenciadora de discursos antiescravistas. Até aquele momento, não eram incomuns no Parlamento as vozes que tentavam de fato dar um fim ao tráfico e regular o trabalho, tanto o escravizado quanto o livre. Era o caso de Antonio Pereira Rebouças e Antonio Luiz Patricio da Silva Manso, ambos homens negros e membros, respectivamente, do Parlamento nacional e do Parlamento provincial da Bahia. O Regresso, consolidado às custas da agenda liberal e dos direitos de cidadania tanto da população livre pobre, constantemente submetida às prisões arbitrárias e ao recrutamento militar forçado, como da população negra mais vulnerável ainda, ameaçada de escravização ou reescravização, implicou a supressão desta pauta e até mesmo da presença desses deputados na cena política (Grinberg, 2002).

Com a ascensão do imperador Dom Pedro II ao trono em 1840, os regressistas permaneceram ocupando posições fundamentais nos ministérios e no Congresso. Esta situação perdurou até o fim da vigência da convenção de 1817, que dera direito à visita e busca dos navios e criara as comissões mistas Brasil-Inglaterra. Em 1845, o Brasil se recusou a renovar a convenção ou negociar novo tratado com a Grã-Bretanha. O Conselho de Estado brasileiro decidiu que a Inglaterra não poderia mais apreender e julgar embarcações com a bandeira brasileira, o que até então era assegurado pelos tratados. Em retaliação, o secretário de Assuntos Estrangeiros britânico aprovou o *Bill Aberdeen*, que concedia à Marinha britânica o poder de aprisionar navios brasileiros em qualquer lugar do Atlântico (inclusive em águas do Império brasileiro), e julgar seus comandantes pelo crime de pirataria em tribunais britânicos.

Estas duas medidas provocaram uma rápida escalada nas tensões entre os dois países. Como resultado, em 1849, a Inglaterra transferiu parte da sua esquadra para o Brasil. Janeiro de 1850 foi o mês em que houve o maior número de apreensões de navios negreiros no país, desde o início das buscas no mar. Nos meses seguintes, navios de guerra britânicos atacaram embarcações suspeitas no litoral norte do Rio de Janeiro e em Paranaguá, ao sul da costa de São Paulo. No início de julho, chegaram ao Rio de Janeiro relatos de embates entre os britânicos, que incendiaram duas embarcações, e os brasileiros, que abriram fogo contra os ingleses e afundaram seus próprios navios, com medo das inspeções. Dizia-se então que a Marinha britânica não hesitaria em bombardear a Corte no Rio de Janeiro.

Mesmo que interesses diversos concorressem para a decisão do governo brasileiro de finalmente extinguir o tráfico de africanos escravizados, é inegável que a inquietação causada pelas ações dos ingleses foi fundamental para o compromisso brasileiro em abolir a prática, assumido em setembro de 1850. O tema do tráfico atlântico de africanos escravizados dominou a agenda das relações internacionais no Brasil até 1850. Não apenas no âmbito das conexões com a Inglaterra, em que se discutia sua extinção, mas também nas frentes africana e platina, nas quais a supressão do comércio nem sempre era tão evidente. Neste contexto da ilegalidade do tráfico, os contatos comerciais entre o Brasil e a África decresceram a partir de meados dos anos 1830. Ainda assim, além de promoverem o tráfico ilegal de africanos escravizados, os negociantes brasileiros também exportavam açúcar, cachaça e manufaturas, como vidros, para a África, além de reexportarem produtos industrializados britânicos, como tecidos. A persistência das relações comerciais e a esperança de continuidade é evidenciada pelas representações diplomáticas e consulados abertos pelo Brasil neste período, como na Cidade do Cabo, em 1841, o vice-consulado em Freetown (Serra Leoa), em 1847, e, no mesmo ano, a embaixada em Monróvia, capital da Libéria. Estes vinham se somar aos postos brasileiros já existentes na costa do Benim e nas colônias portuguesas de Angola e Moçambique, onde a presença brasileira era constante.

Na fronteira sul do Império brasileiro, a cena internacional não era menos conturbada do que no Atlântico. Sacudida por duas guerras civis – a Revolução Farroupilha (1835-1845), movimento separatista gaúcho que, por dez anos, tentaria proclamar uma república rio-grandense independente, e a Guerra Grande (1839-1851), conflito uruguaio entre os partidos

Blanco e *Colorado* –, a fronteira platina continuava sendo cotidianamente atravessada por um grande número de indivíduos escravizados, em fuga ou a trabalho, muitas vezes a mando de seus senhores. Se a instabilidade política, em ambos os lados, já contribuía para o aumento das tensões locais, as proclamações de abolição da escravidão no Uruguai, em 1842 e 1846, transformariam a região platina em um barril de pólvora, com a explosão do número de fugas de pessoas escravizadas. As tensões políticas na região foram parcialmente resolvidas com uma série de tratados impostos pelo Brasil ao Uruguai, incluindo um tratado de "extradição de criminosos e escravos fugidos". Nos termos do acordo, estabelecia-se que aqueles que passassem a fronteira do Brasil com o Uruguai sem o consentimento de seus senhores poderiam ser reclamados, tanto pelo governo brasileiro quanto pelos próprios senhores, e devolvidos ao território brasileiro.

Não seria apenas com o Uruguai que o Brasil tentaria assinar tratados de devolução de escravizados. À semelhança do primeiro, foram assinados outros com o Peru, ainda em 1851, e com a Argentina, em 1857 (este, nunca referendado pelo Congresso daquele país). Entabularam-se também negociações com a Bolívia, a Venezuela e até com o Equador, no fim dos anos 1850 e início dos anos 1860. Defendendo sua hegemonia na região, o Império do Brasil assumia de vez sua presença ativa nas relações diplomáticas da América do Sul. Em todos os tratados, os governos das repúblicas sul-americanas deveriam reconhecer o princípio da devolução dos escravizados pertencentes a súditos brasileiros que tivessem cruzado a fronteira contra a vontade de seus senhores. E ambas as partes deveriam se comprometer a não empregar em seus serviços desertores dos outros países, para impedir justamente a fuga de escravizados ou libertos recrutados.

À diferença dos tratados de extradição de escravizados existentes entre os impérios coloniais das Américas, os novos acordos foram estabelecidos entre uma nação escravista, o Brasil, e países que já haviam abolido a escravidão. Demarcavam claramente, portanto, uma territorialidade escravista, em contraposição ao estabelecimento do solo livre das repúblicas sul-americanas. À medida que a fronteira atlântica se fechava ao tráfico de escravizados, graças à pressão britânica, o Império do Brasil usava de todos os recursos para manter a fronteira interna do continente aberta e, assim, prolongar as possibilidades de escravização na região platina.

O custo internacional da expansão da escravidão (1850 a 1864)

A década de 1850, tradicionalmente, ficou conhecida como a época da conciliação, por conta da criação do Ministério da Conciliação, em 1853, pelo marquês do Paraná, o conservador Honório Hermeto Carneiro Leão, que visava conciliar os partidos Liberal e Conservador. De fato, obteve-se a estabilidade política no período, porém ao preço de um grande pacto pela manutenção da escravidão. Tal pacto escondia a ilegalidade da propriedade escravizada, obtida através do tráfico ilegal, e também se fazia às custas do sufocamento dos movimentos de rebeldia dos próprios escravizados e da negação dos direitos de cidadania demandados pela população negra livre. Neste cenário, a chamada "paz imperial" não dava segurança, estabilidade e paz nenhuma à imensa maioria dos africanos e seus descendentes, mesmo os livres, que viviam à sombra do medo de serem (re)escravizados. A escravização ilegal é uma das várias facetas da situação de grande precariedade da população africana e seus descendentes neste período. A todo tempo, eles precisavam provar que não eram escravizados, reforçando a associação entre cor e condição que tão fortemente marcou a história do século XIX brasileiro (no período posterior à abolição, esta associação seria reformulada, dando lugar à associação entre cor e criminalidade, deixando marcas profundas na perpetuação do racismo no Brasil).

Do ponto de vista das relações internacionais, a década de 1850 é conhecida como aquela em que, praticamente livre das pressões inglesas, o Império brasileiro teria tido espaço político e capital para investir na consolidação de sua vocação de liderança na região do Prata. No entanto, não foi o que aconteceu. Ainda que o Brasil estivesse voltado cada vez mais para a consolidação de seus interesses nessa região (e praticamente abandonado a frente da África), a escravidão e o tráfico ilegal de africanos escravizados não só permaneceram presentes na agenda política internacional, como continuaram fundamentais para as relações internacionais brasileiras.

Sob suspeita de não envidar esforços suficientemente sérios para reprimir tanto o tráfico atlântico de africanos quanto as passagens de escravizados pelas fronteiras com os vizinhos sul-americanos, o governo brasileiro precisava demonstrar respeito e obediência aos acordos internacionais, não apenas para ocupar a almejada posição de mediador regional de conflitos, mas também para garantir a defesa de sua própria soberania nacional em relação à Inglaterra.

A correspondência entre britânicos e brasileiros após a promulgação da *Lei Eusébio de Queirós*, de 4 de setembro de 1850, mostra que os ingleses temiam que, assim como ocorreu com a lei de 1831, esta também passasse a ser letra morta. Não eram temores de todo infundados. Pelo menos até 1856, ainda eram constantes as tentativas de desembarques de africanos nas baías e enseadas da costa brasileira. Mas, ao contrário do ocorrido na década de 1830, desta vez o governo brasileiro teria de fato organizado a repressão aos desembarques clandestinos. É o que mostram as circulares aos presidentes de província, distribuídas a fim de se controlar o embarque de africanos novos pelo comércio interprovincial, e o decreto de junho de 1854, no qual a competência dos auditores da Marinha para reprimir o tráfico foi estendida para qualquer distância da costa onde se achassem "africanos novos". Ainda assim, entre 1850 e 1856, ano da última apreensão de que se tem notícia, entraram no país mais de 38 mil africanos ilegalmente escravizados, dos quais cerca de 5 mil foram apreendidos pelas autoridades e declarados africanos livres.

Em 1861, em seu relatório, o ministro das Relações Exteriores do Brasil enfatizava que "as autoridades brasileiras têm perseguido e levado aos tribunais do país alguns dos culpados". Fazia sentido a preocupação do governo brasileiro em ressaltar a punição ao tráfico ilegal. Esse ano foi justamente quando estourou nova crise diplomática com a Inglaterra, que ficaria conhecida como Questão Christie. Oficialmente, a crise tem origem no saque do navio *Prince of Wales*, encalhado na costa do Rio Grande do Sul, e na prisão de oficiais britânicos por desacato às autoridades brasileiras no ano seguinte. William Christie (1816-1874), desde 1859 enviado extraordinário e ministro plenipotenciário britânico no Império do Brasil, ordenou o bloqueio do porto do Rio de Janeiro em 1863, após o governo brasileiro se recusar a pedir desculpas oficialmente aos ingleses. Em retaliação, o governo imperial rompeu relações diplomáticas com a Grã-Bretanha.

Reuniões secretas do Conselho de Estado mostram, no entanto, que a Questão Christie envolvia interesses muito maiores do que os relativos ao *Prince of Wales*: a Comissão Mista estabelecida para legislar sobre as reparações aos navios indevidamente confiscados estava num impasse havia anos, uma vez que o Brasil requeria indenizações pela apreensão de navios brasileiros, à revelia de tratados bilaterais, e a Inglaterra se negava a negociar casos de navios negreiros.

O rompimento das relações diplomáticas entre os dois países, que havia causado comoção cívica no Brasil e preocupação na Inglaterra, fez com que, como demonstrou Beatriz Mamigonian (2017), o governo britânico associasse "diretamente a crise diplomática às pendências associadas à repressão ao tráfico". Em 1863, portanto, o Império brasileiro permanecia profundamente envolvido em discussões relativas ao fim do tráfico e ao status dos africanos e seus descendentes no país. Só em 1865, com o desenrolar da Guerra do Paraguai (1864-1870), seriam reatadas as relações diplomáticas entre Brasil e Grã-Bretanha.

Conclusão: do isolamento internacional à abolição da escravidão e à queda do império (1864-1889)

A Guerra do Paraguai, sem dúvida, deve ser compreendida no processo de construção e consolidação dos Estados nacionais no Rio da Prata. Limites mal definidos, direitos de navegação entre os rios da região, produção de erva-mate nas fronteiras, acesso dos paraguaios ao estuário do Prata e contrabando de gado na fronteira entre o Brasil e o Uruguai são razões fundamentais para o início do conflito, revelando antigos interesses expansionistas e disputas pela hegemonia política local. É impossível compreender o conflito em sua plenitude, no entanto, sem levar em consideração as tensões em torno da abolição da escravidão nos países do Prata e da proibição final do tráfico atlântico de escravos no Brasil.

Durante a guerra, revoltas de escravizados estouraram no Rio Grande do Sul, fugas do Brasil para o Uruguai e a Argentina se tornaram mais comuns, soldados escravizados alistaram-se no Exército para garantir sua liberdade. O serviço militar, compartilhado entre libertos e livres (embora com proporção muito maior dos segundos do que dos primeiros), foi fundamental para a quebra final da legitimidade da escravidão no país. Em 1870, ao fim da guerra, já estava claro que não havia, para o Brasil, outra alternativa a não ser enfrentar de frente (e resolver) o problema da escravidão. Desde 1866, a questão do recrutamento dos libertos e, depois, do retorno destes às suas províncias, preocupava o governo imperial. A vitória brasileira havia sido garantida por um Exército composto, em parte, de soldados negros, muitos dos quais libertos. Agora, estes e seus descendentes buscavam garantir e ampliar seus direitos. Associações abolicionistas começavam a ser organizadas. Ainda que houvesse forte resistência de grupos escravistas, setores do Partido Liberal demandavam o início do processo gradual de abolição da escravidão – iniciado, de fato, pelo Partido Conservador, com a discussão da Lei do Ventre Livre. Promulgada em 1871, esta determinava que ninguém mais nasceria como escravizado no Brasil (mas estabeleceu outros mecanismos de controle da população ingênua, ou nascida livre, e previa formas de indenização aos proprietários).

O fim da Guerra do Paraguai marcou o definitivo isolamento internacional do Império brasileiro. A escravidão havia sido abolida nos Estados Unidos em 1865, ao fim da Guerra Civil que dividira o país e deixara um legado de mais de 500 mil mortes. Com a abolição no Paraguai em 1867, todas as repúblicas hispano-americanas também ficaram livres da escravidão. E, em Cuba, colônia espanhola, a *Lei Moret*, promulgada em 1870, conferia a liberdade aos nascituros e aos idosos. O Brasil se tornaria a única nação das Américas a permanecer plenamente escravista.

Neste quadro, as prioridades políticas e internacionais do Império do Brasil não poderiam, evidentemente, permanecer as mesmas, nem operar sob os mesmos pressupostos. É por isso que, finda a década de 1860, a vitória do Brasil no Prata significou a crescente insularização internacional de seu império. Nos quase vinte anos que se seguiram, a crise do "regime servil" foi também o último sopro de vida da ordem imperial, demonstrando que, ao invés de força, a escravidão, àquela altura, era a grande fraqueza do Brasil.

10.

REVOLUÇÃO E QUESTÃO NACIONAL NA EUROPA NO SÉCULO XIX

Felipe Alexandre Silva de Souza

"O rei está morto, viva a nação!"

O século XIX na Europa alvoreceu sob as reverberações do 1789 francês. Outras ondas revolucionárias viriam, nas décadas de 1820 e 1830 e em 1848, abalando todos os referenciais tradicionais: os princípios dinásticos, as relações de suserania, as autoridades religiosas, as hierarquias que naturalizavam desigualdades e privilégios. A decadência das velhas perspectivas exigia que as populações europeias elaborassem outras maneiras de interpretar e conceituar a realidade. E de *agir* sobre a realidade, como atestam as correntes de pensamento que surgiam com o novo mundo que se desenhava: os liberalismos, os socialismos, os anarquismos, os cientificismos, os romantismos e – o tema deste capítulo – as ideias nacionais.

A dimensão nacional se difundiu como referencial significativo para a constituição de identidades individuais e coletivas a partir do século XIX. Dificilmente poderíamos dizer, por exemplo, que os habitantes do Reino da França antes da revolução se sentissem predominantemente franceses na acepção moderna do termo e enxergassem seus vizinhos como compatriotas. É mais provável que eles vissem a si mesmos e aos outros como habitantes de certas vilas ou províncias, como católicos ou como súditos da dinastia Bourbon – e que qualquer ideia geral de nação francesa fosse muito tênue. Foi apenas no Oitocentos que os europeus começaram a fortalecer a ideia de pertencimento a "nações" – grandes comunidades unidas por uma série de vínculos objetivos e subjetivos: a percepção tanto de um passado e um presente em comum quanto de um futuro que também será compartilhado entre os outros membros da nação, a ligação a um espaço geográfico, as tradições, os costumes, os valores cívicos, a moral, o idioma e a cultura. Para Miroslav Hroch (2015), esses vínculos podem se combinar de inúmeras maneiras, mas sempre tendem a fazer com que os membros de uma coletividade pensem em si mesmos como integrantes de uma nação específica, diferente das outras nações, que por sua vez seriam formadas por outras características, pertencentes a outras trajetórias e portadoras de outros futuros.

Esse tipo de identidade coletiva não se generalizou nas populações de forma espontânea. Trata-se do resultado das ações de governos e movimentos organizados que procuravam construir vínculos de identidade e coesão entre as populações que governavam ou cujos direitos se propunham defender. Múltiplas ideias de nação foram elaboradas nas academias, nos salões de elite e gabinetes governamentais a partir do uso seletivo de elementos culturais e marcadores de identidade já existentes (o idioma germânico para os alemães, por exemplo), da invenção de tradições (os símbolos e valores republicanos para os franceses), de interpretações mitificadoras da história (uma leitura idealizada da Grécia Antiga para os gregos modernos) e da apropriação de tendências de pensamento que se verificavam no século XVIII e adentravam o centênio seguinte – tais como as noções de soberania popular desenvolvidas por pensadores iluministas, como Rousseau, e as concepções de filósofos como Herder, que viam a língua e a cultura como a alma de um povo. Por sua vez, as populações europeias não aceitavam passivamente a difusão das novas construções ideológicas. Ao contrário, apropriavam-se das ideias nacionais em grande medida porque, diante das metamorfoses do fim do século XVIII e de todo o século XIX, a nação oferecia uma nova maneira de dar sentido à existência e uma nova fonte de legitimidade política, em contraposição aos poderes dinásticos que perdiam sustentação. Nesse sentido, é emblemática a execução de Luís XVI na França, em 1793. Logo após sua decapitação na guilhotina, o tradicional pronunciamento "O rei está morto, longa vida ao rei" foi suplantado pela multidão que entoava "Viva a nação!". Como pontua Adam Zamoyski (2014, p. 1): "A mensagem era inequívoca. A nação havia substituído o rei como o soberano e, portanto, como elemento validador do Estado."

Este capítulo traz uma narrativa da ascensão das ideias e movimentos nacionais na Europa entre 1789 e 1871. Começando pela Revolução Francesa, passando pelo Império Napoleônico, pelas ondas revolucionárias entre 1820 e 1848 e terminando nos processos de Unificação da Itália e da Alemanha, pretendemos expor, em traços gerais, alguns dos acontecimentos que fizeram com que o século XIX europeu muitas vezes seja referido como "o século da construção das nações".

"Amor sagrado pela pátria guiando os braços da vingança": a França revolucionária, o Império Napoleônico e suas reverberações nos sentimentos nacionais

Dentre os amplos, profundos e multifacetados efeitos causados pela Revolução Francesa e pelo Império Napoleônico na Europa, o estímulo aos sentimentos e ideários nacionais esteve entre os mais significativos. Isso se deve fundamentalmente a três fatores: a influência das ideias revolucionárias, sobretudo a concepção de soberania nacional, isto é, o direito dos povos de disporem de si mesmos; o apoio direto a movimentos nacionais além de suas fronteiras durante a guerra contra as monarquias reacionárias – quando patriotas estrangeiros se inspiraram nos jacobinos e na *Marselhesa*; e, finalmente, as reações provocadas – muitos impulsos patrióticos se fortaleceram entre os que combatiam os franceses invasores (Rémond, 1990).

Já nos primeiros anos da revolução podemos constatar, em contraposição ao declínio do poder dinástico e da influência eclesiástica, a emergência da figura do "povo" como portador da essência, das trajetórias e do destino de uma sociedade (Moraes, 2020). Muitos revolucionários se apropriavam – segundo seus interesses – das reflexões feitas por pensadores iluministas a respeito da soberania nacional e dos direitos dos povos, e isso se refletia em seus discursos e propostas. A primeira Constituição francesa, de setembro de 1791, estabelecia os fundamentos legais para uma soberania nacional cuja base seria a "vontade geral", a ser concretizada por intermédio do estabelecimento de eleições (Hastings, 2019). Os direitos políticos, ainda que bastante limitados, ofereciam participação em um dever cívico – o que, para os revolucionários, era importante elemento da nação que estava sendo construída (Hunt, 2007). Somadas aos procedimentos eleitorais, foram instituídas padronizações administrativas e judiciais, uma demarcação mais rigorosa das fronteiras do Reino, a uniformização das escalas de pesos e medidas e a unificação da cunhagem de moedas – tendências centralizadoras e burocratizantes que facilitaram a tarefa de governar a partir da capital e que, na longa duração, ajudaram a estabelecer um modelo de Estado-nação que teria inspirado muitos movimentos nacionais (Hunt, 2007; Hastings, 2019).

Além dessas medidas, os revolucionários tentavam transformar o universo mental da população, como evidenciado pela retórica, pelos rituais e pelos símbolos que buscavam fortalecer a crença em uma nação racionalista e universalista, onde as necessidades da comunidade se colocavam acima dos interesses de indivíduos e grupos específicos. Os cartazes e as moedas que traziam as figuras míticas de Hércules e Marianne como personificações da República, a bandeira tricolor, os festivais, os altares em louvor à pátria, as procissões, tudo isso ajudava a criar sentimentos nacionais, de um povo soberano, dono de seu próprio destino. A população se assenhorava desses discursos e a eles mesclavam seus próprios símbolos e rituais, segundo seus interesses e conveniências (Hunt, 2007). Desse modo, a imagética nacional passou a frequentar a população em geral, que participava da elaboração do vocabulário de engajamento utilizado em manifestações de rua. Cada vez mais, os discursos da nação mobilizavam o "sentimento de ser francês" (Hastings, 2019).

A partir de 1792, começando pela declaração de guerra contra a Áustria, a França entrou em conflito contra as monarquias reacionárias da Europa, impulsionada pela necessidade de autodefesa e pela ambição de promover os valores revolucionários. A contenda catalisou os sentimentos nacionais entre os franceses: as narrativas binárias – protagonizadas por líderes e heróis – construíam um contraste entre a nação e seus inimigos, em um jogo de oposição que ajudava a fortalecer o senso de identidade. Os campos de batalha inspiravam a criação de imagens e símbolos épicos: a *Marselhesa* – atual hino nacional francês, cujos versos bradam o "avanço dos filhos da pátria" contra a tirania e conclamam o "amor sagrado pela pátria a guiar os braços da vingança" – foi composta nesse âmbito (Hastings, 2019). Além disso, na medida em que Paris acumulava vantagens no conflito, sistematizava-se a perspectiva expansionista da *Grande Nation*, que via a França como a vanguarda da Europa, incumbida de libertar outras nações da tirania. Muitos estrangeiros partilhavam dessa interpretação e ansiavam por uma intervenção que derrubasse os regimes nobiliárquicos em suas terras e abrisse o espaço para reformas. No entanto, o conceito de *Grande Nation* submetia os princípios libertadores às pretensões hegemônicas da França, gerando uma contradição: os franceses encorajavam sentimentos nacionais e reformas em áreas que ocupavam – em alguma medida, para enfraquecer as classes dominantes inimigas –, mas não incentivavam a completa autonomia nacional, para evitar que os movimentos saíssem de controle (Coller, 2013).

Isso fica claro na Península Itálica, então dividida em vários pequenos Estados, onde grupos patriotas de classe média desejavam, ainda de forma pouco sistematizada, derrotar os Habsburgo, que dominavam o norte da região, e criar uma Itália unida. O comandante Napoleão Bonaparte aproveitou o ensejo para facilitar sua luta contra a dinastia austríaca na península. Em 1796, prometeu liberdade à Lombardia e sancionou a criação de uma Guarda Nacional que teria uma bandeira tricolor semelhante à francesa. Em seguida, tendo expulsado os Habsburgo das terras lombardas, empreendeu uma reorganização administrativa nos moldes franceses, com o apoio de patriotas locais que consideravam tais medidas essenciais para uma Itália futuramente independente (Zamoyski, 2020). Pelos territórios italianos por onde os franceses passavam, os sentimentos nacionais – geralmente expressos no estabelecimento de clubes inspirados nos jacobinos – eram estimulados não apenas em oposição às dinastias reacionárias, mas também para fazer algum contraponto diante da hostilidade da maioria da população, que identificava as tropas francesas como usurpadoras, saqueadoras e uma ameaça ao catolicismo. Entretanto, para manter o protagonismo da *Grande Nation*, era necessário evitar que os movimentos nacionais saíssem de controle, e por isso as forças de ocupação não fizeram tentativas consistentes de coordenar os esforços patriotas ao longo da península – ao contrário, chegavam a encorajar conflitos internos (Coller,

2013). Em 1805, quando Napoleão, já autocoroado imperador, incorporou a Itália setentrional ao seu império, os defensores da unificação nacional passaram a ser abertamente perseguidos. Em 1815, na esteira da derrota de Bonaparte no continente europeu, os austríacos e os grão-duques locais retomaram a península.

O milenar Sacro Império Romano Germânico – um gigantesco ajuntamento de unidades políticas ligadas vagamente por um imperador eleito por um reduzido grupo de príncipes – chegou ao seu fim pelas armas dos exércitos napoleônicos e foi substituído, em 1806, pela Confederação do Reno, uma associação de dezesseis Estados menores, sob a hegemonia de Paris. Segundo Connelly (2020), relatos coletados na época entre pessoas de vários grupos e classes sociais traziam sinais de ultraje popular diante da extinção das estruturas imperiais por mãos estrangeiras. Isso indica a existência de ligações emocionais e certos marcadores de identificação em relação ao antigo império. Pela primeira vez, menções imperiais foram omitidas das orações, dos rituais religiosos e de procedimentos oficiais, e uma nova questão se colocava: agora um indivíduo se identificaria apenas como bávaro? Ou como prussiano? E se, de forma mais ampla, se colocasse como alemão, o que isso significaria na prática? A dissolução do Sacro Império Romano Germânico deixara suas populações carentes de um referencial. Era necessário construir outro.

Na Prússia, importante membro do império que se desfazia, a indignação diante dos franceses estimulou uma série de tentativas de se definir o que significava "ser alemão". Em 1806, o filósofo Johann Fichte publicou seu *Pronunciamento à nação alemã*, clamando por vingança contra a França e pela unificação nacional. Sua mensagem, desejava ele, deveria ecoar em todo o "domínio da língua alemã" (apud Hastings, 2019, p. 43). Em 1813, o poeta Ernst Arndt definia a pátria alemã: qualquer lugar onde o idioma alemão fosse falado. Nesses lugares, tudo que não fosse germânico deveria ser removido, principalmente elementos franceses. Para esses pensadores, a França fora bem-sucedida em destruir o velho Império e ocupar suas terras, mas jamais poderia derrotar aquilo que definiria a essência do povo alemão: sua cultura. O filósofo Johann Herder se destacou na sistematização dessa perspectiva, ao defender a importância de línguas específicas para a expressão humana. Mesmo que não fossem registradas de forma escrita, os dialetos falados por camponeses, bem como suas canções, folclores e histórias populares, formariam um repositório sagrado de tradição, história, religião e princípios de vida – a "alma de um povo". Por essa razão, argumentava Herder, os Estados teriam o dever sagrado de se colocar a serviço dos povos e proteger suas culturas e linguagens. Ao longo das décadas, as ideias de Herder seriam muito estudadas e difundidas, principalmente por intelectuais do Leste Europeu, resultando na popularização de referenciais linguístico-culturais como demarcadores de nações (Connelly, 2020).

Na Áustria – que simultaneamente fora parte do extinto Sacro Império e centro do ainda existente Império Habsburgo –, "nação" era um conceito oficial desenvolvido no âmbito das reformas que vinham sendo empreendidas desde os tempos de Maria Teresa da Áustria, no século XVIII, visando à centralização do Estado e à ampliação dos direitos políticos da população. Entendia-se por nação o próprio aparato estatal em união a todos que viviam em seus domínios como integrantes de uma comunidade, definida por fronteiras comuns, pela subordinação de todos às mesmas leis e ao governo de uma mesma dinastia. Este último ponto evidenciava que os Habsburgo tentavam transformar a si mesmos em símbolo nacional. Durante o conflito com a França, o imperador Francisco II procurou fortalecer essas ideias em busca da construção de um maior senso de união perante um inimigo comum, como se evidencia na composição de canções de incentivo patriótico e na formação de "milícias do povo", que simbolizavam a mobilização universal para um conflito travado em nome do povo austríaco, e não apenas de um monarca distante. Em junho de 1814, com a França derrotada, celebrações populares em todas as cidades recebiam Francisco, que retornava triunfante de Paris. As fontes do período indicam que a maioria das comemorações foi realizada sem iniciativa estatal e que, em diferentes localidades, as faixas, frases e imagens utilizadas eram muito semelhantes, denotando uma cultura compartilhada de símbolos que expressavam legitimação e pertencimento (Judson, 2016).

Nas regiões da Europa Central que integravam o Império Austríaco, emergiam diferentes questões nacionais. No Reino da Hungria, subordinado a Viena, a nobreza se legitimava por intermédio da *Natio Hungarica*, conceito que abarcava apenas aqueles considerados soberanos, por terem direito à participação política no Parlamento ou nas instâncias locais – ou seja, apenas os nobres e o clero, excluindo-se a maioria da população de camponeses e trabalhadores urbanos. A partir da década de 1790, essa elite começou a se ressentir das reformas centralizadoras dos Habsburgo, que identificavam como uma tentativa de promover a submissão total da Hungria à Áustria. Isso parecia particularmente evidente na lei decretada por José II estabelecendo o alemão como língua oficial administrativa, em substituição ao latim. Os nobres húngaros, em represália, ameaçaram cortar relações com os Habsburgo e passaram a inscrever uma dimensão cultural na ideia de *Natio Hungarica*, principalmente por intermédio dos esforços para recuperar o magiar como forma de expressão da identidade húngara (mesmo que a própria nobreza não tivesse grande domínio dessa língua). Paralelamente, intelectuais de classe média fundaram grupos inspirados nos jacobinos franceses, advogando outro conceito de nação inspirado pela França: uma república independente com direitos ampliados e soberania popular. Essa perspectiva rival teria vida curta – seus líderes foram rapidamente executados –, mas causou apreensão na nobreza, que por isso permaneceu fiel ao imperador Francisco II durante as Guerras Napoleônicas. Ainda que continuassem incomodadas com as tendências centralizadoras e germanizantes de Viena, as elites húngaras não podiam prescindir da proteção austríaca, uma vez que temiam uma invasão francesa que pudesse fortalecer o sentimento nacional de inspiração jacobina (Judson, 2016; Hastings, 2019; Connelly, 2020).

Na Boêmia, o mais próspero domínio Habsburgo, os nobres eram mais familiarizados com o idioma germânico, e por isso a oposição ao estabelecimento do alemão foi menos intensa. A aristocracia de Praga, embora preocupada com os possíveis riscos da centralização, não ameaçou cortar vínculos com os Habsburgo. Suas formas iniciais de protesto foram o uso premeditado do tcheco no parlamento em Viena (em um claro contraste ao cotidiano, no qual eles usavam esse idioma apenas para se dirigir a subalternos) e o financiamento de grupos de estudo e pesquisa para promover a história e a língua tcheca. Assim como na Hungria, as ações dos Habsburgo na Boêmia acabaram por tornar o idioma não apenas uma questão linguística, mas também um símbolo do modo de ser de um povo, de forma semelhante à perspectiva de "nação" de Herder (Connelly, 2020).

"A velha Europa está no começo do fim": ondas revolucionárias e movimentos nacionais nos anos 1820 e 1830

Após a derrota de Napoleão e o esfacelamento do império francês, a prioridade para seus oponentes – Áustria, Prússia, Rússia e Grã-Bretanha – era evitar situações semelhantes ao caos que assolara a Europa, originário unicamente, segundo os líderes reacionários, das ideias revolucionárias difundidas a partir da França. Nessa perspectiva, acordos estabelecidos entre as potências no Congresso de Viena (1814-1815) forjaram a Santa Aliança, com o intuito de bloquear, de maneira coordenada, atividades potencialmente desestabilizadoras na Europa, bem como reorganizar o continente de modo a recuperar, tanto quanto possível, os princípios dinásticos, hierárquicos e religiosos abalados nos últimos anos. Os Bourbon foram restaurados na França, os Habsburgo e as nobrezas locais recuperaram boa parte de suas posições na Península Itálica e a Confederação do Reno foi substituída pela Confederação Alemã, composta de 39 Estados (incluindo Áustria e Prússia) governados por dinastias germânicas (Hastings, 2019). Os arranjos de Viena ignoravam as opiniões das populações locais e os sentimentos de soberania nacional que vinham se desenvolvendo, e por isso em muito lembravam os procedimentos do mundo que a Revolução Francesa tentara sepultar. Klemens von Metternich, estadista austríaco e anfitrião do congresso, confessaria à sua amante: "Eu passei o dia cortando a Europa como se ela fosse um pedaço de queijo" (apud Evans, 2016, p. 28).

No entanto, os mais sagazes dentre os partícipes do congresso estavam cientes de que reverter mudanças tão profundas seria impossível. As ideias nacionais seriam a principal opositora à ordem de Viena, fortalecidas, especialmente a partir de 1815, pelo seu imbricamento com os liberalismos. É difícil formular precisamente o que seria "liberalismo" na época, devido às divergências entre os que se consideravam liberais, mas é seguro afirmar que, em sua maioria, eles advogavam por liberdades econômicas e políticas, em geral defendendo a participação dos cidadãos em seu próprio governo. Liberais identificavam o povo como fonte da soberania política e desejavam uma Europa organizada em Estados-nação independentes. Outra corrente ideológica que se mesclaria aos movimentos nacionais era o movimento artístico conhecido como romantismo, cujos louvores idealizados ao povo e ao seu passado acabavam ressoando nas pautas nacionais (Hastings, 2019).

Na Confederação Germânica, discursos nacionais, liberais e românticos eram ouvidos em clubes e associações de estudantes e veteranos da luta contra os franceses, onde se exercia uma devoção quase religiosa à ideia de nação alemã baseada na língua e em tradições culturais. Em outubro de 1817, esses clubes organizaram um festival no castelo de Wartburg (Turíngia) em comemoração aos trezentos anos da Reforma de Lutero e aos quatro anos da Batalha de Leipzig, na qual Napoleão amargara derrota frente aos exércitos prussianos, russos, austríacos e suecos. Os participantes fizeram marchas ritualísticas, entoaram hinos patrióticos e realizaram outras cerimônias de simbologia nacional, tal como a queima de livros considerados alheios à cultura alemã. Mesmo quando essas reuniões foram censuradas, a proibição era burlada com relativa facilidade. Em maio de 1832, nas proximidades de Neustadt, cerca de 30 mil pessoas realizaram aquela que seria a maior demonstração em prol da nação alemã na década. Nesse evento, que viria a ser conhecido como Festival de Hambach, a plateia assistiu a discursos nacionalistas inflamados, levantou o estandarte preto, vermelho e dourado simbolizando uma Alemanha unida, cantou hinos de louvor à cultura germânica e clamou pela unificação total do povo alemão em um único Estado nacional (Hastings, 2019).

Na Península Itálica, crescia o descontentamento das classes médias que perderam os direitos civis adquiridos quando da ocupação francesa (por exemplo, a possibilidade de ocupar cargos públicos, abolição da censura e fim da discriminação oficial contra judeus e protestantes), dando impulso ao surgimento de sociedades secretas que pretendiam recuperar a questão nacional italiana. A mais famosa dessas sociedades, os carbonários, liderou uma insurreição no Reino das Duas Sicílias com o apoio de soldados amotinados, em julho de 1820, com a intenção de obrigar o rei Fernando I de Bourbon a adotar uma constituição liberal. Rebelião semelhante se iniciou no ano seguinte no Reino de Piemonte-Sardenha, também com apoio de militares – a bandeira tricolor italiana chegou a ser hasteada em algumas fortificações. Ambos os movimentos foram suprimidos por tropas austríacas (Evans, 2016; Hastings, 2019).

A década de 1820 deixara clara a fragilidade da ordem do Congresso de Viena. "Meu pensamento secreto", Metternich escrevia em 1829, "é que a velha Europa está no começo do fim" (apud Evans, 2016, p. 80). Um golpe maior viria em julho de 1830, na França, quando, diante do avanço dos liberais nas eleições parlamentares, o primeiro-ministro Jules de Polignac, pertencente ao grupo reacionário Ultra, decretou o fechamento do Congresso e a instauração de leis de censura. Essas medidas desencadearam uma insurreição de três dias nas ruas de Paris, da qual participaram liberais de estrato médio e os setores populares, insatisfeitos com o governo devido à piora das condições de vida nos anos anteriores. Ao final, ao custo de mais de mil vidas, o rei Carlos X, que apoiava os Ultra, foi substituído por Luís Felipe da Casa de Orleans, que viria a ser conhecido como "Rei Burguês" ou "Rei Cidadão".

A Revolução de Julho em Paris inspirou ativistas que se mobilizavam pela independência belga. Uma das medidas do Congresso de Viena fora a transferência dos Países Baixos austríacos para a Coroa holandesa, resultando na incorporação de uma população majoritariamente católica e de fala francesa às terras protestantes da monarquia Orange-Nassau. Após tentativas fracassadas de construir sentimentos de lealdade nos novos territórios, o rei Guilherme I tomou medidas que restringiam o uso da língua francesa em público e limitavam a influência da Igreja Católica, causando ressentimentos em seus novos súditos. Ao mesmo tempo, defensores de um liberalismo secular se consternavam diante do crescente autocratismo do governo. No final da década de 1820, formou-se uma aliança entre conservadores católicos e liberais seculares em prol da Independência. No verão de 1830, em meio à escalada das tensões, as notícias da revolução em Paris chegavam a Bruxelas e elevavam o ânimo dos descontentes. O catalisador foi a apresentação em 25 de agosto daquele ano de *La Muette di Portici*, ópera romântica de Daniel Auber que dramatizava uma revolta napolitana contra a Espanha no século XVII. Durante a execução do dueto *Amour Sacré de la Patrie*, a plateia, inspirada pela música e cada vez mais agitada, saiu do Teatro Nacional e se juntou a manifestantes que já estavam nas ruas. Guilherme lançou o exército sobre seus opositores, mas não teve sucesso. Aceitando a insustentabilidade de sua posição, renunciou. Um governo provisório assinou a Declaração de Independência belga em 4 de outubro (Hastings, 2019).

Nos Estados italianos, o Julho parisiense encorajou a reemergência dos carbonários e uma onda revolucionária que se espalhou pela península.

Insurreições em Parma e nos Estados Papais tiveram breve sucesso em 1830, mas foram esmagadas no ano seguinte. Em Módena, o líder carbonário Ciro Menotti começou uma revolução, mas foi preso e enforcado, o que o transformou em um dos principais mártires nacionais. As tropas austríacas conseguiram conter todas as revoltas até a primavera de 1831 e o status dinástico foi mantido. Em julho daquele ano, o carbonário Giuseppe Mazzini fundou uma sociedade secreta radical, a Jovem Itália, comprometida a derrubar as dinastias italianas apoiadas pelos Habsburgo e a criar uma república italiana unificada. Obrigados a levar uma vida clandestina nos anos seguintes, os militantes dessa organização teriam destaque em 1848 (Evans, 2016).

Fora da Europa reorganizada pelo Congresso de Viena, o Império Otomano também se via, durante a década de 1820, às voltas com o fortalecimento de sentimentos nacionais entre seus súditos, com destaque para os gregos. O movimento nacional grego se inscreve no *Diafotismos*, ou Iluminismo helênico, liderado pela elite helênica de mercadores e armadores urbanos inspirados pelo Iluminismo na Europa Ocidental e pela Revolução Francesa, com o objetivo de promover os ideários de racionalidade, igualdade e direitos civis no mundo otomano. A Antiguidade passava a ser mitificada como passado glorioso a ser recuperado e se fortalecia a convicção de que os helênicos só conseguiriam reacessar sua herança cultural quando estivessem livres dos otomanos. A guerra pela Independência foi iniciada em 1821, liderada pela *Philike Hetaireia* (Sociedade dos Amigos), uma organização secreta de mercadores e intelectuais. Os camponeses gregos aderiram à causa, embora não pelas mesmas razões dos líderes rebeldes. Enquanto para estes o foco era o reflorescimento cultural e a implantação das noções francesas de soberania, os primeiros eram movidos pelas condições de miséria e humilhação impostas pelo sultanato e pelos senhores de terra turcos que os submetiam à servidão. Ademais, enquanto a liderança do movimento era majoritariamente anticlerical, o campesinato tinha relação ativa e profunda com a fé ortodoxa. Nas igrejas locais, ao lecionarem os ritos, passagens da Bíblia e as vidas dos santos, os religiosos do baixo clero acabavam por ensinar aos gregos que eles eram um povo cristão que um dia seria libertado por Deus do jugo do islamismo. A luta nacional, portanto, era interpretada sob duas ópticas diferentes: para os líderes, tratava-se de uma busca por alcançar os ideais de Revolução Francesa e reviver uma Antiguidade clássica idealizada; no entendimento da maioria camponesa, o que ocorria era uma guerra sagrada do cristianismo ortodoxo contra a opressão muçulmana. Quando a causa grega saiu vitoriosa e o Reino da Grécia foi estabelecido, em 1832, os empreendimentos governamentais para sistematizar um senso de identidade helênica articularam repertórios simbólicos dessas duas perspectivas. A capital foi estabelecida em Atenas – na época, uma cidade minúscula e precária, mas importante no imaginário classicista –, os novos edifícios foram construídos em estilo neoclássico, e elaborou-se como idioma oficial o *khatarevousa*, que tentava purificar a língua falada de coloquialismos e influências turcas e aproximá-la do grego antigo. Os clássicos eram ensinados nas escolas, e houve tentativas fracassadas de ressuscitar os jogos olímpicos. A religião, por sua vez, foi reforçada como elemento de identidade nacional por intermédio da valorização dos santos, da recuperação de um imaginário referente ao Império Romano Oriental cristão e da fundação da Igreja Ortodoxa Grega em 1833 – até hoje, instituição fundamental no sentimento de nação grego (Clogg, 2017).

"A tempestade está no horizonte e marcha sobre vós!": as revoluções de 1848

Os liberais alemães cunharam o termo pelo qual 1848 seria conhecido: *Völkerfrühling* – Primavera dos Povos (Rapport, 2021). Uma expressão repleta das esperanças de um período em que as aspirações nacionais de repente pareciam possíveis. Na Câmara dos Deputados em Paris, ao fim de janeiro daquele ano, Alexis de Tocqueville alertava seus colegas a respeito das tensões que se acirravam: "Sabeis que a tempestade está no horizonte e que ela marcha sobre vós; deixar-vos-eis antecipar por ela?" (Tocqueville, 2011, p. 53). "Uma nova era começa", escrevia a romancista Fanny Lewald no mês seguinte (apud Rapport, 2021, p. 112). Desde 1830, os movimentos nacionais persistiam nos subterrâneos, nos ambientes clandestinos, nos imaginários e nas emoções das gentes. Em 1848, eles viriam à tona.

As causas das revoluções de 1848 são bastante complexas e se inscrevem nas transformações sociais que instabilizavam os regimes europeus. Uma das consequências das chamadas revoluções industriais foi o crescimento demográfico, que concentrava e intensificava a miséria em cidades sem infraestrutura adequada. A situação piorou na segunda metade da década de 1840, quando crises econômicas levaram à escassez de alimentos, ao aumento generalizado nos preços, ao fechamento de fábricas e ao desemprego. Descontentes, os mais pobres demonstravam receptividade crescente a ideias revolucionárias. Devido à maior integração econômica do continente, as crises e degradações nas condições de vida foram sentidas de maneira similar em vários lugares, contribuindo para que as revoluções eclodissem de forma quase simultânea. Ademais, a maior rapidez na circulação de informações – proporcionada pela expansão das malhas ferroviárias, pelo advento dos barcos a vapor e pelo aumento nas taxas de alfabetização – permitiu que os processos influenciassem uns aos outros, com as notícias de levantes alhures animando rebeldes locais, que por sua vez encorajavam outras insurreições (Evans, 2016).

No caso da França, a dimensão nacional esteve presente de duas maneiras. Em primeiro lugar, fez parte das abordagens em torno do problema que seria o estopim da revolução: a legislação eleitoral permitia a apenas 1% da população masculina exercer o direito ao voto. Tratava-se de uma questão de participação cívica, que desde a Revolução de 1789 vinha sendo destacada como base da nação francesa. A soberania popular não seria possível se o sufrágio fosse inacessível à larga maioria da população. Os opositores do sistema eleitoral censitário – predominantemente jornalistas, advogados e intelectuais de estrato médio – organizavam, em Paris e outras localidades, grandes banquetes nos quais se debatia a necessidade de redução da taxa mínima de voto. Nessas reuniões, brindes eram feitos à reforma democrática e parlamentar e "à soberania nacional" (apud Evans, 2016, p. 188). Não à toa, a *Marselhesa* e canções consideradas "árias patrióticas" eram executadas em alguns banquetes.

Em segundo lugar, estava consolidada a percepção de que a França seria o repositório da civilização europeia, "a nação por excelência", nas palavras de Michelet (apud Droz, 1988), destinada a inspirar os povos a buscar a sua própria independência. Essa perspectiva aparece várias vezes no decorrer da revolução, iniciada em fevereiro, quando o primeiro-ministro François Guizot colocou os banquetes na ilegalidade e as tropas do governo abriram fogo contra uma manifestação que se opunha à medida. Ante as barricadas erigidas contra a repressão, o rei Luís Felipe renunciou e a República foi proclamada ainda naquele mês, estabelecendo-se como governo provisório uma coalizão de liberais e socialistas. O novo chefe de polícia de Paris, Marc Caussidière, escreveu que a revolução era como "uma promessa sagrada de emancipação para todos os povos da Europa" (apud Rapport, 2021, p. 113). Alphonse de Lamartine, ministro de Relações Exteriores do novo governo, teve sucesso ao invocar sentimentos patrióticos para demover uma multidão radical que propunha a adoção da bandeira vermelha – que começava a estabelecer referências com os socialismos – como novo emblema da República: "A tricolor percorreu o mundo com o nome, a glória e a liberdade da pátria!" (Lamartine, 1859, p. 321). Logo o direito ao voto foi garantido a todos os homens adultos, e o eleitorado rural, tendencialmente mais conservador, acabou elegendo uma maioria de moderados e conservadores nas eleições de abril para a Assembleia Constituinte. Tendo perdido espaço, os radicais tentaram recuperar a iniciativa fazendo apelos patrióticos para o estabelecimento de uma política externa agressiva de libertação de outras nações. Embora isso não tenha chegado a ocorrer, o *Manifesto à Europa* de Lamartine, destinado justamente a assegurar aos governos europeus que Paris não faria intervenções além de suas fronteiras, reafirmava a França como guia para os povos europeus, cuja influência se daria pelo exemplo (Rapport, 2021).

Na Prússia, o rei Frederico Guilherme IV cedeu à pressão das manifestações que tomaram as ruas de Berlim em março. Ele decretou o fim da censura e anunciou a convocação de uma "Dieta Unida" que fortaleceria a confederação com um código legislativo nacional. No entanto, essas medidas não foram suficientes para assegurar a desmobilização. Exército e manifestantes entraram em choque, resultando em oitocentos mortos, dos quais a maior parte era de trabalhadores pobres. Barricadas foram erguidas nas ruas e a revolução se sustentaria por mais de um ano. Processos semelhantes ocorreram na maioria dos Estados da Confederação Germânica, embora nenhum com o grau de violência visto na Prússia. Em Frankfurt (então uma cidade-Estado), um movimento de massas reuniu representantes de todos os Estados-membros da confederação em uma Assembleia Nacional, aprovando uma constituição que unificaria a Alemanha sob uma monarquia parlamentar cuja Coroa seria entregue à Prússia.

No Império Habsburgo, 1848 foi a escalada de tensões em um emaranhado de questões e movimentos nacionais que se combinavam e se opunham das mais variadas formas possíveis. Em março, nas ruas de Viena, estudantes e trabalhadores urbanos marchavam exigindo melhores condições de vida, a ampliação de direitos democráticos e o estabelecimento de uma constituição. Quando o Exército e os manifestantes entraram em confronto, parte da burguesia vienense, buscando evitar radicalizações, passou a exigir, com sucesso, a destituição de Metternich – simbólica queda de um dos principais arquitetos da Santa Aliança. Enquanto isso, o imperador Fernando I anunciou o fim da censura e o estabelecimento de uma assembleia constitucional (Evans, 2016). Além das questões mencionadas, a maioria dos revolucionários em Viena defendia a incorporação da Áustria a uma Alemanha unida – uma proposta conhecida como a Solução da Grande Alemanha. No entanto, essa demanda levantava problemas de difícil resolução: por um lado, nem todos os alemães do Norte, protestantes, apoiariam a inclusão dos austríacos católicos em um Estado unitário; por outro, muitos na Áustria temiam perder a relevância e se tornarem mera província sulista de uma Alemanha cujo poder provavelmente se centralizaria na Prússia (Rapport, 2021).

Essa questão era discutida também na Boêmia, onde tchecos nacionalistas pretendiam restabelecer o reino boêmio medieval que sucumbira aos Habsburgo no século XVI. Por motivos pragmáticos, não se pensava em um Estado-nação desvinculado dos domínios dos Habsburgo – os patriotas sabiam que o povo tcheco se tornaria vulnerável a agressões externas se rompesse com Viena. Essa perspectiva, conhecida como "austro-eslavismo", postulava que os povos eslavônicos da Europa Central deveriam lutar pelo seu reconhecimento nacional e pela liberdade para expressarem e preservarem sua cultura, mas sob proteção dos austríacos, sem independência plena. Por isso, os austro-eslavistas rejeitavam a Solução da Grande Alemanha: a incorporação da Áustria a um Estado alemão ampliado poderia acabar fragmentando o Império Habsburgo e deixar os boêmios desprotegidos. Os proponentes da Grande Alemanha pretendiam absorver a Boêmia no processo de Unificação germânica, com base no fato de que suas elites falavam alemão e lá havia expressiva minoria alemã. Em 1848, a Assembleia Nacional de Frankfurt fez uma proposta nesse sentido, mas ela foi rejeitada pelos patriotas tchecos, que temiam a anulação de sua nacionalidade em um suposto Estado germânico. Ao recusar Frankfurt, o líder tcheco Frantisek Palacký declarou: "Eu sou um tcheco de sangue eslavônico [...]. Esta nação é pequena, é verdade, mas desde tempos imemoriais tem sido uma nação em si mesma e por sua própria força" (apud Rapport, 2021, p. 132).

Havia também o problema da minoria germânica na Boêmia. Quando a revolução se iniciou em Praga, em março, tchecos e alemães estabeleceram juntos o Comitê de São Venceslau – o governo provisório revolucionário – e convergiram nas demandas por liberdade de imprensa e de religião e pelo fim dos privilégios feudais e da servidão. No entanto, logo a aliança inicial foi tensionada pela questão nacional: os alemães queriam a absorção das terras tchecas à almejada Grande Alemanha, e quando esse objetivo foi bloqueado pelo repúdio de Palacký na Assembleia de Frankfurt, os nacionalistas alemães esvaziaram o comitê e fundaram a Liga Alemã para se contrapor aos tchecos. A crescente animosidade entre as duas tendências é clara nos registros. "Avante contra os alemães, avante [...] contra Frankfurt", bradava uma canção popular tcheca (apud Rapport, 2021, p. 133), enquanto apoiadores da causa germânica declaravam que a Boêmia deveria "ser submetida pelo fio da espada" (apud Rapport, 2021, p. 134).

A Hungria também se agitava. Ainda em março, na Dieta de Pressburgo, o primeiro-ministro húngaro Lajos Kossuth, mesmo reafirmando lealdade aos austríacos, declarou que havia chegado o tempo de a Hungria conquistar um lugar de destaque – autônomo – no Império. Dias depois, em Buda, mais de vinte mil pessoas se reuniram diante do prédio do governo para exigir a abolição da censura, a formação de uma guarda nacional e um parlamento a ser eleito pelo povo. Pressionado, o imperador Fernando nomeou um governo independente que começou a trabalhar em uma constituição liberal. Em 11 de abril, Fernando assinou o estabelecimento da Hungria como uma monarquia constitucional, ainda dentro do sistema Habsburgo, tendo o imperador em Viena como rei (Connelly, 2020).

Há décadas os patriotas húngaros buscavam magiarizar o reino, impondo a todos os seus habitantes o que consideravam a cultura e as tradições húngaras – como atestavam as tentativas de estabelecer o magiar sobre os outros idiomas. A nova constituição facilitaria o processo, ao prever uma Hungria indivisível e centralizada, sem espaço para concessões ou direitos específicos às minorias sérvias, eslovacas, romenas, alemãs e croatas, que os magiares consideravam resquícios feudais nocivos e capazes de enfraquecer a Hungria diante do centralismo germanizante austríaco. Nos domínios húngaros, localizava-se o Reino Croata (cujo monarca também era o imperador Habsburgo), cujo vice-rei, Josip Jelacic, era contrário ao assimilacionismo magiar. Por isso, ele acabou recebendo apoio de Viena: em seus cálculos, o imperador Fernando pretendia fortalecer os croatas – até certo ponto – e utilizá-los como contrapeso para desgastar os húngaros e facilitar uma retomada do controle sobre Buda.

Nessa situação relativamente favorável, Jelacic procurou seguir as aspirações do ilirianismo, um movimento de intelectuais que tentava elaborar e fomentar o sentimento nacional croata. Decretou a igualdade jurídica entre os súditos e, em violação da legislação húngara que previa o uso do magiar, determinou que a comunicação nos ambientes administrativos, educacionais e eclesiásticos deveria ser feita em croata. Ademais, ele almejava ampliar os domínios do Reino Croata até que ele englobasse não apenas os croatas, mas todos os povos que os ilirianistas consideravam eslavos meridionais, ou *iugoslavos*: sérvios, bósnios e outros. Mais ao leste, os sérvios em território húngaro, que também vinham buscando reconhecimento e autonomia perante Buda, recebiam voluntários armados do principado sérvio do Império Otomano (havia séculos os sérvios estavam divididos entre os domínios Habsburgo e as terras do sultanato), com quem contavam no caso de um embate com os húngaros. Esses grupos armados cruzavam a fronteira com a aprovação do cônsul austríaco em Belgrado. Assim como em seu apoio aos croatas, Viena pensava em usar os sérvios como força desestabilizadora na Hungria. Em maio os sérvios estabeleceram um Congresso Nacional, elegendo como *voivoda* (líder) o coronel Stephen Supljikac, que jurou promulgar uma constituição e se aliou aos croatas para a iminente guerra contra os magiares (Rapport, 2021).

Na Península Itálica, as revoluções se iniciaram antes da França, em janeiro, no extremo sul, e se alastraram para o norte até chegar a Milão e Veneza. Todas elas lutavam por programas liberais e conseguiram estabelecer, entre 1848 e 1849, monarquias constitucionais ou repúblicas (Moraes, 2020). No Reino das Duas Sicílias, a miséria e as violências perpetradas pela monarquia Bourbon desencadearam uma insurreição popular camponesa que obrigou o rei Fernando II a aceitar um governo provisório liberal e promulgar uma constituição. Logo em seguida, governantes dos Estados ao norte estariam em situação similar e também recuariam: o grão-duque Leopoldo da Toscana, em fevereiro, e o rei Carlos Alberto, no Reino de Piemonte-Sardenha, em março. Nos Estados Papais, durante o mesmo mês, Pio IX, então conhecido por suas simpatias ao liberalismo e aos movimentos nacionais, tentou se antecipar e instaurou uma constituição, mas isso não foi suficiente para demover manifestações republicanas. Ao norte, os Habsburgo seriam derrotados por levantes populares no Reino da Lombardia-Vêneto: em Veneza, as milícias populares de Daniele Manin proclamaram a República de São Marcos; em Milão, em meio a tensões acirradas entre os insurretos, estabeleceu-se um governo provisório com preeminência dos monarquistas moderados sobre os radicais republicanos (Rapport, 2021).

Quando se espalharam pela península as notícias de que os Habsburgo tentavam retomar Milão, amplo clamor popular exigiu que os governantes declarassem guerra à Áustria – "o sentimento nacional e o apoio à guerra são uma espada, uma arma, uma força poderosa", diria o liberal Pellegrino Rossi (apud Rapport, 2021, p. 151). Em Roma, apesar da tradição que impedia o papado de guerrear salvo em casos de autodefesa, Pio IX relutantemente mandou sete mil homens para Milão, aos quais se juntaram dez mil voluntários romanos. Na Toscana, o grão-duque também cedeu à pressão e enviou tropas em auxílio dos milaneses. Até mesmo os sicilianos – na época, mais preocupados em se separar de Nápoles do que com ideias de unificação – despacharam uma força simbólica de cem homens para o norte. Em Piemonte-Sardenha, o rei Carlos Alberto adentrou a guerra declarando "sentimentos pela irmandade italiana" (apud Rapport, 2021, p. 154), mas um dos seus objetivos principais era anexar a Lombardia e Veneza e criar um reino italiano setentrional sob os Saboia.

Sem exceção, todas as revoluções foram derrotadas. Na França, os socialistas radicais não conseguiram recuperar espaço, e em dezembro de 1848 Luís Napoleão Bonaparte foi eleito presidente em uma república na qual foram bloqueadas as tentativas de reforma social. Em Berlim, a cisão entre socialistas e liberais nacionalistas enfraqueceu o movimento e contribuiu para a vitória dos contrarrevolucionários em 1849. Em Frankfurt, a oferta da Coroa de uma Alemanha unida foi rechaçada por

Frederico da Prússia, que enviou tropas para dissolver a assembleia. Em Viena, o Exército esmagou o último levante em outubro de 1848 (Hastings, 2019). Em Praga, as forças austríacas derrotaram a revolução com o apoio dos alemães locais, para os quais destruir o movimento nacional tcheco era mais importante que as pautas liberais. Na Hungria, as manobras para estimular atritos entre os movimentos nacionais trouxeram o resultado que o imperador Habsburgo esperava: choques armados dos húngaros contra sérvios, croatas e outros grupos desgastaram as partes envolvidas, resultaram em assassinatos em massa cometidos mutuamente e, no fim de 1849, permitiram a Viena finalmente forçar Buda à submissão (Connelly, 2020). Na Península Itálica, o movimento não demorou a se fragmentar, devido a complicações no campo militar, mas também porque a defesa de interesses particulares acabou se sobrepondo à questão da unificação. Nem todos pensavam em um Estado unitário: muitos lutavam por uma república na Lombardia, os venezianos davam prioridade a preservar a República de São Marcos e até os piemonteses, que provavelmente teriam mais vantagens com uma unificação, preocupavam-se diante da possibilidade de sua capital, Turim, perder a preeminência em um Estado maior. No segundo semestre de 1849, a reação já havia reconquistado a península (Rapport, 2021).

Sem embargo, o impacto de 1848 foi indelével. Reafirmou-se a ideia de que os governos derivam da soberania dos povos e se consolidaram os movimentos nacionais. "A Europa que saiu da onda revolucionária era mais nacional do que jamais fora e, até o final do século, o *nacionalismo* se tornou uma ferramenta eficaz, tanto interna quanto externamente, para justificar as opções políticas dos governos europeus" (Moraes, 2020, p. 95). Na segunda metade do século XIX, nada expressou essa tendência de forma mais clara do que os processos de Unificação da Itália e da Alemanha.

"Pensa na tua pátria e sem medo cumpre teu dever": a Unificação italiana

Na medida em que a Península Itálica passava pelos ciclos revolucionários entre 1789 e 1848, expandia-se um sentimento romântico de nação, expresso em romances históricos populares, pinturas, apresentações teatrais e especialmente nas óperas que dramatizavam os impasses nacionais em escala épica: "Pensa na tua pátria e sem medo cumpre teu dever", bradava Isabella em *L'Italiana in Algeri*, de Rossini (apud Chiappini, 2012, p. 67). Em grande medida graças aos ativistas pela unificação, a concepção de nação que se desenvolvia nesses produtos culturais era fundamentada na ressignificação de elementos já existentes no cotidiano e nas mentalidades da população. De sorte que emergia a ideia de uma Itália caracterizada como uma grande comunidade de "parentesco" – os membros da *madre-patria* seriam *fratelli* (irmãos) e *sorelle* (irmãs) –, portadora de um profundo senso de "honra". Eram comuns, na ficção popular, contos protagonizados por mulheres virtuosas que metaforizavam a nação e deveriam ser defendidas de estupradores e inimigos, contrários à unificação. Ademais, a nação era tida como uma entidade "santa", de maneira profundamente inscrita na cultura católica. Os "mártires nacionais" eram louvados por seus sacrifícios e muito se falava em "cruzadas" e em uma "guerra santa" pela pátria. Mesmo o termo *Risorgimento* – pelo qual chamamos o conjunto do processo de unificação – não se referia apenas à necessidade de fazer ressurgir a nação. No século XIX, o vocábulo também carregava a conotação religiosa de "ressurreição", o que simbolicamente ligava a Itália ao próprio Cristo (Banti, 2020).

A unificação foi alcançada sob a liderança do rei de Piemonte-Sardenha, Vittorio Emanuele II, e de seu primeiro-ministro liberal, Camillo di Cavour. Com auxílio do segundo imperador francês, Napoleão III, os piemonteses derrotaram os Habsburgo em uma guerra travada em 1859 e incorporaram os territórios austríacos à península. Em 1860, muitos dos Estados menores – como Parma, Toscana e Romanha – realizaram plebiscitos que resultaram na anexação voluntária aos domínios dos Saboia. Em abril daquele ano, rebeliões contra Francisco II de Bourbon no Reino das Duas Sicílias abriram oportunidade para que o movimento nacional republicano, liderado por Giuseppe Garibaldi, invadisse o sul com sua icônica tropa de voluntários em camisas vermelhas, a Expedição dos Mil. Em novembro, Garibaldi, bem-sucedido, colocou todo o sul da península sob controle de Piemonte-Sardenha. No entanto, seu objetivo final era invadir Roma, depor o papa e proclamar a Itália unificada na Cidade Eterna. Temendo que as forças de Garibaldi prejudicassem a unificação sob égide monárquica, Cavour contou com suporte francês para deter o republicano, incorporando os Estados Papais nesse processo (com exceção de Roma, que seria anexada apenas em 1870). Em março de 1861, a Itália como Estado-nação unificado foi proclamada, com a vitória da monarquia conservadora dos Saboia sobre os radicais republicanos (Hastings, 2019; Moraes, 2020).

Colocava-se, agora, uma nova questão: ainda que o termo *Risorgimento* trouxesse a ideia da existência pregressa de uma nação italiana que deveria ser recuperada, isso não passava de um mito. Exceto pelo catolicismo, havia poucos elementos em comum que ligassem os habitantes da península. Nem sequer havia um idioma compartilhado: na década de 1860, menos de 3% da população falava o que hoje conhecemos como italiano (Doumanis, 2001). Os sentimentos nacionais durante o processo de unificação foram significativos, mas não estavam presentes na maioria da população, que na melhor das hipóteses era indiferente a qualquer ideia de nação italiana (Doumanis, 2001). O novo Estado, portanto, precisava ampliar seu apoio social, o que pode ser traduzido nas famosas (e talvez apócrifas) palavras de Massimo d'Azeglio: "Nós fizemos a Itália; agora temos de fazer os italianos" (apud Hastings, 2019, p. 99).

Seria necessário um processo homogeneizador, apagador de diferenças regionais, que estabelecesse características em comum entre a população. Particularmente notável era o contraste social, econômico e cultural entre o Norte e o *Mezzogiorno* (o sul da península), cujos habitantes eram desprezados pelos setentrionais, que os viam como preguiçosos, violentos, miseráveis, criminosos, atrasados e rudes. Nos últimos momentos do processo de unificação, o comissário piemontês Luigi Carlo Farini escrevera a respeito de Nápoles: "Isto não é a Itália! Isto é a África: comparados com esses camponeses, os beduínos são o pináculo da civilização" (apud Moe, 2002, p. 65). Uma vez incorporado ao novo Estado-nação, o *Mezzogiorno* foi tratado pelo centro de poder piemontês como território ocupado, e passou a ser considerado um problema a ser estudado e superado. Homens de governo e intelectuais se debruçavam sobre a "questão meridional". Atrasado, o sul prejudicaria o desenvolvimento da nação em sua totalidade. Os sulistas eram avaliados pelos cientistas da época – entre eles, o famoso frenologista Cesare Lombroso – como racialmente inferiores, mais africanos do que europeus. Por isso, precisariam ser tutelados e assimilados, isto é, "transformados" em italianos. Essa perspectiva deixava claro que se construía uma ideia de nação italiana tendo o Piemonte como referência (Doumanis, 2001).

A questão meridional estava inscrita no processo mais amplo que Doumanis (2001) chama de "piemontização". Os governantes em Turim, utilizando a si mesmos como modelo para a invenção da *italianità*, impuseram o código legal e as instituições piemontesas em toda a península, sem grande consideração pelas aspirações populares. Por intermédio dessa rede que se expandia, foram organizadas expedições científicas e etnográficas para coletar dados precisos do país e identificar elementos das culturas locais – vocabulário, vestimentas, contos populares, canções, rituais familiares – que pudessem ser considerados denominadores comuns a partir dos quais fosse possível construir normas nacionais. Talvez o efeito mais significativo desse processo seja o estabelecimento, no fim do século XIX, da fala toscana como base para o idioma considerado italiano padrão – em detrimento de todas as outras línguas, que por sua vez passaram a ser caracterizadas pejorativamente como "dialetos". Ao mesmo tempo, houve grande investimento na divulgação de um aparato simbólico. A tricolor italiana foi adotada como bandeira nacional e se tornou quase onipresente, bem como selos, moedas, estátuas, nomes de ruas e festivais públicos, todos utilizados para lembrar constantemente às pessoas que elas eram italianas e que sua nação se caracterizava pela grandeza (Doumanis, 2001).

O sistema educacional foi unificado e passou a funcionar com base em currículos uniformizados, promotores do espírito da nação. Nas escolas primárias, ensinava-se a língua nacional e os estudantes eram requisitados a escrever redações com temas como "Por que você ama a Itália?". Tanto no ensino formal quanto por intermédio da produção artística e da construção de museus, enfatizou-se o ensino de história em moldes nacionalistas, elaborando-se narrativas mitificadoras, laudatórias e simplistas. O povo italiano era apresentado como uma entidade coletiva existente desde tempos imemoriais, tendo na obra de Dante Alighieri o marco inicial do que teria sido o despertar de sua cultura e de sua consciência nacional. O longo período de fragmentação política era tratado como uma aberração causada por lutas "fratricidas" e por elementos externos. Nesse sentido, o *Risorgimento* passou a ser imaginado como uma saga épica e virtuosa de redenção; foram removidas as incoerências e os traços pouco lisonjeiros de seus protagonistas – Vittorio Emanuele, Garibaldi, Cavour –, agora retratados como heróis nacionais. A unificação, portanto, transformava-se no destino de um povo (Doumanis, 2001).

"As grandes questões desta época serão resolvidas a ferro e sangue": a Unificação alemã

O processo de Unificação na Itália encorajou a intelectualidade alemã a retomar o projeto de um Estado-nação germânico. Na Prússia, em 1861, liberais nacionalistas fundaram o Partido Progressista, cujas pautas incluíam a implementação de liberdades civis e religiosas e a substituição do velho Exército prussiano por milícias populares. Esse último ponto era crucial: o fracasso das revoluções de 1848 ensinara que era necessário tomar o controle das Forças Armadas. A experiência de 1848 também deixara claro que os Habsburgo não permitiriam que a Áustria fosse absorvida em uma Alemanha unificada. De sorte que a ideia da *Grande Alemanha* deveria ser abandonada em prol da solução da "Pequena Alemanha", isto é, de "uma unificação centralizada na Prússia e que excluísse a Áustria" (Evans, 2016).

Em 1862, o rei Guilherme I e os membros do Partido Liberal que tinham cadeiras no Parlamento entraram em conflito. Guilherme desejava expandir e modernizar as Forças Armadas, mas para isso precisava que os parlamentares aprovassem o orçamento estatal. Os liberais eram numerosos o bastante para bloquear esse orçamento, e assim o fizeram, com o intuito de pressionar o monarca a aceder aos planos de substituir o Exército por milícias do povo. De mãos atadas, mas hesitando a fazer concessões, Guilherme recorreu ao homem que seus aliados indicavam como o mais adequado para resolver o impasse, Otto von Bismarck. Nomeado ministro-presidente e ministro das Relações Exteriores, e explorando brechas legais e alianças escusas, Bismarck logo conseguiu contornar a necessidade de aprovação parlamentar para alocar os recursos desejados pelo rei. Ele também era simpático a melhorias no Exército: conservador e autoritário, o ministro acreditava na necessidade de aumentar o poder prussiano. Isso fazia com que fosse favorável à expansão agressiva do reino, como fica claro em seu famoso discurso proferido no Parlamento em setembro de 1862: "As fronteiras da Prússia [...] não são adequadas a um Estado saudável. As grandes questões desta época não serão resolvidas por discursos e por decisões de maioria – esse foi o grande erro de 1848 e 1849 –, mas a ferro e sangue" (apud Evans, 2016, p. 252).

Sua primeira grande medida expansionista, em 1864, foi se unir à Áustria em uma guerra contra a Dinamarca pelo controle dos ducados de Schleswig e Holstein. A derrota dinamarquesa colocou os ducados sob proteção prussiana e austríaca. Quando questões referentes à administração desses territórios começaram a causar tensões entre Berlim e Viena, Bismarck enxergou na situação uma oportunidade para entrar em conflito com os Habsburgo e derrotar a maior rival da Prússia na disputa pela hegemonia sobre a Confederação Germânica. O conflito veio em 1866 e terminou no mesmo ano com a humilhante derrota austríaca em Königgrätz. A Áustria foi expulsa da confederação e se comprometeu a não interferir nos Estados alemães; a Prússia, por sua vez, liderou a criação da Confederação da Alemanha do Norte, à qual aderiram 22 Estados. Internamente, Bismarck acabou atraindo a simpatia dos liberais nacionalistas. O ministro era autoritário e antiliberal, mas sua política externa parecia convergir com o objetivo principal do Partido Progressista: unificar a Alemanha. Bismarck prometeu o estabelecimento do sufrágio universal masculino em troca do apoio liberal e, dispondo de considerável base de consenso, manipulou um incidente diplomático menor e criou as condições para a eclosão da guerra contra a França em 1870. A derrota francesa foi selada na Batalha de Sedan. Em meio à euforia da vitória, o novo Império Alemão foi proclamado em janeiro do ano seguinte e Guilherme I se tornou o primeiro kaiser germânico. Em março, Bismarck assumiu como chanceler, cargo que ocuparia até 1890. Em maio, pelos termos do Tratado de Frankfurt – que encerrou oficialmente a Guerra Franco-Prussiana –, a França cedeu a Alsácia e parte da Lorena à Alemanha unificada (Hastings, 2019).

Assim como a experiência italiana, a Unificação germânica não definiu qual seria a concepção de nacionalidade dominante em seu território. O *Reichstag* – o Parlamento eleito pelo voto universal masculino – se tornou uma instituição alemã fundamental, mas as divisões internas dificultaram muito a criação de outros símbolos nacionais que fossem amplamente aceitos. Nenhuma das datas que o governo pensava para o estabelecimento de feriados nacionais tinha apelo suficiente, e a Alemanha só viria a ter um hino e uma bandeira oficiais a partir da República de Weimar (1918-1933). Mesmo a tricolor vermelha, dourada e negra de 1848 era considerada inaceitável pelos conservadores, cuja força superava a dos liberais. Estes, mesmo tendo convergido com Bismarck no objetivo em comum da unificação, viam-se rapidamente marginalizados, na medida em que as políticas estatais buscavam uniformizar o Reich de maneira autoritária, promovendo um entendimento de nação que a transformava em um sinônimo exato de Estado, de forma que qualquer crítica às instituições ou ao chanceler podia ser desqualificada como ato antipatriótico (Kitchen, 2013).

Os procedimentos de consolidação interna seriam denominados "integração negativa", devido à demonização de minorias em prol da solidificação da maioria (Hastings, 2019). Judeus eram pressionados à assimilação, e mesmo aqueles que tentavam se integrar totalmente não eram bem-aceitos em todos os círculos considerados respeitáveis. No entanto, seriam os católicos – um terço da população, com presença marcante no sul, especialmente na Baviera – o alvo mais visível nos primeiros anos do Reich.

Em 1870, o Concílio Vaticano I, convocado por Pio IX, declarara a Infalibilidade Papal; no mesmo ano, em Dormagen, fundara-se o Partido Alemão de Centro, de orientação católica. Diante desses eventos – vistos pelo governo como uma possível ameaça de interferência romana na Alemanha –, Bismarck e seus apoiadores lançaram a *Kulturkampf* (Guerra Cultural). Esta, por quase uma década, seria uma campanha oficial de afirmação da nação alemã e de discriminação das oposições católicas. As liberdades da Igreja católica foram seriamente restringidas e os jesuítas foram banidos do país; bispos que ousavam fazer declarações políticas em seus púlpitos eram encarcerados, às vezes por anos. Essas medidas legais se articularam a ações não oficiais: católicos foram preteridos na ocupação de vagas no setor público e desprezados em vários ambientes, sendo considerados pouco confiáveis e pouco nacionalistas, mais fiéis a Roma do que a Berlim. Eram constantemente zombados na imprensa protestante, que os retratava como "infantis", "afeminados" (em larga medida, devido à veneração a Maria e a demonstrações de fé consideradas excessivamente emotivas) e sobretudo "atrasados" – em resumo, um empecilho para a modernização alemã (Hastings, 2019). O movimento anticatólico acabava por ressaltar o protestantismo como elemento fundamental da identidade germânica, ao lado do idioma, como atestam as tentativas de intelectuais em promover um cânone literário nacional que excluía autores católicos e elegia a Bíblia traduzida por Lutero como elemento fundador da consciência alemã (Smith, 1995).

A despeito de sua virulência, a *Kulturkampf* falhou em assimilar os católicos e em neutralizar seu impacto na política nacional. No final dos anos 1870, Bismarck acedeu e adotou políticas mais conciliatórias. Os socialistas – em ascensão junto às classes trabalhadoras, que se expandiam na medida em que a Alemanha se industrializava – tornaram-se, então, o novo alvo primário da integração negativa. Sua retórica revolucionária, baseada no marxismo, era vista como força disruptiva, como demonstra a prisão de dois membros do Partido Social-Democrata, August Bebel e Karl Liebknecht, em 1872, sob acusações de traição devido a declarações de apoio à Comuna de Paris. Considerados "sujeitos sem pátria" (Kitchen, 2013, p. 116), os social-democratas viam o cerco se fechando a seu redor, em um processo que culminou em 1878, após o kaiser sofrer dois atentados de autoria de homens ligados às esquerdas. Bismarck aproveitou a oportunidade e conseguiu do *Reichstag* a aprovação de leis antissocialistas, deixando o Partido Social-Democrata na ilegalidade (Kitchen, 2013).

Os social-democratas sairiam da ilegalidade apenas em 1890. No entanto, assim como a *Kulturkampf* não conseguiu anular a força católica, as leis antissocialistas não seriam bem-sucedidas em neutralizar o Partido Social-Democrata, que contou com a fidelidade de seus muitos apoiadores nas classes trabalhadoras. Falharam as tentativas empreendidas por Bismarck e os conservadores de criar uma nação homogênea, centralizada e desprovida de contradições – em chave autoritária –, o que demonstra como as complexidades e tensões de uma sociedade dificilmente podem ser domadas por perspectivas que tendem ao unilateralismo. As principais contradições presentes na fundação alemã do Estado-nação persistiriam até o século XX, imbricadas a um novo tipo de perspectiva nacionalista: o pangermanismo chauvinista e imperialista (Kitchen, 2013).

"O esquecimento e o erro histórico são um fator essencial da criação de uma nação": considerações finais

No final do século XIX e no decorrer do século XX, a construção ideológica do Estado nacional continuaria a ser capaz de mobilizar povos e governos em toda sorte de direções. Por uma série de motivos – dentre os quais, a influência cultural exercida pela Europa em âmbito global, a expansão dos impérios coloniais e as resistências a esses impérios –, as concepções europeias de nacionalidade foram apropriadas por gentes ao redor do mundo de forma criativa, articuladas a referências locais e interpretadas segundo contextos e objetivos específicos. O panarabismo, o panafricanismo e o conflito que se arrasta entre israelenses e palestinos são alguns dos mais significativos exemplos da generalização dos nacionalismos. Hoje em dia, tão grande é o imbricamento e espraiamento dessas ideias no cotidiano e nas mentalidades que a dimensão nacional – como elemento constituinte de identidades individuais e coletivas e como princípio norteador de ações políticas – nos parece um dado da natureza, desde sempre inscrito em nossas formas de pensar e agir.

Em geral, trata-se de uma naturalização estimulada pelos próprios movimentos e perspectivas nacionais. Como pontua Judson (2016), os nacionalistas criavam as nações cujos interesses declaravam representar, mas não explicavam seu ativismo nesses termos: "Em vez disso, eles falavam de si mesmos como representantes de nações já existentes, nações cujos milhões de membros despertariam para o compromisso nacional" (Judson, 2016, p. 213). Para construir e manter sua própria legitimidade, os pensamentos nacionais dependem de uma certa dimensão de a-historicidade, de mitificações, distorções e apagamentos. Já em 1882, em célebre conferência na Sorbonne intitulada *O que é uma nação?*, Ernest Renan afirmou que "o esquecimento, e [...] mesmo o erro histórico são um fator essencial da criação de uma nação, e é assim que o progresso dos estudos históricos é frequentemente para a nacionalidade um perigo" (Renan, [s/d], p. 5). Quase um século depois, Benedict Anderson (2008) ressaltaria: a nação deve parecer inata, como se fosse objeto do destino.

O objetivo deste capítulo é justamente *desnaturalizar* as nações e indicar que elas são produto de um complexo, multifacetado e contraditório processo histórico de longa duração. Isso fica muito claro quando constatamos que, mesmo com a expansão dos sentimentos nacionais, os movimentos e governos nacionalistas encontraram notáveis dificuldades em acomodar a maioria das populações aos seus ideais de nação. É o que podemos observar nas experiências da Itália e da Alemanha após as unificações, mas também se verifica em casos menos óbvios. Judson (2016), por exemplo, aponta que – apesar dos eventos estremecedores da Primavera dos Povos e da retórica em torno daquele ciclo revolucionário – as fontes da época indicam que a maioria dos habitantes da Europa Central, em 1848, ainda não se considerava pertencente a comunidades nacionais. Mesmo a concepção francesa de nação, fundamentada no civismo, na inclusão, na racionalidade, na fraternidade, estava menos consolidada do que desejavam os círculos ditos ilustrados. No final do Oitocentos, foi assustadora a ressonância que a população francesa deu a outros tipos de nacionalismos – chauvinistas, violentos e excludentes. Isso é terrivelmente evidenciado pelo caso Dreyfus (Smith, 2000).

Portanto, o século XIX europeu foi o "século da construção das nações", mas a construção foi árdua, demorada, cheia de percalços.

Por fim, é necessário que nos perguntemos: se as nações são "invenções", então são os movimentos nacionalistas e as políticas de Estado que constroem nações, e não o inverso? Essa é a posição dominante na vasta historiografia a respeito do tema. No entanto, essa mesma historiografia mostra que tal afirmação deve ser pensada com cautela, por duas razões principais. Em primeiro lugar, se é inegável que nacionalismos e Estados tentam criar e difundir ideias de nação, essas ideias nunca são introjetadas de maneira passiva. Como afirmamos na introdução e tentamos demonstrar ao longo do texto, as populações se apropriavam ou rechaçavam essas concepções das mais variadas formas, de modo que a prática da elaboração das nações não é exclusivamente um movimento de cima (dos Estados e dos líderes nacionalistas) para baixo (as sociedades como um todo). Em segundo lugar, é necessário salientar, como também tentamos expor aqui, que as nações não eram inventadas de forma livre, a partir de quadros em branco. Em suas criações, os nacionalismos aproveitavam e ressignificavam marcadores de identidade já existentes, sentidos de pertencimento mais antigos e outros elementos culturais arraigados. Ainda que, baseados nesses repertórios, construíssem algo novo: a ideia de que a comunidade nacional deve ser protagonista na história.

11.

A GUERRA DE SECESSÃO, A GUERRA DO PARAGUAI E A FORMAÇÃO DO BRASIL E DOS ESTADOS UNIDOS

Rodrigo Goyena Soares

Introdução

A década de 1860 foi particularmente sombria no continente americano. Entre os conflitos mais mortíferos do século XIX, a Guerra do Paraguai (1864-1870) – também conhecida como Guerra da Tríplice Aliança, ou Guerra Guaçu – resultou em quase 550 mil baixas no Prata, quase tanto quanto a Guerra de Secessão (1861-1865) nos Estados Unidos, com pouco mais de 700 mil. Descontados os conflitos não contínuos, como as Guerras Napoleônicas (1803-1815), na Europa, ou a Rebelião Taiping (1850-1864), na China, somente a Revolta dos Cipaios (1857), na Índia, superou os números americanos. Tamanha carnificina ao norte e ao sul do rio Grande, fronteira natural entre os Estados Unidos e o México, muito mais do que sugerir uma exceção em escala global, expressou quão espinhosos foram os processos de formação dos Estados-nacionais nas Américas.

No entanto, pelo menos para Brasil e Estados Unidos, o início da década que precedeu os conflitos foi especialmente auspicioso, já que ambos pareciam ter encontrado uma certa estabilidade externa e interna. Em 1850, os estadunidenses lograram entender-se sobre o destino dos territórios conquistados ao México. Toda a questão girava em torno da organização desses novos espaços como estados livres ou escravistas, o que impactaria a composição da Casa Branca. Os candidatos à presidência eram eleitos por delegados estaduais diretamente votados pela população. Não obstante, como ainda hoje é o caso, o sistema eleitoral denominado *winner takes all* ("o vencedor leva tudo") permitia ao presidenciável que obtivesse indiretamente a maioria simples do sufrágio popular em determinado estado receber não uma parte proporcional, mas todos os votos dos delegados daquele estado. Nessas condições, a incorporação de novos territórios como estados livres poderia ameaçar as costumeiras presidências simpáticas ao cativeiro. O escopo do compromisso, portanto, foi manter um relativo equilíbrio entre estados escravistas e abolicionistas.

Quase ao mesmo tempo, o Império do Brasil impôs-se na bacia do Prata, realizando simultaneamente dois objetivos capitais para a consolidação do Estado nacional – neste caso, inteiramente escravista. A hegemonização regional do império assegurou a livre navegação dos rios platinos, o que garantia o controle do centro-oeste, naquela época inalcançável por terra. Mais expressivamente, a paz no Prata permitiu ao império redirecionar seu orçamento em benefício de outra bacia, a do Paraíba do Sul. Era o coração econômico do país, sustentado por cafezais e escravizados.

Embora promissora à primeira vista, a década de 1850 – que nos interessará num primeiro momento – permitiu apenas uma acomodação muito provisória de contradições estruturais, isto é, de longa duração. A expansão ao sul – como se verá na segunda parte – fora a principal válvula de escape para as irreconciliáveis tensões entre os projetos escravistas e abolicionistas nos Estados Unidos. Não à toa, pouco após a fronteira política encontrar o oceano Pacífico, os territórios ainda não organizados como estados foram disputados a ferro e fogo. Sem recurso a novas terras, os estadunidenses tiveram de olhar para dentro e definir qual modelo de nação os caracterizaria. No Brasil, a primazia regional obtida com a derrota da Confederação Argentina, em 1852, também foi uma superação apenas parcial dos desentendimentos anteriores. As contestações ao status quo hegemônico do império, ao mesmo tempo que sugeriam ao Rio de Janeiro um retorno às fragilidades nacionais das décadas de 1830 e 1840, eram as vias para a revisão do semiprotetorado imposto ao Uruguai, que se aliou ao Paraguai. Tornando tudo mais intrincado, as ameaças à preponderância imperial no Prata foram igualmente maus presságios para o predomínio de Buenos Aires sobre suas dissidências internas, visto que afeitas à aproximação com Assunção e Montevidéu. À maneira dos Estados Unidos, as contradições platinas resolveram-se pela guerra na década de 1860. Em ambos os casos, foram sínteses muito letais dos processos formadores dos respectivos Estados nacionais, tal qual analisado na última seção.

A estabilidade provisória de meados do século XIX: o retrato dos Estados Unidos em 1850

Predominante no nordeste dos Estados Unidos, o partido *whig* materializou pelo menos em parte suas principais aspirações em meados do século XIX. A reboque da produção têxtil e da indústria alimentícia, a região tornou-se o mais relevante núcleo urbanizado dos Estados Unidos. Sobretudo, ela concentrou, pela via industrial, quase um terço do produto interno na virada para a década de 1860. Boston, Filadélfia e Nova York eram os principais centros financeiros do país. Foi em Massachusetts que se formou o *Suffolk System*, um regime bancário privado que permitiu à Nova Inglaterra, num tempo em que os bancos emitiam suas próprias notas, uniformizar a moeda e constituir um sistema de crédito relativamente protegido contra crises. Ao fazer parte do *Suffolk System*, uma instituição financeira que entrasse em bancarrota seria socorrida por ele, que dessa forma operava quase como um banco central privado.

O sistema bancário mais estável e seguro, pelo menos em comparação ao sul escravista, combinado à expressiva disponibilidade de capital na Filadélfia e em Nova York, redundou em largas facilidades de crédito, impulsionando assim o desenvolvimento de pequenas fábricas e lojas de varejo ou atacado, bem como a exploração de carvão, muito expressivamente na Pensilvânia. Em cooperação com os bancos londrinos, o investimento em ferrovias substituiu a anterior expansão dos canais fluviais, possibilitando o projeto dos *whigs* para a colonização do *midwest*, o meio-oeste ou centro-oeste estadunidense. A região, que se estendia de Ohio até Minnesota, incluindo Iowa e Illinois, era maior do que, somadas, as colossais províncias brasileiras do Mato Grosso e de Goiás. Assim, tal foi o alargamento ferroviário que, em 1860, os Estados Unidos possuíam mais de 45 mil quilômetros de estradas de ferro. Dez anos antes, eram menos de 10 mil quilômetros.

Denso no triângulo situado entre Chicago, Saint Louis e Washington, o sistema ferroviário permitiu a incorporação do mercado agrícola do *midwest* aos centros urbanos do nordeste, mas também se estendeu ao sul do famigerado paralelo 36°30'. Era o limite do cativeiro. Pelo *Compromisso de Missouri*, estabelecido em 1820, proibiu-se a escravidão acima do paralelo, especialmente no que dizia respeito aos territórios da Louisiana francesa, adquirida em 1803. Esta era uma porção de terra imensamente maior do que o estado do mesmo nome. Excluído o Missouri, que foi agregado como estado escravista, era uma vastidão territorial que se dilatava do Kansas até Montana. Abaixo do paralelo, as estradas de ferro não seguiram exatamente uma lógica de integração econômica interna. Tratava-se de vincular os polos produtivos rurais às bacias fluviais mais próximas, como a do Mississippi, e aos portos litorâneos – naturalmente, do oceano Atlântico.

O Compromisso de Missouri, 1820

A população dos estados escravistas somava quase 40% dos 23 milhões de estadunidenses em 1850, dos quais pouco mais de 3 milhões eram escravizados ainda muito concentrados nas Carolinas do Norte e do Sul, na Geórgia, no Alabama e no Mississippi, que, com a Flórida e a Louisiana, formavam a região conhecida como *Deep South*, o "sul profundo". Entretanto, a população cativa avançava em direção ao oeste, uma espécie então de "novo sul". Era um tipo de sociedade muito diferente comparada à do norte, em que 4,2 milhões de imigrantes irlandeses e germânicos haviam-se instalado respectivamente nos polos industriais do nordeste e nos núcleos agrícolas do *midwest*. Os notórios contrastes não significaram que os estados escravistas, em termos econômicos, correram forçosamente atrás daqueles que utilizavam o trabalho livre. Se o tabaco da Virgínia ou o açúcar da Louisiana eram pouco prósperos, as plantações de algodão floresciam como se em uma eterna colheita. No início da década de 1840, o sul produziu em torno de 350 mil toneladas de algodão, já em 1850 foram 680 mil e, antes da Guerra de Secessão estourar, bem mais de 1 milhão. Eram cifras acachapantes, que acompanharam preços relativamente estáveis na década de 1850.

Absorvido pela indústria têxtil britânica e, em alguma medida, financiado pelos bancos do norte, o *King Cotton* ("Rei Algodão") era responsável por pagar as contas federais. Entre 1820 e 1860, quando a fronteira algodoeira se expandiu continuamente, 85% das receitas federais advieram de tarifas aduaneiras. O algodão era o principal produto na pauta de exportações e garantia a captação de divisas que asseguravam o ritmo das importações. Como uma balança comercial robusta era a melhor garantia orçamentária, a União não poderia desinteressar-se do algodão e, portanto, da escravidão, assim transformada em questão nacional.

Cultivado extensivamente, sem qualquer responsabilidade pela proteção do solo, em meados do século XIX o algodão empurrou a fronteira agrícola para além do Mississippi. Trouxe consigo as ambições sulistas quanto ao prolongamento da escravidão e, inevitavelmente, a necessidade de um novo acordo territorial, dado que o *Compromisso de Missouri* se referia apenas aos territórios da antiga Louisiana francesa. Originário da vitória militar contra o México na guerra de 1846 a 1848, o *Compromisso Clay*, de 1850, foi uma tentativa de acomodação de interesses. A Califórnia tornou-se um estado livre e o tráfico interno foi abolido na capital, onde, no entanto, a escravidão foi preservada. Em troca, os imensos territórios do Novo México e de Utah poderiam organizar-se como estados escravistas, caso fosse essa a decisão local.

O Império do Brasil e o Prata na década de 1850

O mito da ilha Brasil – cuja fronteira setentrional seria a bacia amazônica, e a meridional, a do Prata – teve sua força quimérica enfraquecida após a perda da província Cisplatina, em 1828. Em seu lugar, a leste de Buenos Aires, surgiu a República Oriental do Uruguai. O resultado foi o exato oposto do "destino manifesto" nos Estados Unidos. Se lá o Estado nacional formou-se pela expansão territorial, aqui o Prata foi uma condição para a estabilidade do império. Embora supostamente satisfeito com suas fronteiras políticas, o Brasil foi um ator agressivo no Prata, porque o Mato Grosso, que à época reunia também o atual Mato Grosso do Sul, somente foi acessível por via terrestre no começo do século XX. No XIX, portanto, era imprescindível obter a livre navegação dos rios Paraguai, Paraná e Uruguai para controlar a segunda maior fronteira seca do país, que se estendia até o Rio Grande do Sul, o limite platino do Império.

Guardadas as proporções, aquele início de 1850 foi tão próspero para os Estados Unidos quanto para o Brasil, pelo menos para a fração líder do Partido Conservador – os denominados "saquaremas". Derrotadas as últimas pretensões descentralizadoras dos liberais, após o sufocamento da Revolução Praieira, em 1848, dois anos depois os saquaremas cederam às pressões britânicas pelo fim do tráfico internacional de escravizados e concentraram seus esforços na resolução da questão platina. Mais da metade do orçamento nacional ainda era capturado pelas pastas militares, e qualquer projeto de afirmação política ou de expansão econômica requeria a consolidação de uma posição altiva na bacia do Prata. Tal como Andrew Jackson e seu discípulo James K. Polk, que apostaram no expansionismo sulista para conduzir suas respectivas presidências, a estrela saquarema brilhou quando, entre 1851 e 1852, o império obteve êxitos militares no Prata.

Vencidas as forças de Manuel Oribe na Campanha do Uruguai, o Rio de Janeiro impingiu ao vizinho uma série de tratados desiguais. Pelo disposto, mitigavam-se os direitos aduaneiros sobre a pecuária gaúcha no Uruguai, assegurando-se, indiretamente, a permanência de quase 20 mil brasileiros naquela república – praticamente, 15% da população uruguaia. O Império brasileiro arrogava-se o direito de intervenção em caso de conflito interno no Uruguai, podendo solicitar a extradição de escravizados foragidos, precisamente quando os uruguaios concluíam seu processo abolicionista. Em outras palavras, o Chuí não seria uma espécie de paralelo 36°30': cruzando-o, nos Estados Unidos, os cativos podiam ganhar a liberdade. Presumivelmente, entre outros dispositivos, os tratados ainda garantiam a livre navegação do rio Uruguai e reconheciam a dívida de guerra em favor do Brasil, a qual Montevidéu pagaria por anos a fio.

Poucos meses depois, as tropas de Juan Manuel de Rosas, líder da Confederação Argentina, foram derrotadas na Batalha de Monte Caseros. Os argentinos fracionaram-se então em dois Estados plenamente independentes: a nova Confederação Argentina e o Estado de Buenos Aires. Tal fracionamento reforçou o poder brasileiro na região. Embora sem alterar as fronteiras imperiais no Prata após as campanhas militares, foi a partir dessa hegemonia externa que os saquaremas lograram consolidar sua hegemonia na política nacional. Um de seus principais projetos foi a refundação do Banco do Brasil. O objetivo era constituir um regime financeiro unificado, semelhante ao do *Suffolk System*, mas em escala nacional. Joaquim José Rodrigues Torres, futuro visconde de Itaboraí e articulador do pensamento econômico saquarema, compreendia que a criação descontrolada de moeda nas províncias gerava inflação e prejudicava o financiamento público. O novo banco deveria monopolizar a criação monetária e restringi-la, de maneira a sustentar a taxa de câmbio e a garantir o valor dos títulos da dívida pública, que não era corrigido pela inflação. Nisso, Rodrigues Torres parecia-se aos líderes escravistas dos Estados Unidos, também à frente de uma economia agroexportadora.

Formou-se assim a moeda nacional no Império, ainda antes do que nos Estados Unidos, mas com uma problemática dependência da economia cafeeira escravista. Por trás de um banco dominante no sistema financeiro nacional pairavam os interesses do café, singularmente num momento de alta nos preços e da subsequente expansão produtiva. Contra todas as probabilidades, porque o câmbio depreciado poderia baratear o preço do grão, os setores vinculados à exportação cafeeira apoiaram a política monetária de Rodrigues Torres. As casas de importação e exportação, geralmente estrangeiras, entenderam que, respaldadas em libras e ouro, garantiriam seu lucro. Os produtores de café, por sua parte, concordaram que a política de estabilização macroeconômica lhes garantiria a previsibilidade do negócio, da conservação e da reaplicação do lucro.

Foi graças às vitórias no Prata e à consequente redução do gasto militar que os saquaremas ampliaram, com uma moeda agora estável, o financiamento público. O Império do Brasil pôde lançar mão de uma ampla política de juros controlados para a formação de companhias de navegação e a construção de ferrovias. Assombrosos, os investimentos na infraestrutura de integração foram multiplicados por quatro na década de 1850. No governo liderado pelo marquês do Paraná, que obteve a cadeira somente após seus sucessos diplomáticos no Prata, aprovaram-se os estatutos da Companhia de Navegação e Comércio na recém-criada província do Amazonas, a fim de sustentar a soberania no extremo norte. Deu-se também início à construção da estrada de ferro Dom Pedro II, a mais acabada manifestação das ambições cafeeiras. O trânsito da bacia do Paraíba do Sul até o porto do Rio de Janeiro, que no lombo de burro poderia durar duas semanas, se faria em um dia, a um custo muito menor. Por sua vez, a regulamentação da *Lei de Terras*, de 1850, concorreria para a valorização das fazendas. Estas, com plantéis inchados pela captação de escravizados do norte, feita após a abolição do tráfico naquele mesmo ano, seriam dadas como garantia de empréstimos hipotecários. O intuito era renovar constantemente os ciclos produtivos, para o que contribuía o recém-promulgado Código Comercial, também de 1850.

As raízes históricas da estabilização imperfeita: o pânico financeiro de 1837 nos Estados Unidos

Originalmente cultivado no *deep south*, o algodão havia se expandido, desde a década de 1810, a jusante do rio Mississippi, de onde rumava para Liverpool, na Grã-Bretanha, e para Le Havre, na França. O bom negócio atraiu investidores e fortunas constituíram-se às centenas. O valor da terra alcançou patamares inigualáveis, parecia não haver oferta suficiente para uma demanda ampliada pelo espraiamento global das manufaturas têxteis, muito particularmente oriundas da Grã-Bretanha. Em consequência, a década de 1830 caracterizou-se pelo trânsito migratório em larga escala nos Estados Unidos. A Louisiana e o Mississippi, líderes na produção estadunidense de algodão, atraíram as populações da Carolina do Sul e do Norte, mas também do Kentucky e do Tennessee.

No início de 1837, contudo, o mundo pareceu subitamente de ponta-cabeça – pelo menos para os produtores de algodão e das demais culturas que gravitavam em torno das senzalas. As taxas de juros dispararam, o crédito cessou e, quando o preço do algodão começou a ruir, os fazendeiros apressaram-se para vender os estoques. Como num círculo vicioso, os empréstimos, cotados no valor corrente do algodão, não seriam ressarcidos a contento, gerando uma corrida aos bancos que agravou a difícil conjuntura bancária. Em março, a principal corretora de Nova Orleans quebrou, carregando consigo algumas casas financeiras de Nova York. Como o crédito costuma funcionar numa teia de suboperações, uma porção consequente de outras empresas vinculadas ao comércio algodoeiro seguiu igual rumo.

O pânico de 1837 teve sua origem no arrefecimento internacional de um ciclo fabril cujo ápice expansivo fora a década de 1810. Enquanto novos investimentos em transportes e bens de capital não decolassem, reaquecendo a demanda agregada, a economia mundial permaneceria ofegante. A política econômica do presidente Andrew Jackson e o comportamento do Banco da Inglaterra tiveram também sua parcela de culpa na crise de 1837. Voz do expansionismo sulista, Jackson era um democrata quase autoritário na defesa do livre mercado e, portanto, de um programa de não intervenção federal nos estados escravistas. Andava particularmente às turras com o Segundo Banco dos Estados Unidos, liderado por Nicholas Biddle, e com a antiga aristocracia da Filadélfia. Julgava ser a instituição não apenas a causa do desenvolvimento inflacionário, quando o algodão requeria a estabilidade monetária e cambial, mas também o motivo da especulação fundiária que ocorria no sul.

O Segundo Banco dos Estados Unidos recebia, desde 1816, os depósitos do Tesouro. Em contrapartida, revendia títulos públicos. Assim, emitia notas com respaldo financeiro, inclusive podendo trocá-las pelo papel-moeda de bancos estaduais. Na percepção da Casa Branca, a decorrente expansão de crédito, originário do nordeste, transformava-se, no sul, em capital especulativo. Em consequência, Jackson removeu os depósitos públicos do Segundo Banco dos Estados Unidos e redistribuiu-os aos bancos estaduais, os *pet banks*, na expectativa de refrear a emissão de moeda. Dali em diante, inclusive, proibiu-se o uso de papel-moeda para a compra de terras federais.

O resultado foi desastroso, e não só porque Jackson demoliu a parcial estabilidade financeira que o Segundo Banco dos Estados Unidos assegurava. Os *pet banks* não limitaram a criação monetária: com novos empréstimos, concedidos na expectativa de lucros rápidos, fizeram o exato oposto. Agravando o caso, 25% dos ativos privados do Segundo Banco dos Estados Unidos eram britânicos. A drástica decisão de Jackson reforçou a evasão de capital já em curso com o aumento de juros no Banco da Inglaterra, então alarmado com o prévio fluxo de investimentos justamente para os Estados Unidos. Tamanho desequilíbrio, entre a crescente emissão estadual de papel-moeda e o decrescente estoque de moeda metálica – naquela época o lastro fundamental sobre o qual se assentava o sistema financeiro –, levou à corrida bancária e ao colapso do Segundo Banco dos Estados Unidos. Embora em menor medida se comparado ao sul, o norte também padeceria dos resultados financeiros de 1837.

A saída da crise de 1837 nos Estados Unidos

A saída da crise foi imperialista nos Estados Unidos, porém com dinâmicas diferentes no norte, que colonizou o *midwest*, e no sul, onde a aposta era contra o México. Embora a indústria fosse se consolidar somente após a Guerra de Secessão, quando superou a alemã e a britânica, as condições para tanto deram-se logo após o pânico de 1837. A reorientação do capital financeiro do nordeste, em benefício de suas fábricas, resultou num ritmo inabalável de crescimento industrial já na década de 1840. Mormente voltada para bens de consumo não duráveis, a produção fabril tinha nos itens de vestuário seu carro-chefe. Também se desenvolvia no mesmo ritmo a indústria madeireira, montando bens de maior valor agregado e mais duráveis – como móveis, portas e janelas – para um tipo de construção civil ainda muito escorado nos troncos das árvores. Combinada à pedra e à argila, a madeira deu telhado a imigrantes que chegaram aos milhões da Irlanda e da Confederação Germânica.

Em certo sentido, nada disso teria sido possível sem a colonização do *midwest*, que alimentava as cidades litorâneas. O tempo acelerado dos negócios, cada vez mais urbanos, terminou acertando os ponteiros no campo. Mais significativa do que a criação suína para a produção alimentícia, a mecanização do trigo e do milho resultou em ganhos de produtividade que fariam sonhar os cafeicultores brasileiros. Se em 1830 eram necessárias 250 horas para despachar a colheita de cem alqueires, em 1850 o tempo de trabalho despendido cairia pela metade. Nessas condições, foi inegociável, a não ser na margem dos juros bancários, a interligação ferroviária do *midwest* com o nordeste. A economia de mercado foi imensamente estimulada e teve talvez sua melhor expressão na Baltimore and Ohio Railroad, ferrovia que cruzou os Apalaches e abriu passagem, no início da década de 1840, para a primeira linha telegráfica dos Estados Unidos.

Embora também expansionista, a saída da crise no sul realizou-se pela política internacional. James K. Polk preparava os democratas para um conflito contra o México e, em 1844, fez do "destino manifesto" sua principal bandeira eleitoral. Na campanha, Polk vendeu a marcha para o Pacífico como uma questão de política interna, e não externa, mas, após vencer, negociou o Oregon com os britânicos e imediatamente deslocou o general Zachary Taylor para o sul do Texas. As instruções eram claras: a transposição do rio Grande por qualquer mexicano seria considerada um ato de guerra.

A simples presença de tropas federais para além de San Antonio era prova suficiente, àquela altura, de que a República do Texas estava anexada aos Estados Unidos. Em 1835, colonos anglo-texanos rebelaram-se contra a abolição do cativeiro em *Tejas*, que então pertencia ao México. Apoiados por um batalhão enviado dos Estados Unidos, os colonos declararam a secessão em 1836 e mantiveram bom trânsito com os sulistas até 1846, quando incorporaram o Texas à União – como estado escravista. Tudo indicava que o novo estado era fértil o bastante para assegurar a reprodução ampliada do capital algodoeiro, porém, os olhos do governo federal pareciam sobretudo voltados para a Califórnia.

Desde o início da década de 1840, as notícias sobre as descobertas auríferas no ainda mexicano estado da Alta Califórnia promoveram a lenta, mas certa, transformação da região num *melting pot*, ou "caldeirão étnico", que reuniria em pouco tempo peruanos, chilenos e mexicanos, e, ainda, havaianos, chineses, australianos e, naturalmente, estadunidenses. Devido ao temor de que a Alta Califórnia se tornasse alvo do imperialismo franco-britânico, vislumbrado no Brasil à altura das Guianas britânica e francesa, a Casa Branca fez do ouro a razão do "destino manifesto". O conflito com o México seria inevitável.

Quase implorando por um pretexto, os Estados Unidos tiveram-no quando um destacamento mexicano cruzou o rio Grande. Polk havia jurado que seria uma guerra rápida. Durou dois anos e custou uma fortuna. Antes de 1846, quando estourou o conflito, o dispêndio militar representava em torno de 50% das receitas da União. Grande parte do gasto derivava das campanhas de ocupação territorial e da subsequente erradicação dos indígenas. Com a guerra contra o México, as despesas militares foram a quase 180% do orçamento de 1847, e a 110% daquele de 1848. O preço de tamanho endividamento tinha imensas contrapartidas. Pelo *Tratado de Guadalupe-Hidalgo*, que selou a paz entre os vizinhos, os Estados Unidos ampliaram em praticamente 25% seu território, enquanto o México perdeu quase 50% de sua extensão. De maneira também eloquente, a aquisição da Califórnia, que ao fim seria compensada aos mexicanos em 15 milhões de dólares, rendeu 130 milhões de dólares por ano entre 1850 e 1855. Os efeitos do colossal influxo de moeda metálica manifestaram-se, em primeira instância, nas plantações de algodão, nas ferrovias e nos bancos, mas também na bolsa de valores de Viena e nos recém-abertos bulevares de Paris, nas minas do Chile, nos sertões da China e, indubitavelmente, nos cafezais do Império do Brasil.

O Prata e as fragilidades do Brasil nas décadas de 1830 e 1840

Em boa medida, o sul foi o grande responsável pela derrocada de Dom Pedro I, considerada aí a abolição do tráfico prometida, no ano de 1826, à Grã-Bretanha, então muito descontente com o bloqueio imperial impetrado ao rio da Prata. A Guerra Cisplatina começara no ano anterior. Bernardino Rivadavia, à frente de Buenos Aires, buscava reconstituir o território do antigo Vice-Reino do Rio da Prata. Para tanto, aliara-se com os assim chamados "33 Orientais" de Juan Antonio Lavalleja, tidos como artífices da Independência do Uruguai. Para Dom Pedro I, o projeto de Rivadavia representava imenso risco à integridade territorial do Brasil, visto que, somado à eventual perda da província Cisplatina, impossibilitaria o tráfego pelo complexo fluvial do Prata. É certo que eventual clemência em relação a Buenos Aires seria, ao fim, um respiro para as contas públicas, muito dilaceradas pelo empréstimo de 2 milhões de libras tomado à *City* londrina para obter o reconhecimento português da independência brasileira. Não obstante, o preço da complacência era alto demais para a sustentabilidade política do imperador, então abalada pela dissolução da Constituinte em 1823.

Inicialmente diversionista, a ação imperial no conflito foi toda de impasses. Após a derrota na Batalha de Sarandi, ainda em outubro de 1825, a superioridade naval do Brasil emperrou no calado de suas belonaves, incapazes, porque grandes demais, de manobrar agilmente no rio Uruguai. Retrocedendo, o império bloqueou o acesso ao estuário do rio da Prata, o que redundou, em 1827, numa ruptura de relações diplomáticas com Washington. Mais grave, Londres valeu-se do momento político – caracterizado pela reabertura, em 1826, de uma Assembleia Geral do Império, muito contrária aos excessos fiscais e emissionistas próprios à guerra – para fazer de suas ambições abolicionistas e alfandegárias o preço pelo reconhecimento da Independência do Brasil e do trono dos Bragança, sediado no Rio de Janeiro.

A dinastia portuguesa entregou ao Foreign Office, o ministério das Relações Exteriores britânico, aquilo que a sustentava. Jurou a abolição do tráfico de escravos em 1830 e imediatamente reinstaurou os privilégios alfandegários concedidos à Grã-Bretanha em 1810. Num gesto apenas, e sem passar pelo crivo do Legislativo, Dom Pedro I condenava a açucarocracia e a ainda incipiente cafeicultura. Além disso, solapava qualquer possibilidade de recompor o orçamento, já que este advinha essencialmente dos impostos aduaneiros. Não sem razão, o Banco do Brasil quebrou em 1829. Refúgio prestigioso do capital oriundo do tráfico, a instituição havia financiado o Estado, que agora pagava seus títulos em valores corroídos pela inflação resultante dos gastos militares no Prata. Como era de esperar, os traficantes de escravos, donos das maiores fortunas nacionais, romperam com Dom Pedro I.

Se da Guerra Cisplatina emergiu em 1828 o Uruguai, o novo país em nada se assemelhou a um "algodão entre dois cristais", na fórmula de lorde Ponsonby, o diplomata britânico que mediou a independência dos orientais. Inclinado ao liberalismo comercial, o Partido *Colorado* de Montevidéu foi, desde sua fundação, largamente mais brasilófilo do que o Partido *Blanco*, encastelado no interior, concorrente uruguaio da pecuária gaúcha e disposto a uma aliança com Buenos Aires. Quando os *blancos* chegaram ao poder, em 1835, o líder Manuel Oribe rasgou a caduca *Convenção Preliminar de Paz*, de 1828, que obrigava o Uruguai a manter suas fronteiras abertas ao comércio internacional e que, sobretudo, autorizava a ingerência argentina ou brasileira em caso de risco à soberania oriental.

Assim, Oribe não encontrou melhor aliado do que Juan Manuel de Rosas. Este dirigente federalista recebeu, também em 1835, poderes extraordinários para presidir as relações internacionais da Confederação

Argentina. Ele vislumbrou em Oribe o duplo atalho para fechar os rios platinos à navegação internacional e, então, reabilitar o projeto territorial de Rivadavia. Tornando tudo mais áspero para o Rio de Janeiro, que se tornara um nódulo de disputas políticas após a abdicação de Dom Pedro I em 1831, a Revolução Farroupilha estourou no Rio Grande do Sul igualmente no ano de 1835. Liderados por estancieiros gaúchos, os farrapos declararam-se independentes, embora não inteiramente, em razão da persistente centralização tributária do império. Pior, a aprovação da tarifa Bernardo Pereira de Vasconcelos em 1828, que estendeu os privilégios alfandegários concedidos aos britânicos a todos os países com os quais o Brasil mantivesse relações diplomáticas, ampliou a concorrência do gado platino com o charque gaúcho e tributou a própria pecuária farroupilha no Uruguai.

Quando a frota imperial bloqueou o litoral riograndense, no intuito de sufocar os rebeldes, Bento Gonçalves e a cavalaria gaúcha, da qual o império agora carecia, associaram-se a Oribe e Rosas. Era a melhor aposta para receber armas de Buenos Aires e escoar a produção por Montevidéu. Até 1838, a balança platina de poder foi amplamente desfavorável ao Rio de Janeiro, situação aliviada apenas quando eclodiu uma guerra civil no Uruguai, a qual devolveu o controle de Montevidéu, mas não do interior, aos *colorados*. Ainda assim, em 1838, os *colorados* e os farrapos assinaram o *Tratado de Cangué*, inviabilizando uma aliança imediata dos uruguaios com o Rio de Janeiro. Em pouco tempo, no entanto, o acordo seria a pedra angular para a aproximação dos *colorados* com Justo José de Urquiza – um dissidente da província argentina de Entre Ríos que entraria em atrito com Rosas, o que era um interesse particular do Império do Brasil.

Afora a óbvia ameaça à integridade imperial, estando em jogo o acesso ao Mato Grosso, a questão platina foi talvez a principal inquietação dos brasileiros liberais e dos regressistas, futuros conservadores, porque exauria o orçamento e diminuía a margem de reorientação da política fiscal em benefício dos cafezais, dos portos e das estradas – ou simplesmente da ampliação burocrática. Certo é que o império lidava com a Revolta da Cabanagem, no Pará, e a Balaiada, no Maranhão, a isso somados, na Bahia, o temor provocado pelo caso haitiano, pelo Levante dos Malês e as pretensões centrífugas da Sabinada. Não obstante, perto da Revolução Farroupilha, tudo aquilo era uma questão secundária no orçamento imperial.

Se em 1835 as despesas militares constituíram cerca de um terço da receita ordinária, no triênio 1841-1843 o movimento farroupilho drenou praticamente 65% do orçamento. Um ano depois, o império editaria a tarifa Alves Branco, uma medida protecionista que ceifou o quase livre-comércio da tarifa Bernardo Pereira de Vasconcelos, de 1828. Com uma cajadada apenas, almejava-se recompor o orçamento e pacificar o sul, visto que a nova tarifa reservava o mercado interno ao gado gaúcho, inclusive o lotado no Uruguai. No entanto, a *Paz do Poncho Verde*, o acordo que pacificou as relações com o Rio Grande do Sul, em 1845, foi apenas uma garantia parcial de estabilização para o Império brasileiro. Na outra borda platina, Juan Manuel de Rosas preparava-se para um conflito naval contra uma frota franco-britânica que, como o Brasil, estava muito interessada na livre navegação no Prata. Embora vitoriosos na Batalha da *Vuelta de Obligado*, os europeus não encontraram efetivo mercado consumidor no interior argentino, especificamente a partir do porto de Rosário. Procederam então à retirada de suas embarcações do Prata. As negociações resolveram-se pela sustação do bloqueio franco--britânico ao porto de Buenos Aires, em troca da recondução dos vínculos comerciais, a um custo altíssimo para o Império do Brasil.

As missões diplomáticas da França e da Grã-Bretanha no Prata, que negociaram os termos da paz com Rosas, acenaram para a interrupção do sustento financeiro à praça de Montevidéu – um reduto *colorado* àquela altura já aliado do Brasil, dado que não havia mais rebeldes farrapos. Mais grave, a iniciativa diplomática permitiu a lorde Howden, plenipotenciário britânico no Rio de Janeiro, orientar as embarcações estacionadas no Prata em direção ao litoral brasileiro. Materialmente, era o que faltava a Londres para fazer valer a *Lei Aberdeen*, que equiparou o tráfico de escravos à pirataria em 1845, inclusive em águas territoriais do império. Quando, em 1850, a Fortaleza de Nossa Senhora dos Prazeres de Paranaguá trocou tiros com o cruzador britânico *HMS Cormorant*, o ministério dos Negócios Estrangeiros, estranhamente talvez, jurou guerra contra Rosas: "*nec hercules contra duo*", proclamaria o ministro Paulino José Soares de Sousa, porque o Brasil "não pode[ria] arder em dois fogos".

Imediatamente, o império acertou um empréstimo emergencial ao governo de Montevidéu – por intermédio de Irineu Evangelista de Sousa, futuro barão de Mauá – e a Assembleia Geral converteu em lei o projeto de Eusébio de Queirós, então ministro da Justiça, que abolia o tráfico de escravos. Resolvida a questão britânica, em fins de 1850 as relações do império com Rosas estavam rompidas. Em questão de meses, Honório Hermeto Carneiro Leão, o futuro marquês do Paraná, teria notável êxito em missão especial ao Prata. Novamente com o suporte financeiro de Mauá, Carneiro Leão aliou-se às dissidências argentinas de Corrientes e Entre Ríos, o que contribuiu singularmente para a vitória contra Rosas na Batalha de Monte Caseros, em 3 de fevereiro de 1852. O implacável ponto-final que o império impunha no estuário revelava quão precedente era o Prata para a estabilização interna almejada pelos saquaremas.

A insustentável estabilidade e as guerras decorrentes: rumo à Guerra de Secessão

Nos Estados Unidos, o que parecia ser a convergência possível entre projetos conflitantes – isto é, o industrial e o agrícola – resultou numa síntese fratricida no início da década de 1860. Talvez sem atinar para o fato, James K. Polk, ao cumprir o "destino manifesto" em sua versão mais continental e nacionalista, desagregou a própria nação estadunidense. Em célebre passagem, o filósofo Georg Friedrich Hegel havia compreendido a questão, um pouco à maneira da alemã, a partir de uma expansão territorial ainda carente de um Estado plenamente formado. Objetivamente, o passado colonial, a língua e o anticatolicismo – ou o ideal meritocrático do *self-made man* e a promessa de poder expressa no "destino manifesto" – teriam feito a nação sem que Washington, como tampouco Berlim naquela época, fizesse as vezes de uma força centrípeta dentro de um Estado-nação consolidado.

À diferença de Hegel, provavelmente à procura para os alemães do tipo de Estado que caracterizava britânicos e franceses, Thomas Jefferson pensara a União como um laboratório de experiências para constituir os Estados Unidos. O *founding father* entendera a federação, ainda no século XVIII, como um arquétipo ideal para o equilíbrio da unidade nacional, sustentada no compartilhamento de valores entre o norte e o sul, suficientemente amplo para acomodar as diferenças. Não obstante, essa suposta amplitude ideológica esgotou-se nos anos seguintes à conquista do oeste

– o surgimento do "novo sul" –, em larga medida porque a escravidão agigantou as distinções entre projetos de Estado.

A *Lei Kansas-Nebraska* foi a perfeita manifestação da insustentabilidade do arranjo jeffersoniano. Na tentativa de organizar a incorporação dos estados que surgiriam dos territórios remanescentes da antiga Louisiana francesa, o senador democrata Stephen A. Douglas recorreu precisamente aos ideais dos pais fundadores. Se dos territórios do Kansas e do Nebraska surgissem estados livres, porque situados acima do paralelo de Missouri, o norte abolicionista teria na apuração final dos colégios eleitorais, formados pelos delegados estaduais, potencialmente mais votos do que o sul escravista, o que de fato ocorreu às vésperas da Guerra de Secessão. Douglas, no entanto, não produziu a discrepância numa canetada. O senador recomendou que a população do Kansas e do Nebraska, e não o Congresso, escolhesse o destino dos territórios. A voz inamovível da soberania popular, portanto, deliberaria acerca da condição livre ou escravista dos futuros estados.

Quando a lei passou, em maio de 1854, tanto os abolicionistas do norte quanto os escravocratas do sul se empenharam em povoar o Kansas e o Nebraska. Fizeram do processo eleitoral a melhor medida de uma democracia, não há dúvida, pouco ilustrada na tolerância com o cativeiro. Inevitavelmente, à maneira de uma antessala microscópica da Guerra de Secessão, ocorreram assassinatos e assaltos, além de constantes fraudes eleitorais. Mais grave, os violentos episódios do *Bleeding Kansas* deram lastro para uma recomposição partidária de âmbito nacional. Imediatamente após a aprovação da lei de 1854, *whigs* e democratas antiescravistas associaram-se para fundar o Partido Republicano, que apadrinhava largamente o industrialismo ambicionado pelo norte.

Como os *whigs* históricos, os republicanos eram defensores do protecionismo alfandegário e de uma política monetária heterodoxa. Queriam o crédito bancário fácil e orientado para as fábricas e a infraestrutura nacional. Advogavam o estabelecimento de políticas fundiárias reformistas, com vistas a acelerar a colonização a oeste do Mississippi e ao norte do paralelo de Missouri. Ao fim, eram paladinos da intervenção do Estado na economia e, acima de tudo, inquebrantáveis abolicionistas. Progressivamente perdendo espaço no Legislativo para os republicanos, os democratas do sul buscaram o Judiciário para salvar a senzala. Em 1857, a Suprema Corte incinerou o que restava do *Compromisso de Missouri*, já rasgado pela *Lei Kansas-Nebraska*.

Em famigerada decisão tomada para modificar a jurisprudência, a Corte entendeu que Dred Scott permaneceria escravizado, assim como sua esposa e suas filhas, ainda que transmigrado para um estado livre. O caso tinha origem num pleito do próprio Scott, que acionou a Justiça para defender sua liberdade a partir de seu local de residência. Mesmo se temporária e forçadamente, o suposto liberto morara em Illinois, estado livre para onde se deslocaram seus senhores, oriundos do Missouri escravista. Por sete votos contra dois, a Corte entendeu que Scott não poderia ajuizar uma ação, visto que, como qualquer outro afro-americano, não era cidadão; e que o direito à propriedade era inviolável, malgrado as leis estaduais. Em outros termos, a Corte assumiu que o *Compromisso de Missouri* era inconstitucional, retroagindo a decisão para antes da *Lei Kansas-Nebraska*, se necessário.

Sem maiores surpresas, a escravidão foi o tema principal da campanha política para as eleições de 1860. Os democratas sulistas escoraram-se em John C. Breckinridge para sustentar o cativeiro junto ao poder Executivo, e a dissidência girou em torno dos propósitos de Stephen A. Douglas, que insistiu na resolução estadual do problema servil. À sua maneira, John Bell e o recém-fundado Partido da União Constitucional também preconizaram o que parecia impossível àquela altura: a manutenção do status quo como forma de evitar um *Bleeding Kansas* de proporções nacionais. Cauteloso, porque julgado radical, Abraham Lincoln prometeu não intervir nos estados escravistas, mas impedir a expansão do cativeiro nos territórios. O líder republicano pretendia, de forma astuta, congregar os estadunidenses em uma agenda de reformas econômicas, muito timidamente mobilizada por seus rivais.

À diferença da década de 1830, Lincoln propunha o desenvolvimento nacional, e não mais imperial, para escapar à nova crise financeira, iniciada em 1857. O governo deveria alavancar a indústria com barreiras protecionistas e com facilidades para o crédito ao produtor e ao consumidor. Para o campo, seriam concedidos 64 hectares de terra pública a quem, no prazo de cinco anos, as tornasse produtivas, aí incluídos os imigrantes livres europeus. As promessas vinham em boa hora, a não ser para o sul. Em agosto de 1857 havia falido a *Ohio Life Insurance and Trust Company*, num perfeito sintoma da bolha especulativa que se formara, após as descobertas auríferas, em torno dos investimentos ferroviários. Quando as aplicações não encontraram o retorno esperado, levando a perdas no valor de empresas agora pioneiras da crise, a população correu aos guichês e encontrou-os fechados. Com empréstimos não ressarcidos, os bancos haviam quebrado.

Rumo à Guerra do Paraguai

A crise global de 1857 também acelerou os ponteiros da discórdia na bacia do Prata. Visto o declínio nos preços das exportações, uma nova guerra civil pareceu estourar no Uruguai, onde os *blancos* almejavam a revisão dos tratados assinados com o Império do Brasil. De fato, ao retomarem Montevidéu pela mão de Bernardo Berro, os *blancos* deram impulso às plantações de milho e trigo, distribuíram terras públicas ao norte do país e rasgaram os tratados de 1851, considerados o fundamento jurídico do semiprotetorado imposto pelo Brasil. Era uma percepção compartilhada pelo Paraguai, onde Carlos Antonio López havia entabulado, ainda que de maneira rudimentar, uma campanha de modernização do país pela via militar. Amparado pelo capital britânico, López promovera a primeira linha ferroviária e enviara a Londres seu filho, Francisco Solano, em missão especial, no intuito de encomendar navios a vapor. Pouco depois, o Paraguai fundou um arsenal de equipamento militar, ergueu um estaleiro e levantou uma fábrica de fundição de ferro.

Mais abertas às trocas internacionais do que o Paraguai, as duas Argentinas sucumbiram à crise de 1857 e entraram em rota de colisão. Quando o Império do Brasil negou à nova Confederação Argentina a concessão de mais um empréstimo, que seria investido na tomada do porto de Buenos Aires, Urquiza aproximou-se do Paraguai. Irrequietos com a implosão da nacionalidade argentina, os batalhões do novo governador de Buenos Aires, Bartolomé Mitre, enfrentaram vitoriosamente os soldados confederados de Urquiza, em 1861, na Batalha de Pavón. A Argentina foi então reunificada, e o que era historicamente improvável, isto é, a aproximação entre Buenos Aires e o Rio de Janeiro, tornou-se possível. Mitre apoiou as tropas do Partido *Colorado* no Uruguai. Seu líder Venâncio Flores estava numa cruzada contra Bernardo Berro e seu sucessor, Atanasio Aguirre, ambos abominados por gaúchos cujas estâncias no Uruguai eram reiteradamente saqueadas por outras lideranças *blancas*.

Diante da nova constelação de alianças no Prata, Solano López encontrou em Montevidéu um perfeito escape para o fato de o Paraguai não ter uma saída para o mar: o porto uruguaio oferecia uma variante comercial mais vantajosa, em termos tributários, do que Buenos Aires. Tradicionalmente alicerçada na pendularidade contrária ou favorável a Buenos Aires e ao Rio de Janeiro, a diplomacia uruguaia renovou suas credenciais quando negou a mediação de Dom Pedro II para o que seria uma paz *colorada* – ou, ainda, quando se distanciou de Mitre no início de 1864. Tripartite, a aliança dos *blancos* era com Solano López e eventualmente com Urquiza, que, embora derrotado por Mitre, seguiu à frente da província de Entre Ríos. O Império do Brasil, agora conduzido por liberais muito ansiosos com a situação gaúcha, respondeu aos *blancos* em outra proporção, despachando em outubro a cavalaria e os canhões que tomariam Montevidéu poucas semanas depois. Foi dessa forma que os *colorados* de Flores retomaram o poder no Uruguai.

O desenrolar das guerras totais

Àquela altura, nos Estados Unidos, um eixo formado por onze estados já havia rompido com os republicanos de Lincoln, que ganhara as eleições de 1860. A Carolina do Sul, o Mississippi, a Flórida, o Alabama, a Geórgia, a Louisiana e o Texas, ao que se agregaram a Virgínia, o Arkansas, o Tennessee e a Carolina do Norte, formaram os Estados Confederados da América. Eles não tardaram em reivindicar o reconhecimento internacional de sua independência. Havia boas chances para tanto, considerando a vitória contra as tropas da União na Batalha de Bull Run, travada a poucos quilômetros de Washington, ainda em julho de 1861. Tal como Dom Pedro II, Lincoln encontrava-se no início do conflito desprovido de soldados, e até de um aparato estatal robusto o suficiente para encaminhar o conflito. A burocracia federal possuía pouco menos de 37 mil funcionários, dos quais a maioria exercia tarefas aduaneiras ou postais. O Exército da União contava com meros 17 mil homens, dispersos nas fortalezas do *midwest*.

A Marinha, com quase 10 mil homens, estava em patrulha a milhares de quilômetros do litoral Atlântico, e uma parte substancial dos oficiais, originária do sul, aliara-se aos Confederados.

Em termos hemisféricos, a União, os Confederados e o Império do Brasil, nos primórdios das respectivas guerras, estavam em relativa igualdade militar em comparação ao que pareceria uma superpotência paraguaia. Solano López, apesar da precariedade naval, lograra aquartelar quase 60 mil homens para um conflito que, em sua perspectiva, giraria em torno da captura do porto de Montevidéu. Não obstante, López cometeria um grave erro estratégico, subestimando o potencial econômico-militar do Império brasileiro. Após a apreensão do vapor *Marquês de Olinda*, no rio Paraguai, e a consequente invasão, não por acaso, do Mato Grosso, López abriu uma segunda linha de ataque, direcionando tropas para o Rio Grande do Sul. Teve de atravessar a província de Corrientes. A sombra de Pavón nublou então a mente de Mitre, que havia negado o trânsito paraguaio pelo norte da Argentina, pois reativaria as dissidências antiportenhas.

Imediatamente, em 1º de maio de 1865, assinou-se o *Tratado da Tríplice Aliança* entre a Argentina, o Brasil e o Uruguai, este ocupado por tropas de Dom Pedro II. As forças militares disponíveis ganharam volume, sobretudo, com o recrutamento em massa decretado no Rio de Janeiro. A população brasileira correu aos quartéis impulsionada pela propaganda nacionalista. À diferença dos conflitos platinos anteriores, que arregimentaram mercenários, agora eram pernambucanos, baianos, fluminenses, paulistas e gaúchos que se uniam em defesa de uma comunidade imaginada e de olho nas oportunidades abertas com o decreto que formou os Corpos de Voluntários da Pátria, aos quais foram prometidos gratificações, pensões, empregos públicos em regime preferencial e terras públicas em colônias militares e agrícolas. Somados à Guarda Nacional recrutada, eles formaram um universo de mais de 150 mil combatentes.

Do lado de lá do rio Grande, as vitórias iniciais de Jefferson Davis, presidente dos Estados Confederados, emperraram rapidamente nos atributos demográficos e econômicos da União. Davis também foi confrontado pela *Declaração de 1863*, com a qual Lincoln aboliu a escravidão apenas nos estados sublevados. Washington precisava desesperadamente que estados escravistas, como o Kentucky ou o Missouri, permanecessem na União. Daí a ambiguidade característica de Lincoln, que, às vésperas da declaração, admitiu ter como "objetivo primordial salvar a União, e não destruir a escravidão. Se pudesse salvar a União sem libertar nenhum escravizado, o faria; e se pudesse salvá-la, libertando todos os escravizados, também". Verdade ou não, o fato é que a Confederação se encontrou em apuros, para além da *Declaração de 1863*, porque não poderia se sustentar sem sua principal vantagem comparativa. Quase 40% da população confederada era escravizada, e armá-la provavelmente não seria a melhor decisão, a não ser para Lincoln, que recrutou mais de 100 mil libertos até o fim da guerra.

Demografia dos Estados Confederados da América (1861) e do Império do Brasil (1872)

	Estados confederados	*%*	*Império do Brasil*	*%*
Brancos	*5.400.000*	*59,5*	*3.810.000*	*38*
*Negros livres**	*132.000*	*1,5*	*4.600.000*	*46*
Escravizados	*3.520.000*	*39*	*1.520.000*	*15*
Total	*9.052.000*	*100*	*9.930.000*	*100*

*Aí incluídos pardos e indígenas, no caso brasileiro.
Fonte: Izecksohn (2014).

Características demográfico-produtivas da União e da Confederação em 1861

	União	*Confederação*
População nacional	*71%*	*29%*
Ferrovias	*70%*	*30%*
Terras produtivas	*65%*	*35%*
Produção manufatureira	*92%*	

Fonte: Hahn (2016).

Embora o estado de beligerância fosse reconhecido por Londres – e pelo Rio de Janeiro, na ocasião –, o crédito internacional não foi suficiente para debelar as tropas já muito ampliadas da União ou os efeitos do bloqueio naval impetrado por Lincoln. O conflito reduziu a produção algodoeira, levando britânicos e franceses a procurarem fornecedores alternativos no Brasil, no Egito e na Índia. Em contraste, a União lançou mão de políticas voltadas para o desenvolvimento do setor manufatureiro, para a formação de um novo setor bancário e para a instituição de uma nova dinâmica de apropriação fundiária. Ao todo, emergiu ainda durante a guerra um Estado federativo com alcance imensamente alargado. Seria um renascimento da economia política estadunidense.

Ainda em 1862, o Congresso da União aprovara o *Legal Tender Act*. Foi uma espécie de primeiro dia da criação. Como os saquaremas na década de 1850, Lincoln unificou todos os numerários estaduais numa moeda agora nacional, recebível para todas as dívidas, taxas e obrigações. Acima de tudo, refundou a moeda fiduciária, que não seria diretamente permutável por ouro. Os célebres *greenbacks* (papel-moeda) seriam redistribuídos mediante um sistema bancário também inteiramente refeito. A despeito de permanecerem em mãos privadas, os bancos que obtivessem autorização do Tesouro para emitir as novas notas deveriam aderir às condições impostas por Washington: ter suficientes reservas em ouro, garantias de empréstimos e, muito especialmente, títulos do Tesouro – o novo lastro do dólar.

A estratégia financeira de Salmon P. Chase, então secretário do Tesouro, funcionou à perfeição. Em poucos meses, surgiu uma renovada classe de banqueiros que não tardou em formar expressivos conglomerados. Jay Cooke foi particularmente rápido em aderir ao projeto de Chase e convenceu banqueiros da Filadélfia, de Boston e especialmente de Nova York sobre as vantagens dos títulos do Tesouro. Além de pagarem juros em ouro e de auferirem lucros de revenda, os títulos eram fracionáveis e poderiam ser comprados por um conjunto populacional mais amplo. Sem surpresas, os títulos tornaram-se um símbolo do patriotismo unionista. Foram adquiridos aos milhares após o repasse dos principais banqueiros, que então, da compra inicial até a revenda ao pequeno comerciante, lucraram dupla ou triplamente. Como eram quantias sem precedentes na história financeira dos Estados Unidos – no acumulado da guerra, o Tesouro possuiria um passivo de 2,6 bilhões em dívida pública para tão somente 430 milhões em *greenbacks* –, os lucros tenderam a multiplicar-se nos investimentos produtivos. Simbólica, a expressão *as rich as Jay Cooke* ("tão rico quanto Jay Cooke") tornou-se corrente.

Entre os mais eloquentes investimentos, figuraram as companhias ferroviárias, que, patrocinadas pelo governo, poderiam definir livremente os fretes para o transporte dos mantimentos militares. Também auxiliadas por Lincoln, que aumentou a tarifa média de importação de 20% *ad valorem* para quase 50%, as parcerias entre as finanças e as indústrias redundaram em novos aportes para frigoríficos, siderúrgicas, mineradoras e, naturalmente, para a indústria de armamentos, que agora produzia fuzis de carregar pela culatra e balões de observação. Totalizante, o esforço de guerra envolveu o campo não apenas por meio da indústria de alimentos ou do recém-instituído imposto de renda, mas igualmente como maneira de cercar a Confederação. Lincoln cumpriu a promessa eleitoral e decretou em 1862 o *Homestead Act*, que disponibilizou terras públicas majoritariamente além do Mississippi para famílias que as tornassem produtivas.

No Império do Brasil, o financiamento do conflito contra o Paraguai caracterizou-se por dois momentos. Zacarias de Góis e Vasconcelos, dirigente liberal do governo, havia se lançado numa cruzada contra o Banco do Brasil, acusando-o de refrear as emissões necessárias para derrotar Solano López. Em 1866, o governo privou o banco de sua faculdade emissora, transferiu-a ao Tesouro Imperial e emitiu uma espetacular soma de papel-moeda correspondente a pouco menos da receita ordinária. Também em razão da Guerra de Secessão, as compras governamentais impulsionaram os bolsões algodoeiros no Maranhão e em São Paulo, província que ganhou, em 1867, sua primeira ferrovia. Era preciso vestir e alimentar a tropa, o que incentivou uma indústria ainda muito rudimentar, cada vez mais concentrada no Sudeste.

Sempre contrário às manobras militares do então marquês de Caxias, Zacarias perdeu o posto em 1868. Seu sucessor, o visconde de Itaboraí, era avesso à emissão de papel-moeda, porque deletéria para o controle inflacionário e, portanto, para a tranquilidade social. Os altos preços poderiam agravar internamente uma situação política já muito delicada em razão dos radicalismos que reemergiram após a destituição de Zacarias. Em pouco tempo, haveria partidos republicanos tanto no Rio de Janeiro quanto em São Paulo. Assim, Itaboraí teve nos títulos do Tesouro, como ocorrera nos Estados Unidos, sua melhor expectativa para encerrar o conflito, mas também no Banco do Brasil, que efetivamente compraria a dívida pública.

Financiamento da Guerra do Paraguai, em contos de réis

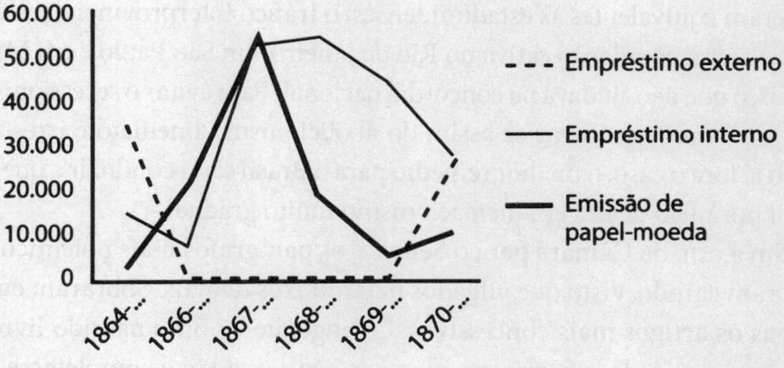

Fonte: Carreira (1980). Relatórios do Ministério da Fazenda (1864-1871).

Embora vitorioso no Prata, Itaboraí foi destituído logo após a captura e a morte de Solano López em 1º de março de 1870. O Império brasileiro saiu da guerra com a urgência de lidar com a questão servil – e não apenas porque armara ex-escravizados para o conflito, ainda que na tímida proporção de pouco mais de 10 mil homens. Enquanto Itaboraí se negara a levar o propósito adiante, parlamentares emancipacionistas, ativistas e inclusive diplomatas conservadores haviam alertado a Coroa acerca do possível isolamento internacional do Brasil, que não poderia mais buscar amparo na escravidão estadunidense, pois esta fora abolida, definitivamente, em todos os estados e territórios, ao final da Guerra de Secessão. Foi justamente a abolição o principal objetivo da 13ª emenda à Constituição estadunidense, que autorizou, contudo, a servidão como castigo para criminosos – muitas vezes, negros. Ainda que Londres, Paris ou Washington mantivessem os fluxos comerciais ou financeiros para o Rio de Janeiro, o insulamento, pelo menos civilizatório, do Brasil avolumou as pressões domésticas. Formara-se uma bancada parlamentar contrária ao cativeiro, e Dom Pedro II pediu celeridade para enfrentar a questão.

A tarefa coube ao visconde do Rio Branco, uma espécie de Lincoln imperial, pelo tamanho das reformas que empreendeu. Com apenas seis meses de governo, Rio Branco logrou aprovar a *Lei do Ventre Livre*, inclusive como modo de serenar os ânimos mais radicais. A estratégia era clara. Conquanto a Coroa e o gabinete soubessem que as rivalidades políticas brasileiras não eram equivalentes às estadunidenses, o tráfico interprovincial tendia a concentrar a população cativa no Rio de Janeiro, em São Paulo e em Minas Gerais, o que não ajudava na concórdia nacional. Para evitar o secessionismo estadunidense e esquivar-se assim do abolicionismo imediato e irrestrito, como lá fora o caso, o melhor remédio para o Brasil seria conduzir a questão servil por meio de um emancipacionismo muito gradual.

Um a um, da Câmara para o Senado, os parágrafos mais polêmicos da lei foram caindo, visto que julgados heterodoxos demais. Sobraram em pé apenas os artigos mais concessivos. O "ingênuo" – ou o nascido livre de ventre escravizado – ficaria em posse do senhor até que completasse oito anos, quando caberia uma entre duas opções: ou o menor obtinha sua liberdade imediata mediante o pagamento de uma módica indenização, ou permanecia sob a autoridade do senhor até que atingisse 21 anos. A segunda opção foi significativamente mais alentadora aos senhores, que se valeram dos ingênuos para o trabalho na lavoura ou como mão de obra passível de ser alugada a terceiros. Nada disso afetava a realidade dos escravizados nascidos antes de 28 de setembro de 1871, data da aprovação da *Lei do Ventre Livre*. Burlando-se eventualmente os registros de nascimento, e na hipótese de um escravizado alcançar os sessenta anos de idade, o cativeiro poderia passar incólume no Brasil até 1930.

Diversa, a paleta de reformas entabuladas por Rio Branco abarcou todos os estratos sociais, mas suas direções e realizações foram notoriamente desiguais. As civis e políticas foram promovidas para assegurar maior lisura no processo eleitoral. Os resultados foram magros: a principal reforma eleitoral não passou e não se alcançou verdadeira transparência nas urnas. As reformas urbanas, que previam melhorias quanto à habitação, ao saneamento e à locomoção, atingiram sobremodo os bairros centrais da Corte. Em grande medida, permaneceram letra morta, assim como os efeitos das reformas para a corporação militar.

As financeiras e tributárias tiveram maior êxito, porém, para camadas muito restritas. De modo a compensar os setores escravistas pela lei emancipacionista, Rio Branco reduziu os juros hipotecários do Banco do Brasil, em movimento acompanhado pela extensão dos empréstimos à cafeicultura do assim chamado Oeste Paulista. Por sua parte, o recurso constante aos títulos do Tesouro, que, para além de financiar as reformas, também serviu para arcar com a imensa dívida contraída durante a Guerra do Paraguai, configurou uma nova dinâmica interna de distribuição de capitais. O governo pagava juros sobre juros para aqueles que comprassem e recomprassem os títulos, o que serviu de alento a alguns cafeicultores fluminenses que haviam optado, dados os primeiros sinais de esgotamento de suas terras, pela progressiva financeirização de suas fortunas. Não sem razão, investiram no Banco do Brasil.

Paralelamente, Rio Branco desonerou o produtor agrícola dos "impostos sobre indústrias e profissões", um avô do imposto de renda, e tampouco taxou máquinas e insumos relativos às atividades agrícolas. Os direitos alfandegários foram uniformizados em sentido ascendente, especialmente para as importações, com mitigações para produtos de primeira necessidade. As consequências foram triplas. Sem reais efeitos decrescentes sobre os preços internos, porque a política fiscal tendeu ao desenvolvimento de tipo inflacionário, o persistente aumento das importações limitou a expansão dos setores industriais que amparavam a classe média urbana, sobre os quais passaram a recair, pelo menos em tese, os impostos. Em segundo lugar, a expansão comercial avolumou o orçamento e as possibilidades de investir na Agricultura e na Fazenda, as duas pastas que consumiram, na gestão de Rio Branco, a maior fração dos recursos públicos. Por último, a pujança orçamentária do império era bom indício para o capital externo, que, dirigido internamente pelo gabinete, concorreu para a expansão ferroviária especialmente na bacia do Paraíba do Sul.

Conclusão

Embora não fosse de origem escravocrata ou cafeeira, e tampouco o porta-voz ministerial das reivindicações agrícolas, Rio Branco foi expressivamente mais benévolo com os interesses financeiros e produtivos da tradicional lavoura fluminense do que com os setores industriais, que emergiam a duras penas. Tal como na virada para a década de 1850, a nova geração de conservadores amparou a lavoura cafeeira após a nova reestabilização no Prata, que Dom Pedro II queria definitiva. Nos Estados Unidos, a saída da guerra marcou um período semelhante de patrocínio público ao desenvolvimento interno, mas os termos da equação foram inteiramente outros. Para os republicanos, as medidas de Lincoln foram menos necessidades pontuais para vencer o conflito do que a consagração de um modelo de economia política cuja centralidade era o alento à infraestrutura, à manufatura e aos bancos. Nesses termos, emergiu uma nova classe de financistas e industriais que conferiu ao Estado nacional uma outra adaptação à dinâmica capitalista global.

Ao término do século, a produção de bens de capital nos Estados Unidos – como geradores elétricos ou motores – ultrapassou a de bens de consumo. Washington tornou-se a capital de uma das principais potências industriais do mundo, o que possibilitou um novo tipo de inserção internacional. O Partido Republicano foi enfático quanto à diminuição da dependência financeira externa graças à expansão da esfera de influência comercial, nomeadamente na América Latina, que seria um balão de ensaio para ampliações posteriores. O espírito do tempo parecia fértil aos expansionismos do tipo. Enquanto isso, na corrida imperialista, característica da passagem para o século XX, britânicos e franceses digladiavam-se pela partilha da África e da Ásia, a Rússia reabilitou seu pan-eslavismo secular, encontrando extensos ecos nos Bálcãs e nas atuais Ucrânia e Polônia, mas também imediatos obstáculos no pan-germanismo alemão, que, ambicioso, se estenderia da Escandinávia às portas da atual Turquia.

James G. Blaine talvez tenha sido quem melhor compreendeu as vantagens de pôr em marcha o movimento pan-americanista, precisamente quando o eixo produtivo global territorializava-se a quilômetros da Grã-Bretanha. Membro do Partido Republicano e líder proeminente na Câmara de Deputados, Blaine procurou, desde 1881, promover uma conferência pan-americana que teria como objetivo principal o fomento às exportações de manufaturas para os Estados ao sul do rio Grande. Os acordos de reciprocidade comercial deveriam ser bilaterais, sempre, de maneira a evitar conluios latino-americanos contrários a Washington, que trocaria especialmente o açúcar e o café dos latinos por produtos estadunidenses de maior valor agregado, sem pôr assim em risco o algodão do *deep south* e o trigo do *midwest*.

Extraindo as melhores lições do padrão britânico de inserção internacional à época da Primeira Revolução Industrial, Blaine assumiu que, além de ser um recurso para o alto consumo de alimentos calóricos e estimulantes, os acordos comerciais teriam o efeito de suavizar, pelo estímulo às exportações manufatureiras, as tensões empregatícias estadunidenses, então claramente crescentes. Até 1886, eclodiram quase 4 mil greves fabris nos Estados Unidos, que culminaram na Revolta de Haymarket e no fortalecimento notório do Partido do Trabalho, no crucial estado de Nova York. Nessa conta, as maiores ambições de Blaine forjaram-se em relação ao Brasil, cujo comércio com os Estados Unidos era quatro vezes maior do que o estadunidense com a China e praticamente equiparável às trocas de Washington com a África e a Ásia combinadas. Lenta, mas seguramente, surgiria ao término do século XIX um outro sul para os Estados Unidos.

12.

RECONSTRUÇÃO: A EMANCIPAÇÃO DOS ESCRAVIZADOS NOS ESTADOS UNIDOS

Lise Sedrez

Apresentação

Em janeiro de 1865, a Guerra Civil, também conhecida como a Guerra de Secessão (1861-1865), o mais sangrento conflito da história dos Estados Unidos, chegou ao fim. Ao todo, no decorrer do conflito, 3 milhões de soldados foram mobilizados, cerca de 700 mil pessoas morreram e um a cada treze veteranos perdeu ao menos uma parte do corpo. Em dezembro do mesmo ano, a 13ª emenda à Constituição foi ratificada, abolindo a escravidão em todo o território norte-americano.

Se comparada ao que ocorreu nos demais países escravistas das Américas, a emancipação dos escravizados nos Estados Unidos foi singular. Não apenas ela resultou de uma guerra civil – que matou tantos norte-americanos quanto todas as guerras externas travadas pelo país, somadas, do século XVIII ao XXI –, como o norte vitorioso buscou implementar um programa de reformas nos estados derrotados do sul, com o objetivo de realmente incorporar os ex-escravizados ao mundo dos direitos civis e políticos. A Reconstrução, como é conhecido esse período de reformas, estendeu-se de 1863 a 1877, conhecendo diferentes fases. A primeira começou ainda durante a Guerra Civil, na medida em que os exércitos da União conquistavam territórios dos Estados Confederados do Sul. A segunda, chamada de Reconstrução Presidencial, foi conduzida pelo presidente Andrew Johnson, entre 1865 e 1867, e buscava reincorporar os ex-Estados Confederados à União o mais depressa possível. A terceira, conhecida como Reconstrução Radical e controlada pela ala mais inflexível do Partido Republicano no Congresso, promoveu uma enorme expansão da cidadania para os ex-escravizados.

Os libertos, por sua vez, também reconfiguraram seus próprios objetivos de liberdade e identidade cívica neste período. Em um primeiro momento, os ex-escravizados viam na emancipação um caminho para a posse da terra, para ter controle sobre seus corpos e suas famílias, para ter acesso à educação e movimentar-se pelo território nacional. Em seguida, porém, as comunidades negras identificaram no direito ao voto e na cidadania plena a única via segura para a garantia dessas liberdades básicas.

Assim, ao longo das fases da Reconstrução, algumas questões fundamentais se apresentaram: em que condições os estados do Sul seriam reincorporados à União? O que a emancipação dos escravizados significava para os diversos grupos da nação, inclusive para eles próprios? Como seria feita a transição do trabalho escravo para o trabalho assalariado? Foram permanentes, também, as disputas sobre os sentidos da cidadania e a natureza do federalismo, ou seja, a distribuição de poder entre os estados e o governo central.

As etapas da Reconstrução: A Reconstrução durante a Guerra Civil

A Guerra Civil teve impactos econômicos, sociais e políticos diferentes nos dois lados envolvidos no conflito. Nos estados do norte, a guerra exigiu a criação de novos impostos e uma expansão inédita do Estado central, tanto de sua máquina burocrática como nos campos de batalha. Com a *Lei de Terras*, de 1862, o presidente Abraham Lincoln garantiu maior produção agrícola para alimentar seu exército e cedeu terras e verbas públicas para que corporações empresariais ampliassem a malha ferroviária, fundamental para o transporte de tropas. Em nome da eficiência militar, o Estado central se tornava importante agente econômico. No sul, em contraste, os danos foram imensos. O capital perdido – que incluía os escravizados – representava cerca de dois terços da riqueza dos Estados Confederados.

Agricultores de subsistência brancos também se ressentiam da destruição e da perda dos seus campos, principalmente quando eram forçados a se alistar. A produção do algodão, principal riqueza do sul, despencou, e o mercado têxtil internacional se voltou para a Índia e o Egito em busca de matéria-prima.

Foi em tal contexto que teve início a erosão da "instituição peculiar", como os sulistas, eufemisticamente, chamavam a escravidão. A partir do início do conflito, em 1861, em busca da liberdade, centenas de milhares de escravizados, por vezes famílias inteiras, abandonaram o sul em direção ao norte. Em janeiro de 1863, Lincoln assinou a *Proclamação de Emancipação*, declarando livres os escravizados dos Estados Confederados em guerra contra a União, e o fluxo de pessoas cruzando as linhas de batalha rumo ao norte aumentou. Nos quatro estados escravistas que haviam permanecido na União – Delaware, Kentucky, Maryland e Missouri –, o alistamento de escravizados tornou-se um caminho para a liberdade. Ao fim da guerra, cerca de 180 mil soldados negros haviam servido no Exército da União. Muitos deles tornaram-se orgulhosos veteranos, 37 mil pereceram.

Para além da escravidão, o presidente Lincoln defrontava-se com outra questão fundamental: uma vez vencido o sul, como reincorporar os Estados Confederados à União? Para este fim, em dezembro de 1863, ele promulgou o *Programa de Anistia e Reconstrução*, prevendo: anistia a Confederados que jurassem lealdade à União; o retorno imediato à União dos estados que, em 1860, tivessem tido ao menos 10% de votos contrários à Secessão; e novas constituições estaduais, reconhecendo o fim da escravidão. Lincoln acreditava que um programa assim moderado diminuiria a resistência branca à emancipação dos escravizados e abreviaria a guerra. Ele estava enganado. A guerra se prolongou até 1865, e, por isso, a primeira fase da reconstrução começou ainda durante o conflito, à medida que Estados Confederados eram derrotados pela União.

A primeira fase da reconstrução, portanto, se fez sob regime de ocupação militar. Pela ação de interventores militares apontados por Lincoln, cativos do Tennessee e da Louisiana obtiveram a liberdade ainda em 1863, mas conquistaram pouco mais do que isso. Tanto Andrew Johnson, do Tennessee e sucessor a Lincoln, como Nathaniel Banks, de Louisiana, compartilhavam do preconceito nutrido pelos confederados contra negros, libertos ou livres. Após a *Proclamação de Emancipação*, Banks estabeleceu leis contra vadiagem que forçavam os libertos a aceitarem contratos anuais de trabalho, de modo a que permanecessem nas plantações, restringindo sua circulação. Para os libertos, isso marcou o retorno a uma escravidão de fato, se não de direito (isto é, reconhecida em lei), e foi o prenúncio dos Códigos Negros (*Black Codes*) do pós-guerra.

Em março de 1865, um mês antes de ser assassinado e dois meses antes do fim do conflito, Lincoln criou a Secretaria dos Libertos, subordinada ao ministério da Guerra. Prevista para durar um ano, a secretaria encarnava o reconhecimento de que o Estado federal tinha responsabilidade sobre o destino dos libertos e refugiados. Esta difícil tarefa implicaria inventar um novo sistema de trabalho livre, estabelecer escola para libertos, oferecer assistência a idosos, doentes, insanos e refugiados, e mediar disputas entre negros e entre negros e brancos. Seu diretor, o general Otis Howard, era venerado pelos libertos quase tanto quanto Lincoln. Abolicionista convicto, ele era, no entanto, reticente quanto à capacidade de o governo federal redesenhar profundamente a sociedade do sul. Muitos abolicionistas do norte, como Howard, acreditavam que, abolida a escravidão, o trabalho assalariado se encarregaria de transformar o sul em uma economia de mercado, garantindo a autonomia dos libertos. Portanto, viam com cautela a necessidade de assistência do governo federal, algo que deveria ser temporário e condicional, para evitar a "dependência do trabalhador".

A realidade do pós-guerra, no entanto, se impôs. A secretaria se tornou o principal recurso para os libertos ante as tentativas, feitas por latifundiários e autoridades sulistas, de restringir os termos da emancipação. Além de fornecer suporte econômico a libertos e brancos em situação de penúria, a secretaria oferecia apoio em disputas sobre contratos de trabalho e outros conflitos, nas quais o testemunho dos libertos podia exigir a convocação de cidadãos brancos para prestar esclarecimentos e mesmo para receber punições. Isso era visto no sul como uma humilhação, e a secretaria foi, por diversas vezes, alvo da violência de milícias brancas locais.

A Reconstrução Presidencial

Em 15 de abril de 1865, poucos dias antes do fim da Guerra Civil, Lincoln foi assassinado. A reconstrução por ele planejada deveria ser curta e conduzida pela presidência, mas pouco se sabe a esse respeito. Conhecido pelo pragmatismo e por sua habilidade política, Lincoln deixou propositadamente todas as opções abertas, embora tenha sinalizado que endossaria algum tipo de sufrágio dos libertos. Com seu assassinato, Andrew Johnson se tornou o novo presidente dos Estados Unidos.

Johnson fora escolhido por Lincoln para a vice-presidência, nas eleições de 1864, por ser o único senador do sul a rejeitar a secessão. Como Lincoln, Jonhson tinha origem humilde e começara sua carreira como aprendiz de alfaiate, chegando a governar o Tennessee por dois mandatos. A semelhança entre os dois acabava aí. Johnson se identificava com o pequeno produtor branco do sul e odiava os latifundiários escravocratas tanto quanto desprezava os afro-americanos. Tinha horror quase obsessivo à miscigenação racial, e, se era leal à União, não era menos leal à ideia dos direitos dos estados.

Nos planos de reconstrução de Johnson, toda propriedade confiscada durante a guerra – inclusive as terras cultivadas por libertos – deveria ser devolvida aos antigos proprietários que se declarassem leais à União e reconhecessem a proclamada emancipação. Algumas categorias de grandes proprietários e oficiais da Confederação poderiam solicitar perdão presidencial individualmente, o que Johnson concedeu por vezes às centenas em um único dia. As leis eleitorais de antes da guerra continuavam válidas, excluindo a população negra e mantendo o poder estadual nas mãos de ex-confederados. Johnson indicou governadores-interventores que assumiriam o poder estadual até a realização das eleições, quando os estados seriam readmitidos à União. Ele cortou boa parte do orçamento da Secretaria dos Libertos, impediu a redistribuição de terras a ex-escravizados e, atendendo aos pedidos de políticos sulistas, ordenou a retirada do sul de tropas federais com soldados negros. Logo ficou claro que Johnson permitiria que os estados do sul estabelecessem seus próprios termos na transição do trabalho escravo para o trabalho livre. Os sulistas entenderam que o presidente era um aliado do sul e um defensor do "governo do homem branco".

O "governo do homem branco" significava não apenas alijar os ex--escravizados do processo político como, também, restaurar a estrutura produtiva do sul, mantendo controle sobre os corpos e o trabalho negros. Este era um ponto fundamental. Não mais "proprietários de corpos", os proprietários de terras se viram diante do risco de ver suas terras agrícolas ociosas na transição para o trabalho assalariado. O controle sobre o trabalho negro para os latifundiários era premente, pela urgência em retomar a produção de algodão. Muitas safras já tinham sido perdidas durante a guerra, e os altos preços mundiais acenavam, em 1865, com uma rápida recuperação. Para os industriais dos estados do norte, quanto mais depressa o sul retomasse a produção de algodão, mais prosperidade teriam indústrias têxteis, o que os levou a apoiar a Reconstrução Presidencial.

Os *Códigos Negros* surgiram nesse contexto, primeiro no Mississippi e na Carolina do Sul, em fins de 1865, e posteriormente em outros estados. Na prática, eles significavam a subordinação dos libertos aos seus ex--senhores, em termos que não diferiam muito da escravidão: contratos de trabalho compulsórios, com duração de um ano, proibição de circulação sem permissão dos empregadores, além da necessidade de licenças anuais para qualquer profissão que não fosse de trabalhador rural ou doméstico. Em geral, os contratos exigiam que ferramentas e implementos fossem adquiridos em estabelecimentos que também pertenciam ao proprietário de fazenda. As dívidas, impossíveis de pagar num ambiente com pouca moeda em circulação, criavam uma nova servidão por débito. Uma das leis mais sentidas pelas famílias indignadas dos libertos era a que permitia que crianças negras órfãs, ou cujos pais fossem considerados incapazes de mantê-las, fossem obrigadas a fechar contratos de aprendizes com antigos proprietários escravistas, sem direito a salário e sem necessidade de consentimento de pais ou parentes. Além disso, os novos sistemas legais podiam até admitir negros como testemunhas, mas não como jurados. E mesmo para pregar o Evangelho era necessária uma licença. Ainda mais: a 13ª emenda abolia a escravidão, mas não o trabalho compulsório em caso de condenação. Assim, se fossem condenados, ex-escravizados podiam ter seu trabalho vendido pelo estado, o que acabou por se tornar um negócio lucrativo para as autoridades locais.

Acesso à terra, autonomia sobre família e culto, educação, liberdade de ir e vir, impostos regressivos sobre os trabalhadores rurais, negros na sua grande maioria – enquanto os serviços públicos, financiados por estes mesmos impostos, continuavam fora do alcance da população negra –, os *Códigos Negros* tocavam em cada um dos sentidos de liberdade para as comunidades negras. Evidenciava-se, assim, a grande contradição da Reconstrução Presidencial: ao longo do ano de 1865, enquanto a 13ª emenda era ratificada pelos estados do sul como condição para o retorno à União, os *Códigos Negros* se tornavam cada vez mais sofisticados para garantir que a emenda tivesse pouco ou nenhum efeito.

Diante da enorme destruição ocasionada pela Guerra Civil – canais destruídos, represas abandonadas, campos erodidos, famílias desarticuladas, veteranos com sequelas físicas e emocionais, um sistema de trabalho em transição –, o primeiro ano da Reconstrução Presidencial, como não poderia deixar de ser, foi decepcionante do ponto de vista econômico. Para piorar o quadro, em 1866 o sul teve um verão seco, mas com chuvas torrenciais que provocaram o transbordamento dos rios Mississippi, Arkansas e Vermelho. A safra daquele ano foi um desastre e destruiu as ilusões de um rápido retorno do "Rei Algodão". A ausência de uma rápida retomada do crescimento econômico, combinada à repulsa pela violência dos *Códigos Negros*, ocasionou o declínio do apoio a Johnson nos estados do norte. De fato, as notícias sobre os tais códigos e sobre a violência disseminada no sul contra libertos mostraram aos políticos e à opinião pública do norte que a própria ideia da emancipação corria riscos, e que a presidência se omitia a respeito. Nada disso convencia Andrew Johnson, no entanto, e um conflito entre Executivo e Legislativo se tornava cada vez mais inevitável.

A partir de dezembro de 1865, os republicanos passaram a dominar três quartos do Congresso, enquanto as cadeiras dos estados rebeldes, de onde vinham a maior parte dos democratas, permaneciam vagas. A ala radical dos republicanos, liderada por Charles Sumner – muito popular em comunidades negras do Norte e do Sul –, Benjamin Wade e Thaddeus Stevens, insistia que o Congresso deveria garantir a igualdade de todos os cidadãos perante a lei. Nas palavras do historiador Eric Foner, o republicanismo radical era uma ideologia cívica fundada na ideia de que a Reconstrução era uma oportunidade para fazer valer o credo da cidadania norte-americana. Se divergiam em muitos temas, como financiamento público para as ferrovias, os republicanos radicais compartilhavam a visão de uma nação em que todos os cidadãos usufruiriam com igualdade dos direitos políticos e civis, garantidos por um Estado nacional poderoso e benevolente. A expansão do poder federal, portanto, inclusive militar, era condição necessária para uma paz justa e para a inclusão de todos ao mundo dos direitos. Para Thaddeus Stevens, ao se rebelarem, os estados do sul haviam perdido seu direito à autonomia e poderiam ser tratados pelo Congresso como territórios conquistados.

Nada mais distante dos planos de Andrew Johnson, que não só defendia ferozmente o direito dos estados de decidirem seus destinos, desde que se mantivessem leais à União, como era visceralmente contra o sufrágio negro, ou mesmo direitos iguais. Para Johnson, a secessão fora ilegal, e, portanto, inválida, e o resultado lógico da Reconstrução era o retorno aos termos de representação e governabilidade anteriores à Guerra Civil – exceto pela escravidão.

A meio caminho entre os republicanos radicais e Johnson estavam os republicanos moderados, que, em sua maioria, defendiam que os negros se tornassem trabalhadores livres, mas não necessariamente cidadãos. Apesar de campanhas locais, em 1865 somente cinco estados do norte permitiam o voto negro nos mesmos termos do voto branco. Os moderados, no entanto, perceberam que a violência e a debilidade econômica da Reconstrução Presidencial eram ameaças à estabilidade da nação e ao sentido da vitória do norte na Guerra Civil. A solução encontrada por eles foi garantir igualdade perante a lei para negros e brancos, algo que por si só representava uma grande expansão do poder federal. Isso não contemplava, contudo, o direito de voto a ex-escravizados. No início de 1866, o Congresso aprovou uma lei que expandia os poderes da Secretaria dos Libertos, permitindo-lhe defender os direitos civis dos negros acima da jurisdição dos estados. Também foi aprovada uma *Lei de Direitos Civis*, que definia todas as pessoas nascidas nos Estados Unidos (exceto os índigenas), como cidadãos nacionais com direitos iguais perante a lei, independentemente de raça ou condição de servidão anterior, e também acima da jurisdição das leis estaduais. Todavia, Johnson vetou ambas, na esperança de garantir o apoio de democratas sulistas e formar um novo partido que unisse republicanos moderados e democratas moderados. O modo de conseguir essa aliança era apresentando a Reconstrução Presidencial como o único caminho viável.

O veto foi um erro crasso de cálculo. Ao invés de obter a aliança desejada, Johnson provocou a união do Partido Republicano em oposição a seu governo. Em abril de 1866, pela primeira vez na história dos Estados Unidos o Congresso derrubou um veto presidencial, e assim promulgou a *Lei dos Direitos Civis*. E foi além. Convencidos de que a questão não poderia ficar à mercê de legislação infraconstitucional, os membros do Partido Republicano aprovaram a 14ª emenda à Constituição, que definia a cidadania nacional e entronizava a igualdade perante a lei no ordenamento constitucional.

A 14ª Emenda, ainda que conservadora se comparada às propostas radicais, era ampla o suficiente para mudar os rumos da Reconstrução e as relações entre governo federal e estados: ela proibia os estados de discriminarem negros; eliminava a cláusula da Constituição que contabilizava os escravizados como dois terços de um cidadão para fins de representação; alterava a representação no Congresso, obrigando os estados do Sul a oferecerem o direito de voto aos homens negros, se quisessem manter a mesma representação de antes da Guerra Civil; impedia homens que tivessem jurado lealdade à Constituição e posteriormente cometido o crime de insurreição de assumirem qualquer cargo eletivo, civil ou militar (virtualmente eliminando a liderança sulista branca de antes da guerra de assumir cargos públicos); anulava em termos práticos a distribuição massiva de anistias, levada a cabo por Johnson em 1865; e, finalmente, a 14ª emenda proibia o pagamento da dívida dos Estados Confederados pelo Tesouro federal ou qualquer compensação pela emancipação dos escravizados.

Nas eleições congressuais de 1866, Andrew Johnson e o Partido Republicano estavam em conflito aberto, e o pleito se tornou um referendo sobre a 14ª emenda. Como na ocasião o Tennessee era o único estado do sul confederado readmitido à União, os republicanos obtiveram uma vitória eleitoral esmagadora, capaz de derrubar qualquer veto presidencial. A Reconstrução agora estava nas mãos do Congresso.

A Reconstrução Radical

Entre 1866 e 1868, a relação entre o Congresso e a presidência consistiu numa sequência de vetos e derrubada de vetos. Johnson era impotente para deter o projeto de Reconstrução dos republicanos radicais, que incluía o sufrágio universal masculino e, se necessário, o controle militar temporário dos estados do sul. A disputa entre o Executivo e o Legislativo culminou com o impeachment de Andrew Johnson pela Câmara dos Deputados e sua quase deposição pelo Senado. Johnson permaneceu na presidência, mas acabou abandonado até pelos democratas sulistas.

A Reconstrução Radical estabeleceu um caminho claro para a reincorporação do sul. Os antigos estados confederados foram divididos em cinco distritos militares, sob o comando do Exército. Para serem readmitidos à União e obterem representação no Congresso, precisariam aprovar novas constituições estaduais com cláusulas sobre o voto universal masculino, incluindo homens negros, e ratificar a 14ª emenda. As novas Assembleias Constituintes estaduais excluiriam lideranças sulistas tradicionais, abrindo espaço para uma geração de unionistas sulistas e para as novas lideranças negras. Havia posições a serem preenchidas em todos os níveis de poder local, de chefes dos correios a juízes. A exclusão dos brancos confederados e a inclusão de negros era uma janela de oportunidade inédita para a transformação do panorama político do sul.

A participação da população negra na política, principalmente após 1867, foi um desenvolvimento radical dos anos da Reconstrução. Desde a emancipação de 1863, comunidades negras já buscavam formas de estabelecer seus direitos, organizando clubes republicanos e sociedades beneficentes. A aprovação da 14ª emenda e as Assembleias Constituintes locais, que instituíram o sufrágio universal masculino no sul, cristalizaram no voto o símbolo e o objetivo imediato da disputa pelo sentido da emancipação. Os direitos civis só poderiam ser garantidos, acreditavam, com a conquista de direitos políticos. Isso significou a politização de várias instituições afro-americanas, principalmente das igrejas. O debate sobre o sufrágio negro, que poucos anos antes estava restrito a alguns círculos radicais, adquiriu enorme capilaridade. Comunidades negras organizavam campanhas para registrar eleitores. As reuniões nas igrejas e escolas discutiam do impeachment de Johnson até o pagamento de impostos ao governo estadual, da análise de contratos de trabalho no campo até greves por melhores salários.

A reação não tardou. A violência sobre a população negra se espalhou pelo sul, frequentemente em atos coletivos. Comunidades negras inteiras eram vitimadas por grupos armados brancos. A violência não se limitava aos corpos negros, atingia também as escolas, as igrejas e as residências dos novos cidadãos. Tampouco era aleatória: veteranos de guerra, pastores, professores, líderes das comunidades eram os alvos preferenciais de incursões planejadas, de modo a fragilizar essas comunidades. A violência se multiplicou em 1866, à medida que as eleições se aproximavam. Em maio, em Memphis, no Tennessee, um esbarrão entre duas carroças, a de um condutor negro e outra de um branco, provocou um conflito que deixou 46 negros e dois brancos mortos, cinco mulheres negras violadas e centenas de casas, igrejas e escolas negras incendiadas. Em julho, em Nova Orleans, na Louisiana, uma passeata pelo sufrágio negro levou a um massacre que teve de ser debelado por forças federais. Como resultado, 34 negros e três brancos foram mortos, e mais de cem pessoas, feridas.

As crenças de supremacia branca, mais do que as de classe social, ditavam as ações dos agressores. A violência atingiu também os agentes da Reconstrução Radical, que receberam os nomes pejorativos de *carpetbaggers* (nortistas, brancos ou negros, que participaram do processo de Reconstrução), e *scalawags* (sulistas brancos que apoiavam a Reconstrução e eram vistos como traidores). Todavia, os assassinatos e as ameaças se concentraram sobre as comunidades negras. Milícias brancas se articulavam em organizações, como a Ku Klux Klan (KKK), fundada no Tennessee em dezembro de 1865, ou as similares Liga Branca e Cavaleiros da Camélia Branca, com o propósito de intimidar ou eliminar eleitores negros, *carpetbaggers* e *scalawags*. Basicamente, essas milícias eram o braço armado do Partido Democrata no sul.

As eleições de 1868, locais, congressuais e presidenciais, foram as primeiras em que eleitores negros do sul puderam votar para presidente. Segundo o historiador David Blight, foram também as eleições mais violentas da história dos Estados Unidos. Os democratas preconizavam o sufrágio negro como o primeiro passo para a miscigenação forçada. Não por acaso, a ideia de corpos femininos brancos sob o poder de negros foi utilizada com frequência por grupos supremacistas brancos até a campanha por direitos civis no século XX. Apesar do ambiente hostil, os eleitores negros participaram em peso das eleições e, durante a campanha, mulheres negras carregavam nas roupas o retrato do candidato presidencial republicano, general Ulysses Grant. Entre fraudes e atos de violência – na Geórgia, os assassinatos e ataques a comunidades simplesmente tornaram impossível o voto dos afro-americanos –, é surpreendente que Grant tenha obtido tantos votos no sul, e que o meio milhão de votos negros lá obtidos tenha garantido ao republicano a vitória naquele pleito.

A eleição de Grant retirou o obstáculo constante representado por Andrew Johnson às reformas, porém o novo presidente estava mais comprometido com a pacificação do país do que com uma agenda radical de mudanças. Ainda assim, no âmbito dos estados, elas aconteceram e foram profundas. À medida que ratificavam a 14ª emenda, abrindo caminho para sua readmissão na União, os estados do Sul passaram a incluir homens negros em cargos eletivos e de confiança. Negros podiam agora não só participar de tribunais como testemunhas e jurados, mas puderam ainda exercer cargos em diferentes instâncias de poder, tornando-se juízes, advogados, legisladores, vice-governadores, chefes de correios ou xerifes. Mais de duzentos homens negros foram eleitos legisladores estaduais. Em 1870, Hiram Revels, do Mississippi, e Joseph Rainey, da Carolina do Sul, se tornaram, respectivamente, senador e deputado federal, logo seguidos por outros, da Flórida até da Virgínia. A maioria dos legisladores da Carolina do Sul era composta por negros, desde veteranos de guerra, como Roberts Smalls, liberto e herói de guerra, a simples barbeiros, como William Nash, também um ex-escravizado. Ao longo da Reconstrução, cerca de 1.500 afro-americanos ocuparam cargos eletivos ou comissionados nos estados e no governo federal. Nas Assembleias Constituintes estaduais, 265 legisladores eleitos eram negros. Destes, pelo menos 107 tinham sido escravizados. Em Little Rock, no Arkansas, o chefe de polícia era negro e em Vicksburg, no Mississippi, um capitão negro comandava uma força policial integrada de brancos e negros. Em Beaufort, na Carolina do Sul, uma das joias do "velho sul" algodoeiro, o liberto Robert Smalls dominava a política local, com magistrados, policiais e prefeito negros. Em Charleston, na Carolina do Sul, e em Nova Orleans, na Louisiana, uma elite econômica negra também se expandiu, embora seus membros raramente buscassem cargos públicos na Reconstrução. Tais avanços em sua participação política só seriam igualados na década de 1960.

O engajamento da comunidade negra na política transformou os estados do sul. Se a Reconstrução representou a expansão da União, a agenda radical também implicava um crescimento dos governos dos estados. A experiência dos novos legisladores em mobilizar as comunidades negras influenciou a forma como eles entendiam os deveres do Estado.

A agenda dos governos republicanos do sul tentou focar quatro diferentes eixos: educação, igualdade racial perante a lei, relações de trabalho e desenvolvimento econômico. Os esforços em educação tiveram relativo sucesso. Em 1880, as taxas de alfabetização entre os negros chegaram a 30%, bem próximas às de alfabetização entre os brancos. Contudo, a igualdade racial na sociedade era, na prática, mais complicada. A integração nas escolas, por exemplo, sempre foi um terreno de disputa, o que só não aconteceu em Nova Orleans. A segregação também era a regra nas universidades, o que levou à criação de algumas importantes instituições de ensino superior exclusivas para a população negra, ainda hoje em atividade. A segregação em meios de transporte e em outras áreas de administração privada também persistia, não obstante ações legais e civis para revertê-la. A tão sonhada "igualdade perante a lei" continuava sendo mais um objetivo do que uma realidade. Para as comunidades negras, porém, a participação em júris, em conselhos escolares e o reconhecimento de uma cidadania igualitária no setor público eram mais importantes do que o livre acesso a teatros e hotéis, instituições particulares e, em geral, controladas por brancos.

Além do possibilitarem o sufrágio negro, as novas constituições ampliaram a assistência pública a idosos e enfermos, bem como à educação. Embora pudessem divergir em questões econômicas, os legisladores negros eram unânimes sobre a importância da educação pública, que praticamente teve início nesta fase da Reconstrução. A Carolina do Sul criou seu primeiro sistema de escolas públicas financiadas por impostos, atendendo a crianças negras e brancas. No Texas e na Carolina do Sul, escolas eram compulsórias para todas as crianças e mantidas pelo poder público. Os estados da Reconstrução Radical também aboliram a prisão por dívida, a punição corporal e o confisco de pequenas propriedades por dívidas. Em alguns casos, impuseram impostos mais altos sobre terras não cultivadas, para forçar a venda e uma melhor distribuição fundiária. Novamente na Carolina do Sul, o acesso ao divórcio foi facilitado. Enquanto a Reconstrução Presidencial tinha sido uma quase restauração do status quo de antes da guerra, a nova fase procurava construir um novo sentido de Estado.

Tais eixos expressavam os entendimentos de liberdade dos próprios afro-americanos. Eles igualavam sua emancipação ao acesso à terra e ao controle do próprio trabalho. A eficácia na definição do sentido da liberdade variou entre múltiplas experiências locais, ora devido a impedimentos legais, ora a maior ou menor capacidade da população negra de se organizar. Onde as comunidades negras tiveram a oportunidade de comprar, obter, ocupar terras próprias, elas o fizeram. E onde puderam defender estas terras, também o fizeram. Em cartas a jornais e aos representantes federais, libertos escreviam explicitamente que a terra *devia* lhes pertencer, em compensação pelos trabalhos durante a escravidão. Muitos estavam convencidos de que o governo federal se comprometera a distribuí-las, e se recusavam a abandonar as plantações, entendendo que a terra lhes pertencia.

A liberdade sobre a terra e o trabalho também podia ser traduzida como autonomia para cultivos de subsistência. Isto, no entanto, ia contra o desejo dos latifundiários sulistas de aumentar a produção de algodão, usando um sistema de trabalho supervisionado por feitores. Embora tivessem que aceitar a emancipação – haviam perdido a guerra, afinal –, os proprietários brancos queriam a qualquer custo manter o controle sobre a terra e a força de trabalho.

Além de terra e trabalho, a emancipação dos negros também lhes devolvia o controle sobre as próprias famílias, permitindo, inclusive, que localizassem parentes perdidos no período da escravidão. Nos primeiros anos da Reconstrução, muitas famílias negras usaram suas parcas economias para colocar anúncios em jornais de vários estados sulistas, ou para viajar de um estado a outro, em busca de filhos, pais e cônjuges vendidos durante a escravidão. Mesmo o princípio da autoridade de pais sobre filhos se redefiniu: as famílias desejavam o direito de punir fisicamente seus próprios filhos quando necessário, em vez de permitir que o patrão, ou ex-senhor, o fizesse.

A proteção da família negra foi a principal razão para a retirada em massa de mulheres negras da lavoura. Elas passaram a se ocupar da economia do cuidado, com foco nos idosos, nas crianças e na organização de suas comunidades. Mesmo quando o trabalho feminino ainda precisava ser empregado no mercado – em 1865, havia mais mulheres negras trabalhando por salário que mulheres brancas –, o controle dos termos do trabalho tinha importância. As mulheres que voltavam para as plantações, durante os picos de demanda sazonais, por exemplo, se recusavam ao trabalho sob supervisão branca.

Ironicamente, a proteção da família negra na emancipação fortaleceu os valores patriarcais. Havia, na escravidão, uma igualdade de trabalho na miséria da servidão. Na sociedade livre, a desigualdade de gênero tornou-se mais evidente. Depois de 1867, homens negros podiam servir no júri, votar, ter cargos no serviço público e ser eleitos, o que era negado a mulheres, brancas ou negras. Os pastores negros, figuras de autoridade fundamentais nas suas comunidades, reforçavam os valores do patriarcado nas pregações, tanto quanto os brancos.

Ainda assim, mulheres negras buscaram por conta própria os seus sentidos particulares de emancipação. Muitas escreviam à Secretaria dos Libertos, demandando auxílio em casos de violência doméstica, infidelidade e abandono dos filhos, ou por razões econômicas. Nestes casos, as cartas denunciavam maridos que assinavam contratos de trabalho em nome das esposas, ou que sequestravam seus salários, e os patrões que as consideravam responsáveis pelas dívidas dos maridos nos estabelecimentos comerciais de fazendas e *plantations*.

A defesa das famílias aparece, por exemplo, na resposta que o governador-interventor da Luisiana, general Nathaniel Banks, ainda durante a guerra, em 1864, deu ao Congresso, ao definir os principais objetivos dos libertos. Para Banks, os negros queriam o respeito à santidade de suas famílias, educação para seus filhos, o fim da punição corporal e o pagamento de salários razoáveis. A resposta de Banks buscava, é verdade, se opor a projetos de distribuição de terras ou de sufrágio. Contudo, ela nos ajuda a entender os sentidos da emancipação no pós-guerra.

Consistentemente, a educação estava no topo das prioridades da maioria dos libertos, e assim o seria por gerações. Antes de 1865, com exceção do

Tennessee, a alfabetização era proibida para escravizados em todo o sul. Após a emancipação, libertos afirmavam que o acesso à educação para si mesmos e para seus filhos era central para o significado de liberdade, para homens e mulheres igualmente.

Nas comunidades negras, a educação formal foi de início financiada por sociedades beneficentes ou pela Secretaria dos Libertos. Em 1869, a secretaria supervisionava cerca de 3 mil escolas, com mais de 150 mil estudantes, e empregava mais professores negros que brancos. A partir de 1868, os governos estaduais controlados por republicanos radicais criaram em quase todos os estados sistemas de educação pública. E, paralelamente, havia um esforço espontâneo, nas casas, nas escolas, nos porões, nas salas de sinuca, ou mesmo em estábulos, de multiplicar a alfabetização.

A valorização da educação fez com que professores se tornassem também líderes comunitários, principalmente quando eram afro-americanos. Na maior parte, os professores negros tinham nascido livres ou obtido a própria liberdade antes da guerra. Fora da sala de aula, eles participavam de disputas de contratos de trabalho, realizavam trabalhos sociais na igreja – muitos eram pastores – e redigiam minutas de petições para a Secretaria dos Libertos, para burocratas estaduais e para o Congresso. Pelo menos setenta professores foram eleitos legisladores nas Assembleias Constituintes estaduais de 1867 e 1868.

Igrejas, tanto quanto escolas, marcaram a vida comunitária dos libertos. Frequentemente, a mesma construção combinava escola, igreja e ponto de reuniões políticas. Mas as comunidades buscavam autonomia de culto, preferindo uma igreja independente, com pastores negros. Um latifundiário sulista, em uma carta, reclamou que os cativos da plantação, à medida que se aproximava o exército nortista, se recusavam a ouvir o pastor branco local, reunindo-se para "gritar e cantar do seu modo". Religião e musicalidade foram instrumentos de manifestações coletivas em muitas ocasiões. Homens e mulheres evocavam *spirituals*, cantos religiosos, em situações tão diversas como as assembleias políticas sobre acesso à terra ou a celebração pública da presença das tropas nortistas em Charleston, na Carolina do Sul.

Finalmente, a emancipação se traduzia também na defesa da liberdade de ir e vir, sem precisar de documentação fornecida por escravagistas ou empregadores. Este aspecto era uma versão embrionária, instintiva, do que, durante a Reconstrução, seria articulado como o conceito de "liberdade perante a lei". Os libertos, em 1864, viam o direito de deixar as plantações como uma possibilidade de exercer "nossos direitos em comum com os de outros homens". A independência do controle dos brancos, mesmo que somente para a mobilidade espacial, era um exercício de autonomia dos indivíduos. Os castigos físicos durante o cativeiro eram lembrados com muita dor, mas a própria situação de escravidão era percebida como uma violência em si. A ausência da escravidão, a emancipação, portanto, significava o direito de, tal como os brancos, terem armas, possuírem cães e ingerirem álcool, o direito de não cederem a vez para brancos em calçadas, ou mesmo o de dirigirem a palavra - um simples "bom-dia" - antes de serem interpelados por um branco.

O direito à locomoção como expressão da liberdade fez com que muitas famílias negras fossem para as cidades, onde o governo federal - representado pelo Exército, com soldados negros, e pela Secretaria dos Libertos - oferecia alguma segurança. Entre 1865 e 1870, a população negra das dez maiores cidades do sul dobrou de tamanho. De modo geral, o conceito de liberdade para os libertos tinha, inicialmente, aspectos muito práticos: segurança para suas famílias, controle das próprias igrejas, educação para os filhos e alguma possibilidade de independência econômica. Os espaços comunitários forjaram uma cultura política que tinha suas raízes na experiência da escravidão, mas cuja estrutura e valores refletiam as consequências da emancipação.

Com o avanço da Reconstrução, porém, estes aspectos pragmáticos da emancipação ganharam formulações políticas mais sofisticadas. Para isso, a fagulha foi a cultura política negra que existia antes da guerra, entre negros nascidos livres, no norte e no sul, ou que haviam conquistado a liberdade antes de 1861. De fato, nas primeiras Assembleias Constituintes estaduais, em 1865 e 1866, os principais líderes afro-americanos eram mulatos e negros nascidos livres, de áreas urbanas. Nos anos seguintes, libertos, em especial se veteranos de guerra, assumiram maior relevância política. Os anos de 1866 e 1867 foram os anos de formação desta liderança política negra, mas que tinha ainda pouca representação rural, onde se localizava a maior parte da população negra. Mesmo no campo, contudo, as famílias apelavam para estes representantes negros e para a Secretaria dos Libertos, reivindicando escolas e proteção contra a violência e contra as fraudes nos contratos de trabalho, a injustiça e a desigualdade nas cortes locais.

Neste novo entendimento da liberdade, as lideranças negras clamavam, em cartas e petições, que só poderia haver emancipação com "igualdade diante da lei". Normalmente, faziam isso nos termos da *Declaração de Independência*, que definia como direitos inalienáveis: a vida, a liberdade e a busca de felicidade. Estava implícita, aqui, uma declaração de cidadania americana, antes mesmo de obterem o direito ao sufrágio. Para estes líderes, a presença de negros na colonização da Virgínia, na Revolução Americana e, mais recentemente, seu papel na vitória da União durante a Guerra Civil, constituíam um passado compartilhado com os brancos, tão importante para os Estados Unidos quanto a contribuição dos brancos, e, portanto, a igualdade diante da lei era merecida. A busca de uma unidade política e cultural, de um novo conceito de cidadania americana, que incluísse a população negra e protegesse os direitos recém-adquiridos, contra as ameaças dos defensores da supremacia branca, levou ao surgimento de uma comunidade negra moderna. Ao amadurecer, este conceito de liberdade ratificaria a convicção do mais importante estadista negro do período, Frederick Douglass: a liberdade completa só seria possível com o direito ao voto. Para Douglass, o trabalho de libertação da população negra não terminava com a emancipação, ele estava apenas começando.

Os republicanos aproveitaram sua maioria no Congresso, obtida em 1868, para assegurar, no início de 1869, a ampliação do direito de voto através de uma nova emenda à Constituição, a 15ª. Sua formulação final era a mais conservadora possível, permitindo aos estados a possibilidade de discriminar, embora não por "raça, cor, ou condição prévia de cativeiro", ao mesmo tempo que reconhecia como dever do Estado federal a garantia do exercício do voto (mais um elemento de expansão do poder do governo federal).

Entre 1868 e 1870, todos os antigos Estados Confederados voltaram a ter representação no Congresso. O Partido Democrata se tornou novamente competitivo e os republicanos radicais perderam o poder que, até então, mantinham sobre a agenda parlamentar. Com isso, arrefeceu qualquer impulso para uma reforma agrária mais ampla, assim como mudanças mais profundas nas relações de trabalho. Como assinalava um jornal de Washington, em 1868, era "impossível separar a questão de cor da questão do trabalho, [visto que] a maioria dos trabalhadores braçais nos estados do sul são negros, e virtualmente todos os negros são, no momento, trabalhadores braçais". Mas houve alguns avanços. Fazendeiros não puderam mais utilizar a polícia para o controle de sua força de trabalho, e foram eliminados, ao menos por uma década, os últimos resquícios dos *Códigos Negros*, que oprimiam a circulação de trabalhadores e permitiam o aprendizado de menores sem a autorização dos pais.

O acesso à terra, no entanto, continuou vedado aos ex-escravizados. Em uma sociedade com pouca liquidez, nenhum crédito para compra de terras e uma desesperada demanda por força de trabalho, poucos negros conseguiram se tornar proprietários. Arrendamento ou meação foram as principais formas de reorganização do trabalho rural na Reconstrução. Na impossibilidade de obter crédito ou de fazer economias para a compra de terras, as famílias negras desenvolveram alguma autonomia como meeiras, uma prática generalizada no sul até praticamente a Segunda Guerra Mundial. A autonomia da força de trabalho era, portanto, relativa. Por vezes se estabelecia um tipo de servidão por dívidas, já que os insumos e mercadorias eram adquiridos em um estabelecimento controlado pelo proprietário da terra. Além disso, o sistema de parceria exigia produtos de rápida venda, e o odiado algodão, a cultura de maior liquidez, era uma lembrança permanente dos tempos de escravidão. Ainda assim, as famílias estavam livres do trabalho sob o controle de feitores, em turnos de escravizados, e isto lhes era precioso. Nas cidades, trabalhadores negros se organizaram em sindicatos para reivindicar melhores remunerações. Houve greves de operários em Richmond, de lavadeiras em Jackson, de estivadores em Nova Orleans e Savannah, e de mecânicos em Columbus, na Geórgia. O contato com os sindicatos nas cidades do norte, cada vez mais fortes, era frequente. Mas a riqueza e a base da sociedade sulista estavam de fato no campo, onde a capacidade de negociação dos trabalhadores negros era reduzida. Ocasionalmente, eles buscavam trabalho sazonal em outros mercados, por exemplo, em ferrovias e moinhos, visando forçar melhores termos nos contratos de trabalho.

Com sua base econômica ainda frágil, afro-americanos logo descobririam que sua base política também era instável. Se as comunidades negras estavam totalmente comprometidas com o Partido Republicano, o inverso não era verdadeiro. Líderes republicanos moderados estavam prontos a abandonar seus candidatos negros, se necessário para garantir ao menos parte do voto branco. Em 1868, apenas as chapas para governadores da Carolina do Sul e da Louisiana tinham candidatos negros. A mesma lógica fez com que, nos anos seguintes, a maior parte dos estados eliminasse as proibições de sufrágio dos antigos estados confederados. Fissuras internas e locais do Partido Republicano também reavivaram sistemas de patronagem, que aumentavam sua dependência do poder econômico local, inexoravelmente nas mãos dos tradicionais latifundiários.

A incapacidade da Reconstrução de garantir a redistribuição de terras, para assim quebrar o domínio dos proprietários brancos sobre a economia do sul, foi uma de suas mais graves limitações, e teria consequências nas gerações vindouras. Em 1900, menos de 20% das famílias negras tinham terras no seu nome. Isto significa que, num mundo intensamente rural, mais de 80% da população afro-americana não conseguira adquirir terras.

O desenvolvimento econômico, por sua vez, provou ser ainda mais elusivo. Mesmo entre republicanos, brancos ou negros, havia sérias discordâncias sobre como fortalecer a economia do sul. Os novos serviços do Estado, mais amplos e para um público mais difuso, exigiam novos impostos. As tentativas de atrair as ferrovias para o sul mediante subsídios foram custosas e pouco produtivas, com frequentes e fundamentadas denúncias de corrupção. A violência da KKK e similares, e a instabilidade social que ela provocava, assustava investidores do norte. A depressão de 1873, que assolou todo o país, atingiu o sul com força, uma região que carregava ainda os custos da guerra, da recomposição da infraestrutura e das dívidas confederadas.

Para os libertos, porém, além da depressão nacional, um outro golpe corroeu suas possibilidades de avanço econômico, por mais modestas que fossem. Em 1865, junto com a Secretaria dos Libertos, o Congresso aprovou a criação da Caderneta de Poupança dos Libertos. A secretaria encorajava que libertos mantivessem suas economias na caderneta de poupança. Os investidores, na sua maioria, acreditaram que a caderneta era garantida pelo governo federal. Ela então cresceu com economias de cerca de 67 mil pequenos investidores, libertos na maior parte, até atingir um total de mais de 3,5 milhões de dólares na época. Mas em 1873, a caderneta já mostrava sinais de instabilidade e vulnerabilidade diante da crise econômica. Em junho de 1874, ela encerrou suas atividades repentinamente. Com exceção de compensações mínimas, o governo federal se recusou a socorrer os investidores, que amargaram perdas de mais de 3 milhões de dólares. A quebra da Caderneta de Poupança dos Libertos atingiu duramente as comunidades negras do sul, prejudicando a mobilidade econômica de seus membros e sua confiança nas instituições bancárias e no governo federal. Esta desconfiança seria tristemente justificada nos anos seguintes, quando o governo federal recuaria em definitivo do seu compromisso com a Reconstrução.

A "redenção" do sul

A eleição presidencial de 1872 foi a primeira após a aprovação da 15ª emenda. Também foi a primeira em que uma mulher, Victoria Woodhull, disputou a presidência, pelo minúsculo Partido dos Direitos Iguais, ainda que mulheres não tivessem direito de voto (só assegurado em 1920, com a ratificação da 19ª emenda). Grant foi reeleito com larga margem, mas a Reconstrução já dava sinais de crise.

Ao longo do primeiro mandato de Grant, o Partido Democrata passou a se apresentar como mais moderado, aceitando o sufrágio universal, desde que incluísse também ex-confederados afastados de cargos eletivos. A campanha marcadamente racista de 1868 deu lugar a críticas ao excesso de gastos e impostos e à expansão do Estado federal promovidos pelos republicanos. O discurso do "Novo Recomeço" democrata atraiu alguns republicanos do norte, chamados "republicanos liberais", desconfortáveis com a expansão do poder federal. As denúncias de corrupção do governo Grant, perceptíveis já no primeiro mandato, fizeram com que estes republicanos se aliassem aos democratas no pedido pelo fim da Reconstrução, ainda em 1872. O "Novo Recomeço" era, no entanto, desmentido pelas comunicações internas dos membros do partido, que sonhavam em reverter os "males" do sufrágio negro, e pelas políticas promovidas por seus membros quando controlavam o poder local, entre as quais incluíam-se a exclusão de negros como membros do júri, a segregação em lugares públicos ou os "contratos compulsórios" de crianças negras. Mesmo depois de ratificarem a 15ª emenda, estados como Delaware estabeleceram obstáculos para os eleitores negros, criando taxas eleitorais que, efetivamente, inviabilizaram o direito de voto da maioria da população negra no território. A Geórgia foi além, definindo condições de residência e redesenhando os distritos negros de Atlanta. Tais métodos para atenuar os efeitos da 15ª emenda se tornariam comuns no início do século XX.

Para as comunidades negras do Sul, as restrições ao voto após a 15ª emenda eram acompanhadas de violência, e as tropas federais, mesmo que reduzidas, eram a diferença entre a vida e a morte. Em 1870 e 1871, a KKK instaurou um reino de terror no sul, impedindo não só o voto, mas o funcionamento mesmo dos estados e localidades com representantes eleitos dos republicanos radicais. Os assassinatos eram deliberadamente macabros e a violência contra mulheres negras era uma tática corriqueira. Em Jackson, na Flórida, um pastor negro identificou 150 vítimas da KKK em 1871. Em Greensboro, um distrito na Carolina do Norte, o juiz Albion Tourgée atribuiu à organização doze assassinatos, nove estupros, catorze incêndios e mais de setecentos espancamentos. Incapazes de controlar a violência com forças estaduais, os governadores da Reconstrução se voltaram para o governo federal.

A administração Grant respondeu à violência com medidas intervencionistas, aprovadas pelo Congresso. A *Lei Ku Klux Klan*, de 1871, trazia para a esfera federal crimes que atentassem contra os direitos políticos e civis dos cidadãos. Outras áreas tiveram habeas corpus suspensos e entraram em virtual lei marcial. A KKK foi efetivamente sufocada, embora não tenha ocorrido o mesmo com as organizações similares. Paradoxalmente, a efetividade de Grant no combate à KKK alimentou as críticas ao seu autoritarismo. O envio de tropas federais foi um anátema para os republicanos liberais, que preconizavam um estado central com menos poder.

Em 1873, a base nortista de apoio à Reconstrução seria ainda mais abalada. O primeiro mandato de Grant já fora pontuado por acusações de corrupção e enriquecimento ilícito de alguns de seus colaboradores, mas, no segundo mandato, as denúncias se multiplicaram. A honestidade do próprio Grant não era questionada, mas a corrupção parecia resultado da expansão da burocracia e do orçamento do governo federal. A falência de algumas companhias ferroviárias, que haviam recebido enorme apoio governamental, foi outro choque para a confiança no futuro da nova nação. A depressão econômica de 1873 atingiu todo o país, alcançando a base de arrecadação do governo federal e minando seu apoio político nos estados do norte. Nos anos seguintes, greves promovidas por organizações sindicais, como os chamados Cavaleiros do Trabalho, bem como notícias das guerras com grupos indígenas no Oeste, competiam pela atenção da opinião pública com a violência e o avanço da supremacia branca no sul. O norte já parecia cansado da Reconstrução.

Esta fadiga civil provou ser a oportunidade para o Partido Democrata retomar os governos do sul. Entre 1872 e 1877, praticamente todos os estados ex-confederados voltaram ao controle de governadores democratas, para euforia dos supremacistas brancos. Os sulistas brancos chamaram este processo de "Redenção", e ele foi tornado possível graças à combinação de fraude eleitoral e violência política. Linchamentos e ataques a comunidades negras aumentavam durante as eleições. A violência levou parte da população negra a migrar para o norte ou para o oeste. Até 1885, cerca de 20 mil afro-americanos migraram para os territórios a oeste do Texas.

Um episódio em particular teria grandes consequências para o fim da Reconstrução. Em 1872, os candidatos dos partidos republicano e democrata declararam vitória nas eleições para o governo da Louisiana. Ambos tiveram cerimônias de posse e ambos designaram xerifes e juízes nos condados do estado. Fatalmente, a violência se alastrou, alcançando áreas remotas do território. Em abril de 1873, em Colfax, o conflito ocasionou o mais sangrento episódio de terrorismo doméstico nos Estados Unidos da Reconstrução, segundo o historiador Eric Foner. Em uma disputa pela posse do tribunal do condado, uma milícia branca, armada e de posse de um canhão, assassinou mais de cem negros a sangue frio, a tiros ou queimados vivos no próprio edifício do tribunal, onde haviam se refugiado. Uma investigação federal conseguiu condenar alguns dos responsáveis pelo massacre, que apelaram para a Suprema Corte. Em 1876, a Corte decidiu que a proteção à igualdade de direitos perante a lei, garantida pela 14ª emenda, só se aplicaria a violações dos direitos cometidas pelos estados. Como o massacre fora realizado por indivíduos, o governo federal não tinha jurisdição sobre o caso, mesmo que se tratasse de crime político. As condenações, portanto, foram anuladas.

Neste mesmo ano de 1876, a eleição presidencial entre o republicano Rutherford Hayes e o democrata Samuel Tilden teve seus resultados contestados. No sul, a intimidação das milícias manteve incontáveis eleitores negros longe dos locais de votação. A contagem de votos mostrava evidentes sinais de fraude, tanto por parte dos republicanos quanto dos democratas. Uma comissão composta de membros do Congresso e da Suprema Corte decidiu pela vitória de Hayes. Os democratas não aceitaram a decisão e paralisaram o governo federal com táticas regimentais no Parlamento, de modo a impedir a posse de Hayes. Um acordo secreto entre os líderes dos dois partidos, conhecido como o *Compromisso de 1877*, encerrou o impasse, com concessões de parte a parte. Os democratas retiraram sua oposição à posse de Hayes, e o governo federal encerrou a Reconstrução.

Livres da interferência do Estado federal, que restringia a violência contra afro-americanos, e ocupando os governos estaduais, os democratas do sul se dedicaram a reverter os avanços da Reconstrução e anular tanto quanto possível o impacto das 14ª e 15ª emendas. No que se refere ao voto, estratégias para isso já tinham sido testadas em alguns estados, como as restrições de residência e de alfabetização ou a cobrança de taxas, mas, na década de 1880, estas manobras se difundiram por todo o sul. Alguns artigos dos Códigos Negros, como as leis que puniam a vadiagem, retornaram rapidamente. A violência de milícias brancas caminhava lado a lado com as restrições legais que prejudicavam as comunidades negras e as privava da proteção encontrada no setor público estadual. Em 1890, uma lei da Louisiana ordenou a separação entre brancos e negros nos vagões ferroviários que circulavam no estado. Em *Plessy vs. Ferguson*, de 1896, a Suprema Corte declarou a constitucionalidade da lei com base na 14ª emenda. A própria Suprema Corte criou o princípio "separados, porém iguais" e abriu o caminho para o chamado Sistema Jim Crow, que consistia em um conjunto de leis de segregação racial, válido em todos os estados que assim o desejassem. Em 1895, a jornalista negra Ida B. Wells publicou uma devastadora denúncia do impacto dos linchamentos sobre as comunidades negras do sul, e como eles estavam associados ao poder das autoridades locais.

Apenas em 1967, mais de cem anos depois da emancipação, caía a última lei do Sistema Jim Crow. Em *Loving vs. Virginia*, Richard Loving, "um homem branco", e Mildred Jeter, "uma mulher de cor", no vocabulário legal da Virgínia, foram condenados a cinco anos de cadeia por violarem a lei estadual que proibia o casamento inter-racial. A pena ainda seria comutada para banimento do estado por 25 anos, mas, levado à Suprema Corte, o caso terminou com a perversa lei sendo declarada inconstitucional.

O legado da Reconstrução

A disputa pela memória da Reconstrução começou ainda no governo Grant. Os movimentos supremacistas brancos, que recuperam o poder sobre o sul a partir de 1877, desenvolveram sua versão da Reconstrução, na qual ela era apresentada como um período de subjugação do sul por negros e republicanos corruptos. Esta visão encontrou respaldo na academia norte-americana até os anos 1960, defendida sobretudo pela chamada Escola Dunning, assim batizada em homenagem ao historiador William Archibald Dunning, e ela ressurgia com força na imprensa sulista e na opinião pública a qualquer tentativa, ainda que modesta, de combater o Sistema Jim Crow. Uma notável exceção foi o trabalho do historiador e ativista negro W. E. B. Du Bois, que publicou, em 1935, seu *A Reconstrução negra na América*. Confrontando o mito do fracasso da Reconstrução, Du Bois sublinhou a delicada tensão do período, entre os esforços de forjar uma democracia inter-racial na pós-emancipação e a luta entre capital e trabalho pelo controle da economia do sul. Seu livro, hoje um clássico, inspirou uma nova geração de historiadores nos anos 1960, como Kenneth Stamp e Eric Foner, que, imersos na experiência da luta pelos direitos civis, renovaram a historiografia da Reconstrução.

Essa perspectiva mais recente do processo analisa-o à luz do crescimento de um Estado nacional e propõe uma nova definição da cidadania norte-americana. Para os historiadores que a defendem, o fato de os direitos iguais a todos os cidadãos, sem distinção de raça, terem sido esvaziados ao fim do período não invalida o enorme esforço feito para incorporar os ex-escravizados ao mundo dos direitos civis e políticos, algo que não ocorreu em outras áreas escravistas das Américas, com destaque para o Brasil.

Por outro lado, a 14ª e a 15ª emendas Constitucionais, aprovadas na Reconstrução, foram o ponto de partida para importantes debates sobre direitos civis e políticos. Em 1879, o líder indígena Urso em Pé, ou Machunahzha, da etnia Ponca, conseguiu o reconhecimento do seu direito a habeas corpus e da sua humanidade como decorrência da 14ª emenda. Em 1898, com base na mesma emenda, a Suprema Corte decidiu, em *Estados Unidos vs. Wong Kim Ark*, que crianças nascidas nos Estados Unidos, mesmo que de pais inelegíveis para a naturalização, possuíam cidadania americana. No século XX, em 1972, mais precisamente, a 14ª emenda também serviu de base para o reconhecimento do direito à interrupção voluntária da gravidez, e, no século XXI, em 2015, do direito ao matrimônio entre pessoas do mesmo sexo.

13.

AS RESISTÊNCIAS AO CAPITALISMO NA EUROPA

Alexandre Samis

As grandes transformações que marcam certos períodos históricos são certamente tributárias de fatos que as precedem, de movimentos que se prolongam e que, por motivos os mais variados, terminam por dar lugar à novidade, a fluxos originais e inusitados. Fala-se em uma grande crise para explicar os eventos que deslancham a História Contemporânea; uma crise que convive – e que talvez seja por ela responsável – com a prosperidade incontestável de uma classe sobre as demais. Fala-se, sobretudo, de acumulação e, forçosamente, daqueles que a possibilitaram, ainda que sem proveito próprio, sem destaque e, o que seria o mínimo, sem nenhum prestígio.

Se o século XVIII havia consolidado o poder da burguesia, em contrapartida, ele não fez pouco pelo proletariado, ao conferir-lhe a densidade e a expressão numérica que, no século seguinte, se revelará um fenômeno de massas sem precedentes na história. Este movimento vai marcando a presença dos trabalhadores não apenas na produção, mas também no confronto e na resistência a tudo aquilo que se pretende dominante. Uma força, assim, nada modesta, ainda que privada até mesmo de suas ferramentas de trabalho.

O caso britânico

Em 1729, o mestre da ironia, Jonathan Swift, publicava o seu *A Modest Proposal: For Preventing the Children of Ireland from Being a Burden to*

Their Parents or Country, and for Making Them Beneficial to the Publick [Uma proposta modesta: para evitar que as crianças da Irlanda sejam um fardo para seus pais ou para o país, e para torná-las benéficas para o público]. O autor de *Viagens de Gulliver*, saído do prelo três anos antes, denunciava a pobreza estrutural que, se era bastante evidente na Irlanda, não era menos no caso de todo o *Commonwealth*. Ao referir-se aos "mendigos do sexo feminino", quase sempre "seguidos por três, quatro ou seis crianças", ele advoga a necessária busca de um "meio justo, fácil e barato de tornar estas crianças úteis" ao país, no intuito de que elas, "em vez de serem um fardo", contribuam para "alimentar e, em parte, vestir, muitos milhares de pessoas". As crianças, seguindo o raciocínio, seriam criadas e amamentadas nos primeiros meses para, depois, servirem de alimento "numa recepção para amigos, e, jantando a família a sós, o quarto dianteiro ou o quarto traseiro daria um prato razoável".

Swift não demora a revelar o verdadeiro alvo da sua cáustica ironia: "Admito que esta comida seria um tanto cara, e, logo, muito apropriada aos senhores de terra, que, tendo já devorado a maioria dos pais, parecem aumentar seus direitos sobre os filhos" (Swift, 1992). Em que pese ser o olhar de um irlandês – profundamente afetado pelas medidas do Parlamento britânico que haviam jogado o seu país na quase miséria absoluta –, ainda assim, o seu texto não é menos aplicável à massa de despossuídos, muitos dos quais herdeiros das mazelas dos confiscos de terras (*Enclosure Acts*) iniciados ainda no século XVI e que se estenderam aos seguintes. Reverberam também na prosa de Swift as pregações dos *diggers*, os protestantes radicais da Guerra Civil inglesa, com suas demandas e sua indignação diante das injustiças. Em suma, a ironia do escritor não é nada menos que a denúncia da asfixia dos campos abertos (*open-field system*), da propriedade comum, em favor da oligarquia inglesa.

Se a conjuntura até aqui descrita não responde sozinha pelo fenômeno subsequente, conhecido como Revolução Industrial, por outro lado, ela figura com inegável destaque no conjunto de elementos a serem considerados quando se procura explicar o alvorecer do maquinismo e da propulsão a vapor, para citar apenas dois ícones desses novos tempos. Essa fase – identificada, geralmente, por profundas transformações tecnológicas, com grande impacto sobre as formas tradicionais de produção de menor escala, obedientes aos ritmos artesanal e manufatureiro – não pode ser entendida como o triunfo de um sentimento animado pelo progresso, ou a derrota do conservadorismo corporativo da produção familiar ou eminentemente local. A história das resistências ao capitalismo exige que seja abordada levando-se em conta sua própria complexidade, as singularidades de seus propósitos e os devidos esclarecimentos de suas pautas sociais e políticas.

Desde o início da segunda metade do século XVIII, reações populares cada vez mais robustas anunciam inequivocamente o inconformismo com as alterações em curso. São, em grande medida, a continuidade de problemas herdados do período anterior, ainda que com ingredientes novos. O novo ciclo caracteriza-se, assim, como uma reaglutinação de forças que veem nas mudanças recentes presságios de tempos ainda mais ameaçadores. Este seria o caso dos fenômenos de "ação direta", entre eles os "grandes levantes políticos das 'turbas'" contra as "injustiças particulares", como o dos Wilkes (1760-1770), os Motins de Gordon (1780), os tumultos de rua (1795 e 1820), os Motins de Bristol (1831) e de Bull Ring, em Birmingham (1839), conforme aponta E. P. Thompson (1987a). Em outras ocorrências, no entanto, ainda segundo o autor, o movimento contestatório ganharia certa sofisticação, na forma de "ação ilegal contínua" ou de "semi-insurreição", com o "luddismo" (1811-1813), os Motins de East Anglian (1816), a "Revolta do Último Trabalhador" (1830), os Motins de Rebecca (1839 e 1842) e os Motins de Plug (1842).

O caso dos Motins de Gordon (1780) nos parece dos mais interessantes, tanto pelos motivos quanto pela pauta apresentada. Considerado por alguns especialistas como a "primeira grande insurreição proletária da era industrial" (Van Daal, 2012), o movimento, inicialmente provocado pela publicação de uma lei considerada "papista", foi animado pelo "frenesi etílico" da genebra e por turbas sem líderes ou mestres. A motivação jurídica alegada para as ações de rua das massas enfurecidas, entretanto, tinha raízes mais imediatas nas consequências sociais e econômicas da Guerra dos Sete Anos (1756-1763), que fizera subir os preços e contingenciara salários. Os alvos explícitos da ira incontida dos pobres não escondem as verdadeiras razões dos violentos incidentes, quando, aos gritos de "Não à escravidão!", residências de políticos e destilarias são incendiadas, prisões são invadidas e igualmente queimadas, delas sendo retiradas, aliás, as maiores vítimas da crise, isto é, os pobres (Van Daal, 2012). Por tudo isso, o motim faria tremer em seus alicerces as elites de Londres, a maior metrópole europeia da época.

Embora questões religiosas, não raro, fornecessem viva pigmentação às rebeliões, vale acrescentar que desde a Conspiração da Pólvora (1605) – cujo personagem de destaque acabaria sendo o católico Guy Fawkes – e a presença *digger* nas Revoluções Inglesas (século XVII) – sob a liderança do protestante radical Gerrard Winstanley –, as dissidências políticas fundiam-se às motivações religiosas. Esta combinação seria importante para a sedimentação de uma cultura política de questionamento permanente, fosse de dinastias, de frações da aristocracia ou mesmo das instituições que serviam de esteio ao poder vigente. Tal fenômeno, decerto, não se circunscrevia à Inglaterra, bastando lembrar, na Alemanha do século XVI, da rebelião camponesa anabatista do teólogo Thomas Münzer.

Nos campos, as querelas não eram menores, tampouco as injustiças. A lei de 1723, a chamada *Lei Negra*, chegava a impor a pena de morte para inúmeros "desvios", atingia famílias inteiras quando as privavam dos "bens naturais" das florestas, dos "usos e costumes" consolidados desde muito tempo e que os grupos populares entendiam como base de seu modo de vida. Um problema que já fora registrado em gestas e na tradição oral desde o século XIII, envolvendo, por exemplo, os recursos disponíveis na floresta de Sherwood, que cobria a maior parte da região oeste de Nottinghamshire (Sale, 1999). A ascensão ainda mais evidente da aristocracia *whig*, partido de tendência liberal, permite que a dimensão jurídica da propriedade privada se imponha, com severos castigos para seus transgressores, com destaque para os caçadores clandestinos (Thompson, 1987a). Sherwood é um caso exemplar de como os costumes populares foram criminalizados e do modo como o ilegalismo tornava-se a única forma de sobrevivência, a única alternativa à morte pela fome, pelo frio e por um sem-número de outras privações. Tal fato colocava, voluntária ou involuntariamente, os mais pobres no polo inverso ao da consolidação jurídica da propriedade privada.

Nesse sentido, as crispações sociais na Inglaterra não podem ser analisadas sem que se leve em consideração a normatização do estatuto de propriedade, bem como o de sua concentração nas mãos de muito poucos. Mesmo o desmonte das formas tradicionais de produção, o das corporações, ão se realiza sem que tais monopólios se consolidem em harmonia com uma legislação específica para o tema, a qual dava garantias para investimentos e estabilidade para o escoamento da produção em escala mais larga.

As ações violentas por parte dos mais diretamente prejudicados, em raríssimos casos, não envolviam ou não tinham como alvo preferencial a propriedade privada. Era em relação a ela que os espoliados terminavam por enfatizar as suas demandas, tornando-as mais inteligíveis não apenas para as autoridades governamentais, como ainda para a própria classe trabalhadora, sempre carente de tudo o que, via de regra, desperdiçavam os donos do capital. Assim, os ataques à propriedade privada eram também – e, talvez, sobretudo – um fator de identidade, aglutinador de forças frente ao inimigo comum.

Ainda que em uma nova fase, as investidas contra a propriedade privada, agora diretamente ligada à grande indústria nascente, mantiveram seu nexo com as antigas querelas envolvendo espoliados e senhores e seus privilégios. Confrontos, portanto, já existentes antes mesmo dos primeiros eventos vinculados ao processo de industrialização. Não por acaso, um conjunto de ataques muito violentos a estabelecimentos industriais passou a reivindicar, através de seus protagonistas, uma relação com o lendário Robin Hood, criando um não menos mítico líder, Ned Ludd. Em seus comunicados, o movimento dava como seu endereço a "Caverna de Robin Hood", ou ainda, do "Escritório de Ned Ludd, na floresta de Sherwood" (Sale, 1999, p. 15). Uma identidade de luta que aproximava os ludditas de seus "precursores", não apenas na oposição aos poderosos, mas também na coincidência do território onde aconteciam as investidas. Suas ações desenvolviam-se em um triângulo geográfico dentro do qual se encontravam cinco condados: Yorkshire, Lancashire, Cheshire, Derbyshire e Nottinghamshire.

Entre 1811 e 1812, os ludditas constituíram um tipo de força organizada que poderia ser considerada como um pequeno exército, ou como brigadas militares, inclusive em questões de disciplina e organização. Por tudo isso, ganharam a simpatia popular, que crescia na medida da extensão dos estragos infligidos às dependências fabris e propriedades em geral. A sua constituição social era, segundo o próprio governo, de gente "das classes baixas do país". Muitos eram cardadores, tecelões, alfaiates e artesãos, estes ligados ao comércio de algodão, bastante promissor no século XVIII.

Estavam convencidos de que os "novos tempos" seriam os responsáveis pelo desmantelamento de seu mundo, calcado no pequeno comércio das vilas e lugarejos, na interdependência entre atores que não se diluíam em siglas e empresas cujos diretores sequer dominavam os ofícios dos quais tiravam seu lucro. Como efeito deletério acessório, tais empresas antecipavam a inevitável degradação de vales e mananciais de água, pela ferocidade das máquinas, pela velocidade da produção que pouco ou nada permitia de verdadeiramente humano no trabalho.

Os ataques às fábricas aconteciam com os envolvidos formando colunas e, na primeira linha, portando espingardas e pistolas; em seguida, em linhas secundárias, outros empunhavam machadinhas, malhos usados nas forjas, marretas, chuços, cacetes e pedras. Como se pode observar, algumas das "armas" denunciavam a profissão dos que delas se serviam. As ações se davam quase sempre nas madrugadas, ou em períodos nos quais não havia atividade produtiva fabril. As ações, vale dizer, terminariam por ser igualmente úteis aos operários das fábricas atacadas, uma vez que podiam ser entendidas como sua retaliação contra os baixos salários.

A repressão aos ludditas foi formidável. O governo reuniu uma força talvez até maior que o exército comandado por Wellington para combater os franceses em Portugal, cerca de quatro anos antes. Montou também uma rede de infiltrados, milícias contratadas e policiais. Estabeleceu, ainda, pesadas penalidades para os integrantes do movimento, que incluíam torturas atrozes e enforcamento. A lei de 1721, que previa o banimento por crime de danos às máquinas, ganhou reforço e ênfase depois de 1812, com o *Frame-Breaking Act*. O luddismo não foi tratado apenas como um movimento revolucionário contra a ordem, como havia outros na Inglaterra, ele foi identificado também como inimigo do maior ícone do seu tempo: o progresso (Sale, 1999).

Ainda que o luddismo tenha perdido muito de sua pujança e alcance territorial depois de 1816, ele sobreviveria residualmente em algumas frações da classe trabalhadora, como demonstra o caso dos jornaleiros agrícolas, em 1830, nos motins batizados com o nome do fictício "Capitão Swing". Seja como for, mesmo com menor visibilidade, esses atos legaram dividendos importantes à cultura revolucionária, e não apenas da Inglaterra, uma vez que encontraram similares na Alemanha, Polônia e Bélgica. No caso inglês, contudo, é possível dizer que os trabalhadores das pequenas oficinas rivalizaram em destaque com os operários fabris. Em algumas cidades, os meios artesanais foram "o verdadeiro núcleo de onde o movimento trabalhista retirou suas ideias" (Thompson, 1987b, p. 16). As maiores lideranças eram sapateiros, tecelões, livreiros, impressores, pedreiros, fabricantes de arreios, pequenos comerciantes e congêneres.

Os atos de rebeldia aqui descritos formam parte de um repertório ainda mais rico e diversificado da resistência popular. Em certos casos, as expropriações de gêneros agrícolas ilustram bem essa criativa ação coletiva. Desde meados do século XVIII, é possível verificar o confisco do trigo, sua retenção para aferir um "preço justo", a obstrução da saída do produto de um porto a outro, ou mesmo, em casos extremos, a inutilização da carga para impor pesados prejuízos ao proprietário. Na França, estes procedimentos não eram incomuns até 1830, e, na Cornualha, mineiros eram mobilizados para abandonar temporariamente os locais de trabalho e impedir a saída do trigo.

Entre 1829 e 1831, tem início a tentativa de criação de um sindicalismo de massas na Inglaterra. Em um contexto de certa prosperidade econômica, sustentam esse audacioso projeto quatro centros: Londres, Birmingham, os distritos de Lancashire e Yorkshire, além de Staffordshire (Droz, 1972, v. 2). O surgimento de alguns novos segmentos de classe, ou mesmo a predominância de alguns, como mineiros e têxteis, possibilita a ampliação da organização formal dos trabalhadores, a qual não esquecerá de incluir serventes de pedreiros e jornaleiros urbanos e dos campos, na perspectiva de um "sindicato geral", o mais amplo possível. O desenvolvimento da proposta encontra nas greves do período ainda mais justificativas para a coesão e para a criação, no ano de 1829 – em um congresso nacional que reuniu delegados da Inglaterra, Escócia e Irlanda –, de uma "Grande União Geral Operária", talvez o primeiro sindicato moderno britânico.

Essa nova fase estimula a formação de cooperativas modelo e de uniões de comércio abertas aos operários sem qualificação, que visavam unificar o conjunto dos sindicatos, em defesa de uma nova legislação trabalhista. Em março de 1830, John Doherty lança um jornal sindical e cooperativista, o *United Trades Cooperative Journal*, e, em julho, constitui a primeira *General Union*, reagrupando os diversos sindicatos organizados num plano local. Essa é a *National Association of United Trades for the Protection of Labour* (NAPL). Em 1831, em Londres, surgiria a *Metropolitan Trades Union*, um tipo de bolsa de trabalho, gerida pelos próprios trabalhadores, que filia diversos ofícios da capital.

A despeito da tendência organizativa, as diferenças estratégicas e táticas vão fragilizar as organizações. Ao norte predomina o sindicalismo de luta industrial, há uma viva inclinação e entusiasmo pela ação política e parlamentar em Londres. Os patrões fazem oposição aberta aos operários e, com ela, ganham alguns importantes apoios do governo. Muitos sindicatos não resistirão a essa situação adversa. Nos condados agrícolas, ao sul, a agitação cresce entre os camponeses. Como resposta à constante corrosão dos seus salários, em Norfolk, Suffolk, Kent, Surrey, Sussex, Hampshire e em Wiltshire, os jornaleiros explodem em revolta. Em várias partes máquinas são destruídas e fazendas incendiadas. O governo logo envia o Exército para restabelecer a ordem. Como resultado, são efetuados nove enforcamentos e 457 deportações. "No entanto, vai subsistir uma agitação esporádica, mantendo um clima de incerteza revolucionária" (Droz, 1972, v. 2, p. 421).

O socialismo de Robert Owen, de forte teor cooperativista, se associa ao sindicalismo na lógica da complementaridade. Pensava-se que nesses termos seria possível eliminar, de uma só vez, o "patrão capitalista e o comerciante capitalista", substituindo-se a economia de mercado por uma essencialmente operária, de produção e de troca. Para tal, Owen criaria em 1832, em Londres, o *National Equitable Labour Exchange*, uma espécie de agência nacional do trabalho. Com base na doutrina oweniana, uma vez que o trabalho era o único criador de valor, o preço das mercadorias deveria ser calculado a partir do tempo de trabalho e do preço da matéria-prima. Com o objetivo de pôr fim ao "poder do dinheiro", deveria entrar em vigor uma nova moeda: as *Labour Notes* (Droz, 1972, v. 2, p. 423).

Em 1833, o operariado é violentamente reprimido em diferentes partes do país. Isso porque, após a Reforma Eleitoral de 1832, os trabalhadores, decepcionados com a política, e com a burguesia radical, que pouco ou nada havia feito por eles, passaram a investir na luta econômica e social, pois: "Não consentem mais que outros recolham cinicamente os benefícios da sua própria agitação" (Droz, 1972, v. 2, p. 424). Os seguidores de Owen não vão desperdiçar todo esse sentimento de frustração. Eles trabalharão diligentemente na concretização de uma revolução de cunho socialista e cooperativo. Nessa época, é possível dizer que o socialismo apresenta, pela eloquência dos fatos, forte componente social, traduzido em esforços coletivos na direção da autonomia de consumo e produção. Ainda que a atuação política jamais tenha sido completamente abandonada, esta, pelos fatores aqui assinalados, perde parte importante de seu prestígio.

Na segunda metade da década de 1830, entretanto, tem início um ciclo importante que marca o advento do cartismo, tendência que se manterá, com alguma intermitência, até 1848. O movimento, assim crismado por conta da petição intitulada de *Carta do Povo*, enviada ao Parlamento britânico em 1838. Ela apresentava, em linhas gerais, as seguintes demandas: 1) o estabelecimento do sufrágio universal masculino; 2) a renovação anual do Parlamento; 3) o escrutínio secreto; 4) a remuneração para deputados eleitos; 5) o fim do recenseamento, que dificultava a candidatura de operários; 6) a equivalência das circunscrições eleitorais (Droz, 1972, v. 2). Com núcleos distribuídos por todo o país, à semelhança da *Birmingham Political Union*, o trabalho de propaganda e agitação em torno do programa foi muito eficiente.

A difusão das demandas cartistas vinha sendo preparada ainda antes da publicação da *Carta do Povo*. Já em 1836, alguns grupos de artesãos de Londres, cuja composição incluía os radicais, os owenistas e sindicalistas, haviam fundado a *London Working Men's Association* e deflagrado uma campanha pelo sufrágio universal. Pensavam reunir, assim, com uma palavra de ordem objetiva, os diversos setores descontentes, entendendo que "a reforma política abriria caminho às reformas econômicas e sociais" (Droz, 1972, v. 2, p. 430). O movimento, de fato, alcançou grande êxito nos meios populares, antes de definhar em meados de 1848, após pesada repressão governamental destroçar as bases da organização cartista.

O caso francês

Na França, em 1830, logo após o estabelecimento da Monarquia de Julho, a crônica do cotidiano operário ganha súbito interesse. Aparecem os primeiros inquéritos mais densos e os relatos se avolumam. O próprio historiador Jules Michelet engrossará tal tendência, em 1846, ao escrever *O povo*, um relato profundo e eloquente das condições de vida de operários e camponeses. Antes dele ainda, em 1832, o barão Morogues publicaria o revelador *La Misère des ouvriers et la marche à suivre pour y remédier* [A miséria dos trabalhadores e o que fazer para remediá-la], no qual a concretude dos registros não deixa margem para dúvidas sobre os incontáveis martírios experimentados pelos trabalhadores franceses à época.

Em seu livro, Morogues projeta o orçamento mínimo anual para trabalhadores em cidades industriais, os gastos indispensáveis para a sobrevivência de uma família com pai, mãe e dois filhos. Para "alimentação, 570 francos, para moradia, 130 francos, para vestuário, 140 francos, mais 19 francos para despesas diversas, ou seja, 859 francos" (Dolléans, 1962, p. 21). O trabalhador poderia diminuir muito pouco tais despesas – com bastante sacrifício, talvez, em no máximo 100 francos. Dessa forma, se este trabalhador, ainda que em associação com os outros membros da família, não ganhar, por um ano de trabalho, algo como 760 francos, ele ficará à mercê de subvenções governamentais ou à beira da mais deplorável miséria.

No campo, ainda segundo o estudo, as famílias, geralmente mais numerosas, raramente auferiam com o labor anual mais de 620 francos. O que explicaria os depoimentos de camponeses confessadamente seduzidos pela vida nos grandes centros, por se entenderem muito menos aquinhoados socialmente que os operários das oficinas e do comércio urbano. Michelet chega a afirmar que existiria entre ambos, operários e camponeses, uma certa "rivalidade", provocada pela assimetria de condições. Contudo, em que pese esta perspectiva do camponês em relação ao citadino, o crescimento populacional das cidades não foi, até a Monarquia de Julho, tão diferente daquele que se verifica na província e nos campos. E mesmo depois de 1830, o crescimento em favor das cidades se deu lentamente, sem que saltos extraordinários tenham sido registrados (Dupeux, 1972). Sobre isso, conta muito o fato de que as indústrias têxteis, as que mais empregos ofereciam, localizavam-se em áreas rurais.

No leste da França, em Lyon, a indústria de tecidos tinha certa tradição, principalmente na produção de seda. Os anos de 1831 e 1834 marcam a realização de duas grandes greves insurrecionais, promovidas pelos *canuts*, operários da seda, as quais, quer pela radicalidade, quer pela coesão, podem ser consideradas a abertura de um grande ciclo de movimentos de natureza operária. Um ciclo que, com intervalos, se prolongará até a efêmera Comuna de Lyon, em 1870, e a de Paris, no ano seguinte.

As greves, contudo, vinham sendo preparadas, por assim dizer, desde 1744, quando se dera a revogação de um regulamento favorável aos tecelões, instituído sete anos antes. As vantagens foram recuperadas em um movimento armado dos operários, mas já no ano seguinte, em 1745, sob os auspícios das tropas do visconde de Lautrec, os patrões conseguiram fazer valer a abolição do regulamento. Ainda no século XVIII, em 1786, outro motim sangrento opôs novamente os *canuts* e os proprietários. Àquela altura, os tecelões exigiam um preço mínimo por sua produção, recusando os valores aleatoriamente arbitrados pelos comerciantes (Perdu, 2009). A tarifa foi obtida após movimentos bastante violentos, em 1789, 1793 e em 1811, ocorridos num período que compreende o início da Revolução Francesa, a Convenção e o Primeiro Império.

Em 1828, os "chefes de ateliê" fundaram uma associação cujo objetivo era promover a solidariedade entre os *canuts*. Esta sociedade, denominada *Le Devoir Mutuel* (O dever mútuo), era dividida em "lojas" de vinte membros, ligadas entre si por uma estrutura federativa. Esta divisão teria sido adotada para evitar a aplicação do artigo 291 do Código Penal sobre associações, que impunha fiscalização mais rigorosa do governo quando o número de associados excedia os vinte filiados. Em 1834, havia cerca de 122 "lojas mutualistas". Nesses primeiros tempos, destacam-se os seguintes objetivos: a filantropia e as necessidades profissionais, a defesa dos interesses materiais dos membros, apoio mútuo, empréstimo de ferramentas, procura de trabalho, luta contra abusos nas fábricas e mesmo formação profissional. Originalmente, a associação tinha existência secreta e assemelhava-se a núcleos da franco-maçonaria (Perdu, 2009).

Para as insurreições de 1831 e 1834, as lojas da associação foram cruciais; elas estruturaram muitas das ações e foram responsáveis pela agitação das jornadas. Entre os motivos das insurreições, vale sempre destacar que a audácia dos trabalhadores lioneses se explica também pela sua trajetória e pelas condições precárias da vida material. Eles eram vitimados permanentemente pelo desemprego, por salários irrisórios e jornadas de trabalho que podiam chegar a dezoito horas por dia. Mulheres e crianças eram especialmente prejudicadas, tanto com vencimentos mais baixos que homens adultos quanto sofrendo assédios de todo tipo. Em 1831, os *canuts* empunharam a bandeira negra, talvez pela primeira vez em situações como essa, e, sob a consigna "Viver trabalhando ou morrer lutando", avançaram ferozmente sobre os patrões.

Ainda que o movimento tenha sido afogado em sangue, os *canuts* lograram disseminar entre os operários franceses as vantagens de iniciativas organizadas a partir das fábricas. Ainda que não fosse a única experiência nessa direção, a magnitude da revolta foi importante para promover o que viria a ficar conhecido como mutualismo, fenômeno que terminaria por ignorar fronteiras, conhecendo formas bastante similares na Bélgica e na Suíça francófona. Entre seus aspectos fundamentais, é possível destacar: o apoio mútuo, a solidariedade, a defesa intransigente da autonomia da classe frente aos patrões e ao Estado, bem como a tentativa de criar formas de produção, consumo e crédito fora das redes dos mercados nacional e internacional.

Em fevereiro de 1848, com a derrubada da Monarquia de Julho e o estabelecimento da Segunda República francesa, os trabalhadores passariam pela experiência das Oficinas Nacionais, em grande medida idealizadas por Louis Blanc. No geral, elas visavam promover a associação entre operários e o Estado, a fim de permitir a criação de um organismo gerido por ambos. No entanto, como resultado do rompimento entre liberais e socialistas, as oficinas foram suspensas, o que contribuiu para o acirramento das divergências entre o governo, cada vez mais conservador, e o povo de Paris. De maio a julho, ocorreram escaramuças e confrontos, até que, em 23 de junho daquele mesmo ano, os trabalhadores ergueram barricadas na capital. A reação não se fez esperar. Comandadas pelo general Louis-Eugène Cavaignac, as tropas do governo destroçaram as fileiras operárias, à semelhança do que inúmeras vezes fizera o seu comandante com os norte-africanos, quando governador-geral na Argélia.

Em 1848, no contexto das "revoluções românticas" pela Europa, escritores, filósofos, economistas e jornalistas tinham já produzido um acúmulo teórico de inegável importância no que dizia respeito às possíveis alternativas aos sistemas econômico, social e político vigentes. Na França, desde a segunda década do século XIX, circularam obras de crítica, mas também de proposição, visando uma reforma da vida operária. Expoentes como o conde de Saint-Simon, autor de *Novo cristianismo* (1825), François Marie Charles Fourier, de *O novo mundo industrial e societário* (1829) e Étienne Cabet, de *Viagem à Icária* (1839), não deixariam de reservar ao cooperativismo um lugar de destaque em suas obras. Victor Prosper Considerant, um discípulo bastante criativo de Fourier, escreveria, entre 1835 e 1844, uma obra em três volumes intitulada *Destino social*, seguida de *Princípios do socialismo*, de 1847. A franco-peruana e militante pelos direitos das mulheres Flora Tristan havia publicado *União operária* em 1843, um libelo pela organização dos operários, no qual denuncia os limites das associações de solidariedade.

Outras duas figuras são significativas para a caracterização do período. Uma delas, o operário francês Joseph Déjacque, escreve o livro *A Humanisfera: utopia anárquica*, publicado em 1857, no qual antecipa as linhas gerais do "comunismo anarquista", que viria a se constituir como corrente política apenas depois da Comuna de Paris, quase quinze anos mais tarde. Foi igualmente Déjacque o criador do termo "libertário", referindo-se ao conjunto dos que comungavam de seus postulados.

Seu contemporâneo Pierre-Joseph Proudhon, talvez o mais lúcido intérprete do movimento mutualista de seu tempo, inscreve-se em uma vertente da tradição socialista conhecida como anarquista. Deputado eleito em turno complementar, em junho de 1848, ele irá encarnar no Parlamento francês o papel de inimigo da propriedade, como, aliás, já antecipara em seu trabalho monográfico de 1840, intitulado *O que é a propriedade?* Para escândalo de seus pares da Câmara, Proudhon vai propor a liquidação da propriedade privada em favor da posse, entendendo que os únicos a terem direito sobre a produção eram os diretamente envolvidos nela. Derrotado por maioria quase absoluta (691 votos) – seu projeto só recebeu o seu próprio voto e o de Jean-Louis Greppo, um operário de Lyon –, ele irá renunciar à cadeira de deputado e dedicar-se ao Banco do Povo, uma instituição de "crédito gratuito" para trabalhadores.

Com Proudhon, é possível dizer que o mutualismo ganha a sua argumentação teórica mais explícita e penetra mais objetivamente no universo das camadas médias urbanas da zona francófona europeia. Nos meios operários, suas obras reverberam uma prática muito anterior a elas próprias, mas que, pela familiaridade, ganham admiradores e mesmo devotados discípulos. Esse será o caso dos operários Henri-Louis Tolain, gravador em bronze, Édouard Fribourg, gravador-decorador, e Antoine Limousin, carpinteiro, para citar apenas alguns poucos. Todos terão papel de destaque na organização dos trabalhadores dentro e fora da França.

Os anos de 1850 serão de muita tensão entre o governo e os trabalhadores na França. O golpe de Estado de 2 de dezembro de 1851, que derruba a Segunda República e institui o Segundo Império, reveste-se, a princípio, de enorme conservadorismo. Num segundo momento, porém, o próprio Napoleão III iria abrandar essa tendência, já no final da década, ao inaugurar a "fase liberal" do regime. Uma das evidências dessa nova diretriz é a *Lei Olivier*, de 25 de maio de 1864, que permitia as reuniões de trabalhadores e a criação de associações de classe de caráter permanente. A orientação do governo deve-se em grande medida à sua impopularidade junto aos operários, principalmente na capital, mas não só. Deve-se, também, à conjuntura internacional e à perspectiva de que o país precisava se modernizar, fazer avançar o setor produtivo e, até mesmo, criar interfaces com o modelo liberal inglês.

Os acenos do governo para a classe trabalhadora francesa tinham ainda outras motivações. Napoleão III pretendia combater os setores mais organizados do operariado, especialmente aqueles que haviam difundido um manifesto de clara oposição político-eleitoral ao governo, o *Manifesto dos Sessenta*, ainda no mês de fevereiro de 1864. Firmado por trabalhadores do rio Sena, o documento postulava a necessidade de candidaturas operárias, e seu mais destacado signatário era o veterano líder mutualista Henri-Louis Tolain.

O *Manifesto dos Sessenta* era, em essência, um programa cujos signatários argumentavam que o sufrágio universal dera aos operários apenas a sua maioridade política, restando ainda a conquista da maioridade social. Para alcançá-la, era preciso avançar muito no acesso ao ensino, na liberdade de reunião, de organização (por exemplo, com a formação das Câmaras do Trabalho) e de imprensa, e na separação entre Igreja e Estado. Eles afirmavam ainda desejar uma emancipação por vias pacíficas e legais, e que, para tanto, não desejavam acabar com os direitos das "classes médias", mas apenas garantir aos trabalhadores a mesma liberdade de ação. Sobre o crédito, a solidariedade e a liberdade, aproximavam-se bastante de Proudhon, na mesma medida em que divergiam dele na questão eleitoral. Sobre a extinção das classes, acreditavam ser desejável o fim das classes burguesa e operária, sublimadas no igual direito dos cidadãos.

Em resposta ao *Manifesto dos Sessenta*, enviado a Proudhon por seus signatários, este escreverá aquela que seria sua última obra, *De la Capacité politique des classes ouvrières* [Sobre a capacidade política das classes trabalhadoras], na qual sustenta que a ação revolucionária exige da "democracia operária", em primeiro lugar, que se mantenha distante dos partidos de oposição, das classes médias e burguesas. Uma separação que concretizaria a essência do movimento revolucionário, que estava acima de tudo, segundo ele, na recusa ao sistema de opressão.

A classe operária parisiense tinha ainda outros motivos para fazer oposição ao governo. Uma reforma urbana profunda vinha mudando, desde 1853, o desenho da capital francesa. Os mais pobres estavam sendo expulsos do centro da cidade, quer por aluguéis impagáveis, quer pela demolição das habitações populares que desafiavam o padrão estético do barão Haussmann, prefeito de Paris e responsável pela condução do novo projeto urbanístico. Tendo este processo como pano de fundo, em 6 de junho de 1868, sob forte pressão social, uma lei foi editada permitindo o funcionamento dos clubes, que retomaram suas atividades públicas com popularidade renovada. A lei beneficiava também as associações de classe. A oposição republicana e socialista rapidamente ganhou espaço nos clubes, os quais, nas áreas periféricas da cidade, encheram-se de operários.

Os clubes existiam na tradição revolucionária desde, pelo menos, o ciclo revolucionário francês de 1789. Foram algumas vezes fechados, outras, tolerados ou até mesmo reconhecidos por diferentes governos, dependendo da conjuntura política e social. Muitos dos que reapareceram em 1868 já vinham funcionando na clandestinidade, antes da reabertura formal, e faziam oposição à moda das sociedades secretas. Nesta nova etapa, lembravam associações operárias como aquela criada pelos operários lioneses em 1828. Tinham estrutura federativa e valiam-se dos "mandatos imperativos", revogáveis a qualquer momento, para investir de autoridade os seus delegados. Os clubes de 1868 tinham perfis bastante variados, acolhendo ora mulheres e homens, ora apenas mulheres, ora pequenos proprietários e operários. A influência da Associação Internacional dos Trabalhadores (AIT) nesses clubes era significativa.

A Associação Internacional dos Trabalhadores

Em julho de 1862, pouco mais de 180 trabalhadores franceses desembarcavam em Londres para participar da Exposição Universal. O evento reunia as novidades tecnológicas da época e pretendia-se uma peça promocional da inexorável marcha da industrialização na Europa. Entre os operários da comitiva, organizada pelo governo em Paris, estava novamente Henri-Louis Tolain, o líder mutualista. Napoleão III resolvera financiar a viagem com inequívoco propósito de cooptação, além, é claro, de reforçar a imagem liberal do Segundo Império.

Os números não permitiam que o governo duvidasse da importância crescente da indústria na França e, portanto, do operariado: de 1849 a 1869, a força motriz industrial já havia aumentado por mais de cinco vezes o seu poder original. "Entre 1840 e 1856, a produção siderúrgica na França passou de 345 mil a 898 mil toneladas métricas" (Dolléans, 1962, p. 236). Os mutualistas não ignoravam tal circunstância e, exatamente por isso, buscavam entender ainda melhor a dinâmica que os envolvia nesse complexo e intrincado universo tecnológico.

Uma vez em Londres, os franceses estabelecem relações com os trabalhadores filiados às *trade unions* inglesas, em um movimento que propiciaria, no dia 5 de agosto, um encontro no qual cerca de 250 trade-unionistas propuseram a formalização das relações operárias entre os dois países. Os franceses presentes ao encontro propõem, então, a formação de comitês de correspondência para a troca de informações sobre as respectivas realidades nacionais e, oportunamente, a elaboração de projetos em comum. Dessa forma, a agenda dos operários – apesar de logo interrompida pelo retorno dos franceses em 15 de outubro – assumiria caráter internacional.

Menos de um ano depois, em julho, no contexto de um comício organizado pelos trade-unionistas, em favor da autonomia nacional da Polônia, seis trabalhadores franceses voltam a Londres. Dessa vez, completamente independentes do governo, seis operários parisienses, entre eles Toulain, participam das manifestações. Nessa ocasião, o trade-unionista George Odger sugere a celebração periódica de congressos operários internacionais, com o propósito de combater a sociedade dividida em classes, tendo como tática imediata impedir que a "mão de obra desorganizada" migre de um país para o outro, a fim de substituir operários em greve.

Em setembro de 1864, operários franceses atravessam o canal da Mancha uma terceira vez, para fundar no dia 28 daquele mês, no St. Martin's Hall, em companhia dos trade-unionistas, a Associação Internacional dos Trabalhadores. Para o início dos debates, os mutualistas haviam trazido de Paris a minuta de uma proposta de organização. Nela sustentavam a necessidade da criação de um organismo internacional. Na finalização do documento, que anunciava a nova organização nos moldes sugeridos pelos operários franceses, foi de inegável utilidade a colaboração de Karl Marx, então radicado em Londres e bastante articulado com os trade-unionistas.

O aparecimento da AIT foi acompanhado da criação de um Conselho Geral (CG) que se encarregou de redigir uma carta de princípios e um estatuto provisório. Além de Marx, formavam o conselho: o judeo-polonês Louis Wolff, representando os garibaldianos e mazzinianos da *London Italian Workingmen's Society*; o intérprete entre franceses e ingleses, Victor Le Lubez; os ingleses owenistas-cartistas Cremer e John Weston; além do ítalo-suíço José Fontana e do alemão Johann Eccarius. O CG decidiu pela realização de um congresso no ano seguinte, na Bélgica, o que acabaria por não acontecer por força das restrições deste país em relação à entrada de estrangeiros. Como alternativa, foi convocada uma "conferência" em Londres, entre 25 e 29 de setembro de 1865.

Estiveram presentes à Conferência os mutualistas, trade-unionistas e os exilados que se encontravam em Londres, entre os quais, Marx. Tolain também frequentou as reuniões. Os conferencistas dedicaram-se, principalmente, aos documentos produzidos em 1864, ao debate sobre conjuntura europeia, com destaque para a questão polonesa, e decidiram pela convocação de um primeiro congresso, a se realizar em Genebra, com abertura prevista para o dia 3 de setembro do ano seguinte.

Na data e local previamente escolhidos, tem início o Primeiro Congresso da Internacional. No continente ainda estava fresca a memória da guerra de julho de 1866, a *Deutscher Krieg*, envolvendo a Prússia e o Norte da Itália, de um lado, e a Áustria do outro. O tema da guerra, já tratado na Conferência de Londres, voltaria aos debates em Genebra. Compareceram ao colóquio cerca de sessenta delegados, dos quais pelo menos quinze eram oriundos de associações operárias ainda não filiadas à Internacional. Enviaram delegados, além da anfitriã Suíça, os seguintes países: França, Alemanha, Bélgica e Inglaterra. Do ponto de vista das correntes de pensamento, encontravam-se representados mazzinianos, garibaldinos, republicanos radicais, comunistas alemães, owenistas e mutualistas.

As sessões do Congresso abordaram temas como: as relações entre o capital e o trabalho, o papel da mulher na sociedade, os exércitos permanentes, o futuro das associações de classe, a redução das horas de trabalho, o trabalho feminino e infantil, o trabalho cooperativo, os impostos, a instituição internacional de crédito, as sociedades de socorro mútuo, a religião, a supressão do salariado, a liberdade da Polônia, o combate à Rússia tsarista, entre outros.

Os estatutos da Internacional foram aprovados na ocasião. Quanto a eles, é possível afirmar que, no geral, prevaleceram as teses mutualistas, sobretudo no que se referia ao trabalho cooperativo e à importância das instituições de crédito gratuito. Nesse Primeiro Congresso, aparecem já as diferenças de concepção entre o comunismo alemão e o mutualismo francófono. Marx não comparece ao evento, pois naquele momento dedicava-se à finalização do primeiro volume de *O capital*.

O Segundo Congresso da Internacional realiza-se novamente na Suíça, agora em Lausanne, entre os dias 2 e 7 de setembro de 1867. O evento registra um número maior de congressistas, num total de 72 delegados. Seus países de origem eram Itália, Alemanha, Inglaterra, França, Bélgica e Suíça. Foram tratados basicamente os seguintes pontos: os meios práticos para tornar a Internacional uma ferramenta útil para a classe operária contra o capital; a utilização do crédito pelas classes operárias, para sua completa e definitiva emancipação; a defesa da emancipação do "quarto Estado" (classe operária), pela via do mutualismo; temas relativos ao mundo do trabalho – capital, desemprego, redução das jornadas, extinção do salariado e repartição dos produtos; a definição dos papéis de homens e mulheres na sociedade, a educação das crianças, o ensino integral e a liberdade de ensino; a definição do papel do Estado, dos serviços públicos e da Justiça; e, ainda, a privação das liberdades políticas, perturbações sociais etc. A questão da guerra contra a Rússia tzarista continuará na pauta, justificando inclusive uma mensagem de apoio enviada pelo congresso à Liga da Paz e da Liberdade, na qual pontificava à época o revolucionário russo Mikhail Bakunin, ele próprio o realizador de outro congresso em Genebra. Foi também decidido, como em 1866, que o Conselho Geral continuaria sediado em Londres.

Durante o Congresso de Lausanne, o delegado belga César de Paepe mostrou-se incansável na defesa da propriedade coletiva da terra. O tema dividia opiniões dentro do congresso e não era menos polêmico no interior do bloco mutualista. A questão, aliás, será responsável por uma renovação importante nos meios operários francófonos e vai mediar o aparecimento de uma nova fase, a do coletivismo.

A seguir, mesmo dentro de uma conjuntura continental instável, o Terceiro Congresso da Internacional acontece entre os dias 6 e 13 de setembro de 1868, na cidade de Bruxelas. O número de presentes registra aumento, ao que parece uma tendência, sendo então credenciados cerca de uma centena de delegados, mais da metade deles operários belgas. Novamente é o tema da guerra que abre os debates e mobiliza as atenções dos congressistas. As sugestões são numerosas e vão desde a defesa do fim do Estado, passando pelo boicote ao serviço militar, posição esta postulada pelo belga De Paepe, e mesmo a ideia de uma greve geral europeia com pauta pacifista.

Mas o tema de maior repercussão seria mesmo o da propriedade coletiva, que, diferentemente do que havia se passado no ano anterior, em Lausanne, vai ganhar a simpatia da maioria dos presentes. Assim, os delegados reunidos em Bruxelas decidiram que as minas, de qualquer natureza, as ferrovias, as estradas, os solos aráveis, os canais, as linhas telegráficas, as demais formas de comunicação e mesmo as florestas deveriam ser propriedade coletiva. Esta decisão colocará em desvantagem política os mutualistas da geração anterior, como o próprio Tolain, em claro descontentamento com a forma de coletivismo que se vinha constituindo. Contudo, as ferramentas usadas pelos trabalhadores do campo e das cidades permaneceriam como bens individuais. O documento final esclarecia a natureza da tese aprovada:

> No dia em que as máquinas deixarem de ser monopólio exclusivo do capital e passarem, com todos os instrumentos de trabalho, às mãos dos operários constituídos em associações agrícolas e industriais, nesse dia o trabalho estará liberto, a paz estabelecida, e a justiça reinará (Guillaume, 1985, p. 65).

É possível afirmar que o Congresso de Bruxelas opera uma profunda transformação na perspectiva de ruptura com a ordem vigente. Ao aprovar o fim da propriedade privada, sem mediações, a Internacional filiava-se a um movimento que só fazia crescer entre os trabalhadores, aquele que prescrevia a revolução violenta e definitiva como única via para se alcançar os objetivos dos explorados. No continente, as greves se multiplicavam, principalmente na Bélgica, Suíça e França. A radicalização do movimento paredista naquela conjuntura não teria contado pouco para a inclinação dos internacionalistas na direção do coletivismo.

Em Bruxelas foram ainda debatidos os seguintes temas: as greves, as federações entre sociedades de resistência e a formação de conselhos de arbitragem para eventuais greves; a redução da jornada de trabalho; o crédito mutual; as cooperativas e demais exigências do trabalho e a instrução integral. Os delegados deliberaram pela não participação da Internacional no Congresso Internacional da Paz e da Liberdade, no seu segundo encontro, a ser realizado de 21 a 25 de setembro, em Berna. Entenderam que certas posições da Liga da Paz e da Liberdade eram incompatíveis com o que se adotava nos fóruns da Internacional. Em suma, a liga passou a ser entendida como excessivamente moderada. Por força de tal contraste de posições, Mikhail Bakunin abandonará definitivamente a Liga da Paz pela Liberdade.

O ano de 1869 é o do IV Congresso da Internacional, que se realiza na Basileia, Suíça, entre os dias 5 e 12 de setembro. Embora o *bureau* de Paris estivesse oficialmente fechado pelas autoridades, por conta das greves e da aberta oposição de seus filiados ao Segundo Império, as seções filiadas ao órgão internacional, em Londres, segundo as leis francesas, podiam participar de eventos de suas agremiações fora do país. Compareceram à Basileia pouco menos de oitenta delegados, número menor que o do ano anterior. A Espanha inaugura a sua participação com dois delegados, Farga-

-Pellicer e Santiñón, e os Estados Unidos enviam o operário da National Labour Union, Andrew Cameron.

A redução do número de delegados pode ser explicada pela conjuntura de extremo labor operário em torno das greves. Em conformidade com o que se havia iniciado no ano anterior, em 1869 assiste-se a uma tendência ascendente das lutas econômicas. As greves frequentes vinham ocupando a maior parte do tempo dos militantes da Internacional. A ver: no início de janeiro, os trabalhadores em tecidos de algodão paralisaram as atividades em Rouen (França); em fevereiro, na Basileia (Suíça); em março e abril era a vez da construção civil e dos gráficos, em Genebra (Suíça); em maio, novamente a construção civil, agora em Lausanne (Suíça); em junho, os mineiros em Saint-Étienne, Rive-de-Gier e Firminy (França); os trabalhadores da seda, em julho, em Lyon; em setembro, nova greve em Rive-de-Gier; em outubro, em Elbeuf (França) e uma dos mineiros, em Aubin (França); e ainda, nos meses seguintes, em Marselha e Paris. Tais eventos impulsionaram os debates, tanto em Bruxelas como na Basileia, sobre a validade da greve.

O crescimento do número de greves foi importante para que, no Congresso, a tese da propriedade coletiva fosse ratificada por maioria expressiva. Um debate que continuaria, mas em outros termos, no tocante à herança. Neste tema, é possível identificar as diferentes concepções entre o comunismo alemão e o coletivismo que se afirma na Basileia. Uma polêmica que terminaria por favorecer os coletivistas que pleiteavam a formal condenação da herança, sua explícita eliminação, ao passo que os comunistas alemães entendiam ter sido a matéria já resolvida com a aprovação da propriedade coletiva. Nesse debate se destacará Bakunin, que comparecia pela primeira vez a um congresso da Internacional. A questão dos sindicatos continuou a ser tema de interesse entre os delegados, e a importância destes foi plenamente reconhecida.

Na Basileia, os poderes do Conselho Geral foram ampliados, muito em função da iminência de nova guerra no continente. O nome de Marx foi confirmado para mais um mandato no CG, ainda que ele não estivesse presente. O encontro do ano seguinte deveria acontecer em Paris.

A Comuna de Paris

Como resultado de incidentes dos mais variados, interesses divergentes e uma desastrosa condução diplomática, em 19 de julho de 1870 têm início as hostilidades entre França e Prússia. A Internacional faz grande propaganda pacifista através de suas seções espalhadas pela Europa. Em Paris, a retaliação contra os internacionalistas é brutal, e o governo faz o que julga necessário para calar os militantes. Estes tentam disseminar a tese de que a guerra se configura em morticínio dos trabalhadores de ambas as partes do conflito. A superioridade bélica da Prússia não demora a se evidenciar; os canhões *krupp* dilaceram centenas de corpos franceses a cada carga sincronizada de artilharia. Napoleão III cai prisioneiro na Batalha de Sedan, em 2 de setembro de 1870, e com a sua capitulação esvai-se completamente a substância do Segundo Império francês.

No dia 4 de setembro, a república é proclamada na França, mas a guerra com a Prússia continua, e o número de baixas no Exército francês não diminui. A Internacional se divide entre duas possibilidades estratégicas: uma que recomenda que se aproveite a nova conjuntura política republicana para reorganizar as forças revolucionárias, e outra que entende que o clima de guerra ensejaria oportunidades para que focos revolucionários fossem estabelecidos por toda a França. Nessa última linha, os internacionalistas de Lyon fomentam um movimento que culminará no estabelecimento da Federação Revolucionária das Comunas, em 26 de setembro de 1870.

A Comuna de Lyon, na qual estiveram envolvidos os membros da Aliança da Democracia Socialista Albert Richard e Bakunin, ambos também internacionalistas, deveria ser o primeiro evento, a ser seguido de outros similares, por todo o território francês. Tal pretensão viu-se frustrada por força da reação dos setores conservadores da cidade, mas a perspectiva de ruptura radical, no contexto da guerra, irá se manter bastante viva até o ano seguinte.

Em Paris, os operários criarão o Comitê Central Republicano dos Vinte Distritos, alicerçado, por seu turno, em uma federação de núcleos espalhados pelos vinte *arrondissements* da capital. A formalização do comitê teria acontecido em uma reunião realizada no *Bureau* da Internacional, na Place de la Corderie du Temple. Muitas das seções federadas nasceram dos clubes que existiam nos bairros e funcionavam na lógica revolucionária desde 1868. Na mesma medida, foram os seus mais destacados militantes que formaram o Comitê Central, rivalizando na gestão da cidade até mesmo com o Governo de Defesa Nacional, criado depois da queda do Segundo Império.

Na prática, o novo organismo fundava um outro governo, um "duplo poder", que passou a desafiar o precário arranjo republicano. Nos bairros, era o Comitê Central que realmente administrava tudo. Seus membros gozavam da confiança dos moradores e, principalmente na periferia da cidade, os delegados formavam parte da massa operária de Paris, eram seus iguais. Na configuração política, essa estrutura era formada por blanquistas, republicanos radicais, velhos jacobinos e socialistas revolucionários. Estes últimos, quase todos internacionalistas.

O Comitê Central iria ainda mais longe em algumas oportunidades, como em 31 de outubro de 1870 e 22 de janeiro de 1871, quando, de fato, alguns de seus membros encabeçaram levantes populares contra o governo. Iniciativas estas que se tornaram mais que possíveis, inevitáveis, muito em função do cerco prussiano a Paris que submeteu a cidade a incontáveis privações, sempre mais duras e devastadoras nos bairros operários. Entre setembro de 1870 e janeiro de 1871, a capital foi assolada pela fome e pela peste, e, diante da situação calamitosa, o Governo de Defesa Nacional daria novamente provas de sua ineficiência. Para os vulneráveis da capital, as autoridades agiam com deliberada negligência. A situação resultaria em um antagonismo irreversível entre a Paris burguesa e a operária, ilustrado por incontáveis episódios de hostilidade nos espaços públicos.

A derrota definitiva da França para as tropas prussianas reforça o aspecto nacionalista, ainda que em um quadro geral já bastante convulsionado pelas contradições de classe. Com a assinatura das preliminares de paz com a Prússia, em 26 de fevereiro de 1871, nas quais constavam termos inaceitáveis, como a alienação de parte do território francês (Alsácia e Lorena), os trabalhadores, especialmente os de Paris, mostram-se ainda mais decididos à ruptura social. Um fato que ganha força, se levados também em consideração os resultados das eleições para a Assembleia Nacional, que dão vitória expressiva aos grupos conservadores.

Em Paris, desde o início de fevereiro, setores da Guarda Nacional, força que havia crescido substancialmente durante o cerco, haviam passado a se organizar em um Comitê Central que, a exemplo do Vinte Distritos, sustentava-se sobre uma rede federada. O número de batalhões havia crescido nos subúrbios e periferias da cidade – a Guarda Nacional tinha se robustecido com mais sessenta batalhões. Na sua maioria, os guardas engajados nessa etapa eram operários e trabalhadores pobres em geral. Eram, portanto, muito antipáticos ao governo e estavam armados.

A situação para o Executivo, que tinha à frente o conservador orleanista Adolphe Thiers, tornou-se delicada, tanto mais por constar nos termos da rendição o compromisso de desarmar a capital francesa. Assim, quando o governo tentou retirar as peças de artilharia das mãos da Guarda Nacional, na madrugada de 18 de março de 1871, a população foi às ruas. Em Montmartre, onde estavam muitos dos canhões, na sua maioria adquiridos por subscrição popular durante a guerra, as mulheres operárias protagonizaram a radicalização dos acontecimentos e, misturadas aos guardas, instauraram a Comuna de Paris, como se tornou conhecida. Elas foram seguidas pelo Comitê Central da Guarda Nacional, pelos delegados dos Vinte Distritos de Paris e pela Internacional. Na prática, o "duplo poder", criado em setembro do ano anterior, assumia o controle da capital. Atemorizado pelos acontecimentos, o governo foge para Versalhes.

Em 26 de março acontecem as eleições em Paris, patrocinadas pelo Comitê Central da Guarda Nacional. Dos cerca de oitenta eleitos, pouco mais de cinquenta tomariam posse, dois dias depois da abertura das urnas. A Comuna forma então comissões para os seguintes aspectos da gestão: Guerra, Finanças, Segurança Geral, Ensino, Subsistência, Justiça, Trabalho e Troca, Relações Exteriores e Serviços Públicos, além de uma Comissão Executiva, para tratar dos assuntos mais urgentes. Os delegados assumem sob a égide dos mandatos imperativos, diretamente subordinados aos eleitores que votaram nos bairros. Os vencimentos deles não superam a média salarial de um operário qualificado de Paris.

Assim sendo, é possível afirmar que o poder real havia passado para os bairros; os decretos da Comuna eram acima de tudo a confirmação das mudanças que aconteciam, céleres principalmente nos subúrbios. Os cartazes afixados nas paredes dos prédios com o teor das medidas oficiais difundiam o movimento real de transformações que era simultâneo em toda a Paris. Nesse sentido, a participação das mulheres é relevante e não se esgota no evento inaugural de 18 de março. De várias formas, as operárias e trabalhadoras nas mais distintas profissões demandam permanentemente a atenção dos delegados localizados no Hôtel de Ville. Alguns decretos já chegavam quase prontos, bastando apenas que os delegados os encaminhassem ao *Journal Officiel* para serem impressos.

Os clubes de mulheres, bastante enraizados nos bairros, formam suas próprias comissões, criam organizações políticas - como foi o caso do Comitê Central da União das Mulheres de Paris - e inauguram instituições de educação, subsistência e defesa. Algumas das militantes, com destaque para Louise Michel, ingressam nas fileiras da Guarda Nacional e passam a circular com uniforme e fuzil, dissolvendo as barreiras entre papéis sociais muito definidos pela sociedade conservadora de então. O processo acolhe mulheres operárias, intelectuais e estrangeiras, que interagem com desassombro diante das dificuldades aparentemente intransponíveis.

As organizações das mulheres reúnem, a um só tempo, os diferentes pilares que sustentam a Comuna, ao afirmarem o federalismo, o internacionalismo e a gestão coletiva. Delas se aproximaram principalmente as comissões de Trabalho e Troca e da Educação. Com elas estiveram os delegados ligados diretamente à Internacional, organização da qual muitas faziam parte, inclusive. As realizações em tudo acompanhavam o projeto coletivista, no que dizia respeito à crítica da propriedade privada e à ruptura radical e imediata com a velha ordem, e também o projeto mutualista, no agenciamento do consumo, das trocas e da produção. Um equilíbrio sutil, mas de reconhecimento geral, que possibilitava a articulação das várias esferas da vida do povo de Paris.

Merece destaque ainda o esforço das mulheres no que se refere à integração dos contingentes da província ao processo revolucionário em curso. Já nas primeiras semanas da Comuna, a socialista revolucionária André Léo se dirigia aos camponeses de toda a França em artigo, convocando à unidade. Quer pelo diário *La Sociale*, no qual Léo dividia as páginas com Camille Barrère, quer por panfletos, ela divulgava suas opiniões. Já em 1868, as conferências no Tivoli-Vauxhall, e posteriormente as do Redoute, destinadas principalmente à classe trabalhadora, não deixaram de abordar a questão do trabalho e da emancipação das mulheres.

Nesses encontros, importantes figuras como Léo, Louise Michel, Maria Deraismes, Maxime Breuil e Paule Mink desenvolveram temas polêmicos com enorme determinação. Defendiam a necessidade da criação de um "estatuto das mulheres" e afirmavam a urgência do engajamento de todas no sentido da igualdade social. Nessas mesmas ocasiões, insistiam na necessidade da criação de cooperativas de trabalho de mulheres e de as mulheres jovens também receberem educação.

As mulheres engajadas na Comuna tinham origens muito diversas. Mas, em um apanhado mais geral, é possível afirmar que as mulheres do povo não eram minoria. Do conjunto, apenas 15% não tinham profissão. Eram de idades variadas, podendo ir dos catorze anos aos 71 anos. Vinham de várias partes da província. Apenas 10% delas tinham nascido em Paris, 12% eram estrangeiras. As trabalhadoras representavam mais de 53% do total do contingente feminino da Comuna. As profissões intelectuais (professoras, escritoras, jornalistas) tinham alguma representação. Entre as mais conhecidas, podemos destacar André Léo, Victorine Eudes, Louise Michel, Marguerite Tinayre e a russa Elizabeth Dmitrieff. A análise da presença das mulheres na Comuna revela ainda outro aspecto dos mais relevantes: uma vez que a experiência revolucionária assume contornos mais femininos, mais nos detemos nas ações ocorridas na periferia de Paris.

A exemplo da madrugada de 18 de março, assim que o governo de Versalhes inicia seu bombardeio a Paris, as mulheres são as primeiras a reagir com determinação. Em 3 de abril, reunidas na Place da la Concorde, pedem armas para marchar sobre Versalhes. Diante da claudicância dos delegados do Hôtel de Ville, elas começam a organizar sua própria defesa nos bairros. No dia 12, o Comitê Central da União das Mulheres vai publicar uma importante convocação, o *Apelo às Mulheres*, invocando o internacionalismo, ao citar os movimentos de trabalhadores na Alemanha, Itália, Espanha, Rússia, Irlanda e Polônia, e chamando as mulheres para a resistência. No dia seguinte, as mesmas mulheres dirigem um documento à Comissão Executiva da Comuna, no qual a União manifesta o propósito de ir às últimas consequências na luta contra os "privilégios" e "desigualdades".

As semanas que seguem não são favoráveis às incursões da Guarda Nacional fora dos limites da capital. As derrotas se sucedem, assim como os comandos enviados para vencer a resistência. A Comuna erige então barricadas nos bairros centrais, na verdade estruturas de alvenaria reforçadas com grossas camadas de argamassa. Os quartéis ficam permanentemente em prontidão e institui-se uma campanha de alistamento através de convocações. O abastecimento da cidade era, afinal, muito melhor que durante o cerco prussiano, e os problemas, sensivelmente menores. Contudo, a defesa apenas da cidade não era suficiente. A falta de comunicação com a província e as cada vez mais ousadas incursões de Versalhes, com apoio nada discreto dos prussianos, foram responsáveis por um progressivo esgotamento de recursos e mesmo do ânimo dos resistentes.

Durante o período chamado "semana sangrenta" – a última semana de maio de 1871, na qual as tropas de Versalhes invadiram a capital francesa –, as mulheres, algumas de uniformes azuis da Guarda Nacional, mostraram-se incansáveis nas barricadas. Muitas delas – como Victorine Brocher-Rouchy, Léontine Suétens, Eulalie Papavoine, Marguerite Lachaise, Hortense David, André Léo, Marguerite Diblanc, Adèle Chignon, Nathalie Le Mel, Joséphine Marchais, Marguerite Prevost, Marie Ferré e Elizabeth Retiffe – alimentaram peças de artilharia, cuidaram dos feridos e empunharam fuzis.

Depois da vitória definitiva dos versalheses, as mulheres foram acusadas como "petroleiras", ou incendiárias, e então julgadas ou mesmo fuziladas sumariamente pelo delito de incêndio deliberado de prédios públicos de Paris. Foram recolhidas a asilos ou prisões e deportadas para áreas remotas nas colônias francesas, com destaque para a Nova Caledônia. Louise Michel (1971) estimou em 35 mil os mortos da Comuna, refazendo seus próprios cálculos tempos depois para quase 100 mil. O morticínio nos bairros operários foi tão grande que as fábricas se viram privadas de seus mais eficientes trabalhadores. A sanha da repressão alcançou chefes de oficina, operários artistas e mestres. O setor de calçados, por exemplo, quase desapareceu, e a indústria de madeira perdeu um terço de seus operários. Terminadas as execuções e o estabelecimento das penas, Paris tinha menos 10 mil alfaiates; menos pintores, especialistas em telhados, bombeiros hidráulicos, chapeleiros, joalheiros, cinzeladores e pintores em porcelana. A indústria de mobiliário, que antes ocupava mais de 60 mil trabalhadores, não era mais nem sombra pálida do que fora.

Os membros da Internacional foram perseguidos nos diferentes Estados europeus, por legislações punitivas que surgiram à sombra das leis francesas, profundamente antioperárias. A lenda criada com base nos relatos oficiais sobre a Comuna servirá para perseguir e jogar na proscrição sindicatos e núcleos populares, quando estes ensaiavam as mais elementares queixas contra as medidas governamentais. Um efeito que se estenderá por quase duas décadas, fazendo crer que a reação conservadora jamais cessaria.

A reorganização do sindicalismo

Os anos de 1890, contudo, assistirão a uma nova fase do movimento operário. Em 1889 será fundada uma nova Internacional, para substituir a antiga, que não foi muito além do ano de 1876. A entidade muito depressa irá revelar-se uma organização de partidos, afeita à estratégia social-democrata, no que se distanciará das correntes mais afinadas com os antigos postulados da Primeira Internacional, de 1864. Estas correntes, que se entendem revolucionárias, serão centrais para a recuperação, na França, das bolsas de trabalho e do retorno das organizações de base dos trabalhadores. Serão elas as mais dedicadas à criação das condições para o aparecimento do sindicalismo revolucionário, profundamente antiestatal, antiparlamentar e apartidário, identificado mais objetivamente pela ação direta das massas e pela defesa da greve geral revolucionária.

Como elemento a ser considerado, vale aqui destacar a *Carta de Amiens*, exarada a partir das exaustivas discussões no congresso da Confederação Geral do Trabalho, realizado na referida cidade francesa, em 1906, que logrou reunir parte significativa da experiência do operariado, não apenas do país. Ao colocar em evidência aspectos peculiares ao ambiente sindical independente, com maiores ou menores aproximações com o campo revolucionário, o documento servirá de inspiração a inúmeras iniciativas, algumas das quais ainda mais audaciosas que as formalmente recomendadas pelos delegados reunidos em Amiens.

Após a Grande Guerra (1914-1918), em consonância com os fatos, será refundada a Associação Internacional dos Trabalhadores, em Berlim, no ano de 1922. Uma clara tentativa, mais diretamente orientada pelos anarquistas, de recuperar o nexo das lutas dos primeiros tempos, nas quais o sindicalismo possuía papel de destaque. Uma relevância que havia sofrido sensíveis alterações após o surgimento da Segunda Internacional e que, no julgamento de muitos sindicalistas revolucionários, precisava ser reavivada. Uma interpretação, de resto, sustentada por uma inquestionável tendência na direção de organismos sindicais autônomos e independentes de partidos, quando não hostis a eles.

Sobre essa oposição aos partidos políticos, vale ainda acrescentar que, após a consolidação do processo revolucionário de 1917 na Rússia, surgiria a Internacional Sindical Vermelha (1921 – *Profintern*), que era objetivamente orientada pela Terceira Internacional (1919) e pelos partidos comunistas localizados onde quer que fosse possível fundá-los. No mesmo contexto, era criada a Internacional de Amsterdã (1919), considerada remanescente do arranjo sindical sustentado pela social-democracia europeia desde o início do século XX. Para os sindicalistas revolucionários, em especial os da Internacional de Berlim (1922), ambos os organismos eram indesejáveis aos trabalhadores, quer pelo caráter tutelar da *Profintern*, quer pelo reformismo da Terceira Internacional.

Por seu turno, a trajetória do sindicalismo revolucionário, notadamente após a Grande Guerra, revelará interpretações heterodoxas do próprio conteúdo entre os seus adeptos, sobretudo anarquistas, em várias partes do globo. Estes, voluntária ou involuntariamente, irão promover alterações de rota para enfrentarem as singularidades conjunturais de cada lugar, incorporando ou rejeitando pontos de doutrina e táticas eventuais. Uma dinâmica que se mostrou vigorosa na França, na Espanha, na Alemanha, em vários territórios nas Américas, na África e na Ásia, ensejando, dessa forma, o registro de uma página incontornável do sindicalismo no século XX.

14.

PÉRSIA E IMPÉRIO OTOMANO: AS REFORMAS MODERNIZANTES

Maryam Haghroosta e *Andrew Patrick Traumann*

O Império Otomano foi um dos mais longevos e extensos da Era Moderna, durando de 1299 a 1922 e abrangendo um território hoje correspondente a partes do Leste Europeu, do entorno mediterrâneo, do norte da África, da região do Levante, e mais Iraque, Jordânia e Península Arábica, além, evidentemente, da atual Turquia. Seu auge ocorreu após a conquista de Constantinopla, em 1453, quando se tornou um dos impérios mais poderosos do globo. No entanto, o império entra num período de estagnação a partir do século XVI, com a descoberta da América e a preponderância do oceano Atlântico como o eixo do comércio internacional. Quando a Europa passa do feudalismo para o protocapitalismo, tanto otomanos quanto persas passam a ser fornecedores de matérias-primas e importadores de manufaturados. Os persas sofreram menos, pois o xá Abbas (1588-1628) estabeleceu um projeto de monopolizar o escoamento da produção de seda da Ásia, a partir do porto de Bandar Abbas. Para os otomanos, contudo, foi o início do fim.

Essa estagnação, muitas vezes também causada pela resistência ao novo e pela sensação de autossuficiência dos otomanos, finalmente levou a uma série de reformas administrativas denominadas *Tanzimat* (1839-1876). Neste capítulo, cujo objetivo é analisar as relações entre o Império Otomano e o Irã, ou a Pérsia, como era conhecido no Ocidente até 1935, daremos início ao nosso recorte histórico justamente a partir do Tanzimat, quando importantes mudanças ocorrerão no império, culminando no recrudescimento do nacionalismo turco e sua malograda entrada na Primeira Guerra Mundial.

Durante o século XIX, o império passou por uma redução drástica no tamanho de seu território no continente europeu. Se no ápice chegou a ter 50% de seu território na Europa, no decorrer do Oitocentos tal domínio no Velho Continente foi reduzido a 20% (Quataert, 2008).

O Tanzimat

O *Tanzimat* abarcou uma série de reformas implementadas com o intuito de reverter a estagnação política, econômica e militar na qual o Império Otomano se encontrava. Após sua derrota na Batalha de Viena, em 1683, o império passa a ceder seus territórios aos europeus em sucessivos tratados. No de Karlowitz, assinado em 1699, perde parte da Hungria, da Dalmácia e do Peloponeso para os Habsburgo austríacos, e, mais tarde, a Rússia tsarista anexaria o antigo Canato da Crimeia.

Uma das razões do início desse declínio reside na rivalidade entre os janízaros, considerados a tropa de elite do Império Otomano, e os *sipahis*, que constituíam a cavalaria de seu Exército. Os janízaros, que desde o século XVII foram obtendo cada vez mais poder político e econômico, ao que se seguiu uma corrupção galopante, eram contra qualquer tipo de reforma modernizante no corpo do sultanato. Porém, em 1789, na região do Danúbio, quando 120 mil janízaros foram derrotados por 8 mil soldados russos, o fracasso militar – atribuído ao próprio esmorecimento da tropa e, sem dúvida, à ostentação de privilégios da elite – pareceu irreversível. Estava claro para o sultão Selim III (1761-1808) que os janízaros haviam se tornado um Estado (insustentável) dentro do Estado.

No fim do século XVIII, todavia, Selim III lança uma onda de reformas chamada *Nizam-I Cedid* (*Nova Ordem*) – que aliás, bem mais tarde, designará uma nova divisão do Exército otomano. As linhas mestras dessa "nova ordem" eram: criar um Exército profissional, baseado no recrutamento, como o *Grand Armée* de Napoleão, organizar os gastos militares e de segurança, e debelar a corrupção inaudita.

Embora, em tese, as reformas abrangessem também os janízaros, na prática sua adesão não foi efetiva. Uma reforma tributária foi levada a cabo para financiar a modernização, criando novos impostos e reativando outros que haviam sido temporariamente extintos. O aumento de impostos, como era previsível, causou insatisfação geral. Os janízaros tentaram se aproveitar da onda de descontentamento e se rebelaram, sendo esmagados por uma ação avassaladora, empreendida, em 1826, pelo sultão Mahmud II (1785-1839). Alguns anos depois, nova tentativa de reformas: era evidente que os dias de acomodação dos janízaros estavam contados.

No final de 1839 são lançadas as bases do *Tanzimat*: um sistema muito semelhante ao francês, pois transplantava os fundamentos europeus do Estado moderno para um império eurasiano. Constituiu-se a igualdade de todos perante a lei, um sistema de impostos regular e a extinção dos *millets* – prática segundo a qual cada religião cobrava os seus próprios impostos e aplicava o seu próprio código penal. Foram assinadas dezenas de tratados de livre comércio com a Europa, e recebidos grandes investimentos e empréstimos estrangeiros. Em suma, o objetivo do *Tanzimat* era centralizar a coleta de impostos, fortalecendo com eles o Exército e a Marinha, e prevenindo separatismos e invasões. A partir de 1843, o alistamento militar é modificado e são criadas cinco diferentes guarnições, distribuídas por todo o território. A duração do serviço militar foi estipulada em cinco anos, mais sete como reservista. Os treinamentos militares passaram a ser à moda europeia – com efeito, depois da Guerra da Crimeia, de 1854, quando o império foi salvo sobretudo pelas forças britânicas e francesas, o sultão Abdul Mejid I (1823-1861) convocara conselheiros da França para modernizar sua Marinha.

O Código Penal otomano, reformado em 1858, criou tribunais de primeira instância, cortes e altas cortes de apelação. Foi instituído um processo de descentralização do poder em 1864, e também a educação pública e compulsória, em 1869.

O grande arquiteto das reformas do *Tanzimat* foi Mustafa Rashid Pasha (1800-1858), um dos primeiros burocratas otomanos a receber educação europeia, seis vezes grão-vizir e ministro das Relações Exteriores entre 1839 e 1858. O *Tanzimat* teve como ápice a promulgação de uma Constituição, em 1876. Ela reafirmava a isonomia civil, a abolição das guildas e a modernização do sistema bancário. Embora o Parlamento otomano tenha sobrevivido por somente dois anos, a ideia de modernização do Estado iria criar raízes em um grupo de estudantes educados na Europa, autoproclamado "Jovens Otomanos", entre os quais estava Mustafa Kemal (1881-1938), que entraria para a história como "Atatürk" ("pai dos turcos"), o fundador e primeiro presidente da República da Turquia, em 1923.

No final do século XIX, mais precisamente no centenário da Revolução Francesa, os Jovens Otomanos criam o Comitê pela União e Progresso. Esse comitê congregava três linhas de pensamento, graduadas segundo conformações ocidentais: uma totalmente ocidentalizante, na qual o império deveria adotar as ideias iluministas e laicizantes da Europa Ocidental; outra, inspirada na ascensão japonesa, julgava ser possível combinar modernidade e tradição; e a terceira, radicalmente nacionalista, advogava que a cultura otomana possuía dentro de si as respostas para seus problemas, e que não só era desnecessário, mas até deletério, buscá-las em ideias estrangeiras. Ou seja, um século depois de tomarem a Europa, os ideais nacionalistas penetravam no Império Otomano.

O que os unia era a ideia de uma Constituição como pilar dessa nova fase. O sultão Abdul Hamid II (1842-1918), entretanto, procurou esvaziar o movimento dos Jovens Otomanos, cooptando vários de seus membros para o governo, sem grande êxito, porém. A maioria se manteve na oposição e concentrada em transformar profundamente o corpo burocrático do império, imerso em corrupção e clientelismo. A principal bandeira dos reformistas era a possibilidade de ascensão dentro do Exército por meio da meritocracia, independentemente da origem ou de laços com a Corte, e que tal ideia fosse também aplicada no funcionalismo público. Uma revolta, liderada por Ismail Enver (1881-1922) e Ahmed Niyazi (1873-1913), se espalhou por várias províncias do império. Pressionado, o sultão anuncia, em 1876, eleições gerais, vencidas em boa parte pelos Jovens Otomanos. Enver, em seu discurso, profere, emocionado: "Somos todos iguais sob este céu azul" (Charles Rivers Editors, 2018, p. 18).

No entanto, as celebrações foram curtas. O triunfo do grupo foi entendido pelas províncias tanto como um sinal de cisão interna no império quanto como uma expansão da influência do grupo nacionalista turco – significando, portanto, um aumento da repressão aos não turcos. De todo modo, aquela era a hora de se movimentar. A Europa era varrida por ventos nacionalistas desde a Primavera dos Povos de 1848, um movimento que, apesar de derrotado, deixou muitas sementes.

Em 1875, Romênia e Moldávia obtiveram a independência, e, em 1878, foi a vez da Bulgária, todas com apoio russo. Em 1881, a Tunísia foi ocupada pelos franceses. No ano seguinte, o Egito se torna um "protetorado" britânico, supostamente como retribuição de um favor aos otomanos (na prática, tratava-se, evidentemente, da tomada do Canal de Suez, inaugurado em 1869). Os armênios, que haviam obtido certa autonomia, inclusive com uma Assembleia Nacional própria, a partir das reformas do *Tanzimat* buscaram expandir os poderes de sua assembleia e foram duramente reprimidos por Abdul Hamid II. Em 1875, o sultão já havia declarado moratória e criado um Conselho de Administração da Dívida Otomana. Ou seja, o império estava numa situação de instabilidade de todos os pontos de vista.

Em 1908, os Jovens Otomanos, agora rebatizados de "Jovens Turcos", dão um golpe, forçando a volta do Parlamento e da aplicação da Constituição de 1876. Os três ramos do movimento convergiram e não viram outra saída que não a dissolução do império e o reforço da ideia de homogeneização étnica e linguística. O sultão ainda tentaria frear as reformas, apelando ao Islã como verdadeiro amálgama do otomanismo, e não um nacionalismo importado. Contudo, apesar de tal discurso encontrar eco nas massas, não foi suficiente para impedir, em 1909, a deposição de Hamid II, que foi substituído por Mehmed V (1844-1918), ou Maomé V. Este sultão cumpriu apenas um papel protocolar ao ocupar o novo governo, que foi tomado de fato pelos Jovens Turcos. Num primeiro momento, Maomé V tentou conclamar as províncias a não se engajarem em revoltas, mas já era tarde: o nacionalismo fincara suas raízes. As ideologias nacionalistas acabaram por destruir os impérios multiétnicos que não as compreendiam. A máxima "para cada povo, um país" tornara-se um lema. A aparente autonomia proporcionada pelos *millets*, por exemplo, encontra eco em instituições que acabaram por solidificar diferenças e estimular ideias separatistas.

Retrocedendo um pouco no tempo, o caso da independência grega combinara dois fatores e ambos se mostrariam fatais aos otomanos: a vontade de um povo e o apoio europeu. Alexander Ypsilantis (1792-1828) foi um dos líderes desse movimento, ocorrido no final da Era Napoleônica, o qual preconizava a união de gregos, búlgaros, romenos, sérvios e moldavos. Durante o Congresso de Viena, a causa é momentaneamente abandonada pela Rússia, mas as revoltas ressurgem, em 1826, na esteira das revoltas liberais europeias. O apoio da opinião pública europeia e de celebridades da época, como Lorde Byron, fez com que Grã-Bretanha, França e Rússia enviassem tropas ao Peloponeso. A independência grega seria conquistada em 1832, sendo a primeira reconhecida, de fato e de direito, pelo império otomano, e seu exemplo agora se prolongava no inconsciente dos eslavos, que, entretanto, não tiveram a mesma sorte. A heterogeneidade do império passou então a ser usada por seus rivais sempre que eles julgavam necessário.

Às vésperas da eclosão da Primeira Guerra Mundial, Ismail Enver, um dos líderes dos Jovens Turcos, ensaia uma aproximação com a Alemanha. Em 1903, é assinado um acordo para a construção da ferrovia Berlim-Bagdá. Entretanto, não foi uma decisão tomada com muita convicção. Os otomanos buscaram conexões também com o outro lado da guerra, a Entente, mas tanto França quanto Grã-Bretanha priorizaram a aproximação com a Rússia.

Enfim, em 1913, o governo passa às mãos de um triunvirato: Ismail Enver, Mehmet Talat e Ahmad Djemal, conhecidos como "os três paxás". Enver desempenhou um papel crucial na aproximação com a Alemanha. Em sua visão, seria mais vantajoso ser um importante aliado do kaiser do que ser parceiro periférico das potências ocidentais. Djemal e Talat, contudo, ainda preferiam a Entente, enquanto o sultão favorecia a neutralidade. Por fim, os argumentos de Enver persuadiram os demais. Os otomanos oferecem ao Império Alemão um acordo. A princípio mantido em segredo, o apoio otomano só foi revelado ao mundo quando o cruzador alemão *Goeben*, portando a bandeira turca, atacou o porto russo de Odessa (Visacro, 2010). Em 2 de agosto de 1914, é assinado o *Tratado da Aliança* com os alemães, marcando a entrada do Império Otomano na Guerra.

A maior contribuição otomana no esforço de guerra foi o fechamento dos estreitos do Bósforo e de Dardanelos à navegação da Entente. A Batalha de Galípoli, em 1915, foi sua mais célebre vitória, quando dezenas de milhares de soldados (em sua maioria, árabes) impediram, pelo bloqueio dos canais, que as tropas britânicas (compostas principalmente de neozelandeses e australianos) alcançassem os portos russos no mar Negro. A capacidade de resistência turca foi evidentemente subestimada pelo jovem Winston Churchill, e essa derrota iria lhe custar o cargo de dirigente da Marinha de Guerra britânica (Feldberg, 2008).

A Primeira Guerra foi uma tragédia para o Império Otomano. Longe de ser curta, como supunha Enver, prolongou-se por quatro longos anos, drenando os recursos do império e levando-o a derrotas fragorosas. Entre 22 de dezembro de 1914 e 17 de janeiro de 1915, Enver perderia 90% do Décimo Exército Turco, ao tentar a criação de uma região turca no Cáucaso, atacando a região de Sarikamish em pleno inverno russo.

Nesse ínterim, um batalhão armênio é acusado de colaboração com os russos e, consequentemente, "causador" da derrota da Campanha do Cáucaso. A partir desse momento, todos os pelotões armênios são desmobilizados e uma política de limpeza étnica contra minorias étnico-religiosas é instaurada. Ela atinge assírios, gregos e, as principais vítimas, os cristãos armênios. Os homens eram executados ou recrutados à força, usados como bucha de canhão na frente de batalha, enquanto mulheres, crianças e idosos eram levados para a chamada Marcha da Morte, privados de água, de comida e sendo roubados e violentados. Por fim, cerca de 1,5 milhão de armênios foram exterminados na guerra.

Nesse mesmo período, os britânicos tomaram Basra (atual Iraque), no que, a princípio, parecia uma manobra defensiva para proteger seus interesses em Abadan, no Irã. Contudo, a estratégia se mostra ofensiva, quando rumam para Bagdá e a conquistam em 1916. Nesse mesmo ano, o Exército britânico se move rumo à Palestina e, sob a liderança do general Edmund Allenby, chega a Jerusalém, constituindo, no ano seguinte, o primeiro governo cristão na Terra Santa desde as Cruzadas.

Um dos mais duradouros mitos acerca da participação otomana na Primeira Guerra Mundial é o da Revolta Árabe, ainda que no imaginário ocidental tenha se cristalizado a imagem de T. E. Lawrence, também conhecido como Lawrence da Arábia. Na verdade, a revolta contra o Império Otomano partia muito mais de uma elite intelectual do que das massas, que eram esmagadoramente a favor do sultão e viam na revolta contra este um gravíssimo pecado. Inclusive, em 1911, Faissal, filho do Xerife Hussein, que era o rei da região do Hejaz (atual Arábia Saudita, que inclui Meca e Medina) e membro da tradicional tribo Hashemita, ordena a execução de centenas de intelectuais árabes que pregavam a independência no atual Líbano. Os otomanos também instrumentalizaram a fé islâmica a seu favor, estimulando levantes nas colônias britânicas e francesas.

Max von Oppenheim, considerado o maior especialista em Oriente Médio do Exército germânico, convenceu o Ministério das Relações Exteriores alemão a promover campanhas anticolonialistas nas colônias franco-britânicas. É nesse contexto que surge a *Correspondência McMahon-Hussein*, entre 1915 e 1916. Henry McMahon era o alto comissário britânico para o Egito; Hussein bin Ali, o xerife de Meca, que temia ser deposto pelos Jovens Turcos. Na correspondência com o britânico, Hussein exigia: que lhe fosse reservado, no pós-guerra, o controle sobre a totalidade da Península Arábica, exceto sobre a região do Áden, atual Iêmen; o reconhecimento de um califado árabe, que daria preferência à Grã-Bretanha como parceira em todos os seus empreendimentos; e uma aliança militar que lhe permitisse, contudo, a neutralidade, em caso de a outra parte engajar-se em uma guerra ofensiva. McMahon, em sua resposta, não deixa claras as verdadeiras intenções franco-britânicas. A Grã-Bretanha se comprometeria, no máximo, a garantir a integridade das cidades santas. Ele ainda informa Hussein de que os franceses deveriam ser ouvidos, e que os interesses específicos dos britânicos em Bagdá e Basra exigiriam acordos especiais (Feldberg, 2008).

O *Acordo Sykes-Picot* – cujo nome vem dos negociadores, Sir Mark Sykes e François Picot –, na prática, dividia arbitrariamente, antes do fim da guerra, os despojos do Império Otomano no Oriente Médio entre Grã-Bretanha e França. Os atuais Jordânia, Iraque e Palestina/Israel ficariam sob controle britânico, e os atuais Síria e Líbano, sob controle francês. O acordo, inicialmente secreto, só foi revelado ao mundo em 1917, quando os revolucionários bolcheviques denunciaram a correspondência entre estes países e o tsar Nicolau II (1868-1918), último imperador russo (Feldberg, 2008). Sob a liderança e treinamento de Lawrence da Arábia, os guerreiros locais agiram como guerrilhas, usando de táticas de sabotagens e emboscadas e forçando o Império Otomano a deslocar suas tropas para a região do Levante (atualmente Síria, Jordânia, Israel, Palestina, Líbano e Chipre).

Com o fim da Primeira Guerra Mundial, todos já aguardavam a dissolução do Império Otomano, que se concretizou com o *Tratado de Sèvres*, em 1920. A partilha via *Sykes-Picot* e a ocupação da Anatólia por forças da Entente, no entanto, foram demais para o nacionalismo turco, que resistiu sob a liderança de Atatürk, embora tenha conseguido fundar, em 1923, a República da Turquia. Obviamente, tal concessão dos vencedores não veio de graça, mas apenas após o líder da independência turca aceitar a responsabilidade pelas dívidas do Império Otomano e liberar a passagem das frotas ocidentais do mar Negro ao mar Egeu. Uma vez instaurada a República, Atatürk extinguiu o califado e fez da Turquia um Estado ostensivamente laico, implementando à força o casamento civil, o sistema de pesos e medidas, proibindo o uso do véu pelas mulheres (*hijab*), e de roupas "orientais" pelos homens. Aclamado por uns, detestado por outros, tanto dentro como fora da Turquia, Atatürk seria um líder modelo para muitos outros no século XX. Entre eles, Reza Khan, o fundador da dinastia Pahlevi no Irã (Quataert, 2008).

Relações Império Otomano-Irã

O Império Safávida (1501-1722) é conhecido, entre outros motivos, por ter sido o império em que o ramo xiita do Islã foi instituído como religião oficial. Segundo Stephen Kinzer, os iranianos terem aceitado o ramo mais contestador da religião dos conquistadores árabes foi uma forma de resistência. Na verdade, não é tão simples assim: o xiismo calou mais fundo no coração dos iranianos por ter similaridades com sua religião ancestral, o zoroastrismo. Afinal, ambas valorizam a justiça, a equidade e o martírio. Os xiitas consideram que Ali (600-661) deveria ter sido o primeiro *califa* ("sucessor", em árabe), e que seu posto teria sido usurpado pelos sunitas Abu Bakr, Omar e Uthman. Quando finalmente chegou sua vez, tanto Ali como seu neto Hussein foram martirizados pelos sunitas, acontecimento que se tornou central na crença xiita e que gerou um grande ressentimento e um sentimento de injustiça em relação aos árabes sunitas. Assim como seus antecessores sassânidas, os safávidas vinham de uma ordem religiosa, no caso o sufismo, e essa origem sacerdotal lhes conferia idoneidade e legitimidade perante os súditos.

No que tange às relações com o Império Otomano, houve uma série de atritos entre xiitas e sunitas durante o período safávida, especialmente nos atuais Azerbaijão e Iraque – este último, aliás, abarca as mais sagradas cidades do Islã xiita. O Império Persa, como era chamado na época, era visto pelos otomanos como um vizinho não confiável e que constantemente se aliava a um de seus maiores rivais: a Rússia. As relações entre ambos os impérios sempre foram tensas, e até hoje são condicionadas pelo discurso do mundo islâmico. Os safávidas representam o xiismo, e os otomanos, o sunismo. Além disso, havia a questão da interpretação da sharia, a lei islâmica – a permissão a ser dada aos xiitas para que cumprissem o *hajj*, ou peregrinação a Meca –, e o tratamento dado às minorias existentes do lado persa das fronteiras. Um exemplo concreto dessa disputa é o *Acordo de 1555*, no qual está incluído o compromisso persa de não mais amaldiçoar os três primeiros califas, e, em troca, terem assegurado pelos otomanos o direito de peregrinar a Meca, Medina, Karbala e Najaf.

Nos primeiros séculos de sua existência, o califado otomano possuía um caráter preponderantemente religioso, baseando sua expansão territorial nos critérios estabelecidos pelo profeta Muhammad, ou seja, visando a expansão da religião islâmica. Nos documentos oficiais, o mundo era dividido também à maneira do Islã das primeiras décadas, ou seja: em *Dar ul Islam* (terra da paz, onde o Islã reinava) e *Dar ul Harb* (terra da guerra, aonde o Islã ainda não havia chegado e, portanto, onde havia margem para expansão), além do conceito de *dhimi*, as minorias religiosas reconhecidas pelo Alcorão como cristãos e judeus. Ainda seguindo essa linha, o Império Otomano não estabelecia oficialmente relações bilaterais com nenhum império ou nação, mas apenas "tréguas", que podiam durar de dez a trinta anos. Na prática, porém, tanto otomanos como persas faziam acordos comerciais com Europa e Ásia e aceitavam comissões de conselheiros administrativos, ou até de arbitragem estrangeira, para questões fronteiriças.

Durante toda a sua existência enquanto império, os persas viam a Mesopotâmia, o Cáucaso e a Anatólia oriental como sua órbita de influência, enquanto os otomanos, por sua vez, não conseguiam estabelecer um domínio real sobre grande parte de seu vasto território. Cidades como Tabriz, Aleppo, Basra e o atual Bahrein se tornaram focos de disputa. Os problemas fronteiriços não foram resolvidos até o fim do Império Otomano, e o mais perto que se chegou de um acordo foi com o já mencionado *Acordo de 1555*, que estabelecia as regiões supracitadas como "zonas-tampão". Todavia, jamais houve um acordo definitivo sobre as fronteiras entre os dois impérios, até porque a comissão russo-britânica, escolhida para desenhar as fronteiras definitivas em 1847, somente terminou seu trabalho em 1914, ano do início da Primeira Guerra Mundial, que ao terminar acarretaria, poucos anos depois, a extinção tanto do Império Otomano como da dinastia persa Qajar.

A elite persa se interessou muito pelas reformas do *Tanzimat*. Istambul havia também se tornado um centro de dissidentes da dinastia Qajar, vista por muitos como perdulária e incompetente. O próprio clero iraniano estava dividido entre apoiar o xá ou o sultão, e o Império Otomano decidiu explorar essa divisão. Panfletos otomanistas distribuídos na Pérsia reafirmavam a acusação de que ela, traiçoeiramente, apoiava os russos contra seus "irmãos muçulmanos". O apoio aberto de armênios iranianos, e tácito do governo de Teerã, à guerrilha independentista armênia só ajudou a cristalizar essa imagem (Cetinsaya, 2003).

Ainda assim, a maior ameaça ao Império Otomano (ou, pelo menos, assim percebida por este) era a expansão do xiismo em cidades-chave como Basra e Bagdá. Istambul organizou comissões que produziam relatórios inquisitivos, mas nenhuma medida concreta podia ser adotada. Até que, durante a Revolta do Tabaco (1891), quando os Qajar venderam aos ingleses o direito de explorar o cultivo e a produção nacional de fumo, a dinastia foi surpreendida por um boicote massivo dos consumidores ao produto liderado pelo clero xiita. O Império Otomano soube, oportunamente, instrumentalizar essa força, levando os Qajar a voltarem atrás. Centenas de correspondências foram enviadas a religiosos proeminentes, conclamando a união dos dois grandes ramos do Islã. No entanto, tal movimentação acabou por chamar a atenção do xá Nasser al-Din (1831-1896), que passou então a apoiar abertamente a luta armada armênia. Nesse mesmo contexto, havia uma simpatia genuína dos religiosos pelo califa, tão genuína quanto a ojeriza deste pelos Qajar. O clero persa manteve contato com a Corte otomana por anos, até que pressões diplomáticas da Rússia e Grã-Bretanha dificultaram esta comunicação. Em 1905, durante a Revolução Constitucionalista persa, os Jovens Turcos apoiaram ostensivamente o movimento que, tal como em Istambul, colocava limites ao poder do soberano, inclusive enviando tropas ao Azerbaijão iraniano para proteger os perseguidos políticos do regime do xá (Cetinsaya, 2003).

Quando teve início a Primeira Guerra Mundial, a posição turca em relação à Pérsia mudou: primeiro pelo fracasso da Revolução Constitucionalista e, em segundo lugar, porque Istambul teria interpretado mal e visto como oportunista o pedido persa para que russos e britânicos arbitrassem a questão das fronteiras. Ainda assim, os turcos queriam ter a Pérsia como aliada para poder usar seu território com o objetivo de alcançar o Afeganistão e o Cáucaso e, por fim, estabelecer uma influência duradoura nela própria, inclusive ocupando Teerã e "reorganizando" o Exército local, expurgando as influências russas – já que havia até brigadas cossacas formadas por persas ao norte do país, de onde, aliás, viria o algoz e fundador da próxima dinastia a governar a Pérsia, Reza Khan. Após a Revolução Russa e o *Tratado Brest-Litovski* (1918), Ismail Enver Paxá tenta convencer os alemães a, junto com os turcos, trazerem os persas para sua órbita de influência no pós-guerra. Em outubro chega a ordem de ocupar Teerã, mas a guerra terminaria em 11 de novembro daquele mesmo ano, frustrando assim os planos do Paxá. No pós-guerra, a Pérsia tenta sem sucesso obter parte do espólio territorial do derrotado Império Otomano, o "Gigante Enfermo". Apesar da tentativa malsucedida, a opinião pública mais uma vez condenou a suposta traição do Império Persa.

Com o golpe de Reza Khan na Pérsia, em 1922, e a fundação, no ano seguinte, da República da Turquia por Atatürk, esses dois homens muito parecidos, ambos com formação militar, assumem o comando de duas das nações mais importantes do Oriente Médio. Contudo, o clero persa não aprovava o projeto laico/nacionalista radical que incluía praticamente o desaparecimento da religião da esfera pública, algo inédito no mundo muçulmano. Para eles, não sem razão, o sistema republicano era sinônimo de diminuição do poder do clero. Com essa oposição interna, Reza Khan, que havia imitado Atatürk em praticamente tudo, proibindo o véu tradicional e impondo o alfabeto ocidental, entre outras medidas similares, recuou na ideia de proclamar uma república e fundou sua própria dinastia, a Pahlevi. Tal decisão desapontou o líder turco, embora, por outro lado, reconhecesse que o nacionalismo fervoroso do agora xá Reza Pahlevi diminuiria a influência russo-britânica no país (Cetinsaya, 2003).

Contudo, logo velhas divergências territoriais voltaram à tona. Para Atatürk, a principal ameaça à homogeneidade étnica turca por ele desejada eram os curdos, que nunca haviam sido vistos pelos persas como um problema. Após anos de negociações, finalmente foi acordado que o monte Agri seria entregue à Turquia, enquanto Qatur, ao leste da província do Azerbaijão, ficaria com a Pérsia. Apesar de visto em geral como um acordo desvantajoso, o xá se justificou dizendo que, para ele, o território não importava, e sim os laços entre os dois países, e se esse fosse o preço a pagar, ele considerava que valia a pena. Em 1934, o xá faz uma visita à Turquia, gesto considerado o ápice na relação entre os dois países, e três anos depois um acordo quadripartite, o *Tratado de Saadabade* – entre Turquia, Pérsia, que passa a se chamar Irã em 1935, Iraque e Afeganistão –, resolveu históricas questões fronteiriças entre Irã e Iraque. O pacto de não agressão, contudo, não resistiria à Segunda Guerra Mundial.

A Pérsia/Irã no século XIX

O século XIX foi uma época de grande agitação para a Pérsia, já que o país vivia muitas transformações. Durante este período, uma série de mudanças políticas, sociais e econômicas ocorreram no país, deixando um impacto profundo na sua história. Entre estas mudanças, que foram desde lutas internas pelo poder até intervenções estrangeiras, a Pérsia estava imersa em um processo de modernização e ocidentalização que moldou a sua identidade nacional.

Apesar dessas transformações, este século é considerado o "século perdido", no sentido de não ocorrer um enfrentamento dos velhos problemas do país, nem na estrutura política nem na econômica. A despeito da forte influência estrangeira, especialmente da Rússia e da Grã-Bretanha, a Pérsia não apresentou avanços ou progressos materiais consistentes (Seif, 2015). Ao invés disso, o país ficou estagnado, uma vez que essas potências procuraram tão somente garantir seus próprios interesses econômicos e políticos na região. A soberania do país, após uma série de acordos desfavoráveis – que permitiram inclusive intervenções em seus assuntos internos –, ficou comprometida.

Entretanto, com o avançar do século, surgiram movimentos nacionalistas que procuraram recuperar a independência da Pérsia, libertando-a da poderosa ascendência estrangeira. Esse período também testemunhou reformas internas no país, promovidas por soberanos Qajar, como Nasser al-Din Shah e Mozaffar al-Din Shah. Estes governantes, com o intuito de modernizar o país, introduzindo mudanças na educação, na administração pública e na infraestrutura, acabaram por produzir tensões e resistências dos setores conservadores da sociedade.

O que se pretende demonstrar é de que modo, ao longo do século XIX, as invasões das nações ocidentais, bem como os movimentos de resistência nacionalista, influenciaram a formação da identidade da Pérsia, deixando marcas indeléveis na história do Irã contemporâneo. Em suma, o século XIX já prenunciava os desafios e conflitos que o país enfrenta hoje, tanto no seio de sua sociedade como nas suas imbricadas relações internacionais.

Dinastia Qajar: ascensão e queda

Os Qajar, um dos povos turcos do noroeste da Pérsia, estabeleceram sua soberania sobre o país derramando o sangue de milhares de pessoas. Desde então, tomaram a Pérsia como sua propriedade ancestral, governando-a como os imperadores autocráticos que eram. Assim, Agha Mohammad Khan Qajar (1742-1797), o fundador da dinastia, uniu os estados e as províncias do Império Persa sob a égide da violência. Seu reinado durou oito anos, de 1789 até 1797, terminando quando ele foi assassinado por seu sobrinho e sucessor.

Fath Ali Shah assumiu o posto por longos 37 anos, de 1797 a 1834. Durante esse período, nem ele nem seus súditos ou cortesãos faziam ideia da situação buliçosa vivida no resto do mundo. O xá Fath Ali (1772-1834), famoso por sua barba comprida e seus muitos filhos de suas muitas esposas, distribuiu o governo dos estados e das províncias do país entre os príncipes. O principal dever deles era cobrar impostos para a manutenção da estrutura imperial. Eles não tinham planos específicos para a construção da infraestrutura do país, já que respondiam ao rei e ninguém os questionava. O chavão "camelos, piolhos e príncipes podem ser encontrados em todos os lugares" decorria da grande quantidade de príncipes desse xá, em geral seus parentes. Do ponto de vista dos Qajar, governar nada mais era do que coerção e cobrança de impostos. Os príncipes competiam arduamente entre si para acumular riqueza e ganhar fama e poder, e entendiam que a melhor forma de estabilizar o governo era através da opressão, da usurpação dos direitos das pessoas e da pilhagem das suas propriedades.

Alguns autores, ao tratar do modo como Fath Ali Shah governou o país, ressaltam que essa dinastia não via a Pérsia como a sua pátria, mas, sim, como uma propriedade arrendada, com prazo de arrendamento indeterminado. Como sua família obteve à força o trono e a coroa, Fath Ali tratava os persas como uma nação derrotada, e tudo o que ele pretendia era como conseguir o máximo de dinheiro possível para manter seu reinado.

Curiosamente, os colonialistas estavam conscientes da ignorância do povo persa sobre o que se passava no mundo, e consideravam-na um meio de dominar o império.

Um dos fatores estruturais importantes durante o reinado de Fath Ali Shah foi a instabilidade das relações da Pérsia com os países colonialistas. No período, estes recorriam à Pérsia ou em busca de matérias-primas e de mercado para os produtos advindos de suas indústrias, ou para conformarem seus interesses imperialistas. A Rússia, por exemplo, que se considerava um império euroasiático, embora ainda atrasada em relação aos países ocidentais mais industrializados, por outro lado era poderosa em termos militares, e foi um dos principais atores na região, expandindo a sua influência em vários aspectos políticos e econômicos da Pérsia.

Devido à proximidade geográfica do Império Otomano e da Ásia Central, a Rússia tinha sobretudo interesses estratégicos na região. Por meio de uma série de pactos desiguais, obteve concessões comerciais, territoriais e políticas – para construir ferrovias ou ter o direito de estabelecer uma base militar no norte da Pérsia, por exemplo. O *Tratado de Golestan* (1813) e o *Tratado de Turkmenchai* (1828) – que aliás marcaram o fim da guerra russo-persa – entregavam aos russos o controle de várias áreas na Transcaucásia. Os tratados permitiam à Rússia, ainda, estabelecer consulados e exercer uma influência considerável sobre a política interna persa. O principal objetivo dos russos era ter acesso às águas do golfo Pérsico e abrir rotas comerciais com a Índia colonial, que estava sob controle e posse da Inglaterra.

Os ingleses, por sua vez, tinham grande interesse nos recursos naturais da Pérsia, especialmente o petróleo. Durante a dinastia Qajar, eles conseguiram concessões petrolíferas em diversas partes do país, o que levou ao estabelecimento de companhias petrolíferas britânicas, como a Anglo-Persian Oil Company, hoje rebatizada como British Petroleum, ou apenas BP, em 1908. Através do *Tratado Comercial Anglo-Persa*, de 1814, a Inglaterra ganhou direitos comerciais exclusivos em várias cidades portuárias iranianas, passando a controlar boa parte do comércio exterior persa. A potência britânica também interveio militarmente em diversas ocasiões, para proteger seus interesses econômicos e políticos, como ocorreu durante a Primeira Guerra Anglo-Afegã (1839-1842) e a Segunda Guerra Anglo-Afegã (1878-1880).

A França, que entrou em conflito com a Inglaterra quando Napoleão chegou ao poder, queria a Pérsia como porta de entrada para a Índia e, para este fim, tentou atrair o governo local, enviando agentes ao país. A presença do governo francês se notabilizaria pela construção de escolas e hospitais em diversas cidades do país, bem como por sua participação significativa em projetos de infraestrutura, entre eles a construção de ferrovias. Para consolidar sua influência política e comercial, assinou dois tratados com os persas: o frustrado *Tratado de Finckenstein*, em maio de 1807, e o *Tratado de Paris*, que, em 1857, pôs termo à guerra anglo-persa.

No final do século XIX, a Alemanha também demonstrou interesse em estabelecer relações comerciais com a Pérsia, e por isso, em 1873, assinou um tratado comercial para promover o comércio bilateral. Outra potência presente no Império Persa foram os Estados Unidos. Embora não fossem tão influentes como os países europeus, fizeram acordos com a Pérsia durante este período, a fim de combaterem a hegemonia russa e britânica na Ásia Central.

Contudo, à medida que a Pérsia enfraquecia-se internamente, surgiam tensões em suas relações com as potências estrangeiras. Dois exemplos: a Guerra Anglo-Persa, de 1856-1857, que resultou da recusa do país em cumprir os termos de um tratado entre os dois países; e a crescente influência russa no país, malvista pelo xá, que foi resolvida no *Tratado de Golestan* (1813), cedendo a Geórgia e o Daguestão para a Rússia imperial.

Além dessas potências europeias, havia outros estrangeiros que viveram na Pérsia durante o reinado de Fath Ali Shah. Havia uma comunidade armênia significativa no país, especialmente na cidade de Isfahán, que se dedicava principalmente ao comércio e ao artesanato. Comunidades judaicas e assírias sempre estiveram em diversas partes do país, e se mantêm até hoje como parte da população do Irã.

Assim, percebe-se que a região, no século XIX, se tornava caro objeto de disputa dos povos e dos impérios coloniais. Pouco a pouco, uma avalanche de mercadorias de baixo custo chegavam da indústria ocidental – sobretudo os manufaturados têxteis e os agrícolas, como tabaco, papoula, chá e açúcar –, fluindo para a Pérsia, paralisando tanto suas oficinas artesanais como industriais. A concorrência desses produtos, especialmente dos ingleses, prejudicou o mercado interno, desvalorizando a moeda (a prata era o principal meio circulante) e levando ao desemprego, à miséria e à fome as populações das províncias, que já sofriam os reveses de guerras anteriores. A peste e doenças infecciosas virulentas se espalharam no campo e nas cidades. O intercâmbio econômico com o Ocidente, desta feita, foi extremamente prejudicial para a economia persa, impelindo o país diretamente à ruína.

Com a chegada ao poder de Mohammad Shah e de Nasser al-Din Shah, iniciou-se uma nova etapa nas relações da Pérsia com as potências ocidentais. Os britânicos, por exemplo, tiveram a concessão das linhas telegráficas. A concessão Reuter, em 1872, foi a maior permissão exploratória de recursos persas dada a um cidadão inglês, o barão Julius de Reuter. Por meio dela, Reuter pôde, sob o apanágio britânico, construir estradas, ferrovias e barragens, explorar minas, cursos d'água, aquedutos e canais. Além do monopólio das obras públicas e da exploração das florestas, em troca do pagamento de 200 mil liras, o contrato permitiu o controle das alfândegas do país, a criação de empresas e de um banco nacional. Lord Curzon (1859-1925), conselheiro inglês, mencionou essa concessão como a forma mais completa e inusitada de entrega de todos os recursos industriais do território de um país a uma força estrangeira.

Ao impor contratos cruéis e vantajosos só para si, os ingleses, assim como os russos – que tinham igualmente prerrogativas para construção de estradas, bancos e exploração de minas –, esvaziaram o tesouro do país. Eles impediram a sustentação da economia nacional de diferentes maneiras. Entre as concessões a estrangeiros durante o período de Nasser al-Din Shah, estava a *Concessão Real de Tabaco*, de 1890, que garantia aos ingleses exclusividade de produção, venda e exportação do produto durante cinquenta anos. Esse privilégio provocou a reação da população, que unanimemente (e instigada pelo clero xiita) boicotou o consumo de fumo. A Revolta do Tabaco, como ficou conhecido o movimento ocorrido entre 1891 e 1892, logrou a revogação do contrato acordado pelo xá. Alguns autores consideram esse protesto popular e seu desfecho a fagulha para o sentimento nacionalista do país, bem como o mote inspirador para a Revolução Constitucionalista de 1905.

É interessante notar que as receitas que a Pérsia recebeu de tais concessões foram gastas, em um curto espaço de tempo, com viagens do xá e de seus companheiros ao exterior, e com o pagamento das pensões de príncipes e cortesãos. Tais abusos explicam o início do despertar de um povo massacrado por quase um século de governos autocráticos.

Durante o reinado de Nasser al-Din Shah, que durou quase 48 anos, de setembro de 1848 a maio de 1896, o contato entre os persas e o Ocidente tornou-se ainda mais estreito. O telégrafo, a luz elétrica, o telefone, a fotografia, a tecelagem de seda, a fabricação de chá, de açúcar, de papel, de porcelana, a cunhagem de metais, entre outros, estão entre as centenas de novos produtos e tecnologias que entraram na Pérsia. A mais importante assimilação ocidental, porém, foi a escola de estilo europeu. Construída basicamente com os esforços de Mirza Taqi Khan Amir Kabir, cientista e ministro reformista de Nasser al-Din Shah, a universidade Dar al-Funun, que vai gerar uma classe de intelectuais persas competentes nas mais diversas áreas.

Amir Kabir conhecia a contribuição das grandes universidades e escolas científicas na Europa, nas quais milhares de especialistas se formavam todos os anos, levando progresso e desenvolvimento às suas respectivas sociedades. Crítico mordaz da educação tradicional na Pérsia, Amir Kabir estabeleceu um novo sistema educacional no país, criando a Dar al-Funun, universidade que congregou professores proeminentes de diversos campos científicos e de diferentes países europeus.

O insuspeitado avanço da sociedade persa, promovido pelo paladino das luzes, observa-se na profusão de artigos e obras produzidas e traduzidas por autores nacionais que, egressos da Dar al-Funun, eventualmente complementavam sua formação no exterior. O jornalismo também se expandiu durante o período do xá Nasser al-Din, levando esclarecimento sobre a situação do mundo e do próprio país à população mais ilustrada. Surgiram figuras políticas, religiosas e intelectuais proeminentes que, apesar de terem suas ações limitadas a alguns estratos da sociedade, nela criaram impactos profundos. Ao criticarem a caótica situação política, econômica, cultural e social da Pérsia, e comparando-a com o progresso dos países europeus, essa vanguarda intelectual permitiu que a sociedade se questionasse sobre o seu próprio destino.

Os reformistas introduziram novos conceitos na mentalidade persa, entre eles: liberdade, patriotismo (nacionalismo), igualdade, parlamento, governo constitucional, governo autocrático, direito, justiça etc. Tais valores foram absorvidos do pensamento de intelectuais europeus, mas não sem suscitar conflitos e contradições. Para serem colocados em prática, tiveram de encontrar paralelos enraizados na autêntica cultura persa e islâmica.

Após o assassinato de Amir Kabir – que procurara reduzir a autoridade do rei, estabelecer a ordem nas bases do governo e gerar prosperidade na economia –, a situação no país ficou cada vez mais instável. Nasser al-Din Shah tornou-se ainda mais hipócrita e tirânico do que já fora em toda sua vida. Reprimia liberdades e opunha-se a qualquer movimento social de transformação, no que era seguido por seus representantes pessoais que ocupavam os governos das províncias. Quanto mais o povo percebia os graves problemas do seu governo, mais opressor ele se tornava. Assim, um grupo de dissidentes, vendo no xá um grande obstáculo no caminho do progresso, da reforma e do desenvolvimento do país, planejou o seu assassinato. Nasser al-Din Shah foi morto a tiros, em 1896, por Mirza Reza Kermani, seguidor do ilustre pensador do pan-islamismo Seyyed Jamal al-Din Asadabadi, também conhecido como Jamal al-Din al-Afghani.

Após o assassinato do monarca, seu filho Muzaffar al-Din Shah ocupou o cargo, sendo obrigado a lidar com uma década de turbulência política e de fervor revolucionário, que caracterizaram a capital da Pérsia e outras cidades do país. Os incidentes políticos e econômicos causavam descontentamento especialmente nas classes intelectuais e no clero, mas também entre comerciantes e a população mais carente (muitos, analfabetos). Eles proliferavam por todo o território e, em última análise, levaram à vitória da Revolução Constitucional de 1905. Um desses incidentes foi instigado pelas constantes viagens de Muzaffar al-Din Shah para a Europa, sob o pretexto de receber tratamentos de saúde. A principal causa da revolta popular dos persas, todavia, era o comportamento autoritário dos príncipes Qajar, nomeadamente os filhos de Muzaffar.

Durante o reinado deste xá, a influência externa continuou a aumentar. As concessões que potências estrangeiras haviam recebido do monarca anterior foram ampliadas. Dentre outras, atribuiu-se, aos britânicos, a exploração de petróleo; aos russos, as minas; aos franceses, a história e a elite científica da Pérsia. Se, por um lado, esses privilégios não resultavam em vantagens econômicas para a sociedade persa (muito pelo contrário), eles estimularam a rebeldia nas massas. Imprimindo jornais, panfletos, publicando artigos e livros, e questionando a ordem Qajar, os intelectuais davam respaldo ao movimento. Chefes e líderes de diferentes associações e grupos também se uniram com o povo e o clero xiita.

Nesse período, alguns intelectuais passaram a defender abertamente os benefícios de um governo constitucional, que regesse, de acordo com uma constituição, o exercício do poder executivo. Ou seja, o desenvolvimento do país estaria condicionado ao estabelecimento de limites ao poder do xá, impostos pela constituição, nos moldes do que havia sido feito em muitos países europeus e asiáticos.

Todas estas manifestações tiveram lugar não apenas em Teerã, mas em diversas cidades como Tabriz, Isfahán e Shiraz. Opositores ao sistema autocrático da dinastia Qajar apareciam em toda parte, enfraquecendo o governo despótico de Muzaffar na maior parte dos estados e das províncias persas.

Entendendo que a raiz de toda a agitação estava justamente naquele regime autoritário dos Qajar, uma maioria atuante passou a exigir o governo constitucional. Pressionado por todos os lados, Muzaffar al-Din Shah, finalmente, emite o *Decreto Constitucional*, em março de 1906. Os dias da dinastia estavam contados...

15.

DAS ESTEPES AO IMPÉRIO: A CHINA SOB OS MANCHUS (1644-1911)

Emiliano Unzer

Em fins do século XVI, a China atravessou uma série de problemas e catástrofes. Politicamente, os imperadores da dinastia Ming (1368-1644), então no poder, passaram a ser considerados ineptos diante das invasões das fronteiras, e, internamente, das rebeliões e da corrupção endêmica. Desses três problemas, o último foi o pior para os Ming.

Assim como havia ocorrido durante a dinastia Han (202 a.C.-220 d.C.), o poder de influência dos eunucos da Corte cresceu no período Ming, a ponto de se tornarem os reais administradores da China. Gradualmente, os imperadores abdicaram de suas responsabilidades políticas. A partir de 1582, eles não mais conduziam negócios nem compareciam às reuniões com ministros de governo. Quando os eunucos traziam algum problema que exigisse uma decisão de alto nível, a resposta imperial usual era a de "não incomodar o imperador". Logo, os eunucos tinham em suas mãos o poder de tomar decisões cruciais, controlando exércitos particulares, uma polícia secreta e ainda outros agentes com os quais aterrorizavam a administração e as pessoas comuns que lhes quisessem fazer oposição.

Em determinado momento, o tesouro imperial foi esgotado por surtos de pragas, de fome, de desemprego generalizado e, ainda, pela dispendiosa Guerra Imjin (1592-1598), travada, na Coreia, contra os japoneses de Toyotomi Hideyoshi (1537-1598), e para a qual o imperador chinês Wanli, cujo reinado vai de 1572 a1620, precisou enviar mais de 220 mil soldados. Num cenário assim conturbado, os eunucos não viram limites às suas ambições. No decorrer do conflito nipo-coreano, diante da crescente fragilidade do imperador, eles haviam passado a oferecer o comando dos exércitos a quem lhes desse o maior lance. Esta política revelou-se particularmente perigosa quando, em 1616, um líder militar manchu, chamado Nurhachi (1559-1626), uniu todo o povo jurchén, que habitava as estepes da Manchúria, e decidiu ir além, lançando ataques contra os territórios chinês e coreano. A incompetência e o despreparo dos demais líderes militares escolhidos pelos eunucos chineses permitiu que Nurhachi se destacasse, passando a acumular vitórias militares.

Finalmente, em 1625, Nurhachi rompeu a primeira linha de defesa da China na fronteira nordeste, a chamada "Paliçada Amarela". Esta consistia em um sistema de valas e aterros plantados com salgueiros, ampliado mais tarde, durante fins do século XVII, pela dinastia Qing, e cujo objetivo era diminuir a pressão militar advinda da Manchúria. O general rebelde, porém, tomou a cidade de Shenyang, renomeou-a como Mukden, e fez dela a nova capital manchu. Ecoando os seus ancestrais do século XII, Nurhachi declarou o início de uma nova dinastia na região, como um segundo império Jin. Um ano depois, em 1626, ele morreu de ferimentos sofridos na Batalha de Ningyuan, após ser atingido por tiros de canhões fabricados por portugueses.

Uma vez que seus apoiadores jurchéns haviam perdido a batalha por não disporem de armas de fogo, Abahai, filho e sucessor de Nurhachi, cujo reinado foi de 1626 a 1636, procurou dotar seus guerreiros desse moderno recurso militar, tomando posse de alguns arcabuzes russos, obtidos como despojo de uma das guerras do Exército tsarista contra os mongóis. Abahai também percebeu que a China era vasta demais, e, a menos que tivesse uma ajuda substancial de rebeldes chineses, não teria êxito em conquistá-la. Sendo assim, ele decidiu, em 1635, mudar o nome de seu povo e do reino, a fim de aplacar a rejeição de chineses mais tradicionalistas: "jurchéns" passaram a ser denominados "manchus", e o reino *Jin*, ou "dourado", ficou sendo conhecido como *Qing*, "puro". Aos chineses, as novas designações pareciam uma alternativa digna à decadência dos Ming.

O último imperador Ming, Tianqi, que reinou entre 1620 e 1627, foi um mero fantoche controlado por sua empregada, Ke, e pelo eunuco Wei

Zhongxian (1568-1627). Tendo se retirado inteiramente da política para se dedicar a seu hobby predileto, a carpintaria, seu reino foi alvo de muitas críticas pelos rivais. A grande influência de Wei, e sua propensão a atos violentos, como a tortura e os assassinatos, silenciou a maioria dos críticos, à exceção de um oficial da Corte. Este apresentou ao imperador uma lista dos "24 grandes crimes" de seu eunuco. O soberano respondeu à denúncia com indiferença, enquanto homens leais a Wei torturaram o oficial, que acabou morrendo na prisão.

Com a morte de Tianqi, em 1627, seu irmão Chongzhen, de 17 anos, assumiu o trono. O jovem tentou restaurar a integridade do regime Ming, impingindo à empregada, Ke, a pena capital dos "mil cortes" (*lingchi*, 凌遲), na qual a vítima sofria morte lenta por cortes e desmembramentos gradativos, infligidos dia após dia. Cada ferida era depois cauterizada com ferro quente, evitando-se assim a morte rápida por perda de sangue. O eunuco, enfraquecido pelas reformas propostas por Chongzhen e, sobretudo, para fugir do suplício, suicidou-se em 1627.

O jovem imperador, contudo, não teve sucesso em salvar a dinastia Ming. Aos 34 anos de idade, após duas grandes rebeliões camponesas, ocorridas nas províncias de Shaanxi e Sichuan, ele se matou por enforcamento para não cair nas mãos dos rebeldes. Em 1644, com a captura da capital, Beijing (a "capital do norte"), o Exército dos insurgentes de Shaanxi seguiu avançando por todo o reino chinês, deixando um rastro de saques e assassinatos jamais visto. Chocado com o desenrolar do terror promovido pelos manchus, e com a deserção dos últimos remanescentes Ming, o comandante geral das tropas na Grande Muralha, Wu Sangui, decide suspender a luta contra os manchus e negocia sua ajuda para restaurar a ordem na China. Ainda que incrédulos com a inusitada proposta de adentrar o império contra o qual guerreavam por décadas, os manchus não puderam recusar a oferta. Assim, lutaram ao lado dos chineses para eliminar os rebeldes de Beijing. Entretanto, depois de vitoriosos, os manchus recusaram-se a deixar a capital, autoproclamando-se descendentes legítimos dos Ming. Fulin, herdeiro direto de Abahai, que morrera um ano antes, em 1643, tornou-se, aos cinco anos de idade, o primeiro imperador chinês da dinastia Qing. O impúbere Fulin recebeu o nome imperial de Shunzhi, que significa "obediência e boa ordem estabelecidas", e reinou de 1644 a 1661.

O primeiro desafio da nova dinastia na China foi consolidar o controle sobre a vastidão que caíra sob seu domínio quase que inesperadamente. De início, os manchus da dinastia Qing tiveram de lidar com o restante de rebeldes chineses em Sichuan, que afirmavam que eles, e não os manchus, eram os verdadeiros herdeiros dos Ming. Esses revoltosos perderam terreno gradativamente no curso dos conflitos, mas conseguiram proclamar Sichuan como sede da breve dinastia Ming do sul. Nela reinaria, de 1646 a 1662, o último príncipe de Gui, Yongli, um nobre da linhagem do imperador chinês Wanli. Contudo, ele acabaria rechaçado pelos manchus até as regiões meridionais, em Yunnan, e fugindo para a Birmânia, atual Mianmar, em 1659. De lá, o já citado Wu Sangui, que abrira as portas para a entrada dos manchus na política interna chinesa, extraditou-o para a China, onde Yongli morreria executado três anos depois.

Um desafio mais sério aos manchus de Qing adveio da costa, no centro-sul chinês, e foi lançado por um nobre rebelde, de origem sino-japonesa, chamado Zheng Chenggong (1624-1662), conhecido no Ocidente pelo nome Coxinga. Este se recusara veementemente a reconhecer a autoridade manchu, mesmo quando lhe foram ofertados termos de paz. A tais propostas, ele respondeu com um exército de 100 mil homens obstinados, dominando o litoral com sua frota por anos.

No entanto, a resistência armada de Coxinga foi derrotada pela fraqueza humana. Em 1659, ao se aproximarem da cidade imperial de Nanjing – também conhecida como Nanquim, ou Nanjing, a "capital do sul" –, seus soldados, confiantes da retomada da cidade, resolveram comemorar vitória antecipada, que coincidiria com o aniversário de seu líder. À noite, inebriados pelo vinho, caíram num sono profundo, para serem surpreendidos com um contra-ataque inesperado dos manchus e baterem em retirada desordenada pelo delta do rio Yang-tsé, junto ao mar Oriental.

Apesar do revés desmoralizante, Coxinga ainda se manteve nas ilhas de Xiamen e Jinmen. Os manchus tentaram submetê-lo, evacuando uma longa faixa de terra ao longo da costa chinesa, mas isso apenas causou sofrimento a milhares de chineses, obrigados a deixar suas casas. Em 1661, Coxinga invadiu a ilha de Taiwan, derrotando os postos holandeses e transformando a grande ilha em sua base de operações. Um ano depois, ao morrer, ele deixou o controle da ilha para seu filho, Zheng Jing, que reinaria de 1662 a 1681.

Os manchus

A conquista manchu da China não acarretou calamidades, como aconteceu em invasões anteriores. Antes de passarem pela Grande Muralha, os manchus já haviam incorporado valores da dinastia Ming. Depois que assumiram o trono em Beijing, a administração chinesa ficou intocada, exceto pelas posições mais altas, metade das quais foram reservadas aos manchus. De fato, logo os novos senhores se viram sob o risco de assimilação total pelos seus súditos chineses, cuja superioridade numérica era indiscutível nas fronteiras do reino. Para tentar conter essa hegemonia, os manchus criaram leis que separavam os dois grupos étnicos. Ambos os idiomas, manchu e chinês, foram aprovados como línguas oficiais pelo governo. Manchus foram proibidos de trabalhar no comércio e de se casar com chineses. Os cidadãos chineses e manchus eram obrigados a usar diferentes estilos de vestimentas. Um longo rabo de cavalo tornou-se obrigatório para os homens chineses, como símbolo de submissão, para marcar sua condição étnica e social. Também foi imposta a eles a raspagem da parte frontal da cabeça, humilhação ainda maior, que gerou grande resistência na população, uma vez que, segundo os ensinamentos de Confúcio, o que herdamos dos ancestrais deveria ser prezado como lealdade filial (De Bary; Bloom, 2000). A maior parte da Manchúria foi reservada como área de caça para os imperadores e, assim, fechada aos chineses.

O imperador manchu Shunzhi morreu de varíola em 1661, aos vinte e dois anos de idade. Seu terceiro filho, Kangxi, de sete anos, recebeu a coroa, já que havia sobrevivido a um ataque anterior do vírus, ficando, portanto, imune à doença. Kangxi reinou de 1661 a 1722 e foi o maior imperador da China desde os dias de Taizong, da dinastia Tang, que reinara cerca de mil anos antes. Num primeiro momento, como o novo imperador era uma criança, um nobre manchu, chamado Oboi, tornou-se regente do império. Sob sua liderança, a censura política relativamente branda de Shunzhi em relação à maioria chinesa foi reforçada. Agora, as autoridades chinesas também eram proibidas de criticar o governo. Os que fossem suspeitos de alimentar e propagar sentimentos antimanchu eram presos e torturados. Por causa das duras regras de Oboi, Kangxi decidiu assumir o poder em 1667, embora tivesse apenas treze anos. Sem conseguir eliminar os arroubos ditatoriais do ex-regente, Kangxi mandou executá-lo dois anos depois, em 1669. De acordo com a tradição, Oboi teria sido capturado e preso por um grupo de meninos brincando de esconde-esconde no pátio do palácio imperial de Beijing. Esses jovens guerreiros eram treinados nas artes marciais e leais às ordens do legítimo imperador (Mote, 2003).

Kangxi demonstrou uma insaciável curiosidade, energia e intelecto ao longo de sua vida. Dizia-se que não dormia antes da meia-noite e que se levantava bem antes do amanhecer, para estudar os clássicos confucionistas. As audiências públicas imperiais começavam às 5 horas, quando se discutiam acuradamente questões do governo. Perto do final da manhã, eram recebidos funcionários e delegados importantes das províncias e, finalmente, diplomatas estrangeiros. O resto do dia era dedicado a assuntos familiares e a seus próprios passatempos, destacando-se entre eles a escrita de poemas ou a caligrafia. Como tinha tutores jesuítas, Kangxi também alimentava vivo interesse pelo conhecimento ocidental: ciências, matemática, cartografia, medicina, música e relógios mecânicos, os quais sempre o fascinaram.

O imperador passava muito tempo longe da capital, em parte devido a suas férias, quando se dedicava a praticar suas habilidades em tiro com arco e equitação. Para o treinamento militar, ele convocou os melhores soldados para a Manchúria, onde participavam de enormes expedições de caça, semelhantes a campanhas militares. Como os mongóis haviam feito em tempos anteriores, eles caçavam, espalhando-se para formar um círculo de muitos quilômetros de diâmetro, para então se aproximarem e capturarem suas presas. Kangxi chegou a levar até 100 mil homens de cavalaria e 60 mil de infantaria em uma dessas expedições (Allsen, 2006).

Outras viagens do imperador consistiam em passeios e visitações pelo reino. Com efeito, ele revivia, assim, a prática arcaica de conhecer pessoalmente os seus domínios, inspecionando obras públicas, perdoando criminosos, ouvindo queixas, ajudando os que passavam por dificuldades e, às vezes, lendo os exames de candidatos ao funcionalismo público imperial. Ocasionalmente, ele deixava o seu séquito e ia sozinho, vestindo-se como um plebeu para disfarçar sua identidade, tal como o califa abássida Harun al-Rashid, ou "Aarão, o Justo", fazia nas ruas de Bagdá, de acordo com *As mil e uma noites*.

Durante a primeira metade de seu longo reinado, Kangxi teve de lutar para manter coeso o império. Naturalmente diligente, o imperador manchu desprezava funcionários que não estivessem dispostos a sujar as mãos para trabalhar, escandalizando confucionistas mais ortodoxos que enxergavam os ofícios manuais como indignos dos letrados e da elite imperial. O primeiro desafio militar contra ele veio de três generais que haviam esmagado a rebelião de Sichuan. Um deles, novamente, era Wu Sangui. Agora, esses líderes se recusavam a renunciar à sua autoridade e ao governo dos territórios conquistados como três Estados independentes – Wu Sangui em Ningyuan, Geng Jingzhong em Fujian e Shang Kexi em Guangdong. Quando, em 1674, o imperador Kangxi agiu contra este último, "os três feudatórios", como eram conhecidos, levantaram-se em revolta. O filho de Coxinga, Zheng Jing, sabendo do episódio, enviou um batalhão de Taiwan para fortalecer o levante chinês. Essa rebelião quase provocou o fim prematuro da dinastia Qing, mas Kangxi contou com o apoio de seus leais almirantes "chineses", entre eles Shi Lang, e, em 1681, saiu vitorioso. Em 1683, invadiu Taiwan, derrotou o neto de Coxinga, Zheng Kesang, e tornou a ilha território da China pela primeira vez.

Política externa e política interna

Enquanto isso, ao norte, um tipo diferente de problema estava se configurando. Por um século, os russos, conduzidos por aventureiros cossacos, vinham explorando e colonizando a Sibéria. No rio Amur, eles construíram, em 1655, uma fortaleza chamada Albazin, que ficava muito perto da terra dos manchus para ser ignorada, ainda mais porque, a partir dela, os perigosos vizinhos cometiam frequentes atrocidades contra os habitantes locais. Kangxi reagiu àquela invasão dissimulada estabelecendo estradas, bases, frotas fluviais, celeiros, um serviço postal e guarnições militares, certificando-se de ter mais controle que os russos sobre a área disputada.

Ele também atacou os postos avançados dos cossacos, destruindo-os um por um, até restar apenas a fortaleza de Albazin. Kangxi então chegou ao local da fronteira marítima com uma frota de noventa navios, para reforçar sua segurança na negociação. O resultado foi o *Tratado de Nerchinsk*, de 1689, o primeiro acordo formal da China com um governo ocidental, redigido em latim, língua que os dois impérios compreendiam. Os chineses conseguiram o que queriam – todo o território da bacia do rio Amur – e, em troca, cederam aos tsares o direito de comercializar com Beijing, uma concessão de que nenhum outro governo europeu então desfrutava.

Alguns anos depois de Nerchinsk, ocorreu uma invasão dos mongóis. A população khalkha se uniu sob o chefe militar Galdan e avançou para a cidade chinesa de Jehol, 320 quilômetros a norte de Beijing. Kangxi liderou pessoalmente o contra-ataque, saindo vitorioso mais uma vez. Ele considerou esta uma das maiores glórias de sua carreira. E, de certo modo, tinha razão, pois, após Galdan se suicidar, em 1697, a China ficou segura em suas fronteiras por um século e meio. Além disso, os extensos territórios mongóis além da Grande Muralha, a Mongólia Exterior, tornaram-se parte efetiva do império chinês.

Simultaneamente a essa expansão territorial, o "Império do Meio" também gozaria de um período de prosperidade econômica. Indústrias têxteis, de cerâmica, sal e mineração cresceram, superando os níveis de produção da era Ming. A introdução de novas culturas, como o milho, a batata-doce e o amendoim, trouxe rendimentos em terras onde não se podia cultivar e colher arroz. Culturas lucrativas como tabaco, algodão e chá também se tornaram expressivas.

No entanto, Kangxi não teve a mesma sorte no âmbito familiar. De seus vinte filhos que sobreviveram até a idade adulta, ele privilegiou o segundo, Yinreng (1674-1725), na linha de sucessão do trono, pois quando este tinha apenas dois anos de idade o pai já o nomeara príncipe herdeiro. Ao crescer, no entanto, Yinreng conspurcou os valores confucionistas que tivera como base de sua educação. Inicialmente visto como alguém de conduta extravagante e rebelde aos olhos da Corte, tornou-se um homem vil, de caráter violento e criminoso, além de pedófilo. E Kangxi não sabia o que fazer com ele: primeiro, despojou-lhe do título de sucessor, depois o perdoou, para, mais tarde banir definitivamente o filho antes preferido. O imperador passou, então, a alimentar uma paranoia crescente, mandando executar ex-assessores de Yinreng e chegando até a prender três de seus outros filhos. A turbulência familiar o deixou tão amargurado que Kangxi se recusou a nomear um sucessor. Ao morrer, em 1722, o trono imperial foi ocupado por seu quarto filho, Yongzheng, que estivera ao lado do pai em seu leito de morte e que alegava ter recebido dele próprio o direito de governar.

O reinado de Yongzheng – cujo nome significa "harmonia e justiça" – foi curto e tranquilo, indo de 1722 a 1735, encerrando-se com a morte prematura do imperador aos 56 anos. Um evento notável foi o *Tratado de Kyakhta*, de 1727, que ampliou o comércio com a Rússia. Kyakhta é o nome da cidade fundada para o intercâmbio de peles, chá, seda e porcelana. Assim como no *Tratado de Nerchinsk*, 28 anos antes, os manchus levaram a melhor no acordo. Embora a fronteira sino-russa tenha crescido para mais de três mil quilômetros, os russos só podiam entrar na China por esse posto, ao sul do lago Baikal.

Yongzheng foi sucedido, após treze anos de prosperidade e paz na dinastia Qing, por Qianlong, seu quarto filho (assim como Yongzheng fora o quarto filho de Kangxi), que reinaria de 1735 a 1796. Qianlong foi o último grande imperador da história chinesa, tendo um governo longevo e triunfante como o do avô. Uma tribo da nação mongol lhe causou problemas em meados do século, e Qianlong, após uma série de batalhas entre 1755 e 1758, aniquilou-a. Em seguida, os exércitos manchus e chineses marcharam para oeste e quase exterminam os dzungars (ou jungars, e ainda zungaris), nação que atualmente vive no norte de Xinjiang. Em 1760, a autoridade Qing já tinha se estabelecido em toda a bacia de Tarim. A fronteira ocidental da China foi empurrada para o lago Balkhash, na Ásia Central. Os canatos (territórios governados por cãs, ou seja, senhores locais) restantes da Ásia Central – Kokand, Cazaquistão, Bucara, Badaquistão e Afeganistão – tornaram-se Estados tributários irregulares. O mesmo aconteceu com o montanhoso reino do Nepal, humilhado por uma expedição Qing após seus combatentes gurkhas se imiscuírem nos assuntos do Tibete, região vinculada aos interesses chineses.

No aspecto cultural, Qianlong superou todos os imperadores Qing. Cerca de 15 mil calígrafos foram empregados para fazer cópias manuscritas de 10 mil livros, destinadas às seis maiores bibliotecas do país. O mais famoso desses livros foi *Obras completas dos Quatro Tesouros*, ou *Biblioteca completa das Quatro Seções* (*Siku Quanshu*, 四庫全書), que abarca cerca de 3.500 obras sobre os clássicos chineses, num total de 36 mil volumes, editados e sumarizados por trezentos estudiosos. A astronomia e a matemática também receberam incentivos em seu reinado. Centenas de poetas e pintores foram subsidiados para exaltar as realizações chinesas. Por outro lado, nenhum livro ou arte que criticasse os manchus era permitido. Como nos dias da dinastia Yuan, entre 1271 e 1368, os eruditos aos poucos se tornaram nostálgicos dos tempos em que os chineses governavam. As sociedades secretas, especialmente o movimento do Lótus Branco, fundado na dinastia Ming, também tentavam retomar seus níveis de popularidade. Qianlong conseguiu conter essa onda de divergência durante todo o seu governo, mas as pressões que a alimentavam iriam trazer imensos problemas para os imperadores do século XIX.

Os manchus herdaram o desdém confucionista pela atividade comercial. A maior parte do comércio exterior legal era feita sob o sistema de tributos, que foi o meio encontrado para expressar a supremacia cultural e política da China em relação aos outros países. Os comissários estrangeiros iam à corte imperial em Beijing e mostravam seu respeito prostrando-se ante o imperador, isto é, curvando os joelhos e tocando a testa no chão três vezes, num gesto de submissão e reverência chamado de *kowtow* (叩頭). Cumprida essa mesura, entregavam como presentes ao governante mercadorias de suas terras. Ato contínuo, o imperador reagia entregando-lhes uma quantidade considerável de produtos chineses.

Durante o governo de Qianlong, Birmânia (atual Mianmar), Sião (atual Tailândia), Laos, Vietnã, Ásia Central, Nepal, Coreia e as ilhas Ryukyu (no sul do Japão), todos enviavam tributos. A Rússia comercializou de forma semelhante, colocando seus embaixadores no comando dessas missões comerciais. A comerciantes ingleses, espanhóis, portugueses, franceses, holandeses e americanos, os quais eram tratados como "inferiores", só era permitido o comércio em Macau e pelo porto de Cantão (Guangzhou), e apenas durante os meses em que havia chá para ser vendido, de abril a setembro. Além disso, como lhes era vetado o aprendizado do cantonês, precisavam estar sempre acompanhados de um intérprete, responsável por seu bom comportamento e por restringir seus passos pelos domínios do reino. Suas esposas também eram impedidas de acompanhá-los nas negociações.

A única razão pela qual os chineses negociavam com europeus e americanos era que eles pagavam pelo que compravam com prata – geralmente, moedas espanholas que vinham do México via Filipinas. Como a economia chinesa ainda era pobre em metais preciosos, essenciais para a monetarização de sua economia, essas transferências de prata justificavam as transações com ocidentais.

Em fins do século XVIII, o governo britânico considerou que poderia afrouxar as restrições que lhes eram impostas se a Grã-Bretanha e a China tivessem relações diplomáticas formais. Dessa forma, em 1793, eles enviaram uma missão especial, liderada por Lord George Macartney, que apresentou uma proposta formal para o estabelecimento de uma embaixada permanente na China. Como portador de tributos ao Império do Meio, Lord Macartney levou numerosos produtos, os mais novos da tecnologia ocidental e da indústria britânica da época, para ajudar a causa: armas de fogo modernas, relógios de carrilhão, porcelanas Derby, candelabros de cristal, telescópios e até um balão de ar quente completo, com piloto. Quando Macartney apresentou-se perante o imperador Qianlong, ele foi anunciado por um funcionário chinês que segurava uma faixa com os dizeres: "Portador de Tributo dos Bárbaros Vermelhos." O imperador recebeu a missão em um ambiente informal, no Jardim das Dez Mil Árvores, em Jehol, para evitar qualquer violação do protocolo que "a ignorância ocidental" pudesse causar.

Qianlong, a essa altura um astuto octogenário, não se impressionou com o que viu. De fato, ele mal sabia onde ficava a Grã-Bretanha, e, a despeito de tratar os visitantes com toda cortesia, nunca discutiu com eles o motivo pelo qual tinham ido até ele. Depois de semanas de frustração, Macartney e seu séquito partiram apenas com uma carta de Qianlong para Jorge III, o rei da Inglaterra. "Nossos caminhos não têm nenhuma semelhança com os seus caminhos", ela dizia. "Como seu embaixador pôde ver por si mesmo, nós temos todas as coisas. Não atribuo nenhum valor a objetos estranhos ou engenhosos, e não tenho nenhum uso para as manufaturas de seu país" (Zhang, 1998, p. 41).

Enquanto Macartney esteve na China, chamou atenção ele se recusar a submeter-se ao *kowtow*. Mas os arquivistas da Corte, temerosos de que esse precedente pudesse suscitar uma reação em cadeia, registraram que ele havia se escondido. Com isso, ficou registrado nos arquivos imperiais de Beijing que, ao menos segundo o protocolo do ato, a Grã-Bretanha reconhecera a supremacia da China. No século seguinte, essa desfeita viria a atrapalhar as relações entre os dois países.

No governo de Qianlong, a China ainda era enorme e próspera em comparação com as outras nações. Tinha não só a maior população do mundo como também um terço do Produto Interno Bruto mundial. No entanto, as transformações sociais e político-econômicas dos últimos quinhentos anos, do Renascimento à Revolução Industrial, levaram alguns países europeus a um nível de desenvolvimento que ultrapassou a China em muitos aspectos, entre os quais se destacam:

– As rivalidades entre os Estados de uma Europa fragmentada, que contribuíram enormemente para maior agressividade e senso de competição da parte dos europeus, algo inimaginável diante da paz e ordem imperial dos governantes da China Qing;

– A superioridade ocidental militar: se os exércitos da China eram muito maiores que os de qualquer reino europeu, os soldados europeus eram mais treinados nas armas de fogo e disciplinados em campo de batalha;

– Os avanços ocidentais no que se relaciona à produtividade: se os chineses tinham muito mais trabalhadores para cultivar os campos, construir diques e pontes, explorar minas e produzir ferramentas, roupas e armas, as máquinas fabricadas no Ocidente mais do que compensaram as suas deficiências de mão de obra. Por outro lado, se a cultura chinesa do arroz era mais produtiva e menos prejudicial ao meio ambiente do que a agricultura das terras áridas ocidentais, os europeus eram agora mais eficientes em mobilizar seus recursos, embora mais limitados (Wong, 1997). Assim, se por dois milênios a Europa estivera tecnologicamente atrás da China, os chineses não acompanharam os avanços na área e, a partir do início do século XIX, os europeus os superaram numa economia de produção de massa.

Como Qianlong havia notado, "seus caminhos eram muito diferentes" em 1796, três anos antes de sua morte, Qianlong abdicou do trono. Apesar de todas as suas realizações como imperador, ele sabia que seu avô Kangxi tinha sido um líder mais capaz, e não queria ofuscar seu ancestral com um reinado mais longo. Nesse momento, a situação da China parecia estar no seu auge. Todos os inimigos tinham sido derrotados – desde os rebeldes ligados à causa dos Mings, antimanchus, até os povos além da

Grande Muralha e muçulmanos no Oeste –, e a grande maioria dos países vizinhos pagava tributos, fosse reconhecendo as vantagens de manter-se filiado ao Império do Meio, fosse por considerações políticas internas e ganhos comerciais. Como Qianlong avisara aos britânicos, a China não precisava de nada do que o mundo oferecia, com exceção talvez da prata e do ouro. Enquanto isso, na Europa, houve uma moda sinófila, inspirada nas novidades da arte chinesa e, se um viajante visse um modelo de pagode num jardim tipicamente inglês, podia estar certo de que o Ocidente, como nos séculos anteriores em relação a outros povos, estava indubitavelmente adotando a cultura do Império do Meio.

As Guerras do Ópio

Por trás dos sucessos da era de Qianlong, contudo, havia problemas no horizonte. Primeiro, uma explosão populacional na China, que saltou de 100 milhões de habitantes, em 1650, para cerca de 420 milhões em 1850. Inicialmente, isso foi visto como sinal de prosperidade, mas começou a afetar o padrão de vida chinês no início do século XIX. No ano em que terminou o reinado de Qianlong, a Sociedade Lótus Branco iniciou uma rebelião antimanchu em Hubei, Shaanxi e Sichuan. Bandidos, aventureiros e contrabandistas rapidamente se juntaram a eles. A revolta foi reprimida em 1804, mas foi um golpe para o prestígio manchu. Pior: onerou toda a receita excedente da administração de Qianlong e foi além. E um segundo grande problema se apresentou quando, finalmente, as ameaças do interior asiático haviam cessado. Eram os novos "bárbaros" do mar: missionários, comerciantes e frotas navais do Ocidente. Os tempos eram turbulentos, os ventos das mudanças, avassaladores, desnorteadores, assim como expressou Cao Xueqin (2012), em seu clássico a respeito da saga manchu sob a dinastia Qing.

Embora a balança comercial estivesse fortemente a favor da China, os comerciantes ocidentais continuavam a negociar em Cantão, pois a demanda por seda, porcelana e chá chineses nunca declinaram no mercado internacional. Desde que os escritos de Marco Polo foram publicados, os europeus não se cansavam de nada do que viesse do Extremo Oriente. De fato, após a Inglaterra descobrir o chá no século XVII, tornou-se necessidade política para ela continuar comprando a mercadoria, não importando quanto custava. Entretanto, à medida que aumentou o poder industrial, tecnológico e militar do Ocidente, diminuiu sua disposição para negociar nos termos tradicionais da China. Em pouco tempo, os mesmos europeus que outrora admiravam a China iriam desprezá-la por seu tradicionalismo e conservadorismo.

O problema era que, além do ouro e da prata, o Ocidente não tinha nada que a China desejasse – até os chineses descobrirem o ópio. O costume de fumar essa droga, praticado há muito tempo na Indonésia, foi introduzido no Império do Meio por comerciantes holandeses no século XVII. A demanda por ópio – que os chineses chamavam de "lama estrangeira" – não era significativa logo de início, mas rapidamente o número de viciados aumentou. Em 1729, entraram na China duzentos baús de ópio, pesando cerca de setenta quilos cada um, e todos os anos, subsequentemente, a demanda foi crescente. Um baú de ópio valia até 125 libras, ou mil dólares de prata, para o comerciante. A maior parte dos carregamentos vinha da Índia, onde a Companhia Britânica das Índias Orientais reservava grandes plantações para o cultivo da papoula.

Tabela – Comércio de ópio britânico na China, 1729-1900

Ano	Número de baús	Tonelagem
1729	200	14
1750	600	42
1773	1.000	70
1790	4.054	283
1800	4.570	320
1810	4.968	347
1816	5.106	357
1823	7.082	495
1828	13.131	919
1832	23.570	1.649
1835	30.000	2.100
1838	40.000	2.800
1865	76.000	5.320

1884	81.000	5.670
1900	50.000	3.500

Fonte: Jonathan Spence, *The Search for Modern China* apud Fabre (2003, p. 5, tradução nossa).

Oficialmente, o governo chinês se opunha ao comércio de ópio havia muito tempo. Já em 1729, o imperador proibira a venda e o uso da substância. Contudo, havia muitos "mandarins corruptos" subornados para "ignorar" as questões relacionadas à droga (a expressão com que se referiam a funcionários e oficiais chineses, "mandarins corruptos", se tornou sinônimo de "mandarim" para os ocidentais). Além disso, a Companhia Britânica das Índias Orientais e os pequenos empresários tinham mais navios do que qualquer frota que os chineses pudessem colocar nas águas, de modo que os comerciantes estrangeiros podiam contrabandear a droga sem medo de serem capturados.

De acordo com a tabela acima, nos primeiros registros, verificamos que em quase cinquenta anos, até 1773, o tráfico quintuplicou. Daí em diante, a importação revelou um crescimento exponencial, chegando, no primeiro quartel do século XIX, em 1828, a 919 toneladas – ou seja, em um século, o consumo de ópio aumentara mais que 600%. A situação do comércio foi dramaticamente invertida. Milhões de dólares em prata agora escoavam da China todos os anos. Estima-se que, nesse período, 12 milhões de chineses eram viciados, inclusive membros do corpo da guarda imperial. As covas de ópio proliferaram, variando de simples quartos a recintos luxuosos. Os antros da classe alta ofereciam sofás estofados, criados corteses, mulheres, jogos de azar e tudo que se costumava encontrar em um clube de elite. No outro extremo da escala, havia lugares como aquele visto por um observador americano, o reverendo E. B. Squire, que se expressou chocado: "Nunca, talvez, tenha havido um lugar mais próximo do inferno do que os recintos dessas vis choupanas" (*The Aborigines' Protection Society*, 1870, p. 7).

Em meados da década de 1830, os interesses da Grã-Bretanha em Cantão eram representados por um superintendente comercial chamado Lord William John Napier (1786-1834). Para os chineses, ele era exemplo perfeito de um "bárbaro": alto, ruivo, de temperamento explosivo e rude, ignorando todas as regras estabelecidas para estrangeiros em Cantão. O mandarim chinês de Liangguang, Lu Kun, com quem Napier tentava negociar, mostrou o que achava de sua contraparte estrangeira traduzindo seu nome em caracteres chineses, que podiam ser lidos como "laboriosamente vil". Em 1835, Lu Kun emitiu um edital ordenando que Napier deixasse a China. O superintendente recusou-se a obedecer, ao contrário do que faziam seus predecessores, por considerar a honra de sua nação mais importante do que os negócios. O mandarim não teve outra saída senão interromper todo o comércio com os ingleses. Napier, que era um armador nato, mandou dois navios de Macau para Cantão. A guerra era uma possibilidade real, já que a honra da Inglaterra e da China estavam em jogo. Mas a natureza forneceu a solução perfeita para salvar as aparências. Napier foi acometido por uma febre violenta e concordou em remover suas fragatas, em troca de passagem segura até Macau. Os navios de guerra que restaram e o inglês "laboriosamente vil" foram levados em embarcações chinesas, ao som de comemorações com tambores, gongos e fogos de artifício. Napier morreria em Macau alguns dias depois.

Em 1838, o imperador Daoguang, cujo reinado vai de 1820 a 1850, nomeou um novo comissário imperial, Lin Zexu (1785-1850). Ao contrário de outros mandarins, Lin era tão honesto que tinha o apelido de "Lin Céus Limpos". Como governador geral de Hubei e Hunan, ele havia suprimido impiedosamente o tráfico de drogas dentro dessas duas províncias, e tinha a verdadeira intenção de fazer o mesmo por toda a China. Lin deixou claro quão sério era o vício do ópio ao calcular que, em 1839, os fumantes chineses de ópio consumiriam 100 milhões de *taels* da droga, enquanto o gasto total do governo para esse mesmo ano seria de 40 milhões de *taels*. Em 1839, ele foi pessoalmente a Cantão com duas exigências para os estrangeiros: primeiro, eles deveriam entregar imediatamente toda a carga de ópio; em seguida, os "bárbaros" deveriam se comprometer a nunca mais contrabandear a droga, prometendo decapitar qualquer um que fosse flagrado quebrando essa decisão. Os estrangeiros não o levaram a sério no princípio, até perceberem que esse mandarim não aceitaria nenhuma espécie de suborno.

Lin, após duas semanas de espera, decidiu lacrar todo acesso ao quarteirão britânico, exigindo a entrega do estoque ilícito, o que desagradou o superintendente britânico responsável pelo comércio local, o capitão

Charles Elliot. Impaciente com a demora do governo em Londres para solucionar o impasse, Elliot entregou a mercadoria exigida. Cerca de 20 mil baús foram prontamente queimados.

Não satisfeito, o comissário Lin Zexu, no uso de suas atribuições, exigiu ainda um contrato para impedir qualquer estoque ou comércio de ópio, sob o risco de serem julgados por uma corte de justiça chinesa, passíveis da pena capital, aqueles que rompessem o trato. Os britânicos recusaram as exigências dos chineses, vendo como uma "justiça bárbara" a declaração daquele ultimato do comissário. Poucos momentos depois, foram ouvidos tiros da sessão onde negociavam, e uma frota armada foi mobilizada atendendo às demandas dos comerciantes britânicos. China e Grã-Bretanha entravam em guerra.

Deu-se então o início da Primeira Guerra do Ópio (1839-1842), na qual ficou clara a habilidade britânica em evidenciar sua superioridade bélica naval, contrastando com a inexpressiva frota chinesa à época. No decorrer do conflito, uma esquadra britânica adentrou o rio Yang-tsé e bloqueou o Grande Canal, por onde passava o transporte essencial dos grãos demandados pela árida região norte chinesa, em torno da capital imperial. Após o bloqueio, a dinastia Qing foi obrigada a assinar os termos do *Tratado de Nanquim* (1842), que eram os seguintes: a liberação do acesso comercial a cinco portos chineses, incluindo o de Xangai, na foz do rio Yang-tsé; a concessão da ilha de Hong Kong à Coroa britânica, na foz do rio das Pérolas, por 99 anos, e de todos seus territórios adjacentes a partir de 1898; e, finalmente, a dinastia Qing foi obrigada a indenizar os custos da guerra, estimados, à época, em US$ 20 milhões.

Alguns anos depois, em outubro de 1856, um pequeno incidente provocou a Segunda Guerra do Ópio (1856-1860), que opôs o Império do Meio a franceses e ingleses. A fagulha se deu por desentendimentos em torno de um navio, o *Arrow*, de propriedade e bandeira britânicas, mas com a licença expirada e tripulação chinesa. Todos que estavam a bordo foram presos pela inspeção, realizada por oficiais chineses, o que foi considerado um insulto de grandes proporções pelas autoridades britânicas residentes em Hong Kong. Não por acaso, a Segunda Guerra do Ópio é também conhecida como Guerra de Arrow.

O *Tratado de Tientsin*, de 1858, que estabeleceu os termos para o final do conflito – o que de fato só ocorreria dois anos depois –, foi além do *Tratado de Nanquim* em matéria de concessões aos britânicos: abertura dos demais portos na costa chinesa; liberdade de culto e de ação missionária; e residência diplomática permanente de ocidentais no coração político e cultural da China imperial, Beijing (Wong, 1974). Além da humilhante derrota e da fuga do imperador Xianfeng (1831-1861) para a Manchúria, onde acabou falecendo, o Palácio Imperial de Verão, a noroeste de Beijing, um dos maiores patrimônios históricos e culturais da China, foi, ainda em 1858, completamente saqueado por tropas ocidentais e incendiado, algo que os chineses jamais esqueceriam.

Rebeliões internas

Ao final da Primeira Guerra do Ópio, o descontentamento social já se alastrava. As rebeliões eram motivadas por múltiplos fatores, dentre os quais: humilhação frente aos "bárbaros" ocidentais, desemprego, aumento da criminalidade e descontentamento dos comerciantes da região de Cantão, ao perceberem a ascensão econômica e comercial da ilha de Hong Kong (britânica) e de Xangai, ao norte. Foi justamente da região de Cantão que saiu a mais ampla e séria conspiração social, liderada por chineses recém-convertidos ao cristianismo: a Rebelião dos Taipings (1850-1864). Os embates resultaram em significativas perdas de tropas imperiais no sul, além de perderem o controle de uma importante cidade histórica ao longo do delta do Yang-tsé, a cidade de Nanquim, transformada em capital dos rebeldes em 1853.

As potências ocidentais com interesse na China – entre as principais, Grã-Bretanha, França, Rússia, Alemanha e Estados Unidos – inicialmente se posicionaram neutras diante da guerra civil, ainda que fosse desencadeada pelas próprias guerras imperialistas e seus interesses. A partir de 1860, no entanto, preocupados em terem de lidar futuramente com um ambiente ainda mais anárquico e hostil aos seus propósitos, os ocidentais passaram a proteger a dinastia dos Qing, ainda que sem participar de maneira decisiva em nenhum episódio do conflito.

Em 1864, Nanquim foi recapturada por tropas da região, leais ao império chinês, e todas as medidas foram tomadas visando erradicar o movimento Taiping. Ao final, a rebelião fracassou em modificar o sistema político chinês, deixando mais de 20 milhões de mortos e largas extensões de terras cultiváveis devastadas. A enérgica e decisiva ação de milícias e tropas regionais - de comando não centralizado - na repressão dos rebeldes contribuiu para a descentralização, no longo prazo, do sistema político chinês.

Outras rebeliões também foram notáveis na contestação ao poder imperial Qing. Com bases étnicas e religiosas, os muçulmanos das províncias a norte e noroeste de Xinjiang, Gansu, Shaanxi e Ningxia, se rebelaram em 1864, na chamada Revolta Dungan, em protesto contra a sua marginalização e discriminação. Contaram inclusive com solidariedade e apoio de muçulmanos de fora da China. Parte deste apoio veio do canato de Kokand, no atual Uzbequistão, sob o comando militar de Yakub Beg (1820-1877), ao qual foi concedido, por sua ajuda militar ao Império Otomano do Oriente Médio, o título de emir - ou "comandante", em árabe - sobre toda aquela região da China. Uma solidariedade pan-islâmica pode ser constatada nesses episódios (Mishra, 2012). A autonomia muçulmana, no entanto, vai durar apenas até o fim de 1877, cedendo à sistemática repressão das tropas imperiais chinesas. Foi a última expressiva campanha vitoriosa do Império do Meio.

Após a morte do imperador Xianfeng, em 1861, sucedeu-o no trono chinês um menino de cinco anos de idade, o imperador Tongzhi (1862-1874), à frente de uma dinastia que aparentava, aos olhos da sociedade, estar à beira do abismo. Era, pois, urgente e necessário repensar o sistema político, visando revitalizar o reino, num plano que ficou conhecido como Restauração Tongzhi.

Constatadas as debilidades dos chineses ante os agressores estrangeiros, estudantes selecionados por concurso público foram enviados a universidades europeias e norte-americanas, para uma adequada formação moderna em áreas críticas, como medicina, engenharias, cursos técnicos e humanidades. Instrutores e professores estrangeiros foram convidados a ministrar palestras, cursos e instruções nas academias chinesas. Pensava-se, assim, que bastaria a incorporação da *techne* ocidental e a modernização do aparato político-militar do império para revigorá-lo no ambiente internacional.

No entanto, a conservadora atuação confuciana do Estado e de sua elite burocrática central e regional, isto é, os mandarins, obstruiu a livre iniciativa de inovação e empreendimento da sociedade chinesa em um momento crucial. Projetos renovadores que fossem considerados irrelevantes, ameaçadores ou incompreendidos eram desestimulados. Ademais, inexistia um sistema de leis comerciais para salvaguardar propriedades e bens. A infraestrutura do país, por conseguinte, não se adequava a uma demanda mais dinâmica de produção em escala industrial.

Para corroborar esse sistema inexoravelmente fechado, observaram-se crescentes casos de corrupção e mau gerenciamento dos recursos públicos destinados à segurança de cidades, vilas, estradas e rios. Não houve uma padronização monetária em todas as regiões da China, tampouco um padrão de pesos e medidas para o pleno funcionamento dos mercados. E, não menos importante, o senso de desunião e a descrença nas autoridades imperiais, após os eventos de meados do século XIX, provocaram um cenário descentralizado de lealdades políticas – algo fatal para a almejada renovação modernizadora do país.

16.

AFRICANOS, EUROPEUS E SEUS DESCENDENTES NA ÁFRICA DO SUL (SÉCULOS XVIII E XIX)

Sílvio Marcus de Souza Correa

A contemporaneidade como um problema histórico

Grupos nativos e adventícios interagem a partir das referências de suas respectivas culturas, inclusive em relação às diferentes medidas e percepções do tempo. Na África austral, o grupo khoisan já tinha contato esporádico com portugueses desde o final do século XV. Já os xhosas entram em contato com os colonos bôeres, na sua maioria descendentes de holandeses, na altura do rio Great Fish, somente em meados do século XVIII. Destarte, o etnocentrismo de cada grupo não facilitou o convívio quando a concorrência ecológica pelos recursos naturais se torna acirrada, a partir da expansão das fronteiras da Colônia do Cabo, no século XVIII.

Os contatos euro-africanos se inscreveram diferentemente no tempo e na memória coletiva de cada grupo. Para a história da África austral dos séculos XVIII e XIX, a noção de "contemporâneo" se impõe como um problema para uma "hermenêutica do outro" (Certeau, 2002). A "negação de contemporaneidade" (Fabian, 1983) pode ser percebida no distanciamento temporal de uma etnografia *avant la lettre* de viajantes europeus que estiveram na África meridional entre os séculos XVIII e XIX. Nessa literatura de viagem, os grupos khoisan e xhosa nem sempre são percebidos como contemporâneos dos europeus. Por outro lado, os grupos nativos da África austral, salvo aqueles em contato com os missionários, não se situavam espontaneamente no tempo cristão. Outros grupos nativos tinham suas próprias noções de temporalidade, segundo as fontes europeias sobre as "primeiras nações" da África austral.

O relato do alemão Peter Kolb, intitulado *Caput Bonae Spei hodiernum* (Cabo da Boa Esperança hodierna) e publicado em Nuremberg, em 1719, descreve usos e costumes dos grupos cóis, então chamados pejorativamente hotentotes. Peter Kolb esteve na Colônia do Cabo meio século depois da sua fundação pela Companhia Holandesa das Índias Orientais. Às suas observações de testemunha ocular somam-se as informações recolhidas de terceiros. Embora suas descrições etnográficas cristalizem certas práticas dos grupos nativos como ancestrais, ou repetidas desde tempos imemoriais, o viajante alemão atentou para certas mudanças ocorridas entre alguns grupos cóis pelo contato com os holandeses.

A "negação da contemporaneidade" aos cóis é relativa, já que o autor pouco questiona os métodos pelos quais os adventícios impeliam os nativos "a entrar na [sua] história". Em sua coleção de ensaios em torno da "escrita branca" sobre a África do Sul, o escritor John Maxwell Coetzee apontou para os limites do olhar europeu diante da alteridade khoisan. O modo de subsistência dos grupos nativos seria incompatível tanto com o modo agro-pastoril dos bôeres quanto com a economia colonial do Império Britânico.

No final do século XVIII, dois discípulos do naturalista sueco Carl Lineu, Anders Sparrman e Carl Peter Thunberg, estiveram na Colônia do Cabo. Suas obras foram publicadas em inglês, respectivamente, em 1785 e 1796. Ambos relataram sobre os então chamados hotentotes e bosquímanos. As suas observações denotam a preocupação em classificar esses grupos humanos numa hierarquia racial em construção. O imaginário dos naturalistas deu vazão a fantasias que deslocavam certos grupos nativos para fora da contemporaneidade. À distância espacial seguia uma distância temporal. Essa etnografia da literatura de viagem já antecipava o pressuposto e artificial distanciamento temporal entre o antropólogo e o outro.

A literatura de viagem, porém, aproximava exotismo e erotismo, como no relato do naturalista francês François Le Vaillant, que viajou pela África meridional entre 1781 e 1785. Sua relação com uma jovem cói e sua curiosidade "científica" sobre a propalada excrescência das partes genitais dessas mulheres são dois exemplos do que Mary Louise Pratt (1992) alcunhou de "olhos do Império".

Na tradição pornotrópica dessa literatura de viagem, principalmente "as mulheres figuravam como a epítome da aberração e do excesso sexuais" (McClintock, 2010, p. 44-45). Essa mesma literatura, que resultava, dentre outras motivações, da curiosidade científica de seus autores, fomentava, igualmente, uma curiosidade popular nas metrópoles. Encontravam-se cada vez mais produtos tropicais nos mercados das cidades portuárias da Europa. Ao mesmo tempo, havia gente escravizada, ou em situação análoga à escravidão, cujos corpos eram alvos da curiosidade popular e da científica.

A chamada "Vênus hotentote" encarnou todas as fantasias de uma antropologia física em botão, que desabrocharia na primavera dos impérios coloniais. No início do século XIX, o corpo de Sarah Baartman foi exibido na Europa como uma monstruosidade. A esteatopigia e a macroninfia foram consideradas marcadores de um corpo feminino anômalo. Naquela altura, os então denominados hotentotes e bosquímanos eram descritos como os mais primitivos entre os grupos humanos. Não tardou para alguns os considerarem como o elo perdido da evolução, ou como meros grupos intermediários entre os humanos e os primatas antropoides.

Nota-se que a contemporaneidade tinha uma clivagem entre os grupos contemporâneos. De um lado, europeus e seus descendentes, que acreditavam compartilhar um mesmo tempo; de outro, aqueles "fora do seu tempo". Ressalta-se que as teorias raciais dos séculos XVIII e XIX deram azo a diferentes interpretações da evolução humana. A poligenia e a monogenia divergiam quanto à origem da humanidade. Já a presença missionária na África austral divulgava o criacionismo e ensejava o debate sobre a cristianização dos africanos e, por conseguinte, sobre o direito deles a integrar o mesmo processo civilizatório.

No início do século XIX foi publicada uma compilação feita por Sir John Barrow, que viveu na Colônia do Cabo entre 1797 e 1804. Em dois volumes, a obra *Travels into the Interior of Southern Africa* [Viagens pelo interior da África do Sul] apresenta uma visão romântica sobre os sãs (como outrora eram chamados os bosquímanos). Apesar da empatia do autor, o distanciamento temporal imposto pela narrativa redunda na "negação da contemporaneidade". Para Barrow, os sãs estariam fadados a desaparecer, pelo inevitável avanço da civilização, supostamente engendrado pelo imperialismo colonial, embora seu relato contenha também algumas informações a respeito de práticas genocidas.

As incursões contra os então denominados bosquímanos resultavam em chacinas e capturas de sobreviventes. O autor comenta sobre os métodos de "caça" utilizados pelos bôeres – ele, inclusive, teria participado de uma delas. A captura de crianças era uma forma de escravizá-las, e não raro as mães também se deixavam levar para não abandonar a prole em cativeiro.

As ações genocidas contra os grupos sãs, na África austral, têm similaridades com os massacres de outros grupos humanos, no Brasil meridional e na Austrália, ocorridos no mesmo período. Nas matas das províncias sulinas, para onde o Império do Brasil subsidiou a imigração europeia, o embate entre nativos e adventícios foi desfavorável para os primeiros. Na Primeira República, os descendentes dos imigrantes europeus continuavam a contratar "bugreiros" para dar cabo dos chamados "índios bravios", ou "bugres". Depois das incursões genocidas, crianças capturadas eram distribuídas como mão de obra infantil para atividades domésticas e outras serventias. Pelo trabalho compulsório, essa gente era impelida a entrar na contemporaneidade. No Vale do Itajaí, o médico alemão Hugo Gensch adotou uma menina xoclengue, e o caso da jovem Korikrã serviu de exemplo para o seu pai adotivo defender os direitos humanos dos povos indígenas e denunciar o extermínio dessas populações. Para Gensch, a história dos indígenas daquela região do Brasil meridional podia ser resumida na história do extermínio dos xoclengues.

Nos jornais locais em língua alemã, teses opostas às do jornalista Eugen Fouquet e do médico Hugo Gensch em relação à "questão indígena" têm conteúdo equivalente à também chamada "questão indígena" (*Eingeborenfrage*) nos jornais da então colônia alemã do sudoeste africano (atual Namíbia). Num jornal da imprensa colonial alemã, por exemplo, afirmava-se que "dificilmente alguém que trabalhe nas colônias duvidará de que se está tomando o caminho errado ao equiparar os nativos aos brancos". E concluía nos seguintes termos: "A questão do lugar dos nativos em relação à questão trabalhista é de suma importância" (*Deutsch-Südwestafrikanische Zeitung*, 8 jan. 1902, p. 2).

Ver a "questão indígena" e a "questão do trabalho" como siamesas demonstra a vontade de impor à alteridade a ordem [e o tempo] da era dos impérios coloniais. Os grupos nativos no Brasil meridional ou na África austral, assim como nos Estados Unidos ou na Austrália, eram forçados a entrar no "mundo do trabalho" capitalista. Em muitos casos, a "negação da contemporaneidade" se desdobrou tragicamente, como negação da existência.

Os múltiplos tempos que um suposto passado encobre dificilmente se manifestam no tempo discursivo da escrita da história. Cabe ressaltar que toda historiografia dispõe o "tempo das coisas" para produzir um saber no tempo discursivo, que se distingue do tempo "real" (Certeau, 2002, p. 123). A historiografia sul-africana, não por acaso, apresenta um tempo discursivo uniforme, como demonstram os copiosos artigos da *South African Historical Journal*, revista que se tornou uma referência internacional, fundada em 1969.

Essas considerações preliminares sobre o problema da contemporaneidade permitem enquadrar melhor a narrativa histórica dos grupos que conviveram uns com os outros num determinado espaço geográfico e socioeconômico, em constante mudança de suas paisagens físicas e culturais, nos primórdios da formação do capitalismo agropastoril da África do Sul. O período abordado a seguir – séculos XVIII e XIX – faz parte de um tempo discursivo que atende simplesmente à proposta geral deste volume.

Contemporâneos na paisagem humana sul-africana

No início do século XVIII, pessoas do grupo khoisan convivem com europeus estabelecidos, desde 1652, na então Colônia do Cabo. Esta contava aproximadamente com 2 mil pessoas de origem holandesa, alemã ou francesa. Havia ainda algo em torno de mil pessoas escravizadas entre "cafres" (termo que designava gente pagã), indianos e indonésios, que trabalhavam para a Companhia Holandesa das Índias Orientais ou para particulares. Cabe lembrar que, na região chamada pelos europeus de Cabo da Boa Esperança, a Companhia Holandesa das Índias Orientais autorizou alguns homens a viver como colonos. Esses "homens livres", isto é, sem contrato com a Companhia Holandesa das Índias Orientais, poderiam abastecer de víveres os funcionários da fortaleza fundada em meados do século XVII. Eles demandam, portanto, escravos para as suas glebas de terra. Presentes na Costa da Mina e mesmo na distante Batávia, os holandeses importam de alhures os primeiros escravos para o Cabo. O número de escravos aumenta à medida que o número de colonos cresce e os negócios da companhia prosperam.

Contudo, o assentamento dos colonos às margens do rio Liesbeeck representa um obstáculo para os pastores cóis. Em 1658, eclode uma guerra entre adventícios e nativos. Depois de dois anos de conflitos armados, restou a desconfiança não apenas entre os cóis e os holandeses, mas também dentro de cada grupo. Entre os cóis, alguns buscavam se tornar intermediários no comércio entre nativos e adventícios, o que causava uma disputa interna. Entre os adventícios, os interesses da Companhia Holandesa das Índias Orientais e dos funcionários e colonos divergiam em alguns pontos. A companhia proibia a escravização dos nativos, delimitava as fronteiras, fixava os preços e mantinha um certo monopólio comercial. Alguns holandeses desejavam ter o seu próprio negócio, mercadejar livremente com os nativos e com os estrangeiros. Outros aspiravam deixar aquele povoado do Cabo para viver como um lavrador ou camponês.

Uma gravura setecentista ilustra o encontro entre holandeses e os então chamados hotentotes. Ao fundo, vê-se a característica topografia do litoral do Cabo. No primeiro plano, o escambo entre adventícios e nativos. Um holandês mostra tabaco em rolo numa mão e uma garrafa de bebida alcoólica na outra. Um pastor cói aponta para a garrafa, enquanto outro exibe uma presa de marfim. Sob os seus pés, outras presas de elefantes. O uso de bebidas alcoólicas nas permutas estimularia a dependência dos nativos. Já as ferramentas de trabalho, como garfo forcado, alicate, martelo e serrote, teriam um valor muito relativo.

Também havia, na paisagem humana do Cabo, um número expressivo de mestiços, cujos interesses individuais podiam ser mais próximos daqueles do grupo do seu lado materno (africano, indo-asiático ou asiático) ou do seu lado paterno (europeu). Apesar da farta documentação holandesa da época, resta uma incógnita a respeito da demografia das populações nativas e mestiças. Sabe-se também pouco sobre as formas de subordinação do trabalho feminino pelas sociedades pré-coloniais na África austral. Mas a divisão sexual do trabalho entre os nativos chamava a atenção de viajantes ao longo do século XVIII.

Após cinquenta anos de presença holandesa no Cabo, não havia estimativa confiável para a população khoisan e para outras minorias. Períodos de fome, de epidemias ou mesmo de transumância podiam fazer variar a demografia. A varíola dizimou 25% da população da Cidade do Cabo, em 1713 (Illife, 1995). As epidemias de varíola, de 1755 e 1767, atingiram novamente a população do Cabo com, provavelmente, diferentes taxas de mortalidade para europeus e africanos. Nessa altura, a estrutura socioeconômica dos cóis já havia sido desmantelada, pelas relações comerciais com os holandeses e pela imposição do modelo agropastoril dos colonos bôeres. De eventuais aliados dos adventícios, os cóis passaram a ser seus clientes. Em 1778, o barão Joachim van Plettenberg, governador da Colônia do Cabo, acreditava não haver mais grupos cóis autônomos.

A demografia e as paisagens da África meridional foram sendo alteradas pelos impactos ecológicos da expansão do modelo agropastoril das numerosas famílias bôeres; além das doenças contagiosas, das disputas por pastagens naturais, recursos hídricos e rebanhos de gado vacum, a nova fronteira demarcada pelo governo holandês da Colônia do Cabo tornava a reprodução da vida dos grupos khoisans mais difícil. Ao mesmo tempo, eles eram impelidos a se deslocar para espaços geográficos mais remotos, onde a transumância de alguns e o nomadismo de outros ficavam cada vez mais comprometidos pelo *ecological push* causado pelo avanço bôer.

Os conflitos entre os grupos cóis e bôeres não foram os únicos decorrentes da expansão da fronteira. Na segunda metade do século XVIII, os colonos bôeres chegam às margens do rio Great Fish. Eles invadem as terras que integravam o "mundo" pastoril de xhosas, zulus e outros. Algumas fontes permitem uma abordagem etnográfica com nuances sobre a paisagem humana da África meridional no século XVIII, uma vez que portugueses e seus descendentes já faziam parte dela, como demonstrou Carlos Teixeira da Mota, em seu livro póstumo *Presenças portuguesas na África do Sul e no Transvaal durante os séculos XVIII e XIX* (1989). Para ficar num exemplo, o naturalista Anders Sparrman encontrou alguns descendentes de portugueses como fazendeiros e caçadores no Transvaal durante a viagem que fez entre 1772 e 1776. No final do século XVIII, a colonização de origem europeia na Colônia do Cabo perfaz, aproximadamente, 20 mil indivíduos, a população escrava atinge a cifra dos 25 mil e a khoisan é estimada em 14 mil (Denoon, 1992). O número de mestiços resta ignorado. Ainda assim, o embate colonial não havia modificado drasticamente a paisagem humana sul-africana, como aconteceria no século seguinte.

As relações de poder na Colônia do Cabo se alteram quando os britânicos assumem o poder num período relativamente curto, entre o final do século XVIII e início do século XIX, e de forma mais definitiva depois das Guerras Napoleônicas. Na historiografia, a chamada "grande marcha" dos colonos bôeres tem por principais motivos a sua insatisfação com a administração britânica da Colônia do Cabo desde 1806, a chegada em massa de novos imigrantes, a partir de 1815, e a abolição da escravidão nos territórios sob domínio britânico. Entre 1835 e 1837, muitos bôeres deixaram a Colônia do Cabo. A "grande marcha" tem uma dimensão política, social e econômica, já que ela expressa o desejo de autonomia e independência bôer.

A "grande marcha" dos colonos bôeres aparece na literatura, mas também na historiografia colonial como um deslocamento para "áreas vazias" em disputa. No entanto, essa ideia de "desertos humanos" faz parte de uma dezena de mitos da historiografia sul-africana, sendo o primeiro deles a chegada ou a migração simultânea de brancos e negros para essa região mais ao sul do continente africano (Cornevin, 1979).

A falsificação histórica deu campo a uma interpretação do processo de formação do reino zulu como um período de violentos conflitos interétnicos, com destaque para os desmandos de "déspotas sanguinários" (Cornevin, 1979, p. 95). Na historiografia, o termo *Mfecane* (palavra de origem zulu) não deixa de imputar uma responsabilidade aos zulus pelas ondas migratórias de populações. Na verdade, as "áreas vazias" que o *Mfecane* supostamente produzia foram visadas pelos colonos (Silva, 2020a, p. 51). O envolvimento desses colonos nos conflitos pela terra foi um fator determinante da dinâmica de deslocamento humano na região.

Entre 1816 e 1828, formou-se um reino zulu sob a liderança de Shaka, em detrimento de organizações políticas de outros grupos étnicos, impelidos a migrar para áreas distantes. Ao mesmo tempo, Shaka negociou com as autoridades do Cabo a presença britânica na costa da Zululândia. Na região vizinha da Colônia do Cabo, guerreiros zulus enfrentaram o avanço dos colonos bôeres em 1838. À invasão bôer da Zululândia seguiu-se a anexação de sua parte litorânea pelos britânicos, em 1843. Anne McClintock (2010) chamou atenção para um paradoxo que assolava os fazendeiros brancos de Natal: "Escassez de terra num vasto país de milhares de acres e escassez de trabalho numa terra povoada por milhares de africanos."

Nos anos seguintes, os britânicos reconheceram as repúblicas bôeres do Transvaal e do Estado Livre de Orange (Wesseling, 1991). Já outros grupos contemporâneos dos bôeres e dos britânicos – malgrado as convicções etnocêntricas de ambos – foram contrários às invasões de suas terras, o que resultou em nove "guerras cafres", entre 1779 e 1879. Durante a Guerra Anglo-Zulu, a Batalha de Isandhlwana, no início de 1879, teve grande impacto na imprensa. Na perspectiva britânica, ela foi vista como um "desastre" (*The Natal Witness*, 2 fev. 1879, p. 1). Na praça do Rio de Janeiro, a *Gazeta de Notícias* (2 mar. 1879) anunciava que foi "derrotada e quase esmagada pelos zulus uma coluna de tropas inglesas". Acrescentava ainda: "Esta derrota obrigou as outras tropas inglesas a abandonarem o território zulu. A colônia de Natal está ameaçada. O governador do Cabo pediu reforços."

Depois de um ultimatum britânico, no final de 1878, o líder zulu Cetshwayo teve apenas um mês para preparar seus homens para a batalha decisiva. Apesar da fragorosa derrota britânica, já em janeiro de 1879, a guerra não terminaria logo. O Império Britânico aumentou seus efetivos, seu arsenal militar, reviu sua estratégia e logrou uma vitória em meados desse mesmo ano. O reino zulu foi dividido segundo a lógica do *divide et impera*, parte do propalado *indirect rule* dos britânicos. As disputas internas levaram à morte de Cetshwayo, em fevereiro de 1884. Por seu turno, os britânicos anexaram o território zulu em 1887, e ele foi incorporado à Colônia de Natal em 1897 (Silva, 2022).

Os Estados africanos formados nas primeiras décadas do século XIX, nos territórios dos atuais Lesoto, Botsuana, Zimbábue, Reino de Essuatíni e mesmo no sul de Moçambique, teriam seu destino em jogo com a ofensiva bôer e, depois, britânica. A sorte do reino zulu selou quase da mesma maneira o destino dos reinos xhosas, tswanas, sothos e outros reinos circunvizinhos. Além das duas repúblicas bôeres (Estado Livre de Orange e Transvaal), as duas colônias britânicas (Cabo e Natal) mudaram as relações de força entre os grupos de origem europeia e os demais na África austral.

Se a paisagem humana da sociedade colonial sul-africana era marcada pela diversidade étnico-linguística, os indivíduos khoisans, "cafres" e outros tinham uma posição social subalterna diante da posição dos europeus e seus descendentes. As sucessivas expedições punitivas contra grupos nativos, algumas delas com propósito genocida (Prada-Samper, 2012), as "guerras cafres" e a ocupação das terras férteis foram algumas das medidas que mudaram a demografia da região entre o Orange e o Limpopo. Para a compreensão da demografia e da paisagem humana sul-africana, nos primórdios da formação do capitalismo agrário, um outro fator deve ser levado em conta, isto é, a reprodução biossocial dos bôeres.

As bases "antimodernas" do capitalismo sul-africano

Desde 1652, holandeses haviam se estabelecido no Cabo. Embora esse empreendimento da Companhia das Índias Orientais tivesse nada mais que uma importância logística para o comércio holandês no Oriente, ele ensejou uma colonização holandesa em seu entorno. Passadas mais de cinco gerações, a dinâmica interna dos bôeres respondia à reprodução de um *modus vivendi* já africanizado. Em outros termos, os bôeres constituíam, no sentido weberiano, um novo grupo étnico. Tinham uma religião e uma língua comum, o africânder, compartilhavam os mesmos valores, as mesmas crenças, inclusive das suas origens, e eram, nesses aspectos, diferentes daqueles que estavam do outro lado das suas fronteiras étnicas: britânicos e portugueses, por um lado; khoisan, xhosa, tswana e sotho por outro. Destarte, a identidade africâner foi construída a partir de suas "fronteiras étnicas", para usar um termo por demais conhecido do antropólogo Fredrik Barth.

Na Colônia do Cabo, as famílias dos colonos calvinistas tinham alta fertilidade. Somaram-se a elas famílias de huguenotes franceses. A matriz reprodutiva dos colonos garantia a mão de obra de suas famílias pioneiras, já que as pessoas do sexo feminino eram empregadas em diferentes tarefas, geralmente, conforme a idade. As pessoas do sexo masculino trabalhavam em outras atividades e, diferentemente das mulheres, podiam conquistar autonomia, ou seja, ter os meios materiais para constituir sua própria família. Para isso, os colonos precisavam de novas terras. O explorador Serpa Pinto, que esteve entre os bôeres, assim descreveu o seu *way of life*:

> A vida do bôer é regulada pelos preceitos Bíblicos, e é verdadeiramente patriarcal. [...] O bôer se casa cedo, ou fica vivendo na casa de seus pais, ou dos pais de sua mulher, ou unido a outro vai perto arrotear novos terrenos, e começar uma vida nova. A única distinção entre os bôeres é a da idade, e o mais novo escuta sempre o mais velho. A mulher trabalha e ajuda o casal num labutar incessante. O bôer tem necessidades muito limitadas, e pode satisfazê-las (Serpa Pinto, 1881, p. 263).

O patriarcado foi, sem dúvida, o pivô das comunidades bôeres. O viajante português observou ainda um labor feminino "incessante". Esqueceu de ressaltar que esse labor feminino não era assalariado, e tampouco o trabalho infantil. Tem-se nesse patriarcado colonial uma exploração do trabalho doméstico, que constitui uma das formas de acumulação primitiva do capital. Como apontou Silvia Federici (2017) para o caso europeu, ao negar um salário ao trabalho doméstico das mulheres, o capital ainda naturalizava este tipo de trabalho. Além dessa naturalização das atividades domésticas das mulheres, houve ainda um sentido religioso atribuído à mulher, à mãe e à dona de casa. Trata-se de um sentido duplo dessa construção de gênero, como se ela fosse algo natural e vocacional.

Ainda implícito ao comentário de Serpa Pinto, subjaz, no "arroteamento de novos terrenos", uma resposta ao *ecological push* decorrente do desequilíbrio entre crescimento demográfico e recursos naturais disponíveis. Nota-se que a possibilidade de novas terras permitia à futura geração de colonos reproduzir o seu *modus vivendi* sem inovação tecnológica.

Ao final do século XIX, a presença de alemães no sudoeste africano, entre os rios Orange e Cunene, veio somar-se à de britânicos nas colônias do Cabo e Natal e à de bôeres, disseminados pelo interior da África austral, notadamente nas repúblicas do Estado Livre de Orange e no Transvaal. Como ocorreu com os grupos khoisan, xhosa, tswana, zulu e sotho, em conflitos com britânicos e bôeres ao longo do século XIX, os grupos nama e herrero entrariam em guerra com os alemães na aurora do século XX.

A estrutura agrária de latifúndio que europeus e seus descendentes impuseram na África austral foi um dos principais fundamentos da economia colonial. Porém, a reprodução da força de trabalho dependeu de uma "política indígena" que, quase sempre, esteve fadada ao fracasso. As medidas violentas para "transformar" os chamados indígenas em trabalhadores regulares de companhias majestáticas, ou concessionárias ou de empregadores privados, deram ensejo a muitas revoltas, fugas, abandono do trabalho, sabotagem, inadimplência e várias outras formas de resistência. Como percebeu Olive Schreiner, a questão indígena e a questão do trabalho eram inseparáveis.

Os bôeres foram, talvez, entre os grupos de origem europeia da África austral, os mais autônomos, pois muitos viviam em regime de autarquia em suas fazendas. Após a "grande marcha" dos pioneiros, as novas gerações de bôeres avançavam sobre as terras ainda não ocupadas pelos antigos colonos. Porém, os grupos khoisan, xhosa, tswana e sotho, entre outros, viram suas terras invadidas, e a disputa por elas levou a vários conflitos entre nativos e adventícios em diversas regiões da África austral.

Mineração e as repúblicas bôeres

A paisagem humana da África austral ganhou novos componentes após a descoberta das minas de diamantes e ouro, ocorrida na segunda metade do século XIX. A produção diamantífera de Kimberley se tornou uma das mais importantes do mundo. A mineração foi um dos motivos econômicos da anexação pelos britânicos do Transvaal, em 1877. Após negociações frustradas em Londres, o líder bôer Paul Kruger (1825-1904) organiza uma resistência armada e obtém uma estrondosa vitória na Batalha de Majuba em 1881. No mesmo ano, a Primeira Guerra Anglo-Bôer chega ao fim e a independência da república bôer é reconhecida pelos britânicos.

Diferentemente do Estado Livre de Orange, a república do Transvaal atraiu muita gente devido à exploração diamantífera e aurífera. Em poucos anos, a população de "estrangeiros" superou a dos bôeres. No entanto, as leis do Transvaal moldavam uma sociedade desigual, na qual uma minoria gozava de privilégios e uma outra parte da minoria era sobrecarregada de impostos e tinha mais deveres que direitos.

A república bôer do Transvaal tinha sua base nas comunidades rurais de pouco mais de 20 mil habitantes, até que, em 1886, a descoberta do ouro mudou em pouco tempo a paisagem do interior da África austral. Capital e trabalho não faltaram para desenvolver a produção aurífera. Companhias de capital privado prospectavam o solo e faziam o ordenamento territorial das minas. Galerias eram abertas em grande profundidade e demandavam maquinários, elevadores e trilhos. Ao mesmo tempo, essa indústria da mineração demandava uma mão de obra recrutada dentro e fora do Transvaal. Dez anos depois de sua fundação, Johanesburgo contava com 50 mil brancos, sendo apenas 6 mil naturais do Transvaal. Dezesseis mil eram originários da Grã-Bretanha e 15 mil provinham da Colônia do Cabo. Havia ainda 3 mil judeu-russos, 2 mil alemães e 800 holandeses. A população negra era em torno de 42 mil pessoas e ainda 5 mil asiáticos e demais "*colored people*". No total, algo em torno de cem mil pessoas. O ouro acabou por modificar radicalmente a paisagem humana da África do Sul (Wesseling, 1991).

A mineração naquela região provocaria ainda outras mudanças, entre o final do século XIX e o início do século XX (Van Onselen, 1982; Trapido, 1978). Basicamente agrária, a república bôer do Transvaal conquistou a sua independência após uma guerra contra o poder colonial britânico (1880-1881). Ela produzia em torno de 20% da produção aurífera mundial e era responsável por mais da metade dos valores das exportações sul-africanas no final do século XIX. Como afirma Henri Wesseling (1991, p. 545), "o centro econômico e político da África do Sul não se encontrava mais no Cabo, mas em Johanesburgo e Pretória".

O explorador português Serpa Pinto esteve em Pretória às vésperas da Primeira Guerra Anglo-Bôer. Em sua descrição quase pictórica da paisagem humana da cidade, o forasteiro relata que a localidade estava "cheia de gente nova, que vinha procurar fortuna" (Serpa Pinto, 1881, p. 286). Os negociantes eram holandeses ou ingleses. O autor refere-se ainda a um reverendo holandês, um viajante e caçador inglês, uma baronesa alemã, um fotógrafo suíço e um grupo de jovens tswanas. Às vésperas de sua partida para Durban, o forasteiro ouve boatos de que guerreiros zulus estariam às portas de Pretória.

Como Serpa Pinto não passou pelas minas de ouro, falta em seu relato uma descrição dos mineiros e outros trabalhadores pobres "estrangeiros" (*uitlanders*). Estes eram, em grande parte, escoceses, irlandeses e ingleses – muitos vindos da Austrália –, ou seja, súditos da Coroa britânica. Esses "desclassificados do ouro" não tinham direitos políticos na república bôer. Todavia, a importância econômica e demográfica dessa população masculina de trabalhadores estrangeiros representava um problema político para o governo bôer do Transvaal. À época, o primeiro-ministro da Colônia do Cabo era Cecil John Rhodes (1853-1902), fundador da *British South African Company* (BSAC) e um dos maiores magnatas do diamante na África austral. Rhodes havia ampliado seus negócios em áreas circunvizinhas da república bôer do Transvaal, notadamente na Bechuanalândia (atual Botsuana) e na então Rodésia (atual Zimbábue e Zâmbia). Em 1891, Rhodes concedeu ao seu amigo, o médico escocês Leander Starr Jameson (1853-1917), a administração dos territórios sob controle da BSAC.

No final de 1895, um grupo miliciano, sob o comando de Jameson, invadiu o Transvaal e tentou um malogrado levante na região. Mas os estrangeiros da república bôer parecem ter recuado do plano de insurreição. Os efeitos políticos dessa incursão desastrosa foram vários: a prisão e a deportação de Jameson, a demissão de Cecil Rhodes do cargo de primeiro-ministro da Colônia do Cabo, em 1896, o fortalecimento da liderança política de Paul Kruger, uma nova escalada do nacionalismo bôer e do sentimento anti-imperialista britânico entre os republicanos do Transvaal. Havia ainda um grande número de famílias bôeres na Colônia do Cabo, e muitas delas poderiam se levantar contra qualquer incursão às repúblicas bôeres de Orange e do Transvaal. Por outro lado, as autoridades do Cabo pressionavam o governo de Kruger para conceder direitos políticos aos súditos da Coroa britânica no Transvaal.

O escritor norte-americano Mark Twain esteve na África do Sul em 1896, quatro meses depois da malfadada *Jameson Raid*. Em sua análise sobre a república do Transvaal, ele afirma que

> [...] o governo era assolado por enorme corrupção. O *uitlander* [estrangeiro] não tinha direito a voto e precisava residir dez ou doze anos no Estado antes de poder obtê-lo [...]. Não havia escolas de língua inglesa, porém a grande maioria da população branca do estado não conhece outra língua além dela (Twain, 1898, cap. LXVI).

Para Twain, os capitalistas e outros insatisfeitos pelas restrições dos seus direitos políticos, bem como pelos vários impostos do Estado do Transvaal, desejavam reformas e tinham reivindicações legítimas.

Desde 1886, nas colinas do Witwatersrand, a corrida do ouro mudou a fisionomia da república do Transvaal. De uma economia pastoril, com uma população rural autárquica e organizada em torno de um fundamentalismo religioso e de valores antimodernos, as comunidades bôeres tiveram dificuldade em manter sob controle político a população estrangeira, atraída pela mineração aurífera e pelo incipiente capitalismo urbano-industrial de Johanesburgo. Sem saída para o mar, a república do Transvaal relutou em estabelecer uma rede comercial de exportação e importação pelos portos marítimos sob domínio britânico nas colônias do Cabo e de Natal.

Finalmente, em 1895, a estrada de ferro Pretória-Lourenço Marques foi oficialmente inaugurada. Se a chamada África Oriental Portuguesa (atual Moçambique) tinha muita vantagem com a circulação direta de mercadorias e pessoas com a república bôer do Transvaal, ela ficava mais uma vez na mira do imperialismo britânico. Mas a malograda incursão de Jameson e a posterior Segunda Guerra Anglo-Bôer (1899-1902) mudariam as peças do tabuleiro sul-africano.

O grupo sotho, por sua vez, havia firmado um acordo com os britânicos em 1869. Em 1884, o protetorado do Lesoto tornou-se uma colônia britânica. A aliança com os britânicos favoreceu o grupo sotho a evitar incursões dos vizinhos zulus e bôeres sobre as terras altas do seu reino. A mineração diamantífera e aurífera no Transvaal atraiu principalmente os homens do grupo sotho ao trabalho sazonal. Assim, o reino do Lesoto mantinha a sua estrutura tradicional agrária e fornecia ainda mão de obra para as minas do Transvaal. Era um vértice "antimoderno" do capitalismo sul-africano. Já o mundo pastoril dos bôeres era um aliado da economia capitalista da mineração (Lefort, 1977). Nota-se que, ao negar cidadania a estrangeiros e outros mais, as repúblicas bôeres reproduziam, nos confins da África, um regime político cujo republicanismo tinha um sentido muito restrito.

Capitalismo, colonialismo e patriarcado

Na historiografia da África do Sul, a exploração da mão de obra nativa tem sido um fio condutor de muitas narrativas. Desde a escravidão dos então chamados hotentotes e cafres, mas também de malgaxes e malaios, durante a colonização holandesa do Cabo, até as formas análogas à escravidão nas minas do Transvaal, a miséria dos trabalhadores nativos tende a explicar a riqueza de uma minoria adventícia, seja de "*randlords*", de grandes fazendeiros ou de comerciantes de grosso trato. No entanto, a literatura sul-africana contém uma série de pistas para tratar a complexidade das relações de trabalho na formação do capitalismo na África austral. Entre outras, destaca-se o patriarcado colonial. Se os britânicos e os bôeres reinventam o patriarcado na África austral (McClintock, 2010), a poligamia dos outros grupos étnicos passa a ser o nó górdio do seu próprio desenvolvimento. Como bem observou McClintock (2010), a poligamia como pivô do poder zulu já se encontra no ensaio *Cetywayo and His White Neighbors* (1882), de Henry R. Haggard.

Na sociedade zulu havia uma divisão sexual do trabalho, na qual a maior parte do trabalho agrícola e doméstico era feito por mulheres. O controle da força de trabalho feminino, de mulheres e meninas, era feito pelo homem cuja autoridade no seu lar (*umuzi*) e poder sobre as "suas" mulheres advinham do tradicional patriarcado africano. Pode-se inferir que o controle da força de trabalho feminino, inclusive do mercado matrimonial, tenha aumentado após a militarização do reino zulu.

Por seu turno, os bôeres inventaram um patriarcado colonial na África austral. A fazenda bôer seria o seu arquétipo na paisagem agreste sul-africana. Escritoras como Olive Schreiner e Mary Ann Carey-Hobson teceram, com os fios de suas próprias experiências, muitos romances ambientados no *veld* sul-africano. Obras como *The Farm in the Karoo*, de Mary Ann Carey-Hobson, e *The Story of an African Farm*, de Olive Schreiner, ambas publicadas em 1883, descrevem as bases "antimodernas" do capitalismo agrário sul-africano.

Como o modelo político da república do Transvaal estava assente no patriarcado colonial bôer, o controle dos trabalhadores domésticos e dos estrangeiros estava em mãos bôeres. Desse modo, as contradições do capitalismo na África austral levariam dois grupos antagônicos a entrar novamente em guerra.

A Guerra Anglo-Bôer (1899-1902)

Na ilha de Santa Catarina no Atlântico Sul, no meio da rota marítima entre São Sebastião do Rio de Janeiro e Nossa Senhora de Buenos Aires, a imprensa local noticiou o início da Segunda Guerra Anglo-Bôer e o apoio da república de Orange à do Transvaal, diante da ofensiva inglesa (*O Estado*, 7 out. 1899, p. 1). Esperava-se uma guerra curta, porém violentíssima (*O Estado*, 18 out. 1899, p. 1). Os diversos telegramas que chegavam de Londres, do Cabo e de Lourenço Marques forneciam o mosaico dos movimentos dos atores beligerantes no teatro sul-africano. Desde cedo, a imprensa brasileira deparou-se com a parcialidade das notícias estrangeiras, já que a posição da imprensa internacional (francesa, alemã, belga e neerlandesa) era, em geral, antibritânica.

Todavia, a imprensa local nunca foi muito favorável à "pérfida Albion". Para ficar num exemplo, quando as autoridades de Natal deram um ultimato para o líder zulu depor as armas e entregar-se como prisioneiro, o jornal *O Despertador* (24 out. 1883, p. 4) assim concluiu:

> Não nos espanta, por de há muito estarmos habituados aos ilusivos sentimentos humanitários da Grã-Bretanha, e à sua política tão franca e liberal na forma quanto enganosa e despótica na essência.

Se os proprietários e editores de periódicos brasileiros foram indiferentes à Guerra Anglo-Zulu, sua atitude mudou quando eclodiu a Guerra Anglo-Bôer.

Os governos das repúblicas bôeres acusavam os interesses ocultos britânicos pelas minas de ouro, enquanto o governo britânico alegava defender os interesses de seus súditos na África austral. Nesse contexto de guerra, entre dois grupos de origem europeia, terminaria o século XIX na África, e também a Era Vitoriana. Foi ainda nesse período que um jornal intitulado *Sul-Americano* teve o seu primeiro número, em 1º de novembro de 1899.

Seu proprietário era Francisco d'Assis Costa. Entre seus colaboradores, contavam-se Wenceslau Bueno de Gouveia, José Brasílico de Souza e Fernando Machado Vieira, todos sócios do Instituto Histórico e Geográfico de Santa Catarina (*Sul-Americano*, 27 jan. 1900, p. 3).

O novo semanário pretendia "ser útil a todas as classes, imparcial nas discussões, abordando os assuntos com independência e imune das paixões partidárias". Curiosamente, o referido jornal abordou a Guerra Anglo-Bôer com uma atenção sem igual na imprensa nacional. No seu quinto número, uma primeira notícia sobre a "guerra anglo-transvaaliana" informava que o governo inglês havia solicitado ao parlamento um crédito de dez milhões de libras esterlinas para as despesas militares. Pergunta-se, qual será "o resultado prático do dispêndio daquela enorme importância?", "O extermínio, a morte!" (*Sul-Americano*, 27 nov. 1899, p. 2).

Para o jornal, "a guerra da poderosa Inglaterra contra o Transvaal" era uma "recordação triste que nos deixa o ano de 1899" (*Sul-Americano*, 1º jan. 1900, p. 1). A partir de fevereiro de 1900, o jornal publicou várias matérias sobre a Guerra Anglo-Bôer. Sabe-se da exclusividade do material porque foi "escrito expressamente para o *Sul-Americano*". Numa introdução histórica ao Transvaal, o autor expressa a sua simpatia pelos bôeres. "Embora pequeno, ante o poderoso inimigo, o Transvaal empunhou as armas, e, ardendo na chama de nobre patriotismo, tem sustentado a guerra, praticando ações de invejável heroísmo" (*Sul-Americano*, 5 fev. 1900, p. 1).

Em sua retrospectiva histórica, tece comentários racistas sobre os assaltos "covardes" e "traiçoeiros" dos chamados hotentotes, e também menciona uma "guerra de extermínio entre os novos povoadores e os naturais do país" que durou dez anos, com interpolações (*Sul-Americano*, 11 fev. 1900, p. 1). Além dos ataques dos inimigos, havia a "ambiciosa" Companhia Holandesa das Índias Orientais, que "monopolizava tudo". Sob o domínio de uma companhia "corrupta e venal", os bôeres eram submetidos à torpe exploração (*Sul-Americano*, 18 fev. 1900, p. 1). A retrospectiva histórica da colonização do Transvaal é apresentada aos leitores do semanário por meio de arquétipos, como quando compara a "grande marcha" dos bôeres ao êxodo do povo de Israel, fugindo da "tirania egípcia" (*Sul-Americano*, 11 mar. 1900, p. 2).

O jornal deplora a imprensa republicana pela antipatia manifesta à Inglaterra e por não ter igual procedimento diante dos Estados Unidos, no caso da guerra hispano-americana (*Sul-Americano*, 18 mar. 1900, p. 2). Ao acusar a imprensa francesa e alemã de não pouparem um coro de insultos à Inglaterra, o autor passa em revista a "Partilha da África" para insinuar "o perigo alemão", uma vez que a Alemanha deve, cedo ou tarde, expandir suas colônias ultramarinas (*Sul-Americano*, 1º abr. 1900, p. 1).

O jornalista considera a Constituição do Transvaal uma aberração. De uma população total de 750 mil habitantes, 150 mil eram brancos: 63 mil bôeres e 87 mil estrangeiros. Acontece que os direitos políticos no Transvaal não eram os mesmos para os bôeres e para os demais brancos. Havia uma classe com garantias, direitos e privilégios e outra sem direitos e sobrecarregada de impostos. Adverte o autor:

> Não somos contra o Transvaal. Ao contrário. Admirando o valor, a heroicidade, o patriotismo com que se tem batido o soldado transvaaliano, lamentamos a sorte que aguarda a pequena república, nessa luta em que o solo africano se tem ensopado de sangue e lágrimas (*Sul-Americano*, 15 abr. 1900, p. 1).

Para o jornalista, a Inglaterra não pode ser acusada de querer exterminar os bôeres. Lembra que os ingleses ajudaram militarmente os bôeres contra os cafres, em 1878. Todavia, os bôeres não teriam cumprido o acordo com os ingleses. "O estrangeiro continuou sem liberdade, sem direitos, sem garantias, embora com seu trabalho concorresse para o progresso da república." E mais: "Nunca o governo da rainha Vitória pensou que o Transvaal, esquecendo todos os benefícios, todos os auxílios e toda a proteção recebidos da Inglaterra, a tratasse como uma nação perseguidora e inimiga, em vez de uma potência protetora" (*Sul-Americano*, 29 abr. 1900, p. 1).

Apesar de o articulista anônimo estar satisfeito com a missão cumprida, outros colaboradores do mesmo jornal tomavam uma posição contrária a partir de glosas que foram publicadas na coluna "Parnaso". Em sua edição de meados de março de 1900, cinco glosas foram publicadas sob o mote "Se a Inglaterra vencer. Temos muito ainda que ver" (*Sul-Americano*, 18 mar. 1900, p. 5). Outras glosas em torno da Guerra Anglo-Bôer foram publicadas sob o mote "o valor transvaaliano é digno de uma epopeia" (*Sul-Americano*, 8 abr. 1900, p. 5). Em outra edição do jornal, o mote foi "a causa da liberdade periga lá no Transvaal", e seis glosas foram publicadas (*Sul-Americano*, 22 abr. 1900, p. 4). Mais glosas foram recebidas e publicadas para o mote "rendeu-se a bela Pretória. Ai! Da sorte do Transvaal!" (*Sul-Americano*, 19 jun. 1900, p. 4). Segundo notícias transmitidas por telégrafo, o hebdomadário da ilha de Santa Catarina informou que a localidade sul-africana de Mafeking, sitiada desde outubro de 1899, havia sido liberada por uma coluna inglesa. "Com a libertação desse importante ponto estratégico, os bôeres perderam muito, o que apressará, sem dúvida, a terminação da luta" (*Sul-Americano*, 27 mai. 1900, p. 1). No mês seguinte, o jornal anunciava a entrada das tropas inglesas em Pretória e a fuga do presidente do Transvaal, Paul Krüger (*Sul-Americano*, 24 jun. 1900, p. 1).

A disposição militar dos bôeres foi matéria do jornal a partir de um relatório do cônsul português em Pretória (*Sul-Americano*, 23 set. 1900, p. 1). Por informações de Londres, noticiou o jornal de Francisco d'Assis Costa que os bôeres haviam inflingido grande derrota aos ingleses, que Paul Krüger renunciou ao cargo de presidente do Transvaal e seguiu para a Europa, além de 3,500 bôeres estarem refugiados em Lourenço Marques (*Sul-Americano*, 1º out. 1900, p. 1). As notícias do Transvaal continuavam a aparecer no jornal *Sul-Americano* a partir de reprodução dos telegramas de Londres, Pretória e Lourenço Marques. A guerrilha bôer impunha reveses aos ingleses, inclusive com a prisão de muitos supostos espiões basutos, vinte deles fuzilados imediatamente (*Sul-Americano*, 14 out. 1900, p. 2).

No primeiro aniversário do semanário, uma matéria intitulada "Guerra à guerra" faz referência ao conflito sul-africano e repudia o "sangue inutilmente derramado". Chega a citar Émile Zola: "A guerra está condenada porque é inútil. O movimento democrático, o grande movimento socialista agora caminha. A verdadeira luta humana não tem mais lugar no campo de batalha, porém no do trabalho" (*Sul-Americano*, 1º nov. 1900, p. 3).

Desde os acontecimentos de outubro, parece que o colaborador anônimo que havia vaticinado a iminente vitória inglesa em abril de 1900 não escreveu mais para o semanário. Se por um lado ele considerava injusta a crítica periodista contra a Inglaterra e primava pela diplomacia para resolver as discórdias entre nações civilizadas, por outro, acreditava numa abordagem nomotética da história. Todavia, os acontecimentos do segundo semestre de 1900 mostravam a importância da contingência e do imprevisto.

Na imprensa local, outros periódicos criticaram o imperialismo britânico e manifestaram simpatia às repúblicas de Orange e do Transvaal (*Regeneração*, 5 jan. 1901, p. 1). Em meados de 1901, a recusa dos chefes bôeres à proposta de paz foi anunciada na primeira página do órgão do Partido Republicano (*O Estado*, 19 jun. 1901). O prolongamento da guerra contrariava as previsões iniciais.

Nos primeiros meses de 1901, o semanário de Francisco d'Assis Costa quase nada noticiou sobre a Guerra Anglo-Bôer. Ela volta à primeira página em meados daquele ano devido a uma iniciativa filantrópica para solicitar a arbitragem do tribunal de Haia para levar a termo a "injusta guerra que a Inglaterra move às duas heroicas repúblicas da África do Sul" (*Sul-Americano*, 28 jul. 1901, p. 1).

A guerra tinha sido mote para várias glosas e inspirou até anúncios de café: "Do 'Moura', o café moído é puro, não tem rival. É o que tem dado ganho, aos bravos lá do Transvaal" (*O Estado*, 5 set. 1901, p. 1). Além das esparsas notícias, outras informações sobre a Guerra Anglo-Bôer chegavam à ilha de Santa Catarina. Ao menos, assim pode-se deduzir dos espetáculos do cinematógrafo universal do senhor Kaurt: "Todas as vistas exibidas foram muito aplaudidas, principalmente as da Guerra do Transvaal" (*Sul-Americano*, 10 nov. 1901, p. 4). O jornal *O Dia* também confirmou o êxito do espetáculo, "sendo muito admiradas e aplaudidas todas as vistas, principalmente a da Guerra do Transvaal, que foi coberta de bravos e palmas, num entusiasmo raras vezes pronunciado, tal é a simpatia que o povo tem pela causa dos bôeres" (*O Dia*, 9 nov. 1901, p. 2). No dia seguinte, o mesmo diário afirmou que "os quadros referentes à odisseia do Transvaal são esplêndidos e têm provocado de nossa seleta plateia estrepitosas palmas e bravos" (*O Dia*, 10 nov. 1901, p. 2).

Um anúncio da estreia do grande cinematógrafo universal do senhor H. Kaurt – a ocorrer no domingo, 3 de novembro de 1901, no Teatro Álvaro de Carvalho – informava as seguintes apresentações: a Guerra do Transvaal, o funeral do rei Humberto I e as festas em Paris (*O Estado*, 1º nov. 1901, p. 2). No Brasil meridional, os primeiros anúncios de exibições do "maravilhoso cinematógrafo" eram de um espetáculo no Teatro São Pedro, cujo aparelho havia recebido o Grande Prêmio da Exposição Universal de Paris de 1900 (Pesavento, 1989).

O empresário Kaurt, que havia importado da França o seu cinematógrafo, também havia apresentado a Guerra do Transvaal em Porto Alegre, antes da sua exibição no Teatro Álvaro de Carvalho. Pode-se afirmar que as primeiras imagens em movimento exibidas publicamente na cidade de Florianópolis foram sobre a Guerra Anglo-Bôer.

No jornal do Partido Republicano, uma matéria sobre as mulheres bôeres denunciava as miseráveis condições dos prisioneiros no acampamento de Irene, próximo de Pretória (*O Estado*, 5 set. 1901, p. 1). O jornal não emprega o termo "campo de concentração", porém, ele já constava na documentação oficial e na própria imprensa internacional. No mesmo mês de setembro daquele ano, a revista satírica francesa *L'Assiette au beurre* (28 set. 1901) dedicou um número especial aos campos de concentração no Transvaal. Com ilustrações do desenhista Jean Veber, a publicação denunciava as mentiras, nos relatórios oficiais britânicos, sobre as condições dos prisioneiros bôeres, notadamente de mulheres e crianças. Os desenhos de Jean Veber contrastam com as legendas de cada imagem, a maioria delas extraída do relatório oficial do general Kitchener ao War Office.

Ironicamente, era exaltado o "progresso da ciência", patente nas cercas elétricas de um campo de concentração, onde prisioneiros morriam eletrocutados ao tentar fugir. A revista satirizava ainda o "cavalheirismo" dos soldados britânicos, dado o tratamento violento que dispensavam às mulheres prisioneiras nos campos de concentração, e denunciava a alta mortalidade infantil nessa moderna invenção do holocausto.

Jean Veber recorre ao imaginário do público francês para mostrar a mulher bôer como uma "Mariana" republicana. A famosa pintura *A liberdade guiando o povo*, de Eugène Delacroix, parece ter inspirado o desenhista para mostrar a imagem da desolação de uma mãe bôer ao perder sua prole.

Se na pintura de Delacroix a alegoria feminina da liberdade, exibindo o seu peito nu e marchando sobre os cadáveres, guia o povo da república francesa, no desenho de Jean Veber uma mulher com seios murchos levanta seus punhos cerrados, horrorizada em meio à montanha de cadáveres que simboliza a morte da futura geração da república bôer. O campo de concentração como local de extermínio tem nesse desenho de Jean Veber uma primeira ilustração.

Pelo cabo submarino do telégrafo, a imprensa brasileira podia informar em sincronia com a imprensa internacional o que se passava no Transvaal. Destarte, os jornais do Brasil meridional acompanhavam o que acontecia na África austral, do outro lado do Atlântico Sul. Reproduziam também notícias da imprensa portuguesa, como a chegada em Alcobaça de centenas de bôeres expatriados (*União Portuguesa*, 12 mai. 1901). Segundo a notícia reproduzida n'*O Dia* (19 jun. 1901, p. 2) "o espetáculo [da chegada dos bôeres] era comovente e não haveria decerto ninguém que o presenciasse que não sentisse o coração fugir para a causa simpática que tinha motivado a sua expatriação". Tal comoção era ainda maior diante da sorte das mulheres e crianças nos campos de concentração na África do Sul.

Da população civil aprisionada pelos britânicos, mais de 1.200 pessoas, entre adultos e crianças, morreram no campo de concentração de Irene. A matéria referiu-se a cartas de mulheres bôeres para autoridades consulares de Pretória. Algumas delas foram publicadas no livro da enfermeira inglesa Emily Hobhouse (1902), como as cartas para o cônsul-geral de Portugal em Pretória. Emily Hobhouse foi autora de um importante relatório sobre os campos de concentração que visitou durante a Guerra Anglo-Bôer, entregue às autoridades britânicas em junho de 1901.

Em 1902, o livro de Emily Hobhouse sobre o impacto da guerra na África do Sul foi publicado em Londres. Ela dedicou o seu livro às mulheres sul-africanas, "cuja resistência às dificuldades, resignação na perda de independência sob coerção, dignidade na humilhação, paciência na dor e tranquilidade em meio à morte acenderam a reverente apreciação da escritora e despertaram a simpatia do mundo". A autora descreve a situação das mulheres e crianças nos campos de concentração durante a guerra.

Caso emblemático foi o de uma menina de 7 anos, Lizzie van Zyl. Para Emily Hobhouse, Lizzie conheceu as piores dificuldades em sua curta existência e foi privada de tudo que era necessário para uma criança frágil como ela. Seu corpo desnutrido mostrava quem era atingido realmente pelo impacto da guerra.

No Campo de Bloemfontein, Lizzie definhou rapidamente, como muitas outras crianças, sob grande calor. Sem dinheiro para comprar comida suficiente para seus filhos, a senhora Van Zyl se esforçou muito, lavando roupas para ganhar o necessário a fim de manter sua família viva. Juntamente com outras mulheres, ela percorria meia milha de distância para lavar a roupa numa represa. Nessa água estagnada, as roupas de todo o acampamento foram lavadas por muitos meses. Enquanto a mãe assim trabalhava, os filhos mais novos eram deixados sob os cuidados do mais velho, um filho de doze ou treze anos (Hobhouse, 1902). Em dezembro de 1900, a pequena Lizzie foi para o hospital. A ala infantil estava sob "mãos despreparadas", e o seu caso pode ter se agravado por isso.

A enfermeira Emily Hobhouse conheceu Lizzie no final de janeiro de 1901. Ela estava internada no hospital do campo de Bloemfontein. Era uma "coisinha (*little thing*) curiosamente cativante", que chegou a brincar com a boneca que Emily lhe deu. Segundo uma mulher bôer do campo de Bloemfontein, a pequena havia chorado e gritado muito pedindo pela mãe. Diante do trauma, da severa desnutrição e do estado de abandono de Lizzie, Emily Hobhouse buscou saber mais sobre a sua história. Foi quando percebeu que outras pessoas internadas ou mesmo enfermeiras e médicos podiam dar versões falaciosas. "Não encontrei nada que mostrasse negligência por parte da mãe; pelo contrário, ela estava trabalhando pelo sustento de sua família" (Hobhouse, 1902, p. 215).

Segundo o testemunho da enfermeira inglesa (Hobhouse, 1902), Lizzie havia sido objeto de controvérsia para os que a conheceram. Alegou-se que sua mãe a teria deixado passar fome. O senhor Chamberlain fez alusão a esse suposto desleixo materno na Câmara dos Comuns e o criador do detetive Sherlock Holmes, Arthur Conan Doyle, reproduz tal juízo em seu ensaio sobre a guerra, publicado em 1902. Para este último, a fotografia da criança emaciada foi feita pelas autoridades britânicas por ocasião do julgamento da mãe por maus-tratos à filha. Para Emily Hobhouse, provavelmente devido à falta de informações precisas, esses senhores deturparam os fatos. A senhora Van Zyl e sua família haviam estado entre os primeiros a chegar ao Campo de Bloemfontein, em novembro de 1900. Lizzie tinha então sete anos.

No entanto, para Arthur Conan Doyle, as mulheres bôeres tinham a sua parte de responsabilidade na situação sanitária dos campos de concentração e na mortalidade infantil. O célebre escritor reproduz, em seu ensaio, um trecho do relatório do inspetor dos campos do Transvaal:

> Muitas das mulheres não abriam as suas tendas para entrar ar fresco e, em vez de dar às crianças os medicamentos adequados fornecidos pelos militares, preferiam dar-lhes remédios caseiros. As mães não esfregavam com esponjas as crianças e a maior dificuldade era induzi-las a encaminhar os pacientes para o hospital. A causa da elevada taxa de mortalidade infantil por sarampo deve-se ao fato de as mulheres deixarem os seus filhos sair assim que a erupção cutânea do sarampo passa. Pneumonia e bronquite sobrevêm naturalmente. Outra causa é que as mães persistem em dar aos filhos carne e outros alimentos indigestos, mesmo quando os médicos proíbem estritamente isso, resultando naturalmente em disenteria (Scholtz apud Doyle, 1902, cap. 7).

A questão colonial sempre foi abordada de forma parcial pelo escritor britânico. A parcialidade de Arthur Conan Doyle foi definitivamente confirmada quando condenou os crimes no Congo em 1909. Suas críticas ao terror colonial alheio contrastavam com as suas loas ao colonialismo britânico. O seu chauvinismo impedia uma visão menos comprometida com o nacionalismo da era dos impérios. O escritor chegou a considerar positivo o campo de concentração durante a Guerra Anglo-Bôer, pois julgava ser um espaço de contato entre os rudes bôeres e os civilizados britânicos. Buscou mesmo ponderar as críticas na imprensa ao sistema de campos de concentração. Valeu-se de informações de terceiros para deplorar os meios inescrupulosos empregados contra a imagem da Grã-Bretanha; referiu-se, inclusive, à publicação do "retrato de uma criança emaciada que circulou na Europa e na América como uma prova dos horrores do sistema de concentração" (Doyle, 1902, cap. 7).

A fotografia de Lizzie van Zyl é, sem dúvida, uma imagem pujante dos horrores do campo de concentração durante a Guerra Anglo-Bôer. No entanto, Emily Hobhouse decidiu não publicar a fotografia em seu livro. Embora a intenção primeira fosse adicionar o retrato "dessa pobre criança na ilustração de sua história", considerou-se que era "muito dolorosa para a reprodução". A própria autora faz uma autocrítica ao questionar a deontologia da reprodução de uma imagem do sofrimento "que os outros têm de suportar e que foi causado por uma sequência de eventos pelos quais somos parcialmente responsáveis" (Hobhouse, 1902, p. 215).

Além do testemunho de enfermeiras voluntárias durante a Guerra Anglo-Bôer, como Emily Hobhouse, Mary Kingsley e Alice Born, a agência feminina pode ser ainda observada no ativismo da escritora sul-africana Olive Schreiner, ao condenar a guerra e a situação da população civil nos campos de concentração. No final do século XIX, Olive Schreiner estava em prisão domiciliar numa cidade sul-africana, devido à sua posição pró-bôer. Confinada em casa, ela redigiu *Woman and Labor*. A novelista e ativista sul-africana lançava os fundamentos de uma crítica feminista ao capitalismo na época dos impérios coloniais. A abordagem feminista tem permitido à historiografia da África do Sul revisar o que estava em jogo, em termos de embate colonial, nos séculos XVIII e XIX, notadamente para as mulheres. O controle do trabalho feminino foi um ponto fulcral do capitalismo (Federici, 2017), sobretudo do colonialismo (McClintock, 2010).

Do outro lado do Atlântico Sul, depois de meses sem notícias do Transvaal, os leitores do *Sul-Americano* foram informados de que estava "finalmente assinada a paz entre a Inglaterra e os heróis do Transvaal!". Extrai-se da notícia: "Três anos de luta! Três anos de constante heroísmo, de abnegação quase inacreditável!". Além de condenar a Inglaterra como nação beligerante e criticar a mesura de civilização diante do progresso material, afirma que a verdadeira civilização é uma conquista moral. Sem livrar-se da perspectiva racista da época, iguala as grandes nações às selvagens. "Sem esta conquista [moral], jamais passaremos do nível moral em que se acham as tribos africanas do Sudão e da Negrícia meridional" (*Sul-Americano*, 8 jun. 1902, p. 1). Em meados de 1902, publicou-se a tradução dos termos de rendição do Transvaal. "Demo-nos pressa em traduzir este curioso documento para satisfazer a justa curiosidade dos nossos leitores" (*Sul-Americano*, 20 jul. 1902, p. 3). Os dez pontos do termo de rendição assinado pelas partes, em 31de maio de 1902, tinham sido publicados no *Times*, de Londres.

Com o término da Guerra Anglo-Bôer (1899-1902), a história contemporânea da África do Sul entraria no século XX. Como resumiu o historiador francês René Lefort (1977), a unidade da África do Sul dependeria da "costura" entre as duas antigas colônias britânicas (Cabo e Natal) e as duas antigas repúblicas bôeres (Transvaal e Orange) e ainda do controle britânico sobre os protetorados do Lesoto, do Botsuana e da Suazilândia.

Em 14 de agosto de 1904, o jornal *Novidades*, da cidade portuária de Itajaí, em Santa Catarina, noticiava que alguns bôeres emigrados para o Chile procuravam convencer os que permaneciam na África do Sul a segui-los para a América Latina. A emigração de famílias bôeres para a Patagônia começara em abril de 1902. O consulado argentino na cidade do Cabo fizera propaganda da política de colonização para a Patagônia, promovida pelo então ministro da Agricultura, Wenceslao Escalante.

Depois de transportar algumas famílias bôeres em abril de 1902, o vapor *Pampa* retornou para a África do Sul no mês seguinte. Conforme o diário carioca *Correio da Manhã*, de 20 de maio de 1902, o vapor *Pampa* transportaria gado em pé, comprado pelas autoridades britânicas para o seu Exército. Nota-se que, no período final da Guerra Anglo-Bôer, a Argentina negociava gado muar e cavalar com os britânicos e imigração de colonos com os bôeres.

Depois da primeira travessia, em 1902, outros dois vapores com famílias bôeres atravessaram o Atlântico Sul, rumo à Patagônia. No início de 1903, chegaram umas trinta famílias, e mais de trezentos imigrantes no final de 1905 (Pineau, 1996). Mas o jornal *O Fluminense*, de Niterói, noticiava, em seu número de 11 de maio de 1907, que "os despachos de Johanesburgo certificam que os bôeres que se foram instalar na República Argentina, em seguida à guerra com a Grã-Bretanha, estão dispostos a regressar ao Transvaal". No verão de 1908, o mesmo periódico informava o programa do cinematógrafo "Barreto" na rua General Castrioto. Entre outros filmes, exibia-se *A Guerra Anglo-Boer*.

Considerações finais

Em 1900, os leitores da *Revista Brazileira* foram brindados com uma tradução de um artigo de Harold Bolce, intitulado "Os bôeres beligerantes" (1899). Nele, percebe-se que o poder colonial britânico procurou instrumentalizar as "hordas negras" da Suazilândia, Zululândia, Basutolândia, Bechuanalândia e Matabelelândia no contexto da Guerra Anglo-Bôer. Apesar da imagem dos bôeres ter sido retratada com parcialidade, Harold Bolce considerou o tratamento dos negros pelos bôeres como "uma história trágica de injustiças e crueldades". Ele não anteviu o *apartheid*, mas apontou a "questão racial" quando afirmou que "outro fato que há de complicar o futuro dos bôeres [...] é o crescente número dos negros".

Em 27 de novembro de 1910, o periódico *Novidades* publicava uma nota sobre a "população preta na África do Sul". De acordo com as informações fornecidas por comissários ou secretários dos negócios indígenas, estimava-se em 5 milhões o número de "indígenas adultos existentes nas diferentes colônias e distritos sul-africanos". A metade dessa população se concentrava no Cabo (1.059.145), em Natal (786.912) e no Transvaal (750.000).

A nota do jornal catarinense não detalhava a demografia segundo as nações ou as clivagens étnicas. Não informava, igualmente, a divisão por gênero da "população preta na África do Sul". Quantos dos "indígenas adultos" eram zulus? Quantos eram homens ou mulheres? Tampouco informava sobre a densidade demográfica. Mas o expressivo número dessa "população preta na África do Sul" dava razão para Harold Bolce quando vaticinou o seguinte em plena Guerra Anglo-Bôer: "Qualquer que seja o desfecho da presente guerra, os bôeres e os ingleses um dia terão de reunir-se em liga comum contra os milhões de negros reclamantes do domínio sul-africano."

A aliança entre o ouro e o milho, ou a *Gold and Maize Alliance*, como denominou o historiador sul-africano Stanley Trapido (1971; 1978), não tardou para acontecer. Embora a aliança dos "amarelos", ou seja, entre o capital minerador (ouro) e o capital agrário (milho), tenha sido enfraquecida décadas depois, ela foi fundamental para estruturar econômica, social e politicamente a África do Sul (Morrell, 1988). A partir de 1910, a recém-criada União Sul-Africana promulga duas leis – *Native Labor Act*, de 1911, e *Native Land Act*, de 1913, que serviram de base para a posterior legislação de segregação racial na África do Sul. Essas leis se inscrevem num contexto de acirramento da competição internacional, notadamente no mercado de diamantes. A partir de 1906, na região do Kasai (atual Congo), de 1908, nos areais da baía de Lüderitz (a Namíbia), e de 1912, na Lunda (hoje Angola), as novas minas diamantíferas africanas concorreram com as minas sul-africanas no mercado internacional. No século XX, a exploração dos trabalhadores pelos capitalistas na África do Sul seguiu uma fórmula racista, elaborada nas repúblicas bôeres desde a segunda metade do século XIX. Em suma, a questão da expropriação de terras dos africanos e a questão do trabalho, sobretudo nas minas, articulam o capitalismo (agrário e industrial) com o colonialismo, o trabalho compulsório e o racismo na história da África do Sul. Essas questões permitem, igualmente, uma história entrelaçada entre aquelas de nativos e adventícios, matrizes de outras histórias, nas quais todos são coetâneos uns dos outros.

BIBLIOGRAFIA

1. Dilemas na formação do Estado nacional nas Américas

CURIEL, Carole Leal. De los muchos, uno: el Federalismo em espacio ibero-americano. In: SEBASTIÁN, Jávier Fernandez (Org.). *Diccionario político y social del mundo iberoamericano.* Madri: Fundación Carolina, 2009.

DOLHNIKOFF, Miriam. *O pacto imperial: origens do federalismo no Brasil.* São Paulo: Editora Globo, 2005.

EGGERS-BRASS, Teresa. *Historia argentina: una mirada crítica (1806-2006).* Ituzaingó: Maipue, 2016.

FRADKIN, Raúl; GELMAN, Jorge. *Juan Manuel de Rosas: la construcción de um liderazgo político.* Buenos Aires: Edhasa, 2021.

FRANCO, Stella Maris Scatena. *Luzes e sombras na construção da nação Argentina: os manuais de história nacional (1868-1912).* Bragança: Universidade São Francisco, 2003.

FUENTE, Ariel de la. "Gauchos", "Motoneras" y "Motoneros". In: GOLDMAN, Noemí; SALVATORE, Ricardo (Orgs.). *Caudilhismos rioplatenses. Nuevas miradas a un viejo problema.* Buenos Aires: Eudeba, 1998.

GOLDMAN, Noemí (Org.). *Nueva historia argentina: revolución, república, confederación.* Buenos Aires: Editorial Sudamerica, 1998.

______; SALVATORE, Ricardo (Orgs.). *Caudilhismos rioplatenses. Nuevas miradas a un viejo problema.* Buenos Aires: Eudeba, 1998.

IZECKSOHN, Victor. *Estados Unidos.* São Paulo: Contexto, 2021.

JASANOFF, Maya. *Liberty's Exiles: American Loyalists in the Revolutionary World.* Nova York: Alfred A. Knoff, 2011.

JUNQUEIRA, Mary Anne. *Estados Unidos: Estado nacional e narrativa da nação (1776-1900).* São Paulo: Edusp, 2023.

KRAMNICK, Isaac. Apresentação. In: MADISON, James et al. *Os Artigos Federalistas 1787-1788.* Rio de Janeiro: Nova Fronteira, 1987.

MYERS, Jorge. A revolução de independência no Rio da Prata e as origens da nacionalidade argentina (1806-1825). In: *Revoluções de independências e nacionalismo nas Américas. Região do Prata e Chile.* São Paulo: Paz e Terra, 2007.

PASSETTI, Gabriel. *Indígenas e criollos: política, guerra e traição nas lutas no sul da Argentina (1852-1885)*. São Paulo: Alameda, 2012.

PIMENTA, João Paulo. *Estado e nação no fim dos impérios ibéricos no Prata (1808-1828)*. São Paulo: Hucitec, 2002.

PRADO, Maria Lígia. *As formações das nações latino-americanas*. São Paulo: Atual, 1994.

_______. Prefácio à edição brasileira. In: SARMIENTO, D. F. *Facundo: civilização e barbárie*. São Paulo: Vozes, 1997.

TERNAVASIO, Marcela. *El pensamiento de los federales*. Buenos Aires: Editorial Ateneo, 2009a.

_______. *Historia de la Argentina 1806-1852*. Buenos Aires: Siglo XXI, 2009b.

WOOD, Gordon. *The creation of the American Republic. 1776-1787*. Chapel Hill: The University of Carolina Press, 1998.

2. A Revolução Francesa (1789-1799)

ARENDT, Hannah. *Sobre a Revolução*. São Paulo: Companhia das Letras, 2011.

CHARTIER, Roger. *As origens culturais da Revolução Francesa*. São Paulo: Ed. Unesp, 2009.

CHAUNU, Pierre. *Tempo das Reformas (v. I – A crise da cristandade, v. II – A Reforma Protestante)*. Lisboa: Edições 70, 1993.

COBBAN, Alfred. *A interpretação social da Revolução Francesa*. Rio de Janeiro: Zahar, 1989.

DARNTON, Robert. *O Diabo na água benta: calúnia e difamação de Luís XIV a Napoleão*. São Paulo: Companhia das Letras, 2012.

ELIAS, Norbert. *O processo civilizador*. Rio de Janeiro: Zahar, 1990.

FURET, François. *Pensando a Revolução Francesa*. Rio de Janeiro: Paz e Terra, 1989.

_______; OZOUF, Mona. *Dicionário crítico da Revolução Francesa*. Rio de Janeiro: Nova Fronteira, 1989.

GODINEAU, Dominique. *Citoyennes tricoteuses: Les femmes du peuple à Paris pendant la Révolution française*. Paris: Editora Alinéa, 1988.

_______. *Les Femmes dans la France moderne, 16e-18e siècle*. Paris: Armand Colin, 2015.

HUNT, Lynn. *Política, cultura e classe na Revolução Francesa*. São Paulo: Companhia das Letras, 2007.

_______. *A invenção dos Direitos Humanos*. São Paulo: Cia das Letras, 2010.

LEFEBVRE, Georges. *A Revolução Francesa*. São Paulo: Ibrasa Editora, 2018.

MORIN, Tania Machado. *Virtuosas e perigosas: as mulheres na Revolução Francesa*. São Paulo: Alameda, 2013.

MORNET, Daniel. *Les Origines intellectuelles de la Révolution Française, 1715-1787*. Paris: Tallandier, 2010.

OZOUF, Mona. *Varennes: a morte da realeza (21 de junho de 1791)*. São Paulo: Companhia das Letras, 2009.

RUDÉ, George. *The Crowd in History. A Study of Popular Disturbances in France and England, 1730-1848*. Nova York: Wiley & Sons, 1964.

SIEYÈS, Emmanuel Joseph. *A Constituinte burguesa*. Rio de Janeiro: Editora Freitas Bastos, 2001.

SKOCPOL, Theda. *States and Social Revolutions: A Comparative Analysis of France, Russia, and China*. Nova York: Cambridge University Press, 2008.

TOCQUEVILLE, Alexis. *O Antigo Regime e a Revolução*. São Paulo: Martins Fontes, 2009.

VOVELLE, Michel. *A Revolução Francesa, 1789-1799*. São Paulo: Ed. Unesp, 2012.

ZWEIG, Stefan. *Maria Antonieta: retrato de uma mulher comum*. Rio de Janeiro: Livraria Civilização Brasileira, 1942.

Indicações de filmes

Adeus, minha rainha (*Les Adieux à la reine*). JACQUOT, Benoît. França/Espanha, 2012. 100 min.

Caindo no ridículo (*Ridicule*). LECONTE, Patrice. França, 1997. 102 min.

Casanova e a Revolução (*La Nuit de Varennes*). SCOLA, Ettore. França/Itália, 1982. 131 min.

Danton: O processo da Revolução (*Danton*). WAJDA, Andrzej. França/Polônia, 1983. 136 min.

Maria Antonieta (*Marie Antoinette*). COPOLLA, Sofia. EUA/França/Japão, 2006. 123 min.

3. O pensamento conservador na Europa

BÉNÉTON, Philippe. *Le conservatisme*. Paris: PUF, 1988.

BIBLIOTECA Pública Benedito Leite, São Luís. Documentos Manuscritos. 27 A, G2, E11.

BOSSUET, Jacques-Bénigne. *Discurso sobre a história universal*. São Paulo: Santa Cruz, [s/d].

BURKE, Edmund. *Reflexões sobre a Revolução na França*. São Paulo: Edipro, 2014.

_______. *Uma investigação filosófica acerca da origem das nossas ideias do sublime e do belo*. São Paulo: Edipro, 2016.

CARVALHO, Daniel Gomes de. *Revolução Francesa*. São Paulo: Contexto, 2022.

CAZETTA, Felipe. A *Action Française* e sua transição da monarquia orgânica para o colaboracionismo de Vichy (1908-1940). *Polis*, São Paulo, v. 2, n. 6, p. 81-89, 2022.

CHATEAUBRIAND, François-René. *O gênio do cristianismo*. Campinas: Livraria Danúbio, 2020.

CHESTERTON, Gilbert Keith. *O homem que era Quinta-feira: um pesadelo*. São Paulo: Dying Tree Books, 2023a.

_______. *The Victorian Age in Literature*. Cambridge: Cambridge University Press, 2023b.

COBBAN, Alfred. *The Debate on the French Revolution, 1789-1800*. Londres: Adam and Charles Black, 1950.

COMPAGNON, Antoine. *Os antimodernos: de Joseph de Maistre a Roland Barthes*. Belo Horizonte: Editora UFMG, 2011.

CONSTANT, Benjamin. *Des réactions politiques (1796)*. Paris: Hachette, 2013.

DARD, Olivier. *Charles Maurras: le maître et l'action*. Paris: Armand Colin, 2013.

_______; BOUTIN, Christophe; ROUVILLOIS, Frédéric. *O dicionário do Conservadorismo*. São Paulo: É Realizações, 2023.

FLORENZANO, Modesto. *As reflexões sobre a revolução em França de Edmund Burke: uma revisão historiográfica*. Tese (Doutorado) – Universidade de São Paulo, São Paulo, 1994.

_______. Burke: A Man for All Seasons. *Revista Brasileira de História*, São Paulo, v. 17, n. 33, p. 32-69, 1997.

FONER, Eric. *Tom Paine and Revolutionary America*. Nova York: Oxford University Press, 1976.

GENGEMBRE, Gérard. *La Contre-Révolution ou l'histoire désespérante*. Paris: Éditions Imago, 1989.

HILL, Christopher. *Reformation to Industrial Revolution*. Londres: Penguin Books, 1967.

HIMMELFARB, Gertrude. *The Roads to Modernity: The British, French, and American Enlightenments*. Nova York: Vintage Books, 2005.

JOLY, Laurent. *Naissance de l'Action Française*. Paris: Grasset, 2015.

JONES, Emily. *Edmund Burke and the Invention of Modern Conservatism (1830-1914) an Intellectual History*. Oxford: Oxford University Press, 2017.

KIRK, Russell. *A mentalidade conservadora: de Edmund Burke a T. S. Eliot*. São Paulo: É Realizações, 2021.

LEBRUN, Richard. *Joseph de Maistre: an Intellectual Militant*. Quebec: McGill--Queen's University Press, 1988.

MAISTRE, Joseph de. *Considerações sobre a França*. São Luís: Resistência Cultural, 2022.

MARX, Karl. *O capital: crítica da economia política*. Livro 1: O processo de produção do capital. Tradução de Rubens Enderle. São Paulo: Boitempo Editorial, 2013. MAURRAS, Charles. *Enquête sur la monarchie suivie de une campagne royaliste au* Figaro *et Si le coup de force est possible*. Paris: Nouvelle Librairie Nationale, 1925.

________. *Mes ideés politiques*. Paris: BoD, 2019.

MAYER, Arno Joseph. *Dinâmica da contrarrevolução na Europa, 1870-1956: uma estrutura analítica*. São Paulo: Paz e Terra, 1977.

O'BRIEN, Conor Cruise. Introduction. In: BURKE, Edmund. *Reflections on the Revolution in France*. Lexington: University of Kentucky Press, 1968.

O'NEILL, Daniel I. Edmund Burke on slavery and the slave trade: a response to Gregory M. Collins. *Slavery & Abolition*, v. 41, n. 4, p. 816-827, 2020.

POCOCK, John. *Barbarism and Religion: The Enlightenments of Edward Gibbon (1737-1764)*. v. 1. Cambridge: Cambridge University Press, 1999.

PRANCHÈRE, Jean-Yves. *L'autorité contre les Lumières: la philosophie de Joseph de Maistre*. Paris: Librairie Droz, 2004.

QUINTON, Anthony. *The Politics of Imperfection: The Religious and Secular Traditions of Conservative Thought in England from Hooker to Oakeshott*. Londres: Faber, 1978.

SOARES, José Miguel Nanni. *Considérations sur la France de Joseph de Maistre: revisão historiográfica e tradução*. Dissertação (Mestrado) – Universidade de São Paulo, São Paulo, 2009.

SUTTON, Michael. *Nationalism, Positivism and Catholicism: The Politics of Charles Maurras and French Catholics 1890-1914*. Cambridge: Cambridge University Press, 2002.

TAINE, Hippolyte. *Les origines de la France Contemporaine (1876-1894)*. Paris: Robert Laffont, 2011.

Thompson, E. P. *A formação da classe operária inglesa*. v. 1. São Paulo: Paz e Terra, 1987a.

________. *A formação da classe operária inglesa*. v. 2. São Paulo: Paz e Terra, 1987b.

WEBER, Eugen, *L'Action française*. Paris: Fayard, 1985.

WOLLSTONECRAFT, Mary. *A Vindication of the Rights of Men; A Vindication of the Rights of Woman; An Historical and Moral View of the French*

Revolution and the Effect It Has Produced in Europe. Oxford: Oxford University Press, 1999.

Indicações de filmes

Un peuple et son roi. SCHOELLER, Pierre. Bélgica/França, 2018. 121 min. [Sobre a Revolução Francesa]

The Trouble with Nature. JACOBI, Illum. Dinamarca, 2020. 95 min. [Sobre Edmund Burke]

O oficial e o espião (J'accuse). POLANSKI, Roman. França/Itália, 2019. 132 min. [Sobre o caso Dreyfus]

4. Das lutas pela independência à consolidação do Império no Brasil

ARQUIVO Histórico do Itamaraty. Lata 195, maço 6, pasta 13.

ARQUIVO Nacional. Confederação do Equador. Caixa 742, pct. 1.

BIBLIOTECA Pública Benedito Leite (São Luís-MA). Documentos Manuscritos. 27 A, G2, E11.

BARMAN, Roderick J. *Brazil: the Forging of a Nation, 1798-1852*. Stanford: Stanford University Press, 1988.

CARVALHO, José Murilo de. *A construção da ordem: a elite política imperial*. Rio de Janeiro: Campus, 1980.

FRANCO, Francisco Soares. *Reflexões sobre a conducta do Príncipe Regente de Portugal, revistas e corrigidas*. Coimbra: Real Imprensa da Universidade, 1808.

GAZETA do Rio de Janeiro. Rio de Janeiro, n. 62, 24 jul. 1821.

GAZETA Pernambucana. Recife, nº 16, 14 ago. 1823.

MATTOS, Raimundo Cunha. *Itinerário do Rio de Janeiro ao Pará e Maranhão pelas províncias de Minas Gerais e Goyaz*. Rio de Janeiro: Tipografia Imperial e Constitucional de J. Villeneuve e Cª, 1836.

MELLO, Evaldo Cabral de. *A outra independência: o federalismo pernambucano de 1817 a 1824*. São Paulo: Editora 34, 2004.

MORAES, Cleodir da Conceição. Os "malvados" de Muaná e outras independências no Grão-Pará. In: RICCI, Magda; QUEIROZ, Michelle Barros de (Orgs.). *A Independência vista de dentro: caminhos e jogos de escala entre o provincial e o local*. São Paulo: Alameda, 2023.

NEVES, Lucia Maria Bastos P. *Corcundas e constitucionais: a cultura política da Independência (1820-1822)*. Rio de Janeiro: Faperj/Revan, 2003.

REQUERIMENTO, Razão e Justiça: representação dirigida a D. Pedro I de mulheres no Brasil. Rio de Janeiro: Imprensa Nacional, 1823.

SIERRA Y MARISCAL, Francisco de. Ideias gerais sobre a Revolução do Brasil e suas consequências. In: *Anais da Biblioteca Nacional*. v. 43-44. Rio de Janeiro: Oficinas Gráficas da Biblioteca Nacional, 1920/1921.

SLEMIAN, Andrea. Muitos Brasis e um Reino de Portugal e Algarves. In: STUMPF, R.; MONTEIRO, N. G. (Orgs.). *1822: das Américas Portuguesas ao Brasil*. Lisboa: Casa das Letras, 2022.

5. África Ocidental e Centro-Ocidental na Era das Revoluções

ALAGOA, Ebieri. The Development of Institutions in the States of the Eastern Niger Delta. *The Journal of African History*, Cambridge, v. 12, n. 2, 1971.

ARMITAGE, David; SUBRAHMANYAM, Sanjay (Orgs.). *The Age of Revolutions in Global Context* c. *1760-1840*. Nova York: Palgrave Macmillian, 2010.

BAY, Edna. On the Trail of the Bush King: a Dohomean Lesson in the Use of Evidence. *History in Africa*, Cambridge, v. 6, 1979.

DUBOIS, Laurent. *Avengers of the New World: The Story of the Haitian*. Cambridge: Harvard University Press, 2005.

______. An Enslaved Enlightenment: Rethinking the Intellectual History of the French Atlantic. *Social History*, Ithaca, v. 31, n. 1, 2006.

FERRER, Ada. *Freedom's Mirror: Cuba and Haiti in the Age of Revolutions*. Nova York: Cambridge University Press, 2014.

GEGGUS, David. The French Slave Trade: An Overview. *The William and Mary Quarterly*, Ithaca, v. 58, n. 1, 2001.

GODECHOT, Jacques. *France and the Atlantic Revolution of the Eighteenth Century (1770-1799)*. Nova York: Free Press, 1965.

GREEN, Toby. *A Fistfull of Shells: West Africa from the Rise of the Slave Trade to the Age of Revolution*. Chicago: University of Chicago Press, 2019.

HILL, Peter. How Global Was the Age of Revolutions? The Case of Mount Lebanon, 1821. *Journal of Global History*, Cambridge, v. 16, n. 1, 2021.

HISKETT, M. Nineteenth Century Jihads in West Africa. In: *Cambridge History of Africa*. v. 5. Cambridge: Cambridge University Press, 1977.

KOLAPO, Femi. Nineteenth Century Niger River Trade and the 1844-1862 Aboh Interregnum. *African Economic History*, Ithaca, n. 30, 2002.

LAW, Robin. The Historiography of Commercial Transition in Nineteenth Century West Africa. In: FALOLA, Toyin (Org.). *African Historiography: Essays in Honour of Jacob Ade Ajayi*. Harlow: Longman, 1997a.

LAW, Robin. The Politics of Commercial Transition: Factional Conflict in Dahomey in the Context of the Ending of the Atlantic Slave Trade. *The Journal of African History*, Cambridge, n. 38, 1997b.

LOVEJOY, Paul. *Jihad in West Africa during the Age of Revolutions*. Atenas: Ohio University Press, 2016.

MONGEY, Vanessa. *Rogue Revolutionaries: The Fight for Legitimacy in the Greater Caribbean*. Philadelphia: University of Pennsylvania Press, 2020.

NWOKEJI, G. *The Slave Trade and Culture in the Bight of Biafra: An African Society in the Atlantic World*. Cambridge: Cambridge University Press, 2010.

OGUNTOMISIN, G. O. Political Change and Adaptation in Yorubaland in the Nineteenth Century. *Canadian Journal of African Studies*, Londres, v. 15, n. 2, 1981.

PALMER, R. R. *The Age of the Democratic Revolution, A Political History of Europe and America, 1760-1800*. Princeton: Princeton University Press, 2014.

RØGE, Pernille. The Directory and the Future of France's Colonial Possessions in Africa (1795-1802). *French Historical Studies*, Durham, v. 44, n. 3, p. 477-497, 2021.

SIVASUNDARAM, Sujit. *Waves Across the South: A New History of Revolution and Empire*. Chicago: Chicago University Press, 2020.

THOMSON, Sinclair. Sovereignty Disavowed: the Tupac Amaru Revolution in the Atlantic World. *Atlantic Studies*, Londres, v. 13, n. 3, 2016.

THORNTON, John. "I Am the Subject of the King of Congo": African Political Ideology and the Haitian Revolution. *Journal of World History*, Ithaca, v. 4, n. 2, 1993.

YAYCIOGLU, Ali. *Partners of the Empire: The Crisis of the Ottoman Order in the Age of Revolutions*. Stanford: Stanford University Press, 2016.

6. A África Oriental: sociedade, comércio e escravidão (1770-1880)

ALLEN, Richard. *European Slave Trading in the Indian Ocean (1500-1850)*. Atenas: Ohio University Press, 2014.

ALPERS, Edward A. *Ivory and Slaves in East Central Africa: Changing Patterns of International Trade to the Later Nineteenth Century*. Londres: Heinemann, 1975.

CAPELA, José. *O tráfico de escravos nos portos de Moçambique (1733-1904)*. Porto: Afrontamento, 2016.

COOPER, Frederick. *Plantation Slavery on the East Coast of Africa*. New Haven: Yale University Press, 1977.

GLASSMAN, Jonathon. *Feasts and Riot. Revelry, Rebellion, and Popular Consciousness on the Swahili Coast (1856-1888)*. Portsmouth: Heinemann, 1995.

ISAACMAN, Allen F.; ISAACMAN, Barbara S. *Slavery and Beyond: The Making of Men and Chikunda Ethnic Identities in the Unstable World of South-Central Africa (1750-1920)*. Portsmouth: Heinemann, 2004.

MÉDARD, Henri; DOYLE, Shane (Orgs.). *Slavery in the Great Lakes Region of East Africa*. Oxford: James Currey, 2007.

MORTON, Fred. *Children of Ham: Freed Slaves and Fugitives Slaves on the Kenya Coast (1873 to 1907)*. Boulder: Westview Press, 1990.

NEWITT, Malyn. *A History of Mozambique*. Londres: Hurst & Company, 1995.

RODRIGUES, Eugénia. *Portugueses e Africanos nos Rios de Sena: os Prazos da Coroa em Moçambique nos Séculos XVII e XVIII*. Lisboa: Imprensa Nacional-Casa da Moeda, 2013.

SHERIFF, Abdul. *Slaves, Spices & Ivory in Zanzibar: Integration of an East African Commercial Empire into the World Economy, 1770-1873*. Londres: James Curry, 1987.

VAIL, Leroy; WHITE, Landeg. *Capitalism and Colonialism in Mozambique: A Study of Quelimane District*. Minneapolis: University of Minnesota Press, 1980.

ZIMBA, Benigna; ALPERS, Edward A.; ISAACMAN, Allen F. (Orgs.). *Slave Routes and Oral Tradition in Southeastern Africa*. Maputo: Filsom Entertainment, 2005.

Websites

Viagens em Escravo: slavevoyages.org.

Oceans and Continents – Oceans and Continents: africanregisters.org.

7. Impérios em conflito na Índia Moderna: acordos e tensões na implantação do projeto colonial

DISNEY, Anthony R. *A decadência do Império da Pimenta*. Lisboa: Edições Setenta, 1989.

DOCUMENTAÇÃO Ultramarina Portuguesa. Ver Documentação sobre a Índia Portuguesa no século XVIII. Centro de Estudos Históricos Ultramarinos. Lisboa, 1967.

GOODY, Jack. *Renascimentos: um ou muitos?* São Paulo: Editora Unesp, 2011.

GRUZINSKI, Serge. *As quatro partes do mundo: história de uma mundialização*. Belo Horizonte/São Paulo: Editora UFMG/Edusp, 2014.

LOBATO, Alexandre. *Relações Luso-Maratas (1658-1737)*. Lisboa: Centro de Estudos Históricos Ultramarinos, 1965.

METCALF, Barbara D.; METCALF, Thomas R. *História concisa da Índia Moderna*. São Paulo: Edipro, 2013.

PANIKKAR, K. M. *A dominação ocidental na Ásia: do século XV aos nossos dias*. Rio de Janeiro: Editora Saga, 1965.

RASMUSSEN, Peter R. Tranquebar: The Danish East India Company 1616-1669. Universidade de Copenhague, 1996. Disponível em: <https://web.archive.org/web/20180718030547/http://scholiast.org/history/tra-narr.html>. Acesso em: jun. 2025.

REGO, A. da Silva. *O ultramar português no século XVIII (1700-1833)*. 2. ed. Lisboa: Agência Geral do Ultramar, 1970.

RUBIÉS, Joan-Pau. *Travel and Ethnology in the Renaissance South India through European Eyes (1250 -1625)*. Cambridge: Cambridge University Press, 2004.

SOUZA. Teotónio de. Goa Medieval. *A cidade e o interior no século XVII*. Lisboa: Editorial Estampa, 1994.

SUBRAHMANYAM, Sanjay. *Impérios em concorrência: histórias conectadas nos séculos XVI e XVII*. Lisboa: ICS (Imprensa de Ciências Sociais), 2012.

VELHO, Selma Vieira de. *A influência da mitologia hindu na literatura portuguesa dos séculos XVI e XVII*. Tomo II. Macau: Instituto Cultural de Macau, 1988.

ZELLIOT, Eleanor; BERNTSEN, Maxine. *The Experience of Hinduism: Essays on Religion in Maharastra*. Albany: State University of New York Press, 1988.

8. Xogunato Tokugawa (1603-1868) e a formação do Japão Moderno

ARANO, Y. Foreign Relations in Early Modern Japan: Exploding the Myth of National Seclusion. *Nippon.com*, 18 jan. 2013. Disponível em: <https://www.nippon.com/en/features/c00104/>. Acesso em: jun. 2025.

ASAO, N. The sixteenth-century unification. In: HALL, J. W; McCLAIN, J. L. (Orgs.). In: *The Cambridge History of Japan*. v. 4 (Early Modern Japan). Cambridge: Cambridge University Press, 1991. p. 40-95.

BOLITHO, H. The han. In: HALL, J. W.; Mcclain, J. L. (Orgs.). *The Cambridge History of Japan*. v. 4 (Early Modern Japan). Cambridge: Cambridge University Press, 1991. p. 183-225.

CRESPO, E. A.; CARDOSO, M.; MAZAT, N. A dimensão geopolítica da experiência de desenvolvimento econômico durante a Restauração Meiji (1868-1912). *Revista da Escola de Guerra Naval*, v. 22, 2016. p. 607-642.

CULLEN, L. M. A *History of Japan, 1582-1941: Internal and External Worlds*. Cambridge: Cambridge University Press, 2003.

GLUCK, C. *Japan's Modern Myths: Ideology in the Late Meiji Period*. Nova Jersey: Princeton University Press, 1985.

GORDON, A. *A Modern History of Japan: From Tokugawa Times to the Present*. Oxford: Oxford University Press, 2003.

HALL, J. W. The Bakuhan System. In: HALL, J. W.; McCLAIN, J. L. (Orgs.). *The Cambridge History of Japan*. v. 4 (Early Modern Japan). Cambridge: Cambridge University Press, 1991. p. 128-182.

HAMASHITA, T. The Tribute Trade System and Modern Asia. In: LATHAM, J.; HANE, M. *Premodern Japan: A historical survey*. Boulder: Westview Press, 1991.

HARRIS TREATY. *The Treaty of Amity and Commerce Between the United States and Japan (1858)*. Japan's National Congress Library, [s/d].

HOWLAND, D. Samurai Status, Class, and Bureaucracy: A Historiographical Essay. *The Journal of Asian Studies*, v. 60, n. 2, p. 353-380, 2001.

IOKIBE, M.; MINOHARA, T. America Encounters Japan (1836-94). In: IOKIBE, M.; MINOHARA, T. *The History of US-Japan Relations. From Perry to the Present*. Singapura: Palgrave Macmillan, 2017. p. 3-22.

JANSEN, M. B. *China in the Tokugawa World*. Cambridge: Harvard University Press, 2000.

KANAGAWA TREATY. *Empire of Japan Treaty. Treaty between the United States of America and the Empire of Japan (1854)*. Japan's National Congress Library, [s/d].

KAZUI, T.; VIDEEN, S. Foreign Relations during the Edo Period: Sakoku Reexamined. *The Journal of Japanese Studies*, v. 8, n. 2, p. 283-306, 1982.

KAWAKATSU, H. *Japanese Industrialization and the Asian Economy*. Londres: Routledge, 1994. p. 194-201.

KITAOKA, S. Inception of a Modern Relationship: The First Meeting of the Japan-China – Joint History Research Committee. Japan-China Joint History Research Report. In: *Modern and Contemporary History*, v. 1, 2011.

LEE, J. Hegemonic Authority and Domestic Legitimation: Japan and Korea under Chinese Hegemonic Order in Early Modern East Asia. *Security Studies*, v. 25, p. 320-352, 2016.

MOORE JR., B. *As origens sociais da ditadura e da democracia*. São Paulo: Martins Fontes, 1983.

NAKAGAWA, H. *Introdução à cultura japonesa: ensaio de antropologia recíproca*. São Paulo: Martins Fontes, 2019.

NASCIMENTO, M. M. *À sombra do crisântemo: o discurso político do governo Meiji na revitalização da figura imperial (1868-1889)*. Dissertação (Mestrado) – Universidade Federal Fluminense, Niterói, 2020.

OISHI, S. The Bakuhan System. In: NAKANE, C. et al. *Tokugawa Japan: The Social and Economic Antecedents of Modern Japan*. Tóquio: University of Tokyo Press, 1990.

OLIVEIRA, A. *Entre o Sol, a Águia e o Dragão: dinâmicas de poder e segurança entre Japão, EUA e China no Leste Asiático e o estudo de caso das ilhas Senkaku/Diaoyu no século XXI*. Tese (Doutorado) – Universidade Federal do Rio de Janeiro, 2019.

REN, J.; HONGBO, L. The Absorption and Transformation of Neo-Confucianism during the Edo Period of Japan. *Forum for World Literature Studies*, v. 13, p.182-188, 2021.

SASAKI, E. M. Nihonjinron: teorias da japonicidade. *Estudos Japoneses*, n. 31, p. 11-25, 2011.

SHIVELY, D. H. Popular culture. In: HALL, J. W.; McCLAIN, J. L. (Orgs.). In: *The Cambridge History of Japan*. v. 4 (Early Modern Japan). Cambridge: Cambridge University Press, 1991. p. 706-770.

TOBY, R. P. *State and Diplomacy in Early Modern Japan: Asia in the Development of the Tokugawa Bakufu*. Princeton: Princeton University Press, 1984.

TOYOSAWA, N. *Imaginative Mapping: Landscape and Japanese Identity in the Tokugawa and Meiji Eras*. Cambridge: Harvard University Press, 2019.

TSUKAHIRA, T. *Feudal Control in Tokugawa Japan: The Sankin Kotai System*. Cambridge: Harvard University Press, 1966.

WAKITA, O. The social and economic consequences of unification. In: HALL, J. W.; McCLAIN, J. L. (Orgs.). *The Cambridge History of Japan*. v. 4 (Early Modern Japan). Cambridge: Cambridge University Press, 1991. p. 96-127.

Recomendações de leituras e produções audiovisuais

LIVROS (HISTÓRIA E OUTROS)

China in the Tokugawa World. M. B. Jansen

O livro desafia a noção tradicional de que o Japão era uma nação isolada do mundo exterior na Era Moderna. Essa história familiar de isolamento resulta de uma visão do período apenas em termos dos laços do Japão com o Ocidente, em detrimento de sua relação com os vizinhos asiáticos mais próximos. Analisando o porto de Nagasaki e seu próspero comércio com a China entre os séculos XVI e XIX, Jansen oferece uma análise importante do impacto do comércio com a China na vida cultural, econômica e política do Japão.

A History of Japan, 1582-1941: Internal and External Worlds. L. M. Cullen
O livro combina abordagens econômicas, sociais e políticas para compreender o nascimento do Japão moderno. Cullen revisa a experiência japonesa de expansão, transição social, crescimento industrial, crise econômica e guerra, mostrando como uma nação insular se torna uma potência industrial em crescimento no final do século XIX e início do século XX.

Coleção "O que é": *Budismo.* Maria C. S. C. Sampaio.
O livro, em abordagem simples e didática, discorre sobre a história e as características gerais do budismo, considerando a variedade de escolas e práticas existentes.

Oku no Hosomichi
Oku no Hosomichi é uma obra importante de haicai do poeta japonês Matsuo Munefusa (Basho), considerada "um dos principais textos da literatura clássica japonesa". O texto, em forma de um diário de viagem em prosa e verso, foi escrito enquanto Basho fazia uma jornada épica pelo Japão do final do século XVII, ainda durante o período Tokugawa.

O livro dos cinco anéis (*Gorin no sho*)
Escrito por Miyamoto Musashi em 1645, durante o xogunato Tokugawa, *O livro dos cinco anéis* trata de artes marciais, sobretudo da arte da espada, e é considerado um clássico sobre estratégia militar do Japão. Musashi passou para o imaginário popular como um *ronin*, um guerreiro lendário. Apesar de o livro não retratar a história japonesa, é uma obra interessante para quem deseja conhecer melhor os samurais e suas práticas.

ANIMES, FILMES, SÉRIES, MANGÁS E JOGOS

No capítulo 8, discutimos um pouco sobre os períodos anteriores à Unificação do Japão. Para quem se interessa pela temática da guerra e pelo período Sengoku, existem alguns animes e filmes que abordam esse período, ainda que com forte apelo ficcional.

Filme: *Os sete samurais* (*Shichinin no Samurai*). Japão, 1954, 207 min. Direção: Akira Kurosawa.
A história se passa no final do século XVI e tem como cenário uma aldeia japonesa empobrecida que está à mercê de uma gangue de bandidos saqueadores. Os bandidos já haviam roubado suas colheitas, mas, antes de atacar

novamente, decidem esperar até que a próxima colheita esteja completa. Determinada a impedir o assalto, a aldeia contrata, em troca de comida, um grupo heterogêneo de samurais famintos para ajudar a repelir o ataque.

Série: *Xogun* (2024)

A série é baseada no romance de James Clavell, publicado em 1975, e se passa em 1600, quando o Japão está à beira da guerra civil que definirá sua trajetória no século XVII. É uma interpretação ficcional de eventos e histórias reais. Uma das personagens, Blackthorne, é inspirada no navegador inglês William Adams, que no Japão se tornou um samurai. A história está fortemente ligada à figura de Tokugawa Ieyasu, o último unificador, de que tratamos no capítulo.

Mangá e anime: *Dororo* (1967)

Dororo é uma série de mangá japonesa, escrita e ilustrada pelo consagrado artista Osamu Tezuka. Durante o período Sengoku, Dororo, uma jovem órfã ladra, conhece um *ronin* chamado Hyakkimaru.

Videogame: *Sengoku Basara* (primeiro título, em 2005)

Sengoku Basara é um videogame que deu origem a uma série de produtos, como animes, CDs, mangás e peças de teatro. Sua história é baseada indiretamente em eventos reais do período Sengoku.

Obras mais próximas do debate acerca do xogunato Tokugawa são:

Anime: *Samurai Champloo* (2004)

Samurai Champloo é uma série de anime, produzida em 2004, que conta a história de três estranhos na era Tokugawa (período Edo). Os três se unem em uma jornada através do país.

Mangá e anime: *Miss Hokusai* (1983)

Miss Hokusai é uma série de mangá histórico japonês escrita e ilustrada por Hinako Sugiura, contando a história de Katsushika Ōi, que trabalhou à sombra de seu pai, o grande artista Hokusai. Foi adaptado para um filme de anime dirigido por Keiichi Hara, lançado em 2015. A história em mangá consiste em episódios que não estão necessariamente conectados entre si. Eles apresentam O-Ei e sua vida em Edo, enquanto trabalha no estúdio de seu pai.

Série: *What Will You Do, Ieyasu?* (2023)
Série de TV que segue a vida de Ieyasu Tokugawa. Filho de um daimiô pobre e sem poder, Tokugawa não tinha ideia do que o futuro lhe reservava, até seu encontro com o jovem Oda Nobunaga.

Jogo de tabuleiro: *Tokaido* (2012)
Tokaido é um jogo de tabuleiro que se passa no "Japão feudal" e é centrado na jornada de viajantes que percorrem a lendária estrada Tokaido (relacionada com o *sankin kotai*). Tal estrada conecta Kyoto a Edo (atual Tóquio). O objetivo do jogo é simplesmente fazer a melhor viagem, desfrutando das paisagens, das experiências e das interações ao longo do caminho.

9. A proibição do tráfico atlântico de africanos escravizados e o pacto pela escravidão no Brasil

ALENCASTRO, Luiz Felipe. O pecado original da sociedade e da ordem jurídica brasileira. *Novos Estudos Cebrap*, São Paulo, n. 87, p. 5-11, 2010.

BETHELL, Leslie. *A abolição do comércio brasileiro de escravos: a Grã-Bretanha, o Brasil e a questão do comércio de escravos (1807-1869)*. Brasília: Senado Federal, 2002.

CHALHOUB, Sidney. *A força da escravidão: ilegalidade e costume no Brasil escravista*. São Paulo: Companhia das Letras, 2012.

FERREIRA, Gabriela Nunes. *O Rio da Prata e a consolidação do Estado Imperial*. São Paulo: Civilização Brasileira, 2006.

FERREIRA, Roquinaldo. *Cross-cultural Exchange in the Atlantic World: Angola and Brazil during the Era of the Slave Trade*. Cambridge: Cambridge University Press, 2012.

GRINBERG, Keila. *O fiador dos brasileiros: cidadania, escravidão e direito civil no tempo de Antonio Pereira Rebouças*. Rio de Janeiro: Civilização Brasileira, 2002.

MAMIGONIAN, Beatriz Gallotti. *Africanos livres: a abolição do tráfico de escravos no Brasil*. São Paulo: Companhia das Letras, 2017.

MATTOS, Hebe. *Escravidão e cidadania no Brasil monárquico*. Rio de Janeiro: Civilização Brasileira, 2001.

PARÉS, Luis Nicolau. Cartas do Daomé: uma introdução. *Afro-Ásia*, Salvador, n. 47, p. 295-395, 2013.

RODRIGUES, Jaime. *O infame comércio: propostas e experiências no final do tráfico de africanos para o Brasil (1800-1850)*. Campinas: Editora da Unicamp/Cecult, 2000.

SALLES, Ricardo. *Nostalgia imperial: escravidão e formação da identidade nacional no Brasil do Segundo Reinado.* Rio de Janeiro: Ponteio, 2013.

10. Revolução e questão nacional na Europa no século XIX

ANDERSON, Benedict. *Comunidades imaginadas: reflexões sobre a origem e a difusão do nacionalismo.* São Paulo: Companhia das Letras, 2008.

BANTI, Alberto Mario. *The Nation of Risorgimento: Kinship, Sanctity and Honour in the Origins of Unified Italy.* Londres: Routledge, 2020.

CHIAPPINI, Simonetta. From the People to the Masses: Political Developments in Italian Opera from Rossini to Mascagni. In: PATRIARCA, S.; RIAL, L. (Orgs.). *The Risorgimento Revisited: Nationalism and Culture in Nineteenth-Century Italy.* Nova York: Pangrave Macmillan, 2012.

CLOGG, Richard. *História concisa da Grécia.* São Paulo: Edipro, 2017.

COLLER, Ian. Egypt in the French Revolution. In: DESAN, S.; HUNT, L.; NELSON, W. M. (Orgs.). *The French Revolution in Global Perspective.* Ithaca: Cornell University Press, 2013.

CONNELLY, John. *From Peoples into Nations: a History of Eastern Europe.* Princeton: Princeton University Press, 2020.

DOUMANIS, Nicholas. *Italy.* Londres: Arnold, 2001.

DROZ, Jacques. *Europe Between Revolutions (1815-1848).* Londres: Fontana Press, 1988.

EVANS, Richard J. *The Pursuit of Power: Europe (1815-1914).* Nova York: Penguin, 2016.

HASTINGS, Derek. *Nationalism in Modern Europe: Politics, Identity and Belonging Since the French Revolution.* Londres: Bloomsbury, 2019.

HROCH, Miroslav. *European Nations: Explaining Their Formation.* Londres: Verso, 2015.

HUNT, Lynn. *Política, cultura e classe na Revolução Francesa.* São Paulo: Companhia das Letras, 2007.

JUDSON, Pieter M. *The Habsburg Empire: a New History.* Cambridge: The Belknap Press, 2016.

KITCHEN, Martin. *A History of Modern Germany: 1800 to The Present.* Hoboken: Wiley-Blackwell, 2013.

LAMARTINE, Alphonse. *Histoire de la révolution de 1848.* v. 1. Paris: Garnier Frères, 1859.

MOE, Nelson J. III. Representing the South in Postunification Italy, 1870-1885. In: ______. *The View from Vesuvius: Italian Culture and the Southern Question.* Berkeley: University of California Press, 2002. p. 185-296.

MORAES, Luís Edmundo. *História contemporânea: da Revolução Francesa à Primeira Guerra Mundial*. São Paulo: Contexto, 2020.

RAPPORT, Mike. *1848: Year of Revolution*. Nova York: Basic Books, 2021.

RÉMOND, René. *O século XIX (1815-1914)*. São Paulo: Cultrix, 1990.

RENAN, Ernest. O que é uma nação? *Revista Aulas*, Unicamp, [s/d]. Disponível em: <https://www.unicamp.br/~aulas/VOLUME01/ernest.pdf>. Aceso em: jun. 2025.

SMITH, Anthony D. *Nations and Nationalism in a Global Era*. Cambridge: Polity Press, 1995.

______. *The Nation in History: Historiographical Debates about Ethnicity and Nationalism*. Cambridge: Polity Press, 2000.

TOCQUEVILLE, Alexis. *Lembranças de 1848: as jornadas revolucionárias em Paris*. São Paulo: Penguin-Companhia das Letras, 2011.

ZAMOYSKI, Adam. *Holy Madness: Romantics, Patriots and Revolutionaries (1776-1871)*. Londres: Endeavour Press, 2014.

______. *Napoleão: o homem por trás do mito*. São Paulo: Crítica, 2020.

Indicações de filmes

Bismarck (*Bismarck*). LIEBNEINER, Wolfgang. Alemanha, 1940. 118 min. O filme dramatiza as manobras realizadas pelo chanceler prussiano Otto von Bismark com o objetivo de unificar os estados alemães.

Êxodos 1826 (*Exodos 1826*). TSIKARAS, Vasilis. Grécia, 2017. 96 min. Este drama retrata a luta de camponeses e soldados para defender suas vilas das forças turcas durante a guerra pela independência grega.

O leopardo (*Il gattopardo*). VISCONTI, Luchino. Itália, 1963. 186 min. Baseado no romance clássico de Tomasi di Lampedusa, narra a história de um aristocrata siciliano que tenta manter seu status em meio aos derradeiros momentos do processo de Unificação italiana.

A revolução em Paris (*Un peuple et son roi*). SCHOELLER, Pierre. França, 2018. 121 min. O filme traça um painel da Revolução Francesa, no qual é possível perceber a emergência de novas ideias de soberania popular.

Os sem esperança (*Szegénylegények*). JANCSÓ, Miklós. Hungria, 1966. 90 min. Retrata a opressão sofrida pelos partidários da revolução de 1848 na Hungria, após a retomada do poder pelos Habsburgo.

11. A Guerra da Secessão, a Guerra do Paraguai e a formação do Brasil e dos Estados Unidos

BENDER, Thomas. *A Nation among Nations: America's Place in World History.* Nova York: Hill and Wang, 2006.

CARREIRA, Liberato de Castro. *História financeira e orçamentária do Império do Brasil.* v. 2. Rio de Janeiro: Fundação Casa de Rui Barbosa, 1980.

DORATIOTO, Francisco. *Maldita guerra: nova história da Guerra do Paraguai.* São Paulo: Companhia das Letras, 2022.

FAUST, Drew Gilpin. *This Republic of Suffering: Death and the American Civil War.* Nova York: Vintage Civil War Library, 2008.

HAHN, Steven. *A Nation without Borders: The United States and its World in an Age of Civil Wars, 1830-1910.* Nova York: Penguin, 2016.

IZECKSOHN, Victor. *Slavery and War in the Americas: Race, Citizenship, and State Building in the United States and Brazil (1861-1870).* Londres: Virginia University Press, 2014.

KRAUSE, Thiago; GOYENA SOARES, Rodrigo. *Império em disputa: Coroa, oligarquia e povo na formação do Estado brasileiro (1823-1870).* Rio de Janeiro: FGV Editora, 2022.

MARQUESE, Rafael. A Guerra Civil dos Estados Unidos e a crise da escravidão no Brasil. *Afro-Ásia*, n. 51, p. 37-71, 2015.

NUGENT, Walter. *Habits of Empire: A History of American Expansion.* Nova York: Alfred A. Knopf, 2008.

PARRON, Tâmis. *A política da escravidão no Império do Brasil (1826-1865).* Rio de Janeiro: Civilização Brasileira, 2011.

RIBEIRO, Wagner Costa. Shared Use of Transboundary Water Resources in La Plata River Basin. *Ambiente & Sociedade*, São Paulo, v. XX, n. 3, p. 257-270, jul.-set. 2017.

SALLES, Ricardo. A Guerra do Paraguai, a "questão servil" e a questão nacional no Brasil (1866-1871). In: PAMPLONA, M.; STUVEN, A. M. (Orgs.). *Estado e nação no Brasil e no Chile ao longo do século XIX.* Rio de Janeiro: Civilização Brasileira, 2010.

Indicações de filmes

Doze anos de escravidão (*Twelve Years a Slave*). Direção: MCQUEEN, Steve. Estados Unidos (Summit Entertainment), 2013. 174 min.

Doutor Gama. DE, Jeferson. Brasil (Elo Company), 2021. 92 min.

Guerras do Brasil.doc. BOLOGNESI, Luiz. Brasil (Canal Curta!), 2019. 130 min.

Lincoln. SPIELBERG, Steven. Estados Unidos (DreamWorks Pictures), 2012. 190 min.

Tempo de glória (Glory). ZWICK, Edward. Estados Unidos (TriStar Pictures), 1989. 122 min.

12. Reconstrução: a emancipação dos escravizados nos Estados Unidos

BERLIN, Ira. *Gerações de cativeiro*. Rio de Janeiro: Editora Record, 2006.

BLIGHT, David W. *Frederick Douglass: Prophet of Freedom*. Nova York: Simon & Schuster Paperbacks, 2020.

CUNNINGHAM, Lillian; MULDOON, Ted. Constitutional. *The Washington Post*. Disponível em: <https://www.washingtonpost.com/podcasts/constitutional/>. Acesso em: jun. 2025.

DU BOIS, W. E. B. *Black Reconstruction in America: Toward a History of the Part Which Black Folk Played in the Attempt to Reconstruct Democracy in America (1860-1880)*. Londres: Routledge, 2017.

FONER, Eric. *A short history of Reconstruction (1863-1877)*. Nova York: Harper & Row, 1990.

FREEDMAN, Estelle B. *Redefining Rape*. Cambridge: Harvard University Press, 2013.

IZECKSOHN, Vitor. *Estados Unidos: uma história*. Rio de Janeiro: Editora Contexto, 2020.

RICHARDSON, Heather Cox. *West from Appomattox: The Reconstruction of America after the Civil War*. New Haven: Yale University Press, 2007.

STAMPP, Kenneth M. *The era of Reconstruction: 1865-1877*. Nova York: Vintage Books, 1965.

WHITE, Richard. *The Republic for Which It Stands: The United States during Reconstruction and the Gilded Age (1865-1896)*. Nova York: Oxford University Press, 2017.

YETMAN, Norman R. (Org.) *Voices from Slavery: 100 Authentic Slave Narratives*. Mineola: Dover, 2000.

13. As resistências ao capitalismo na Europa

DOLLÉANS, Édouard. *História del movimento obrero*. v. I, II e III. Buenos Aires: Eudeba, 1962.

DROZ, Jacques. (Org.). *História geral do socialismo*. v. II, III, IV e V. Lisboa: Livros Horizonte, 1972.

DUPEUX, Georges. *La Société française 1789-1970*. Paris: Armand Colin, 1972.

GUILLAUME, James. *L'Internationale: documents et souvenirs (1864-1872).* Paris: Éditions Gérard Lebovici, 1985.

MICHEL, Louise. *A Comuna, vols I e II.* Lisboa: Editorial Presença, 1971.

PERDU, Jacques. *La Révolte des Canuts (1831-1834).* Paris: Spartacus, 2009.

SALE, Kirkpatrick. *Inimigos do Futuro: a guerra dos luditas contra a Revolução Industrial e o desemprego.* Rio de Janeiro: Record, 1999.

SAMIS, Alexandre. *Negras Tormentas: o federalismo e o internacionalismo na Comuna de Paris.* São Paulo: Intermezzo/Entremares, 2022.

THOMPSON, E. P. *Senhores & caçadores: a origem da lei negra.* Rio de Janeiro: Paz e Terra, 1987.

_______. *A formação da classe operária inglesa.* v. I, II e III. Rio de Janeiro: Paz e Terra, 1997.

VAN DAAL, Julius. *Bello como una prisión em llamas.* Logroño: Pepitas de Calabaza, 2012.

Indicações de filmes

O agente secreto (The Secret Agent). HAMPTON, Christopher. Reino Unido, 1996. 95 min.

La Commune (Paris, 1871) (A Comuna). WATKINS, Peter. França, 1999. 345 min.

Os companheiros (I Compagni). MONICELLI, Mario. Itália-França, 1963. 130 min.

Daens – um grito de justiça (Daens). CONINX, Stijn. Holanda-Bélgica-França, 1992. 138 min.

Germinal. BERRI, Claude. Itália-Bélgica-França, 1993, 170 min.

14. Pérsia e Império Otomano: as reformas modernizantes

ADGHIRNI, Samy. *Os iranianos.* São Paulo: Contexto, 2014.

CETINSAYA, Gokhan. Essential Friends and Natural Enemies: The Historic Roots of Turkish-Iranian Relations. *Middle East Review of International Affairs,* v. 7, n. 3, p. 116-132, set. 2003.

CHARLES RIVERS EDITORS. *A dissolução do Império Otomano: a história e o legado do declínio dos turco-otomanos e a criação do Oriente-Médio moderno.* eBook, 2018.

ÇIFTÇI, Erdal. Ottoman Police in the Ottoman-Iranian Borderland during the late 19th Century: The Case of Ebegê. *Journal of History Studies,* Istambul, v. 8, n. 1, 2016.

FELDBERG, Samuel. Acordo Sykes-Picot. In: MAGNOLI, D. (Org.). *História da paz*. São Paulo: Contexto, 2008.

KINZER, Stephen. *Todos os homens do xá: o golpe norte-americano no Irã e as raízes do terror no Oriente Médio*. Rio de Janeiro: Bertrand Brasil, 2004.

LEWIS, Bernard. *O Oriente Médio: do advento do cristianismo aos dias de hoje*. Rio de Janeiro: Jorge Zahar, 2001.

MACKEY, Sandra. *Os iranianos: Pérsia, Islã e a alma de uma nação*. Rio de Janeiro: Bibliex, 2008.

MEIHY, Murilo. *As mil e uma noites mal dormidas: a formação da República Islâmica do Irã*. Rio de Janeiro: Usina de Letras, 2010.

QUATAERT, Donald. *O Império Otomano: das origens ao século XX*. Lisboa: Edições 70, 2008.

TRAUMANN, Andrew Patrick. *Os militares e os aiatolás: relações Brasil-Irã (1979-1985)*. Jundiaí: Paco Editorial, 2019.

VISACRO, Alessandro. *Lawrence da Arábia*. São Paulo: Contexto, 2010.

Obras em farsi traduzidas para o português

CURZON, J. Nathaniel. *O caso iraniano*. vol. II. Trad. Gholamali Vahid Mazandarani, editor da Scientific and Cultural Publishing Company. Teerã, 2008.

GULMOHAMMADI, Hassan. *A Conquista de Ali Shah Qajar e o julgamento da história*. Teerã: Publicações Nesl Danesh, 1370.

KADI, Niki. *As raízes da Revolução Iraniana*. Trad. Abdol Rahim Tos. Teerã: Qalam Publications, 1377.

KASRAVI, Ahmad. *História constitucional do Irã*. Teerã: Publicações Negah, 1401.

KERMANI, Nazim al-Islam. *História do despertar Iraniano*. Teerã: Editora Amirkabir, 1387.

LAVASANI, Shahpour. *Governo no Irã*. Teerã: Publicações Amirkabir, 2013.

NASR, Taqi. *Irã ao lidar com os colonialistas*. Teerã: Editor de Autores e Companhia de Tradutores do Irã, 1363.

SEIF, Ahmad. *O século perdido*. Teerã: Nashr-e Ney, 2015.

SHAMIM, Ali Asghar. *Irã durante a Dinastia Qajar*. Teerã: Behzad Publications, 1400.

SIAMI DODRAN, Zahra. *Por que não nos industrializamos? Revisão histórica dos obstáculos ao desenvolvimento da indústria no Irã*. Teerã: Editora Amirkabir, 2003.

Yunus, Marwarid. *Da Constituição à República: um olhar sobre os períodos das assembleias legislativas na era constitucional: a primeira Constituição*. v. 1. Teerã: Editora Ohadi, 1377.

WATANKHAH, Mustafa. *Obstáculos históricos do subdesenvolvimento no Irã*. Teerã: Editora Tabar e Nasha, 2010.

15. Das estepes ao império: a China sob os manchus (1644-1911)

ALLSEN, Thomas. *The Royal Hunt in Eurasian History*. Filadélfia: University of Pennsylvania Press, 2006.

DE BARY, William T.; BLOOM, Irene (Orgs.). *Sources of Chinese Tradition*. Nova York: Columbia University Press, 2000.

FABRE, Guilhem. *Criminal Prosperity: Drug Trafficking, Money Laundering and Financial Crisis after the Cold War*. Londres/Nova York: Routledge, 2003.

MISHRA, Pankaj. *From the Ruins of Empire: the Intellectuals who Remade Asia*. Nova York: Farrar, Straus and Giroux, 2012.

MOTE, Frederick W. *Imperial China: 900-1800*. Cambridge: Harvard University Press, 2003.

RÖHL, John. *The Kaiser and his Court: Wilhelm II and the Government of Germany*. Cambridge: Cambridge University Press, 1996.

SETTLEMENT of Matters Growing out of the Boxer Uprising. Disponível em: <http://www.loc.gov/law/help/us-treaties/bevans/m-ust000001-0302.pdf>. Acesso em: jun. 2025.

THE ABORIGINES' PROTECTION SOCIETY. *The Opium Trade between India and China in Some of its Present Aspects*. Londres: William Tweedie, 1870.

WONG, J. Y. The "Arrow" Incident: a Reappraisal. *Modern Asian Studies*, Cambridge, v. 8, n. 3, mai. 1974. Disponível em: <http://journals.cambridge.org/action/displayAbstract?fromPage=online&aid=2694256>. Acesso em: jun. 2025.

WONG, Roy Bin. *China Transformed: Historical Change and the Limits of European Experience*. Ithaca: Cornell University Press, 1997.

XUEQIN, Cao. *Dream of the Red Chamber: Complete version*. Beijing: China Intercontinental Press, 2012.

ZHANG, Longxi. *Mighty Opposites: From Dichotomies to Differences in the Comparative Study of China*. Palo Alto, Califórnia: Stanford University Press, 1998.

16. Africanos, europeus e seus descendentes na África do Sul (séculos XVIII e XIX)

CERTEAU, Michel de. *L'écriture de l'histoire*. Paris: Folio, 2002.

CORNEVIN, Marianne. *Apartheid, poder e falsificação histórica*. Lisboa: Edições 70, 1979.

DENOON, D. Southern Africa. In: OGOT, B. A. (Org.). *General History of Africa: Africa from the Sixteenth to the Eighteenth Century*. Berkeley: University of California Press/Unesco, 1992. p. 683-702.

DEUTSCH-SÜDWESTAFRIKANISCHE Zeitung, 8 jan. 1902, p. 2.

DOYLE, Arthur Conan. *The War in South Africa: Its Cause and Conduct is an Essay*. Londres: Smith, Elder & Co., 1902.

FABIAN, Johannes. *Time and the Other. How Anthropology Makes its Object*. Nova York: Columbia University Press, 1983.

FEDERICI, Silvia. *Calibã e a bruxa: mulheres, corpo e acumulação primitiva*. São Paulo: Elefante, 2017.

HAGGARD, Henry R. *Cetywayo and His White Neighbors or Remarks on Recent Events in Zululand, Natal, and the Transvaal*. Londres: Trubner & Co.,1882.

HOBHOUSE, Emily. *Report of a Visit to the Camps of Women and Children in the Cape and Orange River Colonies*. Londres: Friars Printing Association, 1901.

______. *The Brunt of The War and Where It Fell*. Londres: Methuen & Co., 1902.

ILLIFE, John. *Africans: The History of a Continent*. Cambridge: Cambridge University Press, 1995.

LEFORT, René. *L'Afrique du Sud, histoire d'une crise*. Paris: Maspero, 1977.

TWAIN, Mark. *Following the Equator*. Hartford: Samel L. Clemens, 1898.

McCLINTOCK, Anne. *Couro imperial: raça, gênero e sexualidade no embate colonial*. Campinas: Editora da Unicamp, 2010.

MORRELL, Robert. The Disintegration of the Gold and Maize Alliance in South Africa in the 1920s. *The International Journal of African Historical Studies*, v. 21, n. 4, 1988. p. 619-635.

PESAVENTO, Sandra. *República: verso & reverso*. Porto Alegre: Editora da UFRGS, 1989.

PINEAU, Marisa. Los sudafricanos miraron al Atlántico: la migración Boer a Argentina. In: *A dimensão atlântica da África. Atas da II Reunião Internacional de História da África*. São Paulo: CEA-USP/SDG-Marinha, 1996.

PRADA-SAMPER, José Manuel. The forgotten killing fields: "San" Genocide and Louis Anthing's mission to Bushmanland (1862-1863). *Historia*, Durban, v. 57, n. 1, mai. 2012. p. 172-187.

PRATT, Mary Louise. *Imperial Eyes: Travel Writing and Transculturation*. Londres: Routledge, 1992.

SERPA PINTO, Alexandre. *Como eu atravessei África*. Londres: Sampson Low et al. Editores, 1881.

SILVA, Evander Ruthieri da. *H. Rider Haggard e a questão sul-africana: literatura, cultura escrita e política colonial (1875-1914)*. Tese (Doutorado) – Universidade Federal do Paraná, 2020a.

_______. Visões do Império: a visualidade da África colonial na literatura de H. Rider Haggard (1856-1925). *Tempos Históricos*, v. 24, p. 232-264, 2020b.

_______. Os narradores africanos de James Stuart: a construção do reino zulu nos testemunhos de Socwatsha kaPhaphu e Baleka kaMpitikazi (África do Sul, décadas de 1890-1920). *Afro-Ásia*, Salvador, n. 66, p. 273-315, 2022.

TRAPIDO, Stanley. South Africa in a Comparative Study of Industrialization. *The Journal of Development Studies*, Londres, v. 7, n. 3, p. 309-320, 1971.

_______. Landlord and Tenant in a Colonial Economy: the Transvaal 1880-1910. *Journal of Southern African Studies*, v. 5, n. 1, p. 26-58, 1978.

VAN ONSELEN, Charles. *Studies in the Social and Economic History of the Witwatersrand (1886-1914)*. Johanesburgo: Ravan Press, 1982.

WESSELING, Henri. *Le partage de l'Afrique*. Paris: Denoël, 1991.

OS ORGANIZADORES

Angela de Castro Gomes. Professora titular de História do Brasil da Universidade Federal Fluminense (UFF), professora emérita do Centro de Pesquisa e Documentação de História Contemporânea do Brasil da Fundação Getulio Vargas (CPDOC/FGV). Autora, entre outros livros, de *A invenção do trabalhismo* (FGV, 2005, 3. ed); *História e historiadores: política cultural do Estado Novo* (FGV, 2013, 2. ed.), *Brechó: estudos de história política e historiografia* (APPRIS, 2022, 2. ed.).

Daniel Aarão Reis. Professor titular de História Contemporânea, visitante do Instituto de Estudos Estratégicos e professor emérito da Universidade Federal Fluminense. Pesquisador 1A do CNPq. É autor, entre outros livros, de *Ditadura e democracia no Brasil* (Zahar, 2014); *Luís Carlos Prestes, um revolucionário entre dois mundos* (Cia. das Letras, 2014); *A revolução que mudou o mundo/Rússia, 1917* (Cia. das Letras, 2017) e *Na corda bamba: memórias ficcionais* (Record, 2024).

Flávio Limoncic. Professor de História da América da Universidade Federal do Estado do Rio de Janeiro (UniRio), do programa de pós-graduação em História Social e do programa de pós-graduação em Ensino de História da mesma UniRio. Participa da Rede de Estudos dos Estados Unidos.

Janaina Martins Cordeiro. Professora de História Contemporânea do departamento de História e do programa de pós-graduação em História, da Universidade Federal Fluminense (UFF). Pesquisadora do CNPq e Jovem Cientista do Nosso Estado da Faperj.

Marcelo Bittencourt. Mestre em Antropologia Social pela Universidade de São Paulo (USP) e doutor em História Social pela Universidade Federal Fluminense (UFF). Professor titular de História da África do departamento de História da UFF. Realiza pesquisas sobre Angola, com especial ênfase no estudo do colonialismo, da luta de libertação e da Guerra Civil.

Murilo Sebe Bon Meihy. Mestrado em Estudos Árabes e Islâmicos pela Universidad Autónoma de Madrid, Espanha (2012). Doutorado em Estudos Árabes pela Universidade de São Paulo – USP (2013), e pós-doutorado pela American University of Beirut – Líbano (2018). Professor adjunto de História Contemporânea da Universidade Federal do Rio de Janeiro. Coordenador do Azimute: Laboratório de Estudos Orientais, Instituto de História – UFRJ.

SOBRE OS AUTORES

Alana Camoça Gonçalves de Oliveira. Professora adjunta no Departamento de Relações Internacionais da Universidade do Estado do Rio de Janeiro (UFRJ). Pesquisadora visitante no Departamento de História da Universidade de Columbia, em Nova York, nos Estados Unidos, e na Universidade de Osaka, no Japão (2017). Áreas de interesse: segurança internacional, geopolítica e política externa brasileira.

Alexandre Samis. Doutor em História pela Universidade Federal Fluminense (UFF) em 2006. Professor aposentado do Departamento de História do Colégio Pedro II (2005-2019) e pesquisador do Grupo de Estudos do Anarquismo (UFF), do Laboratório de Pesquisa e Prática de Ensino em História, na Universidade Estadual do Rio de Janeiro (UERJ) e do Núcleo de Estudos e Pesquisas sobre Anarquismo e Cultura Libertária (UERJ).

Alexsander Gebara. Mestre e doutor em História Social pela Universidade de São Paulo (USP), professor de História da África da Universidade Federal Fluminense (UFF). Sua tese, premiada, intitula-se *A África de Richard Francis Burton: antropologia, política e comércio* (2010). Tem trabalhado sobre relatos de viagens como fontes para a história da África, particularmente na primeira metade do século XIX, com publicação de diversos artigos sobre o tema.

Andrew Patrick Traumann. Professor de História das Relações Internacionais no Centro Universitário Curitiba (UniCuritiba). Coordenador do Programa de Pós-graduação em Geopolítica da Ásia da Pontifícia Universidade Católica do Paraná (PUCPR). Mestre em História e Política pela

Universidade Estadual Paulista (Unesp), e doutor em História, Cultura e Poder, pela Universidade Federal do Paraná (UFPR).

Beatriz Gallotti Mamigonian. Doutora em História pela University of Waterloo, no Canadá. Professora titular do Departamento de História da Universidade Federal de Santa Catarina (UFSC) e pesquisadora do CNPq. Entre suas publicações está o livro *Africanos livres: a abolição do tráfico de escravos no Brasil* (2017) e as coletâneas *História Diversa: africanos e afrodescendentes na Ilha de Santa Catarina* (2013) e *Revisitar Laguna: histórias de conexões atlânticas* (2021).

Daniel Gomes de Carvalho. Doutor em História Social pela Universidade de São Paulo (USP) e professor do Departamento de História na mesma universidade. Também é professor do Programa de Pós-Graduação da Universidade de Brasília (UnB), na linha de Ideias e Historiografia.

Emiliano Unzer. Doutor em História Social pela Universidade de São Paulo (USP) em 2007. Professor titular no Departamento de História da Universidade Federal do Espírito Santo (UFES). Pesquisador do grupo Visões da Ásia da Asociación Latinoamericana de Estudios de Asia y Africa. Membro do conselho editorial do Centro Ásia-Brasil. Autor do livro *História da Ásia* (2019).

Eugénia Rodrigues. Investigadora do Centro de História da Universidade de Lisboa. Ensina nos Programas de Mestrado e Doutorado em História da Faculdade de Letras da mesma universidade. Investiga História da África Oriental, especialmente de Moçambique, e das suas relações com o Índico.

Felipe Alexandre Silva de Souza. Graduado em História pelo Centro de Ensino Superior de Maringá, e em Ciências Sociais pela Universidade Estadual de Maringá (UEM). Doutor em História Social pela Universidade Federal Fluminense (UFF). Pesquisador de pós-doutoramento do Programa de Pós-Graduação em História (UFF) e bolsista da Fundação de Amparo à Pesquisa do Estado do Rio de Janeiro.

Jorge Lúzio. Professor adjunto do Instituto de Humanidades e Letras da Universidade da Integração Internacional da Lusofonia Afro-Brasileira (Unilab/Campus dos Malês). Pós-graduado em Arte e Cultura Barroca pela Universidade Federal de Ouro Preto (UFOP). Autor de *Por uma descolonização da Imagem: o marfim africano na arte colonial do Oriente* (2023).

Keila Grinberg. Professora titular do Departamento de História e Diretora do Center for Latin American Studies da Universidade de Pittsburgh. Publicou *Liberata: a lei da ambiguidade* (1994), *O fiador dos brasileiros: escravidão e direito civil no tempo de Antonio Pereira Rebouças* (2002). É uma das coordenadoras do projeto de História Pública "Passados Presentes: memória da escravidão no Brasil".

Lise Sedrez. Professora de História da América do Instituto de História da Universidade Estadual do Rio de Janeiro (UERJ). Doutora pela Universidade de Stanford, em 2005. Professora no College of William and Mary e na California State University at Long Beach (até 2010). Bolsista de Produtividade do CNPq. Completou estudos de pós-doutorado no Rachel Carson Center (Alemanha) e na Universidade Federal de Minas Gerais (UFMG). Áreas de interesse: história ambiental urbana, história dos desastres ambientais.

Lucia Maria Bastos Pereira das Neves. Professora titular de História Moderna da Universidade do Estado do Rio de Janeiro (UERJ). Doutora pela Universidade de São Paulo (USP). Bolsista 1 A do CNPq. Pesquisadora da Faperj. Sócia titular do Instituto Histórico e Geográfico Brasileiro. Investigadora Colaboradora do Centro de História da Universidade de Lisboa. Autora de diversos livros e coletâneas e de artigos publicados em periódicos nacionais e estrangeiros.

Mary Anne Junqueira. Professora de História da América no Departamento de História e no Instituto de Relações Internacionais da Universidade de São Paulo (USP), onde leciona desde 2002. É especialista em História dos Estados Unidos. Publicou, entre outros, os livros: *Velas ao Mar, U. S.*

Exploring Expedition (1838-1842): a viagem científica de circum-navegação dos norte-americanos (2015); e *Estados Unidos: Estado nacional e narrativa da nação (1776-1900)* (2023).

Maryam Haghroosta. Doutora em Literatura Latino-Americana pela Universidade de Havana. Professora da Universidade de Teerã. Fundadora e diretora do Centro de Estudos Hispânicos da Universidade de Teerã. Publicou, entre outros livros: *Influencia de la literatura persa en la literatura hispánica* (2013), *Historia de America Latina* (2014) e *El Cine de la Marginalidad: realismo sucio y violencia urbana* (2023).

Rodrigo Goyena Soares. Professor Doutor de História do Brasil na Faculdade de Filosofia, Letras e Ciências Humanas da Universidade de São Paulo (USP). Publicou *Império em disputa: coroa, oligarquia e povo na formação do Estado brasileiro (1823-1870)* (2022), em coautoria com Thiago Krause; *Entre oligarquias: as origens da república brasileira (1870-1920)* (2024). Dedica-se ao estudo da bacia do Prata no século XIX.

Roquinaldo Ferreira. Professor na Universidade da Pensilvânia, Estados Unidos. Doutor pela Universidade da Califórnia, Los Angeles. Autor de *Cross-Cultural Exchange in the Atlantic World: Angola and Brazil during the Era of the Slave Trade* (2012).

Silvia Liebel. Professora de História Moderna da Universidade Federal do Rio de Janeiro (UFRJ), docente do Programa de Pós-graduação em História Social (UFRJ) e do Programa de Pós-graduação em História da Universidade Federal de Minas Gerais (UFMG). Pesquisadora do CNPq.

Sílvio Marcus de Souza Correa. Doutor pela Westfälische Wilhelms-Universität de Münster, na Alemanha. Professor do Departamento de História da Universidade Federal de Santa Catarina (UFSC). Coordenador do Laboratório de Estudos de História da África (UFSC) e do Grupo de Pesquisa História da África & Cultura Visual. Pesquisador visitante em várias instituições estrangeiras (Canadá, França e Portugal). Pesquisas sobre a história visual do colonialismo.

Este livro foi composto na tipografia Minion Pro,
em corpo 11/15, e impresso em
papel off-white no Sistema Cameron da
Divisão Gráfica da Distribuidora Record.